Vue 3와 타입스크립트로 배우는 프런트엔드 개발

Vue 3와 타입스크립트로 배우는 프런트엔드 개발

블록 코딩과 최신 Vue 기술로 견고한 모던 프런트엔드 구축하기

초판 1쇄 발행 2025년 1월 6일

지은이 WINGS 프로젝트, 사이토 신조 / **감수자** 야마다 요시히로 / **옮긴이** 손민옹 / **펴낸이** 전태호
펴낸곳 한빛미디어(주) / **주소** 서울시 서대문구 연희로2길 62 한빛미디어(주) IT출판2부
전화 02-325-5544 / **팩스** 02-336-7124
등록 1999년 6월 24일 제25100-2017-000058호 / **ISBN** 979-11-6921-332-5 93000

총괄 송경석 / **책임편집** 홍성신 / **기획 · 편집** 이윤지 / **교정** 강신원
디자인 이아란 / **전산편집** 다인
영업 김형진, 장경환, 조유미 / **마케팅** 박상용, 한종진, 이행은, 김선아, 고광일, 성화정, 김한솔 / **제작** 박성우, 김정우

이 책에 대한 의견이나 오탈자 및 잘못된 내용은 출판사 홈페이지나 아래 이메일로 알려주십시오.
파본은 구매처에서 교환하실 수 있습니다. 책값은 뒤표지에 표시되어 있습니다.

한빛미디어 홈페이지 www.hanbit.co.kr / 이메일 ask@hanbit.co.kr

블록 코딩과 최신 Vue 기술로 견고한 모던 프런트엔드 구축하기

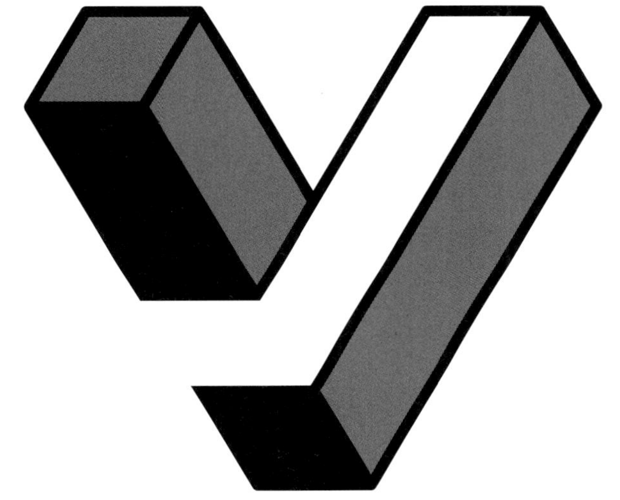

Vue 3와 타입스크립트로 배우는 프런트엔드 개발

WINGS 프로젝트, 사이토 신조 지음 야마다 요시히로 감수 손민영 옮김

한빛미디어
Hanbit Media, Inc.

지은이 · 옮긴이 소개

지은이 **WINGS 프로젝트**

유한회사 WINGS プロジェクト(WINGS 프로젝트)가 운영하는 테크니컬 라이팅 커뮤니티(대표: 야마다 요시히로). 주로 웹 개발 분야의 책과 기사 집필, 번역, 강연 등을 폭넓게 다룬다. 2022년 8월 기준 등록 회원은 약 55명이며 현재도 집필 회원을 모집 중이다.

- 홈페이지: https://wings.msn.to/
- 페이스북: facebook.com/WINGSProject
- X(구 트위터): @WingsPro_info

지은이 **사이토 신조**

WINGS 프로젝트 소속의 테크니컬 라이터. 웹 제작 회사에서 시스템 부분을 맡았었고 SI 회사를 거쳐 프리랜서로 독립했다. 웹 시스템 설계부터 프로그래밍, 나아가 안드로이드 개발까지 담당하고 있다. 또한 HAL 오사카 직업전문학교의 시간 강사를 겸임하고 있다.

『ゼロからわかる TypeScript入門』『たった1日で基本が身に付く！Java超入門』『PHPマイクロフレームワーク Slim Webアプリケーション開発』『これから学ぶ JavaScript』『これから学ぶ HTML/CSS』『Androidアプリ開発の教科書』 등을 썼다.

감수자 **야마다 요시히로**

프리랜서 작가. Microsoft MVP for Visual Studio and Development Technologies. 집필 커뮤니티 WINGS プロジェクト(WINGS 프로젝트)의 대표이기도 하다.

『改訂新版 JavaScript本格入門』『独習シリーズ(Java・C#・Python・PHP・Ruby・ASP.NET)』『これからはじめる Vue.js 3実践入門』『はじめてのAndroidアプリ開発 Kotlin編』『速習シリーズ(Vue.js 3・TypeScript・ECMAScriptなど)』 등을 썼다.

옮긴이 **손민웅** son.honyaku@gmail.com

IT 모험가, 프로그래머, DBA, SWA, 서울과학기술대학교 졸업 후 일본에서 약 8년간 근무했고 현재는 한화시스템/ICT 부문에서 일하고 있다. 도전하는 것을 좋아하며 스마트폰이 대중화될 무렵 한국에 회사를 세우고 모바일 게임을 만들어 카카오게임즈에 서비스한 경험이 있다. 신기술에도 관심이 많아 최근에는 AWS Certified Solutions Architect, Microsoft Certified Azure Administrator, UiPath Developer Advanced Certificate 등의 자격을 취득했으며 지금도 꾸준히 미지의 IT 세계를 모험 중이다.

지은이의 말

저는 원래 서버 사이드 웹 애플리케이션 프로그래머입니다. 그러다 보니 시대의 흐름에 따라 자연스럽게 프런트엔드 프로그래밍도 다루게 되었고 Vue를 접하게 되었습니다. 그런데 처음에는 Vue가 마음에 들지 않았습니다.

그 이유는 Vue 자체의 구조나 코딩 방식 때문이 아니라, 자바스크립트라는 언어와 자바스크립트 구조를 이용한 코딩 방식 때문이었습니다. 예를 들어 Vue의 컴포넌트 내에서 사용하는 다양한 데이터와 처리는 객체 리터럴 타입으로 작성해야 합니다. 자바스크립트 세계에서는 객체 리터럴을 많이 사용하고 익숙한 사람도 많겠지만, 클래스 기반 언어에 익숙한 저로서는 거부감이 들었습니다. 처리 로직과 데이터가 여기저기 흩어져 있는 듯한 인상을 받았기 때문입니다.

그러던 중 만난 것이 타입스크립트를 활용한 클래스 스타일의 Vue 프로그래밍이었습니다. '이제야 비로소 마음 편히 코딩할 수 있겠구나!'하는 생각이 들었습니다. 익숙한 클래스 문법을 사용하면서도 타입스크립트의 타입 안전성까지 보장받을 수 있었습니다.

자바스크립트에서는 데이터 타입의 차이로 인한 에러는 실행하기 전까지 알 수 없습니다. 반면 타입 시스템이 도입된 언어에서는 코딩 단계에서 타입 차이로 인한 에러가 표시되어 안심하고 코딩할 수 있습니다. 타입스크립트도 예외는 아닙니다.

아쉽게도 이러한 클래스 스타일은 Vue 3에서 더 이상 지원하지 않지만 타입스크립트에 대한 지원은 오히려 강화되었습니다. 또한 클래스 스타일을 대체하고자 도입된 것이 컴포지션 API라는 코딩 방식이며 이를 발전시킨 것이 setup 속성을 통한 간결한 스크립트 블록 코딩입니다. 이러한 코딩 방식 덕분에 객체 리터럴로 작성하던 산만한 느낌이 사라지고 처리 로직과 데이터의 연관성을 쉽게 파악할 수 있어 보다 명확한 코딩이 가능해졌습니다. setup 속성과 타입스크립트의 타입 안전성을 결합한 Vue 코딩 방식 덕분에 저는 단숨에 Vue의 팬이 되었습니다.

이 책에서는 setup 속성과 타입스크립트의 타입 안전성을 최대한 활용한 Vue를 소개합니다. 앞으로도 많은 관심 부탁드립니다.

사이토 신조

학습 목표와 구성

이 책은 Vue 버전 3을 타입스크립트로 코딩하는 방법을 다루는 입문서입니다. Vue 프로그래밍의 기초부터 시작하여 비동기 처리를 포함한 싱글 페이지 애플리케이션을 만들 수 있는 수준까지 학습하는 것이 목표입니다.

도입 편

■ 1장 프런트엔드 개발 흐름과 Vue

자바스크립트의 역사와 Vue의 특징 등을 소개합니다.

■ 2장 Vite와 Vue 프로젝트

Vue 코딩을 위한 준비 단계입니다. 필요한 도구를 설치하는 것부터 시작하여 첫 번째 Vue 프로젝트를 생성하고 실행해봅니다.

■ 3장 Vue 프로그래밍의 기본

2장에서 만든 첫 번째 Vue 프로젝트를 기반으로 Vue 프로그래밍의 기본 중의 기본을 소개합니다. 이와 함께 반응형 시스템을 직접 체험해봅니다.

기본 편

■ 4장 데이터와 이벤트 디렉티브

Vue에서는 HTML에 디렉티브라는 특수한 속성을 작성하여 자바스크립트/타입스크립트 코드와 연동할 수 있습니다. 4장부터 6장까지는 이러한 디렉티브에 관해 설명합니다. 4장에서는 그중 데이터와 이벤트에 대한 디렉티브를 다룹니다.

■ 5장 양방향 데이터 바인딩과 기타 디렉티브

DOM 요소와 자바스크립트/타입스크립트 코드 간에 양방향으로 데이터를 연동하는 디렉티브와 HTML을 그대로 출력하는 v-html 등 기타 유용한 디렉티브를 소개합니다.

- **6장 제어 디렉티브**

조건분기와 반복을 다루는 디렉티브를 설명합니다.

- **7장 스크립트 블록 활용**

Vue에서 자바스크립트/타입스크립트 코드를 작성하는 스크립트 블록에 대해 지금까지 다루지 않았던 다양한 작성 방법을 소개합니다.

- **8장 컴포넌트 간 연계**

Vue 프로그래밍에서 기본 단위는 컴포넌트입니다. 8장에서는 컴포넌트가 무엇인지부터 시작하여 여러 컴포넌트를 결합하는 방법을 설명합니다.

- **9장 자식 컴포넌트 활용**

여러 컴포넌트를 조합할 때 부모와 자식 관계가 생깁니다. 9장에서는 앞에서 다루지 않은 부모 컴포넌트에서 자식 컴포넌트를 활용하는 방법을 소개합니다.

- **10장 Vue 라우터**

Vue로 싱글 페이지 애플리케이션을 만들려면 Vue 라우터를 사용해야 합니다. 10장에서는 싱글 페이지 애플리케이션이 무엇인지부터 시작하여 Vue 라우터의 사용법을 소개하면서 싱글 페이지 애플리케이션을 만드는 기초를 설명합니다.

- **11장 Pinia**

싱글 페이지 애플리케이션에서는 데이터를 일관되게 처리할 수 있는 상태 관리 기능이 필수입니다. 11장에서는 Vue 3부터 기본 제공되는 상태 관리 모듈 Pinia를 소개합니다.

응용 편

- **12장 비동기 처리**

프런트엔드 개발에서 비동기 처리는 피할 수 없습니다. 12장에서는 Vue 애플리케이션 개발 응용 편으로 비동기 처리를 다루는 방법을 소개합니다.

■ **13장 단위 테스트**

마지막 장에서는 단위 테스트에 대해 소개합니다. Vue에서 단위 테스트를 효율적으로 수행하기 위한 모듈인 Vites와 Vue Test Utils에 대해 설명합니다.

학습 방법

이 책은 일부를 제외하고 대부분의 소스 코드가 수록된 핸즈온 형식으로 구성되어 있습니다. 프로그래밍은 단순히 소스 코드나 해설을 읽는 것만으로는 완전히 익힐 수 없는 부분이 많습니다. 따라서 직접 소스 코드를 입력하고 실행해본 후 해설을 읽어보면서 진행하기 바랍니다.

이 책을 학습하기 위한 사전 지식

이 책에서는 타입스크립트로 코딩을 진행합니다. 단, 이 책은 Vue 입문서일 뿐 타입스크립트나 프로그래밍 입문서가 아닙니다. 타입스크립트에 대한 기초 지식이 없거나 프로그래밍 경험이 부족하다면 먼저 다음 도서를 참고하기 바랍니다.

- 『비전공자도 배울 수 있는 타입스크립트』(한빛미디어, 2024)

또한 Vue는 웹 애플리케이션 프레임워크이므로 HTML과 CSS에 대한 기초 지식도 필요하지만 이 책에서는 설명하지 않습니다. HTML과 CSS에 대해서는 다음 도서를 참고하기 바랍니다.

- 『완성된 웹사이트로 배우는 HTML&CSS 웹 디자인』(한빛미디어, 2022)

아울러 이 책에서는 명령어 조작도 자주 사용합니다. 맥의 경우 터미널, 윈도우의 경우 파워셸PowerShell이나 명령 프롬프트를 다루는 방법도 미리 익혀두어야 합니다.

예제 파일

이 책에는 거의 모든 소스 코드가 수록되어 있으므로 꼭 예제 파일을 다운로드할 필요는 없습니다. 다만 완성된 형태와 정상 동작을 확인하고 싶은 경우에는 다음 URL에서 파일을 다운로드하여 확인할 수 있습니다.

- https://www.hanbit.co.kr/src/11332

다운로드한 파일은 zip 형식으로 압축되어 있습니다. 파일 압축을 풀면 폴더가 생성되고 그 안에 chap02~chap13과 같은 장별 폴더가 있습니다. 각 장 폴더 내에 예제별 폴더가 있으며 해당 폴더에서 다음 명령어를 실행하면 예제 프로젝트를 실행할 수 있는 환경이 준비됩니다.

```
npm install
```

이 명령어의 의미는 2.2.3절에서 소개하고 각 프로젝트의 실행 방법은 2.2.4절에서 소개합니다.

이 책의 구성

코드

코드 8-11 components-props-indepth/src/App.vue

```
<script setup lang="ts">
import { ref, computed } from "vue";
import OneMember from "./components/OneMember.vue";

// 회원 리스트
const memberListInit = new Map<number, Member>();
memberListInit.set(33456, { id: 33456, name: "영희", email: "bow@example.com",
points: 35, note: "신규 가입 특전" });
memberListInit.set(47783, { id: 47783, name: "철수", email: "mue@example.com",
points: 53 });
const memberList = ref(memberListInit);

// 모든 회원의 포인트 합계 계산형 속성
const totalPoints = computed(
    (): number => {
        let total = 0;
        for (const member of memberList.value.values()) {
            total += member.points;
        }
        return total;
    }
);
```

❶ (바로 위 코드의 const memberListInit ~ const memberList 부분)

❷ (바로 위 코드의 const totalPoints ~ return total 부분)

소스 코드입니다. 코드 번호 옆에는 예제 프로그램의 폴더명과 파일명이 적혀 있습니다. 입력할 때나 다운로드한 파일을 확인할 때 참고하기 바랍니다.

소스 코드에서 한 행의 내용이 길 때는 줄 바꿈하고 정렬하여 표시했습니다. 직접 입력할 때 내용상 한 행의 코드라면 줄 바꿈 없이 앞뒤를 한 줄로 입력해주세요.

구문

반응형 변수 준비 및 값 재작성

```
const 변수명 = ref(값);
변수명.value = 새로운_값;
```

정형화된 코드나 명령어 등은 구문으로 정리되어 있습니다.

NOTE

계산형 속성은 읽기 전용

계산형 속성은 읽기 전용으로 제공됩니다. 즉 computed() 함수에서 준비된 변수의 value 속성에 다음과 같이 값을 대입하는 코드를 작성하면 에러가 발생하므로 주의해야 합니다.

```
area.value = 300;
```

본문의 내용을 보충하는 해설입니다.

COLUMN

COLUMN **UI 라이브러리**

Vue에는 본체와 연동할 수 있는 다양한 라이브러리가 있습니다. 이러한 라이브러리에는 물론 UI에 관한 것도 포함되어 있습니다. 이 책에서는 다루지 않지만 유명한 두 가지를 소개합니다.

첫 번째는 BootstrapVue[5]입니다. 프런트엔드 UI 프레임워크로 유명한 Bootstrap을 Vue에서 이용할 수 있도록 만든 것입니다.

참고로 Bootstrap이 단순한 CSS 프레임워크라고 생각하여 Vue 프로젝트에 일반적인 Bootstrap을 적용하는 것은 피하는 것이 좋습니다. Bootstrap 자체가 내부적으로 자바스크립트 처리를 하고 있어 Vue의 처리와 결합하여 결함을 일으킬 가능성이 있기 때문입니다.

두 번째는 Vuetify[6]입니다. Vuetify는 머티리얼 디자인을 채택한 UI 프레임워크입니다.

본문과 직접적인 관련은 없지만 참고할 만한 추가 정보입니다.

목차

도입 편

1장 프런트엔드 개발 흐름과 Vue

2장 Vite와 Vue 프로젝트

3장 Vue 프로그래밍의 기본

기본 편

4장 데이터와 이벤트 디렉티브

목차

1장

도입 편

프런트엔드 개발 흐름과 Vue

Vue의 세계에 오신 것을 환영합니다! Vue는 자바스크립트를 이용한 프런트엔드 개발 프레임워크입니다. 이 책의 첫 번째 장에서는 프런트엔드 개발과 프레임워크란 무엇인지 먼저 알아보고 Vue의 전반적인 개요를 살펴보겠습니다.

1.1 자바스크립트의 변천과 프런트엔드 개발의 등장

이 책에서 설명하는 Vue는 '자바스크립트를 이용한 프런트엔드 개발 프레임워크'입니다. 이번 절에서는 자바스크립트의 역사와 함께 프런트엔드 개발이 등장하게 된 과정을 살펴봅니다.

1.1.1 자바스크립트의 등장과 불운의 시대

자바스크립트는 브라우저에서 동작하는 언어입니다. 자바스크립트는 1995년 세상에 등장했으며, 세계 최초의 상용 브라우저인 넷스케이프 내비게이터Netscape Navigator를 출시한 넷스케이프 커뮤니케이션즈Netscape Communications가 개발한 언어입니다. 출시 초기에는 라이브스크립트LiveScript라는 명칭이었으나, 이듬해 당시 유행하던 자바Java의 영향을 받아 자바스크립트JavaScript로 명칭이 변경되어 넷스케이프 내비게이터에 탑재됩니다. 같은 해 마이크로소프트에서도 비슷한 언어인 J스크립트JScript를 자사 브라우저인 인터넷 익스플로러(IE)에 탑재합니다.

자바스크립트가 등장한 시기는 웹의 태동기로, 웹상의 콘텐츠는 정적으로 이미지나 글만 표시하는 것이 대부분이었습니다. 이러한 콘텐츠에 자바스크립트를 활용하면 동적인 페이지를 구현할 수 있지만 당시에는 사용성 측면에서 효과적이지 못했습니다. 또한 넷스케이프 내비게이터와 IE에서 서로 다른 코드를 작성해야 하는 불편함이 있었습니다.

이러한 이유로 당시에 자바스크립트는 가급적 사용하지 않는 것이 좋다는 분위기였는데, 이를 잘 보여주는 것이 바로 자바스크립트 끄기 설정입니다. 현재도 브라우저에는 자바스크립트 실행을 해제할 수 있는 설정 항목이 있습니다(그림 1-1). 웹 초창기에는 주로 안전성을 위해 자바스크립트 실행을 해제하고 사용했습니다.

설정

설정 검색

내 Google 서비스 설정
자동 완성 및 비밀번호
개인 정보 보호 및 보안
성능
모양
검색엔진
기본 브라우저
시작 그룹
언어
다운로드
접근성
시스템
설정 초기화
확장 프로그램
Chrome 정보

← 자바스크립트

검색

사이트에서는 일반적으로 비디오 게임 또는 웹 양식과 같은 대화형 기능을 실행하는 데 JavaScript를 사용합니다.

기본 동작

사이트를 방문할 때 이 설정을 자동으로 따릅니다.

사이트에서 JavaScript를 사용할 수 있음

사이트에서 JavaScript를 사용하도록 허용하지 않음

맞춤설정된 동작

다음 사이트는 기본 설정이 아닌 맞춤 설정을 따릅니다.

JavaScript 사용이 허용되지 않음 추가

추가된 사이트 없음

JavaScript 사용이 허용됨 추가

추가된 사이트 없음

그림 1-1 크롬에서 자바스크립트 실행 설정

1.1.2 자바스크립트의 부활과 웹 2.0

이렇게 불운의 시기를 보내던 자바스크립트는 2005년 극적인 전환점을 맞이합니다. 계기는 바로 구글 지도였습니다. 브라우저에서 지도를 드래그하면 실시간으로 지도가 움직이는 기능을 구현해 주목을 받았습니다. 지금은 아주 당연하게 사용하는 기능이지만 2005년 당시에는 구현하기가 매우 어려운 기술이었습니다.

당시 웹 애플리케이션의 큰 원칙은 '처리는 서버에서 한다'는 것이었습니다. 일반적으로 모든 처리를 서버에서 수행하고 결과인 HTML 데이터를 브라우저에 반환하는 방식이었습니다(그림 1-2).

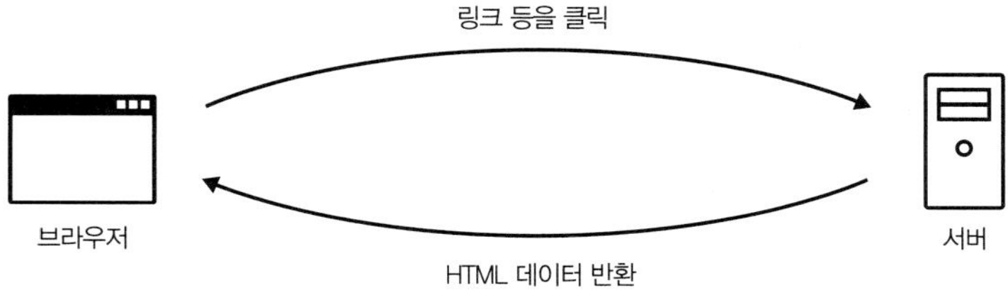

그림 1-2 초기 웹 애플리케이션의 동작 (이미지 링크 등을 클릭)

이러한 구조에서 브라우저는 서버에서 반환된 HTML 데이터만 표시할 뿐, 한번 표시된 화면은 아무런 움직임이 없습니다. 애초에 브라우저가 받은 데이터에 움직임을 구현하는 프로그램이 존재하지 않기 때문입니다. 구글은 서버에서 반환된 HTML 데이터를 읽어 들인 후 지도 확장이나 축소, 슬라이드 등의 동작을 브라우저에서 구현하고 싶었습니다. 그래서 그 메커니즘으로 오래전부터 브라우저에 내장되어 있음에도 불구하고 거의 사용되지 않았던 자바스크립트에 눈을 돌리게 되었습니다(그림 1-3).

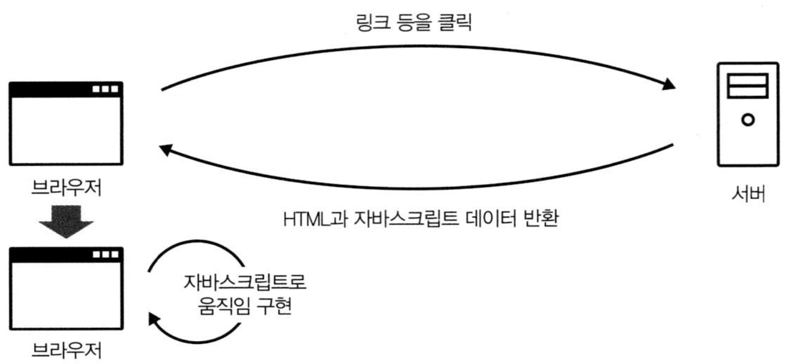

그림 1-3 구글 지도에서는 브라우저에서 자바스크립트가 동작한다.

구글 지도의 등장으로 웹 제작 현장은 충격에 휩싸임과 동시에 새로운 웹의 가능성과 자바스크립트의 가능성을 인식하게 됩니다. 이 충격적인 사건으로 인해 웹 2.0이라는 단어가 등장합니다. 웹의 '버전 업'이라는 의미지만 특정 소프트웨어나 프로토콜의 버전이 올라갔다는 의미가 아니라 웹의 방식 자체가 올라갔다는 의미의 2.0입니다.

1.1.3 제이쿼리의 등장과 프런트엔드 개발

웹 2.0으로 자바스크립트가 재평가를 받았지만 자바스크립트 사양의 파편화 문제는 여전히 남아 있었습니다. 무슨 말인가 하면 1.1.1절에서 소개한 것처럼 자바스크립트는 원래 넷스케이프 내비게이터에 탑재된 언어였고 IE^Internet Explorer^에도 이와 비슷한 J스크립트가 있습니다. 둘 다 비슷한 언어 같으면서도 사양의 차이가 확연하게 존재했습니다. 이들 두 사양을 표준화하기 위해 정보통신 시스템 분야 국제 표준화 단체인 에크마 인터내셔널^Ecma International^에서 1997년, ECMA스크립트^ECMAScript^를 제안하였으나 크게 주목받지는 못했습니다.

또한 J스크립트를 탑재한 IE가 윈도우의 압도적인 점유율을 바탕으로 브라우저를 독점하고 넷스케이프 내비게이터는 시장에서 사라지게 됩니다. 2000년대 초, 몇 년 동안은 IE의 독주 체제가 이어지다가 2002년 모질라Mozilla 재단에서 넷스케이프 내비게이터의 정통 후계자인 파이어폭스Firefox를 출시합니다. 그리고 이어서 2003년 애플에서는 사파리Safari를 출시합니다. 이들은 각각 고유한 자바스크립트를 탑재했기 때문에 각 브라우저에 맞는 자바스크립트 코드를 작성해야 했습니다.

자바스크립트의 가능성은 인정한다 해도 이렇게 각각 코딩 규격이 달라서 코딩이 번거로운 부분은 여전히 골치 아픈 문제로 남아 있었습니다. 하지만 이 문제를 해결할 라이브러리가 등장했습니다. 그것이 바로 2006년경에 등장한 제이쿼리jQuery입니다. 제이쿼리는 사용 중인 브라우저를 자동으로 판단하여 그에 맞는 코드를 실행하는 구조를 갖추고 있어 브라우저 간의 차이를 해결할 수 있었습니다. 제이쿼리의 등장으로 프로그래머들은 안심하고 자바스크립트로 코딩할 수 있게 되었습니다. 그동안 웹 애플리케이션 프로그래밍이라고 하면 [그림 1-2]와 같은 서버 측 프로그래밍만을 의미했지만, 이 시기부터는 [그림 1-3]과 같이 자바스크립트를 이용해 브라우저에서 동작하는 프로그램을 개발하는 것이 일반적으로 자리 잡게 되었습니다. 이후에 이를 '프런트엔드 개발'이라고 부르게 되었습니다.

1.1.4 ECMA스크립트를 준수하는 자바스크립트의 도약

웹 애플리케이션의 구성 요소로 자바스크립트가 활용되기 시작했지만 어디까지나 제이쿼리에 의지할 수밖에 없었고 웹 애플리케이션 제작의 중심이라고 하기에는 부족한 점이 많았습니다. 자바스크립트가 지금처럼 웹 개발의 핵심으로 도약하기까지는 두 가지 요건이 더 필요했습니다. 하나는 ECMA스크립트를 통한 사양의 표준화이고 다른 하나는 Node.js의 등장입니다.

초기에 ECMA스크립트는 큰 주목을 받지 못했으나 2009년에 발표된 버전 5(통칭 ES5) 이후로 상황이 바뀌기 시작했습니다. 파이어폭스를 시작으로 IE를 제외한 여러 브라우저가 속속 ECMA스크립트 준수를 표방합니다. 또한 ECMA스크립트뿐만 아니라 HTML과 CSS에 대해서도 표준 규격을 채택하는 움직임이 활발해지면서 표준 규격을 준수하는 브라우저의 점유율이 점차 높아졌습니다.

2007년 아이폰의 등장은 이러한 흐름에 큰 영향을 미쳤습니다. 당시 아이폰에서 동작하는 유일한 브라우저는 사파리였고 아이폰 보급이 늘어날수록 사파리 점유율도 함께 늘어났습니다. 또한 2008년에는 사파리와 동일한 HTML/CSS 렌더링 엔진인 웹킷WebKit을 탑재한 크롬Chrome이 구글에서 출시됩니다. 그 결과 IE와 파이어폭스의 점유율이 하락하고 크롬과 사파리로 이루어진 웹킷 기반 브라우저의 점유율이 급격히 상승했습니다. 결국 2012년에는 크롬이 브라우저 점유율 1위를 차지하게 됩니다.

블링크

구글은 크롬이 점유율 1위를 차지한 이듬해인 2013년, 크롬의 HTML/CSS 렌더링 엔진을 웹킷에서 분기한 블링크Blink로 변경하였습니다.

1.1.5 HTML5의 등장

웹킷 진영이 점유율을 높여가던 시기에 HTML 사양에도 큰 변화가 있었습니다. 이전에는 1999년에 배포된 HTML4가 사용되었고 2000년에 등장한 HTML과 XML을 결합한 언어인 XHTML도 함께 사용되었습니다. 이러한 HTML과 XHTML의 사양은 World Wide Web Consortium[1] (W3C)이라는 단체가 결정했습니다. 그러나 이와는 별도로 브라우저 엔진을 개발하는 세 개 조직(애플, 모질라, 오페라)이 HTML 개선을 목표로 2004년 WHATWG[2]라는 단체를 설립합니다.

이후 두 단체는 2007년부터 새로운 HTML 사양을 만들기 위해 공동 작업을 시작했으며 2008년 새로운 HTML인 HTML5 초안이 제출되었습니다. 이후 여러 차례 수정을 거쳐 2014년 HTML5가 정식으로 배포됩니다. 이처럼 HTML 사양 수립에 새로운 브라우저 공급사가 적극 참여한 결과, 이들 공급사의 브라우저는 표준을 준수하는 흐름이 자연스럽게 형성되었습니다. 이때부터 이러한 웹 표준 사양을 준수하지 않는 IE 사용을 기피하는 경향이 커졌고 특히 개발 현장에서는 IE 대응을 기피하게 됩니다.

마이크로소프트도 이러한 상황에 대응하기 위해 2015년 웹 표준 준수를 표방하는 브라우저인

1 https://www.w3.org/

2 https://whatwg.org/

에지Edge를 출시합니다. 에지, 크롬, 사파리, 파이어폭스 등 웹 표준을 준수하는 브라우저를 '모던 브라우저'라고 합니다. 2010년대 후반에 들어서면서 모던 브라우저가 시장 점유율의 대부분을 차지하게 되었고, 이와 함께 자바스크립트 사양도 ECMA스크립트를 준수하는 형태로 표준화되었습니다. 이를 통해 프로그래머들은 자바스크립트를 더욱 신뢰하고 사용할 수 있게 되었으며 웹 애플리케이션 제작에서 자바스크립트의 활용 범위도 급격히 확대되었습니다.

1.1.6 자바스크립트 작성 방식을 바꾼 ES2015의 등장

에지가 출시된 2015년은 ECMA스크립트에 있어서도 큰 전환점이 되는 해였습니다. 이 해에 ECMA스크립트 버전 6이 출시되었는데, 이를 기점으로 ECMA스크립트의 배포 주기가 변경됩니다.

이전까지는 어느 정도 기능이 갖춰져야만 주요 업데이트가 이루어졌습니다. 실제로 ES5가 출시된 이후 버전 6이 출시되기까지 7년의 세월이 흘렀습니다.[3] 하지만 그 이후부터는 매년 정기적으로 업데이트된 버전을 배포하는 정책으로 변경되었습니다. 이에 따라 버전 명칭도 출시 연도를 포함하는 방식으로 바뀌어 ES2016, ES2017 등의 형태로 변경되었습니다. 2015년에 출시된 버전 6만 ES6과 ES2015라는 두 가지 명칭을 함께 사용합니다.

ES2015에서는 배포 주기가 변경되었을 뿐만 아니라 기존 자바스크립트에 없던 다양한 구문이 추가되었습니다. 대표적인 것이 클래스 구문입니다. 자바나 PHP 등 서버 사이드 웹 애플리케이션 개발에서 일반적으로 사용되던 클래스 구문이 자바스크립트에는 존재하지 않았지만 ES2015에서 도입된 것입니다. 이 밖에도 자바스크립트 코드를 효율적으로 분할하고 관리할 수 있는 모듈 기능, 효율적인 반복을 위한 새로운 for 문 등도 추가되었습니다. 또한 익명 함수anonymous function를 쉽게 작성할 수 있고 자바스크립트에서 골치 아픈 this 문제를 해결해주는 화살표 함수arrow function가 도입된 것도 ES2015입니다.

이렇게 새로운 구문이 도입된 ES2015 이후의 자바스크립트를 '모던 자바스크립트'라고 합니다. 모던 자바스크립트 덕분에 자바스크립트 코딩이 쉬워졌고 그동안 자바스크립트를 꺼리던 프로그래머들도 적극적으로 자바스크립트를 활용하게 되었습니다. 그 결과 자바스크립트의 중요성은 더욱 커지게 되었습니다.

---

3 도중 2011년에 버전 5.1이 배포되었습니다.

1.1.7 브라우저에서 자바스크립트 실행 환경을 분리한 Node.js

자바스크립트를 웹 개발의 중심으로 끌어올린 또 하나의 주역은 바로 Node.js입니다. 지금까지 거듭 말했듯이 본래 자바스크립트는 브라우저 내에서만 동작하는 언어입니다. 브라우저에는 자바스크립트가 동작할 수 있는 실행 환경, 즉 자바스크립트 엔진이 있습니다. 그리고 브라우저별로 자바스크립트 엔진은 다릅니다. 이 때문에 초기에 자바스크립트 사양이 파편화되기도 했습니다.

예를 들어 크롬은 V8, 사파리는 JavaScriptCore, 파이어폭스는 SpiderMonkey라는 자바스크립트 엔진을 사용합니다. 에지의 자바스크립트 엔진은 원래 IE에서 파생된 Chakra였지만 2020년에 크롬과 같은 V8로 변경되었습니다.

크로미엄

이때 에지는 자바스크립트 엔진뿐만 아니라 HTML/CSS 렌더링 엔진도 크롬과 동일한 블링크로 변경했습니다. 이들 엔진을 통합하여 크로미엄Chromium이라고 부릅니다. 에지가 크로미엄을 엔진으로 채택한 시점에서 크롬과 에지의 내부 구조는 같다고 볼 수 있습니다.

Node.js는 V8 엔진을 브라우저에서 분리하여 단독으로 동작하도록 한 소프트웨어로 크롬이 출시된 이듬해인 2009년에 등장했습니다. Node.js 덕분에 이전에는 브라우저에서만 동작하던 자바스크립트 코드를 독립적으로 일반 PC나 서버에서 실행할 수 있게 되었습니다. 이로 인해 자바스크립트의 활용 범위는 비약적으로 확대되었습니다. 기존에는 서버 사이드 애플리케이션을 만들 때 자바나 C# 등 다른 언어를 사용해야 했지만, Node.js의 등장으로 서버 사이드 애플리케이션도 자바스크립트로 개발할 수 있게 되었습니다. 이후 Node.js를 활용한 다양한 애플리케이션이 등장합니다.

1.1.8 시대의 사랑을 받은 자바스크립트

모던 자바스크립트의 발전과 모던 브라우저의 보급, 그리고 Node.js의 등장으로 자바스크립트의 활용도는 점점 더 높아지고 있습니다. 그에 따라 자바스크립트 라이브러리도 다양해지고 웹 애플리케이션에서 프런트엔드 개발의 중요성이 더욱 부각되고 있습니다. 이렇게 프런트엔드에 비중을 둔 웹 애플리케이션은 서버 사이드만 있는 웹 애플리케이션에 비해 사용성 측면에서도 유리한 경우가 많아 프런트엔드 개발이 활발하게 이루어지고 있습니다. 그 결과 자바스크립트는 현재 가장 중요하고 널리 사용되는 언어로 자리 잡으며 시대의 주역이 되었습니다.

잡스의 공헌

자바스크립트가 시대의 아이콘이 될 수 있었던 숨은 주역으로 스티브 잡스의 존재를 꼽을 수 있습니다. 지금처럼 브라우저에서 다양한 움직임을 구현할 수 없었던 2000년대 초반에는 브라우저에 플러그인을 설치하고 플러그인상에서 애니메이션과 같은 움직임을 구현했습니다. 이러한 용도의 플러그인으로 어도비Adobe의 플래시Flash를 많이 사용했습니다. 플래시를 이용하면 자바스크립트보다 더 쉽게 다양한 동작을 구현할 수 있었기 때문에 플래시가 시대의 주역이 될 가능성도 있었습니다. 그러나 2010년 당시 애플의 CEO였던 스티브 잡스는 아이폰에 플래시 설치를 허용하지 않겠다고 발표합니다. 이때 아이폰의 기본 브라우저인 사파리에서 움직이는 화면을 만들려면 선택지는 자바스크립트밖에 없었습니다. 게다가 아이폰의 시장 점유율이 매우 높아 소비자용 웹 애플리케이션에서 사파리의 영향력은 무시할 수 없었고 이에 따라 자바스크립트 사용 비중이 높아지는 데도 영향을 미치게 됩니다.

1.1.9 타입스크립트의 등장

자바스크립트가 웹 개발의 중심으로 자리 잡았지만 한편으로는 사용이 확대될수록 문제가 발생하기도 했습니다. 모던 자바스크립트 덕분에 다소 좋아지기는 했지만 자바스크립트에는 여전히 데이터 타입 등 여러 가지 결점이 남아 있었습니다. 데이터 타입은 단순히 개발자의 취향 문제로 볼 수도 있지만, 대규모 개발에서는 여러 사람이 함께 작업하는 과정에서 큰 문제로 작용할 수 있습니다.

그런 시기에 자바스크립트의 이런 결점을 보완하기 위한 대안alternative으로 등장한 언어가 바로 altJS입니다. 대안이라고는 해도 여전히 브라우저에서 동작하는 것은 자바스크립트입니다. 따라서 altJS로 작성된 코드는 자바스크립트 코드로 변환된 후 브라우저에서 동작하는 구조로 되어 있습니다. 이러한 변환 과정을 컴파일이라고 합니다(그림 1-4).

그림 1-4 altJS 코드는 자바스크립트 코드로 컴파일되어 동작

altJS에는 여러 가지 언어가 있는데, 대표적으로 루비 온 레일즈Ruby on Rails에서 표준으로 채택한 커피스크립트CoffeeScript와 구글이 출시한 다트Dart가 있습니다. 그러나 현재 altJS의 선두를 달리고 있는 언어는 마이크로소프트가 출시한 타입스크립트TypeScript입니다. 타입스크립트의 가장 큰 특징은 무엇보다도 언어 이름에서 알 수 있듯이 Type, 즉 데이터 타입을 도입했다는 점입니다.

자바스크립트는 데이터 타입을 의식하지 않고도 코딩할 수 있는 언어입니다. 그러나 이 자유로움이 여러 사람이 함께 모여 큰 규모로 개발할 때는 오히려 역효과를 낼 수 있습니다.

타입스크립트는 컴파일 단계에서 타입 검사를 수행하고 타입 불일치를 지적하여 문제를 해결할 수 있도록 도와줍니다.[4] 이를 통해 타입 불일치로 인한 버그를 줄일 수 있습니다. 덕분에 자바나 C#과 같이 원래 데이터 타입을 신경 쓰지 않으면 코딩할 수 없는 언어에 익숙한 프로그래머들에게 타입스크립트는 다루기 편한 언어가 되었습니다. 그 결과 현재 타입스크립트는 가장 빠르게 성장하고 있는 프로그래밍 언어 중 하나로 자리매김했습니다.

4 비주얼 스튜디오 코드(Visual Studio Code)처럼 컴파일 같은 기능이 포함되어 있는 에디터를 이용할 경우 코딩 단계에서부터 타입 불일치 부분을 지적해줍니다.

1.2 프런트엔드 프레임워크와 Vue

지금까지 역사를 돌아보며 자바스크립트가 어떻게 지금의 위치에 오르게 되었는지 알아보았습니다. 하지만 이 책의 주제인 Vue는 아직 등장하지 않았습니다. 이번 절에서 Vue를 소개합니다.

1.2.1 라이브러리의 한계와 프레임워크의 등장

자바스크립트를 지금의 위치로 끌어올린 주역으로 1.1.3절에서 소개한 제이쿼리를 빼놓을 수 없습니다. 다만 제이쿼리의 출발점은 애초에 브라우저 간 차이를 극복하는 것이 목적이었습니다. 그러나 모던 브라우저가 등장하면서 브라우저 간 차이가 크게 줄어들었고 그에 따라 제이쿼리의 역할도 점점 축소되고 있습니다.

하지만 현실은 여전히 제이쿼리가 많이 사용되는 상황입니다. 이유는 제이쿼리에 의존하는 다양한 라이브러리가 존재하기 때문입니다. 이러한 라이브러리를 활용하면 예를 들어 '글로벌 내비게이션을 클릭하면 하위 메뉴가 표시된다'와 같은 동작을 쉽게 구현할 수 있습니다. 이처럼 라이브러리를 쉽게 사용할 수 있고 편리하기 때문에 여전히 많은 개발자가 사용하고 있습니다.

그러나 라이브러리를 사용할 때는 구현하고자 하는 움직임에 맞춰 여러 라이브러리를 조합해야 하는 경우가 많습니다. 이 과정에서 서로 다른 라이브러리를 조합하는 코드는 프로그래머가 직접 작성해야 합니다(그림 1-5). 즉 라이브러리는 어디까지나 편리한 코드를 모아놓은 것에 불과합니다.

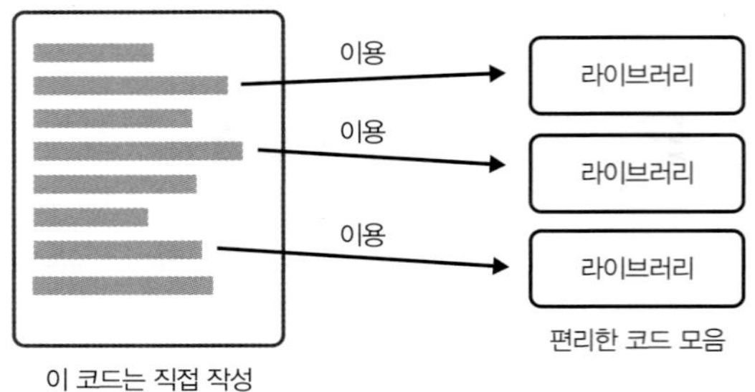

그림 1-5 라이브러리를 활용한 코드 작성은 프로그래머가 수행한다.

이 방법은 애플리케이션 규모가 커질수록 코드가 복잡해지면서 문제가 발생하기 쉽습니다. 따라서 근본적으로 코딩 방식을 바꾸는 것이 필요합니다. 그래서 등장한 것이 바로 프레임워크입니다.

애플리케이션의 처음부터 끝까지 모든 코드를 직접 작성하려고 할 때 이들 코드에는 반드시 정형화된 코드가 포함되어 있습니다. 프로그래머는 애플리케이션의 여러 곳에서 비슷한 코드를 작성해야 하는 경우가 많습니다. 아무리 코드를 복사해 붙여 넣더라도 정형화된 코딩을 이렇게 처리하는 것은 비효율적입니다. 프레임워크에는 이러한 애플리케이션 작동에 필요한 정형화된 코드가 포함되어 있습니다.

프레임워크를 사용하면 대부분의 코드가 미리 작성되어 있기 때문에 프로그래머는 비정형적인 코드 부분, 즉 차이점이 있는 코드에만 집중할 수 있습니다(그림 1-6).

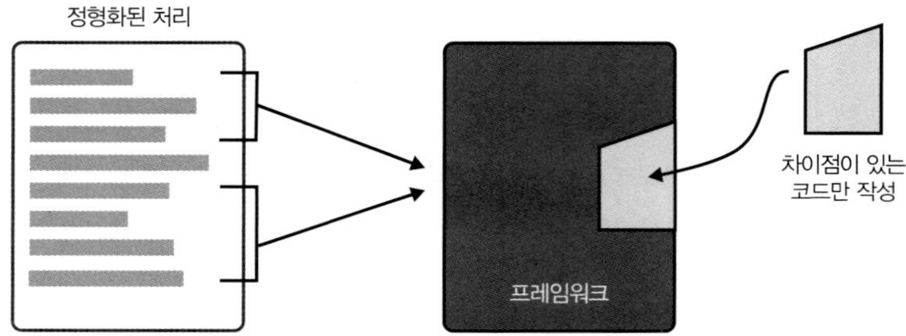

그림 1-6 프레임워크에서는 차이점에 집중한 코딩을 수행한다.

이 차이는 매우 큽니다. 라이브러리에서는 움직임을 제어하는 코드를 프로그래머가 작성하고 필요한 부분만 라이브러리를 사용합니다. 반면 프레임워크에서는 움직임을 제어하는 코드를 프레임워크에 맡깁니다. 이 차이를 제어의 반전Inversion of Control(IOC)이라고 합니다.

자바스크립트 프레임워크로 가장 먼저 등장한 것은 2009년 구글이 출시한 앵귤러JS[AngularJS] 입니다. 2010년에는 커피스크립트 저자가 Backbone.js를 출시합니다. 또한 2011년에는 Ember.js와 리액트[React]가 출시됩니다. Ember.js는 Ember.js 커뮤니티에서 개발하여 출시하고 있지만 리액트는 메타(구 페이스북)가 주도하여 개발하고 있습니다. 한편 앵귤러JS는 성능 문제와 기능의 복잡함을 개선하기 위해 코드를 처음부터 다시 작성하여 2016년 새로운 프레임워크인 앵귤러[Angular]로 재출시되었습니다.

1.2.2 Vue의 등장과 특징

이렇게 다양한 프레임워크가 등장하는 가운데 비교적 후발주자인 Vue.js가 2014년에 출시됩니다.[5] Vue는 에반 유[Evan You]가 만들었습니다. 에반은 구글 크리에이티브 랩[Google Creative Lab]에서 앵귤러JS를 활용한 UI 프로토타입을 만들던 중 앵귤러JS의 데이터 바인딩과 데이터에 따른 DOM 조작 등 좋은 점만 채택한 더 가벼운 프레임워크를 만들고 싶다고 생각하게 되었습니다. 이를 실현한 것이 바로 Vue입니다. 의도한 대로 Vue는 가볍고 경쾌하게 작동합니다.

또한 자바스크립트 코드에서 변숫값을 변경하면 그에 따라 DOM 요소, 즉 디스플레이가 자동으로 변경되는 구조가 핵심 기능으로 내장되어 있습니다. 이 구조를 반응형 시스템[reactivity system]이라고 합니다. 반응형 시스템에 대해서는 3장에서 예제와 함께 살펴보겠습니다.

1.2.3 프로그레시브 프레임워크로서의 Vue

Vue는 반응형 시스템을 핵심으로 하는 DOM 렌더링 기능에 특화된 프레임워크입니다. 하지만 이것은 어디까지나 Vue.js 본체에 대한 이야기이고 Vue의 특징은 Vue.js 본체를 중심으로 다양한 외부 모듈을 추가할 수 있다는 점입니다.

예를 들어 Vue.js 본체에 라우팅 기능을 추가하고 싶다면 Vue 라우터라는 모듈을 추가합니다. 또는 상태 관리 모듈인 Pinia를 추가하여 데이터를 집중적으로 처리할 수도 있습니다. Vue의

---

5 이 책에서는 프레임워크 전체를 나타내는 경우 Vue로 표기합니다. 한편 Vue의 핵심인 타입스크립트(자바스크립트) 코드 모음(패키지)을 Vue.js라고 표기합니다. 따라서 Vue라는 표현은 Vue.js 이외의 패키지를 포함하며 더 나아가 패키지뿐만 아니라 기능 등을 포함하는 더 넓은 의미로 사용하고 있습니다.

단위 테스트를 수행하려면 Vitest와 Vue Test Utils를 추가합니다. 물론 이러한 조합은 자유롭게 선택할 수 있으며 항상 모든 것을 설치해놓고 반드시 사용해야 하는 것은 아닙니다. 꼭 필요한 것을 필요한 만큼 이용할 수 있습니다. 이러한 구조를 프로그레시브progressive 프레임워크라고 합니다. [그림 1-7]은 Vue.js의 메인 페이지입니다.[6] 메인 페이지에 크게 소개된 'The Progressive JavaScript Framework'라는 표현이 바로 이런 의미입니다.

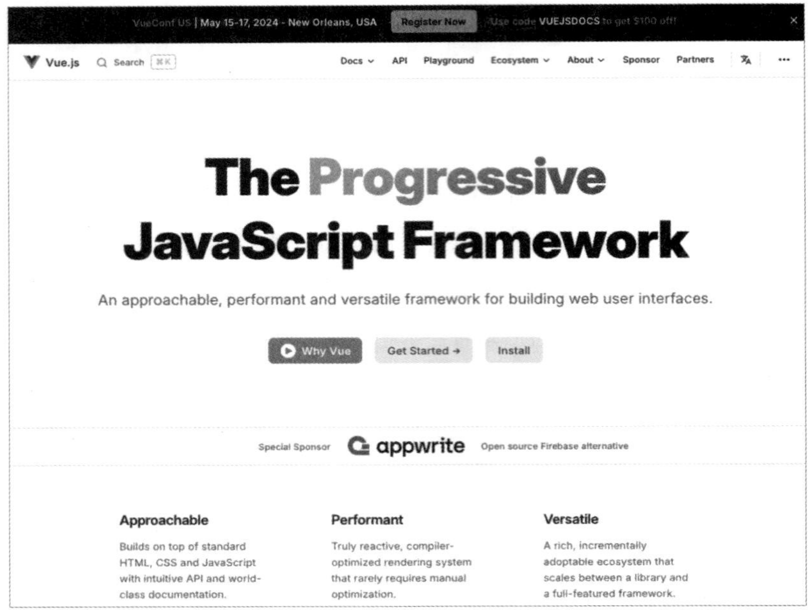

그림 1-7 Vue.js의 메인 페이지

여기서 예시로 든 모듈은 모두 이 책에서 설명합니다.

1.2.4 Vue 3 출시

2020년 9월, Vue.js의 메이저 업데이트를 통해 버전 3이 출시되었습니다. 이번 버전에서는 다양한 새로운 기능과 코드 작성 방식이 도입되었으며 본체 부분이 빨라졌습니다. 하지만 무엇보다 가장 큰 변화는 내부 소스 코드를 모두 타입스크립트로 다시 코딩했다는 점입니다.

6 https://vuejs.org/

이것은 새로운 기능처럼 눈에 보이는 것은 아니지만 상당히 영향력 있는 변화입니다. 왜냐하면 Vue 2(Vue.js 버전 2)에서도 타입스크립트로 코딩을 지원했지만 Vue.js 내부 코드가 자바스크립트로 되어 있어 타입에 대한 엄격함이 부족하고 Vue를 사용하는 프로그래머가 작성하는 타입스크립트 코드와 이어지지 않는 경우가 많았기 때문입니다. 하지만 이제 내부도 타입스크립트로 작성됨으로써 Vue.js 내부 코드와 프로그래머가 작성하는 타입스크립트 코드가 잘 연결되고 타입 체크도 수행하여 보다 안정적인 코딩이 가능해졌습니다.

하지만 Vue.js 본체가 버전 3이 된 이후에도 연동되는 모듈들이 Vue 3의 새로운 기능이나 새로운 작성 방법, 타입스크립트의 타입 검사에 대응하는 데는 시간이 걸렸습니다. 그래서 버전 3이 출시되었음에도 불구하고 Vue로 애플리케이션을 만들 때 기본 버전이 2로 설정되어 있는 상태가 한동안 지속되었습니다. 그러다 2022년 2월 7일, 드디어 주요 모듈이 Vue 3 지원을 시작함에 따라 Vue 3이 Vue 프로젝트의 기본이 되었습니다.

Vue 3이 프로젝트의 기본이 되는 동시에 프로젝트 자체 구조에도 다양한 변화가 일어나고 있습니다. 먼저 프로젝트 생성 도구가 Vue CLI에서 create-vue로 변경되었습니다. 또한 프로젝트 실행 환경도 웹팩webpack에서 Vite로 변경되었습니다. 이에 대해서는 다음 장에서 자세히 다루겠습니다. 데이터 처리를 일괄적으로 다룰 수 있는 상태 관리 기능도 Vuex에서 Pinia로 변경되었습니다. 이 내용은 11장에서 소개합니다. 13장에서 소개하는 단위 테스트용 도구도 Jest에서 Vitest로 변경되었습니다. 여기까지가 원고 작성 시점의 최신 상황입니다.

이 책에서는 다음 장부터 최신 환경을 활용하여 타입스크립트로 Vue 애플리케이션을 만드는 방법을 소개합니다.

2장

도입 편

Vite와 Vue 프로젝트

지난 장에서는 자바스크립트의 역사와 Vue의 등장 배경 및 특징 등을 대략 살펴봤습니다. 이제 직접 손을 움직여 코드를 작성해보겠습니다. 이 장에서는 Vue 애플리케이션을 제작하는 데 필요한 환경 구축에 대해 알아보고 첫 번째 Vue 프로젝트를 생성하고 실행해봅니다.

2.1 Vue 프로젝트 생성 준비

Vue 애플리케이션을 만들려면 Vue 프로젝트를 생성하고 해당 프로젝트에 대한 다양한 코드를 작성하면 됩니다. 이 절에서는 먼저 프로젝트를 생성하고 코딩하기 위한 준비, 즉 환경 구축에 대해 알아보겠습니다.

2.1.1 Vue 프로그래밍에 필요한 도구

Vue 애플리케이션 제작, 즉 Vue 프로그래밍을 할 때 필요한 도구는 다음 세 가지입니다.

- **비주얼 스튜디오 코드**

Vue 프로그래밍에는 개발 도구로 비주얼 스튜디오 코드Visual Studio Code를 사용하는 것을 권장합니다.

- **비주얼 스튜디오 코드의 확장 기능**

비주얼 스튜디오 코드의 확장 기능으로 Vue-Official Plugin을 설치하여 사용합니다. Vue-Official은 Vue 문법에 맞춰 비주얼 스튜디오 코드에서 코딩 도중 에러 표시, 타입스크립트 구문 검사 등을 지원하는 확장 기능입니다.

- **Node.js**

실제 Vue 프로젝트를 생성하고 실행하는 환경으로 1.1.7절에서 소개한 Node.js를 사용합니다.

2.1.2 비주얼 스튜디오 코드 설치

프로그래밍을 할 때 사용하는 텍스트 편집기나 IDE는 여러 가지가 있지만 Vue 프로그래밍에 권장되는 개발 도구는 마이크로소프트에서 출시한 비주얼 스튜디오 코드(VS Code)입니다. 그래서 먼저 VS Code를 설치합니다. 이미 설치되어 있다면 다음 항목으로 넘어갑니다.

웹스톰

VS Code 외에도 젯브레인즈JetBrains에서 출시한 웹스톰WebStorm[1]도 추천 도구로 꼽히지만 웹스톰은 학생용 등 일부 대상자를 제외하고는 유료로 운영되고 있습니다.

VS Code 사이트에 접속합니다. URL은 다음과 같습니다.

- https://code.visualstudio.com/

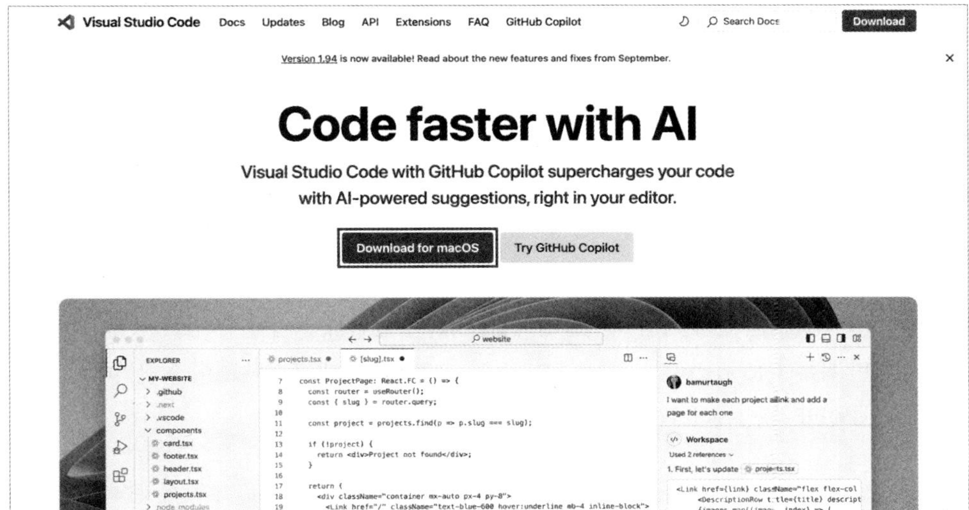

그림 2-1 VS Code 사이트

홈페이지에서 다운로드 버튼을 눌러 파일을 내려받습니다. 맥의 경우 zip 파일이 다운로드됩니다. 압축을 풀면 그대로 VS Code의 애플리케이션 파일(app 파일)이 되므로 애플리케이션 폴

1 https://www.jetbrains.com/ko-kr/webstorm/

더에 저장합니다. 윈도우의 경우 exe 파일이 설치 프로그램으로 다운로드됩니다. 파일을 실행하고 지시에 따라 설치합니다.

설치가 완료되면 VS Code를 실행합니다. 처음 시작할 때는 [그림 2-2]와 같이 영어로 표시됩니다.

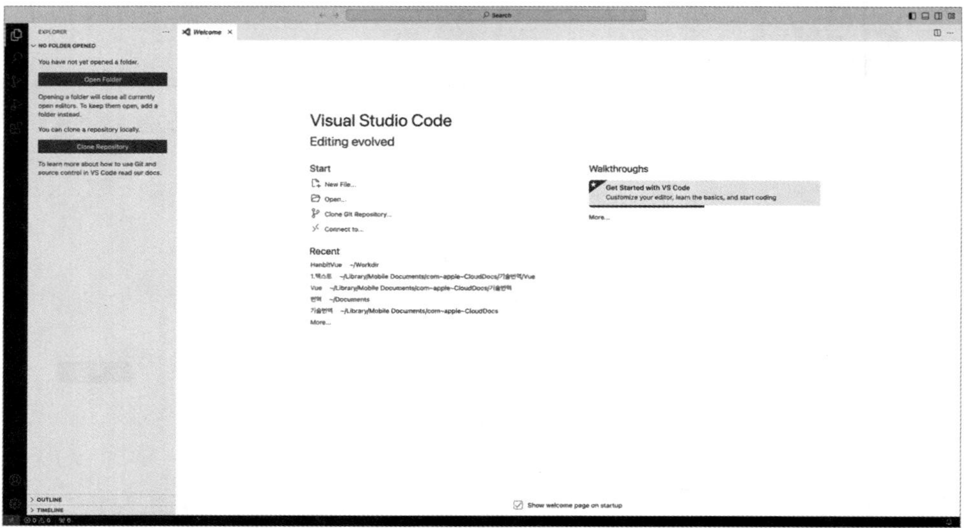

그림 2-2 최초 실행 시 VS Code

여기에서 한국어 확장 기능을 추가하여 메뉴와 같은 UI를 한국어로 표시하도록 변경합니다. 확장 프로그램 설치는 왼쪽 작업 표시줄에서 마크를 클릭하면 됩니다. 검색 창에 Korean을 입력하면 목록에 Korean Language Pack for VS Code가 표시되고 이를 클릭하면 자세한 내용을 확인할 수 있습니다(그림 2-3).

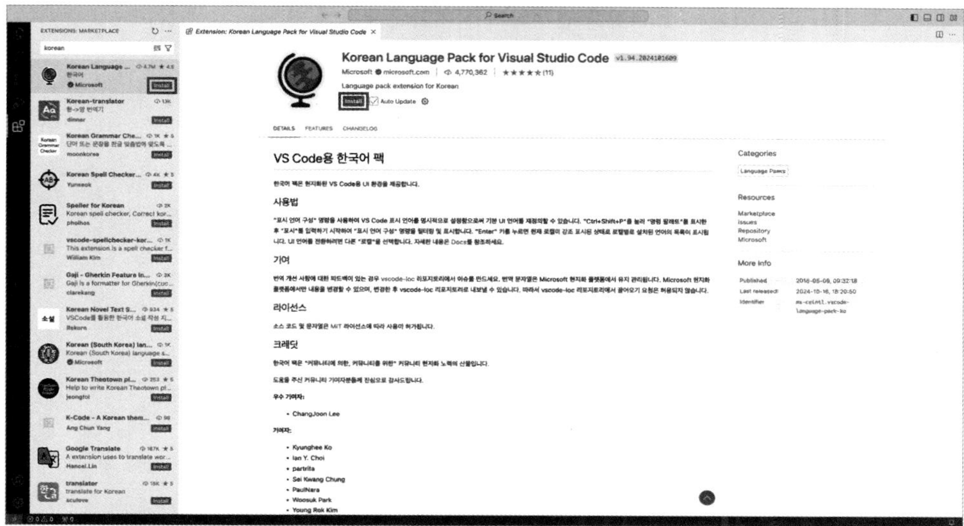

그림 2-3 한국어 확장 기능 상세 화면

상세 화면 또는 왼쪽 목록에 있는 [Install] 버튼을 클릭하여 한국어 확장 프로그램을 설치합니다. 설치 후 VS Code를 재실행하면 한국어가 적용됩니다.

2.1.3 Vue 프로그래밍용 확장 기능 설치

VS Code 설치 후 다음으로 Vue 프로그래밍용 확장 기능 Vue-Official(Language Support for Vue)을 설치합니다. Vue-Official은 VS Code에서 Vue.js 애플리케이션을 개발할 때 구문 강조 표시, 타입스크립트 지원, 템플릿 표현식 및 구성 요소의 표시 등을 지원하여 더 편리하고 효율적으로 코딩할 수 있도록 돕습니다.

Volar

전에는 Volar와 TypeScript Vue Plugin이라는 이름의 확장 기능을 설치하여 이용했지만 지금은 관련 기능들이 Vue-Official 확장 기능에 통합되었습니다. 따라서 Vue-Official(Vue 공식 확장 프로그램)을 설치하여 사용하는 것을 권장합니다.

확장 기능 검색란에 Vue-Official을 검색하여 설치합니다(그림 2-4).

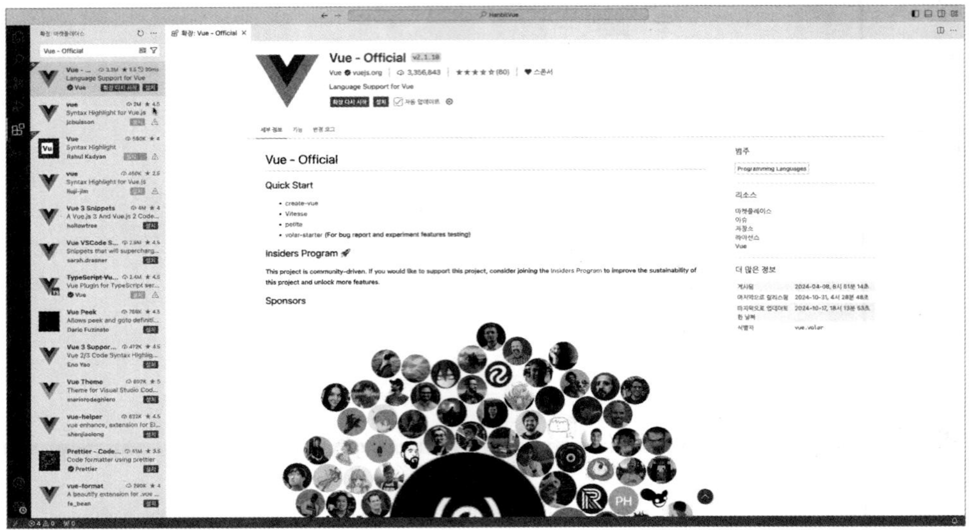

그림 2-4 Vue-Official 확장 기능 상세 화면

2.1.4 Node.js 설치

환경 구축의 마지막은 Node.js 설치입니다. Node.js에 대해서는 이미 1.1.7절에서 설명한 바 있습니다. Vue 프로젝트도 Node.js가 없으면 작동하지 않습니다. 먼저 Node.js 사이트에 접속합니다. URL은 다음과 같습니다.

- https://nodejs.org/

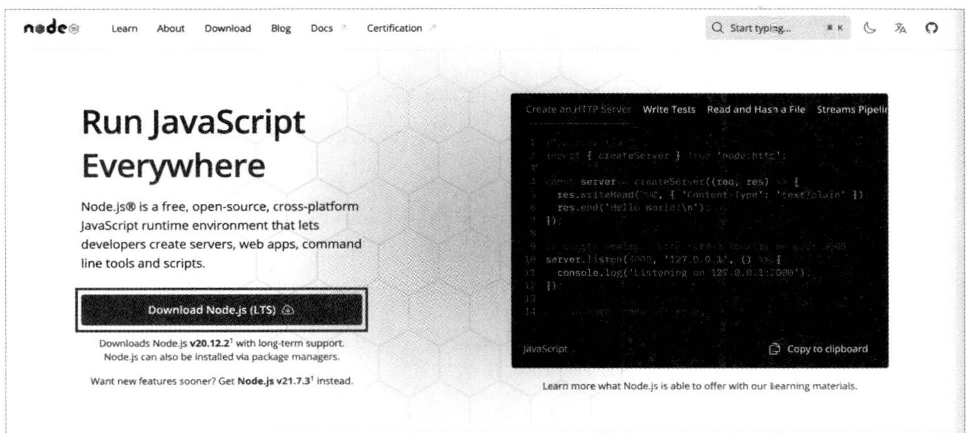

그림 2-5 Node.js 사이트

홈페이지 화면 중앙에 다운로드 버튼을 확인할 수 있습니다. LTS라는 표기가 안정 버전입니다. 다운로드 버튼을 클릭하여 파일을 내려받습니다. 맥 버전과 윈도우 버전 모두 설치 프로그램이므로 이를 실행하여 지시에 따라 설치합니다. 제대로 설치되었는지 명령어를 통해 확인해 봅시다. 명령창(맥의 경우 터미널, 윈도우의 경우 파워셸 등)을 열고 다음 명령을 실행합니다.

```
% node -v
v20.12.2
```

이처럼 설치한 것과 동일한 버전이 표시되면 설치에 성공한 것입니다.

COLUMN

여러 버전의 Node.js 설치

Node.js 설치와 관련하여 이 책에서는 Node.js 사이트에서 제공하는 설치 프로그램을 이용하는 방법을 소개합니다. 그러나 이 방식으로는 여러 버전의 Node.js를 설치하고 전환하여 사용할 수 없습니다. 또한 맥의 경우 제거할 때 번거롭습니다.

여러 버전의 Node.js를 설치하고 전환할 수 있는 도구로 nvm이 있습니다.[2] nvm 설치는 깃허브GitHub 페이지의 README에 나와 있는 다음과 같은 명령을 실행하기만 하면 됩니다. 이 명령은 직접 입력하는 것보다 깃허브 페이지에서 복사하기를 권장합니다.

```
curl -o- https://raw.githubusercontent.com/nvm-sh/nvm/v0.39.1/install.sh | bash
```

nvm은 윈도우 버전에 해당하는 NVM for Windows도 출시되어 있습니다.[3] 설치 파일이 제공되므로 깃허브의 해당 사이트에서 다운로드하여 실행하면 설치할 수 있습니다. nvm이 설치된 환경에서는 맥이든 윈도우든 다음 명령어로 최신 권장 버전(LTS 버전) Node.js를 설치할 수 있습니다.

```
nvm install node
```

또한 특정 버전을 설치하려면 다음과 같이 install 뒤에 버전 번호를 기재하면 됩니다.

```
nvm install 15.14.0
```

설치된 여러 버전의 Node.js 사이를 전환할 때는 다음과 같이 use를 사용합니다.

```
nvm use 16.14.0
```

이미 설치된 특정 버전의 Node.js를 제거하려면 다음과 같이 uninstall을 사용하면 됩니다.

```
nvm uninstall 16.14.0
```

2 https://github.com/nvm-sh/nvm

3 https://github.com/coreybutler/nvm-windows

2.2 Vue 프로젝트 생성과 실행

이제 환경 구축이 완료되었습니다. 바로 Vue 프로젝트를 생성하고 실행해봅시다.

2.2.1 Vue 프로젝트 생성 절차

Vue 프로젝트는 크게 다음 두 단계를 거쳐 생성합니다.

1. 명령 실행

프로젝트를 저장하는 상위 폴더에서 명령을 실행합니다. 그러면 9개의 질문이 표시되고 질문에 차례로 답해 나가면 됩니다. 모든 질문에 답하면 자동으로 폴더와 프로젝트 파일 세트가 생성됩니다.

2. 참조 라이브러리 설치

생성된 프로젝트 폴더 내에는 템플릿이 되는 프로젝트 파일 세트가 자동으로 생성되어 있지만 프로젝트 실행에 필요한 참조 라이브러리는 포함되어 있지 않으므로 별도의 명령어로 설치합니다.

2.2.2 Vue 프로젝트 생성 명령어

첫 번째 Vue 프로젝트로 hello-vue 프로젝트를 만들어보겠습니다. Vue 프로젝트를 생성하는 명령은 다음과 같습니다.

Vue 프로젝트 생성 명령어

```
npm init vue@latest
```

hello-vue 프로젝트를 저장하는 상위 폴더에서 앞의 명령을 실행합니다. 이 책에서는 이번 장에서 생성할 Vue 프로젝트 폴더를 다음 위치에 생성하고 명령어를 사용하였습니다.

```
% cd /Users/son/Workdir/HanbitVue/chap02
% npm init vue@latest
```

부모 폴더는 어디든 상관없으니 이 내용을 참고하여 명령을 실행합니다.

NOTE **create-vue 패키지 설치**

앞선 npm 명령어를 처음 실행할 때 다음과 같은 메시지가 표시될 수 있습니다.

```
Need to install the following packages:
create-vue@latest
Ok to proceed? (y)
```

이는 Vue 프로젝트를 생성하는 create-vue 패키지 자체가 설치되지 않았기 때문입니다. 설치할 것인지 묻는 질문에 'y'를 입력하고 다음 단계로 넘어가세요.

다음 9개의 질문이 순서대로 표시됩니다. 의미는 2.3절에서 설명할 예정이므로 여기서는 일단 [표 2-1]과 같이 답을 입력합니다.

질문	답변
Project name:	'hello-vue'를 입력
Add TypeScript?	'Yes'를 선택
Add JSX Support?	'No'를 선택
Add Vue Router for Single Page Application development?	'No'를 선택
Add Pinia for state management?	'No'를 선택
Add Vitest for Unit Testing?	'No'를 선택
Add an End-to-End Testing Solution?	'No'를 선택
Add ESLint for code quality?	'Yes'를 선택
Add Prettier for code formatting?	'Yes'를 선택

표 2-1 hello-vue 프로젝트 생성 시 질문과 답변

hello-vue 폴더가 생성되고 내부에 프로젝트에 필요한 파일들이 생성됩니다. 이 파일들의 역할에 대해서는 3장에서 설명합니다. [그림 2-6]은 이 책의 환경에서 hello-vue 프로젝트를 생성한 직후의 터미널 화면입니다.

```
● son@Hawaii chap02 % npm init vue@latest

  Vue.js - The Progressive JavaScript Framework

  ✔ Project name: … hello-vue
  ✔ Add TypeScript? … No / Yes
  ✔ Add JSX Support? … No / Yes
  ✔ Add Vue Router for Single Page Application development? … No / Yes
  ✔ Add Pinia for state management? … No / Yes
  ✔ Add Vitest for Unit Testing? … No / Yes
  ✔ Add an End-to-End Testing Solution? › No
  ✔ Add ESLint for code quality? › Yes
  ✔ Add Prettier for code formatting? … No / Yes

  Scaffolding project in /Users/son/Workdir/HanbitVue/chap02/hello-vue...

  Done. Now run:

    cd hello-vue
    npm install
    npm run format
    npm run dev
```

그림 2-6 hello-vue 프로젝트 생성이 완료된 터미널

npm 명령어

Vue 프로젝트 생성에 사용한 명령어는 node 명령어가 아닌 npm 명령어입니다. npm이란 node package manager의 머리글자를 딴 것으로, 이름 그대로 Node.js의 패키지 관리 도구입니다. Node.js에서 동작하는 다양한 자바스크립트 라이브러리나 도구를 패키지라고 부르는데 이를 추가하거나 업데이트, 삭제하기 위한 명령어가 npm입니다.

2.2.3 Vue 프로젝트에 참조 라이브러리를 추가하는 명령어

hello-vue 프로젝트가 만들어졌다고 해도 이대로는 작동하지 않습니다. 왜냐하면 작동에 필요한 라이브러리, 즉 패키지가 프로젝트에 포함되어 있지 않기 때문입니다. 다음으로 이들 패

키지를 설치합니다. 이 작업은 hello-vue 폴더에서 수행합니다. cd 명령어로 hello-vue 폴더로 이동한 후 다음 명령을 실행합니다.

npm 패키지 설치 명령어

```
npm install
```

그러면 패키지 설치가 시작됩니다. 설치 중에 명령줄 도구에 다양한 내용이 표시되지만 최종적으로 프롬프트가 나오면 설치가 완료된 것입니다. [그림 2-7]은 이 책의 환경에서 hello-vue 프로젝트의 패키지 설치가 완료된 직후의 터미널 화면입니다.

```
● son@Hawaii hello-vue % npm install

  added 302 packages, and audited 303 packages in 32s

  82 packages are looking for funding
    run `npm fund` for details

  found 0 vulnerabilities
```

그림 2-7 패키지 설치가 완료된 직후의 터미널 모습

2.2.4 Vue 프로젝트 실행 명령어

이제 첫 번째 Vue 프로젝트가 만들어졌습니다. 그럼 바로 프로젝트를 실행하고 브라우저에 표시해봅시다. Vue 프로젝트를 실행하는 명령어는 다음과 같습니다. 이 명령을 통해 개발용 서버가 실행되고 브라우저에서 프로젝트 내용을 볼 수 있게 됩니다.

개발용 서버 시작 명령어

```
npm run dev
```

실제로 hello-vue 폴더에서 이 명령어를 실행해보면 명령창에 [그림 2-8]과 같이 표시되며 개발용 서버가 시작됩니다.

```
VITE v3.0.9  ready in 415 ms

➜  Local:   http://localhost:5173/
➜  Network: use --host to expose
```

그림 2-8 개발용 서버가 실행된 터미널

[그림 2-8]의 화면에 기재된 다음 URL로 브라우저를 통해 접속합니다.

- http://localhost:5173/

[그림 2-9]와 같은 화면이 나타나면 성공입니다.

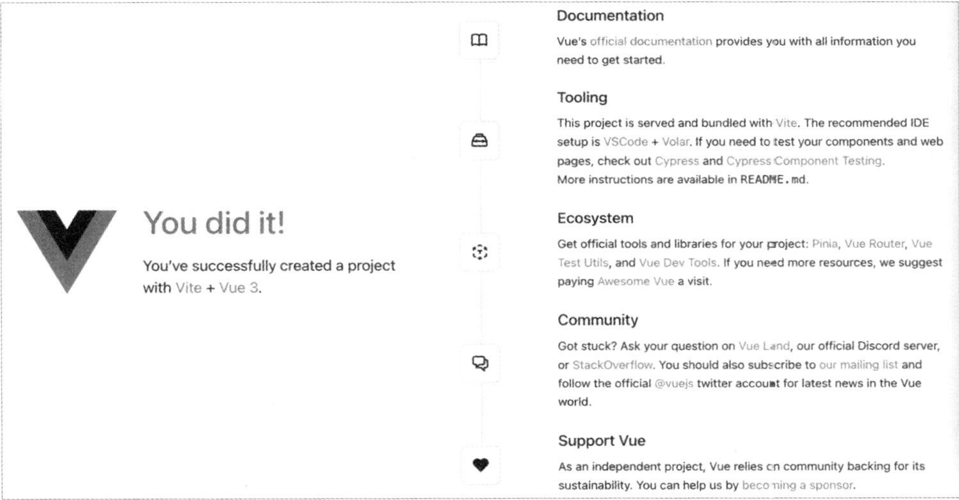

그림 2-9 표시되는 hello-vue 프로젝트

[그림 2-8]과 같이 개발용 서버가 실행되는 동안에는 프롬프트가 표시되지 않습니다. 개발용 서버를 종료하려면 [Ctrl]+[C] 키를 누릅니다.

2.3 Vue 프로젝트 생성 질문과 Vite

지금까지 Vue 프로젝트를 생성하고 실행까지 한 번 수행해봤습니다. 여기서 프로젝트 생성 절차에 대해 좀 더 자세히 설명하겠습니다.

2.3.1 Vue 프로젝트 생성 시 질문

먼저 앞선 [표 2-1]의 Vue 프로젝트 생성 시 질문들을 차례대로 살펴봅시다.

질문 1. Project name

프로젝트명을 입력합니다. 이 프로젝트명으로 폴더가 생성됩니다. 이 책에서는 신규 프로젝트를 생성할 때마다 프로젝트명을 기재하므로 해당 프로젝트명을 입력하면 됩니다.

질문 2. Add TypeScript?

Vue 애플리케이션을 타입스크립트로 작성할지 여부를 선택합니다. 기본값은 'No'(자바스크립트 프로젝트)이지만 'Yes'를 선택하면 타입스크립트로 코딩할 수 있습니다. 이 책에서는 타입스크립트를 사용하므로 모든 프로젝트에서 'Yes'를 선택해야 합니다.

질문 3. Add JSX Support?

JSX를 사용할지 여부를 선택합니다. 기본값은 'No'입니다. JSX는 자바스크립트 코드 중에 HTML을 작성할 수 있는 확장 기능입니다. 이 책에서는 사용하지 않으므로 항상 'No'를 선택하세요.

질문 4. Add Vue Router for Single Page Application development?

Vue 라우터를 사용할지 여부를 선택합니다. 기본값은 'No'입니다. Vue 라우터를 이용하면 싱글 페이지 애플리케이션을 쉽게 만들 수 있습니다. Vue 라우터에 대해서는 10장에서 소개합니다. 그 전까지는 'No'를 선택하세요.

질문 5. Add Pinia for state management?

Pinia를 사용할지 여부를 선택합니다. 기본값은 'No'입니다. Pinia는 데이터를 통합적으로 관리할 수 있는 라이브러리이며 11장에서 소개합니다. 그 전까지는 'No'를 선택하세요.

질문 6. Add Vitest for Unit Testing?

Vitest를 사용할지 여부를 선택합니다. 기본값은 'No'입니다. Vitest는 단위 테스트를 수행하기 위한 라이브러리이며 13장에서 소개합니다. 그 전까지는 'No'를 선택하세요.

질문 7. Add an End-to-End Testing Solution?

Cypress 등의 도구를 사용할지 여부를 선택합니다. 기본값은 'No'입니다. Cypress는 UI 조작을 포함하여 앱 전체 애플리케이션을 테스트할 수 있는 라이브러리입니다. 이러한 테스트 방법을 E2E[End-to-End] 테스트라고 합니다. 이 책에서는 사용하지 않으므로 항상 'No'를 선택하세요.

질문 8. Add ESLint for code quality?

ESLint를 사용할지 여부를 선택합니다. 기본값은 'No'입니다. ESLint는 자바스크립트/타입스크립트 코드가 올바른지 여부를 정적으로 분석하는 도구입니다. 이러한 도구를 린터[Linter]라고 합니다. [표 2-1]과 같이 hello-vue 프로젝트에서는 'Yes'를 선택했지만 이 책에서는 사용하지 않으므로 'No'를 선택해도 무방합니다. 단 'No'를 선택하면 다음 질문 9번이 표시되지 않습니다. hello-vue에서는 질문 9번을 확인하기 위해 일부러 'Yes'를 선택했습니다.

질문 9. Add Prettier for code formatting?

Prettier를 사용할지 여부를 선택합니다. 기본값은 'No'입니다. Prettier는 소스 코드를 정형화하는 도구입니다. Vue 프로젝트에서는 ESLint와 함께 사용되므로 8번 질문에서 'No'를 선택하면 이 질문은 표시되지 않습니다. 질문 8번과 마찬가지로 hello-vue 프로젝트에서는 'Yes'를 선택했지만 이 책에서는 특별히 사용하지 않으므로 'No'를 선택해도 무방합니다.

2.3.2 ESLint와 Prettier

ESLint와 Prettier 사용에 대해 'Yes'를 선택하여 생성된 프로젝트의 경우 다음 명령어를 사용할 수 있습니다.

ESLint 실행 명령어

```
npm run lint
```

명령을 실행하면 ESLint가 실행되어 소스 코드의 문제점을 지적해줍니다. 또한 Prettier를 이용하면 코드의 포매팅도 함께 실행됩니다. 예를 들어 [그림 2-10]은 일부러 소스 코드에 실수한 상태에서 lint 명령을 실행한 결과입니다.

```
C:₩Workdir₩HanbitVue₩chap02₩hello-vue₩src₩components₩HelloWorld.vue
  4:4  error  Parsing error: ';' expected

✖ 1 problem (1 error, 0 warnings)
```

그림 2-10 ESLint가 지적한 소스 코드의 문제점

여기서 구체적인 문제점까지 살펴볼 필요는 없고 [그림 2-10]과 같이 지적해준다는 점만 이해하면 됩니다. 단 이러한 실수는 VS Code에서도 코딩 중에 지적해줍니다. [그림 2-10]에서 ESLint가 지적한 에러가 있는 소스 코드를 VS Code 편집기에 작성하면 [그림 2-11]과 같이 표시됩니다.

```
<script setup lang="ts">
defineProps<{
  msg: string
}>())
```

```
ⓧ HelloWorld.vue 문제 3개 중 2개
','이(가) 필요합니다. ts-plugin(1005)
```

그림 2-11 VS Code가 지적한 소스 코드의 문제점

이처럼 VS Code만으로도 에러를 지적해주기 때문에 이 책의 내용에서는 ESLint를 사용하지 않아도 특별히 문제는 없습니다.

2.3.3 새로운 Vue 프로젝트 실행 환경

[그림 2-8]에서 개발용 서버를 실행했을 때 표시되었던 메시지를 살펴보면 괜 앞에 VITE라고 적혀 있는 것이 보입니다. 여기서 잠깐 Vite에 대해 보충 설명하겠습니다.

Vite는 Vue 창시자인 에반 유가 만든 새로운 프런트엔드 빌드 도구입니다. 프랑스어로 '빠르다quick'를 의미하는 단어라고 합니다. 1.2.4절에서 설명한 Vue 3이 기본이 되면서 Vue 애플리케이션을 만드는 방식에서 크게 달라진 점 중 하나는 개발 서버와 프로젝트 생성 도구입니다.

이전까지 프로젝트 생성 도구는 Vue CLI였습니다. Vue CLI로 만든 Vue 프로젝트는 프로젝트 내에 생성된 다양한 파일을 웹팩webpack이라는 도구를 사용하여 실제 자바스크립트 환경에서 실행할 수 있는 파일로 변환하여 실행했습니다. 이 방식의 가장 큰 문제점은 실행할 수 있는 파일을 생성하는 데 시간이 오래 걸린다는 점입니다.

그래서 새롭게 개발된 실행 환경이 Vite입니다. Vite는 이미 자바스크립트 실행 환경으로 내장된 ECMA스크립트의 모듈 구조를 최대한 활용하여 실행 속도를 빠르게 하고 있습니다. Vue 3이 기본이 될 때 실행 환경이 Vite로 변경되었습니다. 이에 따라 프로젝트 생성 도구도 Vue CLI에서 Vite 기반 프로젝트 생성 도구인 create-vue로 변경되었습니다. 이후에도 여기서 소개한 create-vue를 이용한 프로젝트와 Vite를 이용한 개발용 서버를 사용하여 다양한 Vue의 기능을 소개하겠습니다.

3장

도입 편

Vue 프로그래밍의 기본

지난 장에서는 Vue 애플리케이션을 만들기 위한 환경을 구축하면서 첫 번째 Vue 프로젝트로 hello-vue를 만들었습니다. 이 장에서는 hello-vue를 통해 Vue 애플리케이션의 구조를 소개한 후 Vue 애플리케이션을 만드는 기본적인 방법을 설명합니다.

3.1 Vue의 컴포넌트와 기본 구문

Vue 프로젝트에서는 컴포넌트라는 것을 사용하여 애플리케이션을 제작하게 됩니다. 먼저 컴포넌트가 무엇인지부터 알아본 후 Vue 애플리케이션의 기본 구문에 관해 설명하겠습니다.

3.1.1 컴포넌트란?

예를 들어 [그림 3-1]과 같이 제목, 이미지, 설명이 한 세트의 박스로 구성되어 반복되는 웹페이지를 생각해봅시다.

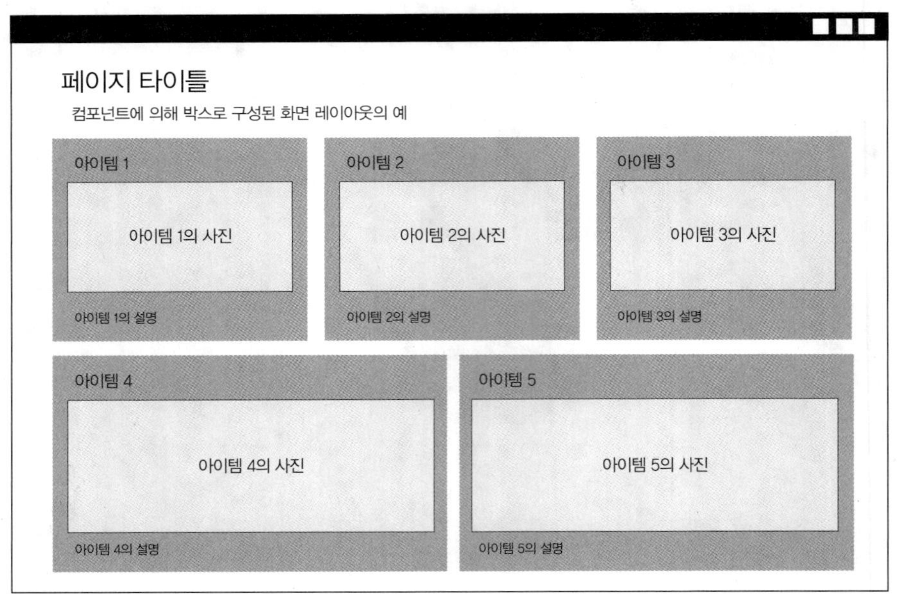

그림 3-1 박스의 반복으로 구성된 웹페이지

이 박스 하나하나는 예를 들어 다음과 같은 HTML 태그로 구성되어 있습니다.

```
<div class="…">
    <h3>…</h3>
    <img src="https://…">
    <p>…</p>
</div>
```

이 태그들은 한 세트로 웹페이지의 한 부분을 구성합니다. 이렇게 웹페이지를 구성하는 부분을 컴포넌트라고 합니다. 컴포넌트는 다음과 같은 요소로 구성됩니다.

- HTML 태그
- CSS 스타일시트
- 자바스크립트 코드

웹 애플리케이션에서는 이러한 요소들을 각각 별도의 파일로 작성하는 것이 일반적입니다.

3.1.2 단일 파일 컴포넌트란?

반면 Vue 프로젝트에서는 세 가지 요소가 하나의 컴포넌트(파일)로 묶여 있습니다. 구체적으로 앞 장에서 만든 hello-vue 프로젝트의 src/App.vue 파일을 열어 코드를 살펴봅시다. [코드 3-1]과 같은 구조로 되어 있습니다.

코드 3-1 hello-vue/src/App.vue

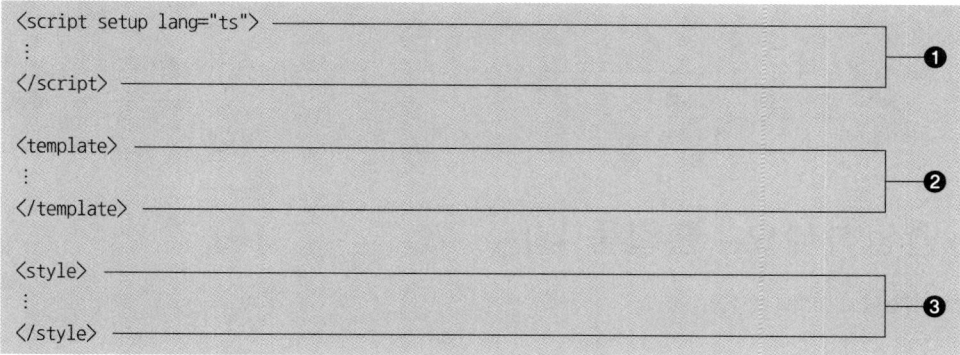

내용은 크게 다음과 같이 세 부분으로 나뉘어져 있습니다.

❶ script 태그로 둘러싸인 부분은 스크립트 블록이라고 하며 자바스크립트/타입스크립트를 작성합니다.

❷ template 태그로 둘러싸인 부분은 템플릿 블록이라고 하며 HTML 태그를 작성합니다.

❸ style 태그로 둘러싸인 부분은 스타일 블록이라고 하며 CSS 코드를 작성합니다.

이처럼 App.vue 파일에서는 원래는 별도의 파일로 작성하던 HTML + CSS + 자바스크립트/타입스크립트라는 세 가지 구성 요소를 하나의 파일로 작성할 수 있습니다. 이러한 파일을 단일 파일 컴포넌트라고 하며 확장자는 .vue입니다. Vue 프로젝트에서 애플리케이션 제작은 .vue 파일을 생성하고 여기에 다양한 내용을 추가하는 방식으로 진행됩니다.

3.1.3 단일 파일 컴포넌트 작성의 기본

그럼 지금부터 App.vue를 작성하는 방법을 소개하겠습니다. 먼저 간단한 예제를 만들어봅시다. 2.2절을 참고하여 새로운 프로젝트로 mustache를 생성하고 src/App.vue 파일을 [코드 3-2]의 내용으로 작성합니다. 참고로 프로젝트 생성 직후 App.vue에는 다양한 코드가 미리 작성되어 있지만 모두 삭제하고 다시 작성해도 문제없습니다.

코드 3-2 mustache/src/App.vue

```
<script setup lang="ts">                    ❶
import {ref} from "vue";                    ❷

const name = ref("홍길동");                 ❸
</script>

<template>                                  ❹
    <h1>안녕하세요~ {{name}} 님!</h1>       ❺
</template>
```

안녕하세요~ 홍길동 님!

그림 3-2 [코드 3-2]의 표시 결과

앞 절에서 설명한 바와 같이 자바스크립트/타입스크립트 코드는 스크립트 블록에 작성하게 되어 있습니다. 이것이 [코드 3-2]의 ❶입니다. 다만 ❶을 보면 알 수 있듯이 단순한 script 태그가 아닌 속성이 두 개 적혀 있습니다. 먼저 이해하기 쉬운 다음 속성부터 설명하겠습니다.

```
lang="ts"
```

이 속성은 타입스크립트를 나타냅니다. 스크립트 블록에 타입스크립트 코드를 작성할 때는 반드시 이 속성을 지정해야 합니다.

다음으로 setup 속성입니다. 간단히 설명하면 setup 속성을 통해 스크립트 블록 내의 코드를 단순화할 수 있습니다. setup을 작성하지 않는 경우, 즉 단순화할 수 없는 코드에 대해서는 7장에서 소개합니다.

참고로 [코드 3-2]에서는 ❹와 같이 템플릿 블록은 있지만 스타일 블록이 없습니다. 예제에서는 CSS 작성이 필요하지 않기 때문입니다. 이처럼 CSS 작성이 필요 없는 컴포넌트 파일에서는 style 태그 자체를 삭제해도 문제가 없습니다.

3.1.4 데이터를 표시하는 머스태시 구문

다음으로 템플릿 블록 안 ❺에서는 다음과 같은 코드에 주목합시다.

```
{{name}}
```

이 코드는 스크립트 블록에서 준비한 변수를 표시하기 위한 구문으로 머스태시 구문이라고 합니다.

머스태시 구문

```
{{변수명}}
```

참고로 이 구문이 '머스태시'라고 불리는 이유는 중괄호를 두 개 겹친 {{ 모양을 눕혀서 보았을 때 콧수염 mustache 같아 보이는 것에서 유래했습니다.

[코드 3-2]의 ❺에서는 변수명이 name이므로 스크립트 블록에서 name이라는 변수를 준비해두면 해당 내용이 여기에 표시됩니다.

3.1.5 템플릿에 표시할 변수를 정의하는 ref()

이제 템플릿 블록에서 사용할 변수(이하 템플릿 변수)를 정의하는 방법에 관해 알아봅시다. 기본은 스크립트 블록 내에서 변수로 선언하는 것입니다. 다만 단순히 선언만 해서는 안 되고 [코드 3-2]의 ❸에서와 같이 ref() 함수를 사용해야 합니다.

```
const name = ref("홍길동");
```

여기서는 '홍길동'이라는 문자열을 템플릿 변수의 값으로 설정한다고 가정해봅시다. 문자열 값을 ref() 함수의 인자로 전달하고 반환값을 name 변수에 대입하고 있습니다. 이렇게 하면 템플릿 블록에서 여기서 정의한 변수명으로 해당 값을 사용할 수 있게 됩니다. 결과적으로 머스태시 구문 {{name}}에 '홍길동'이라는 값이 표시됩니다(그림 3-3).

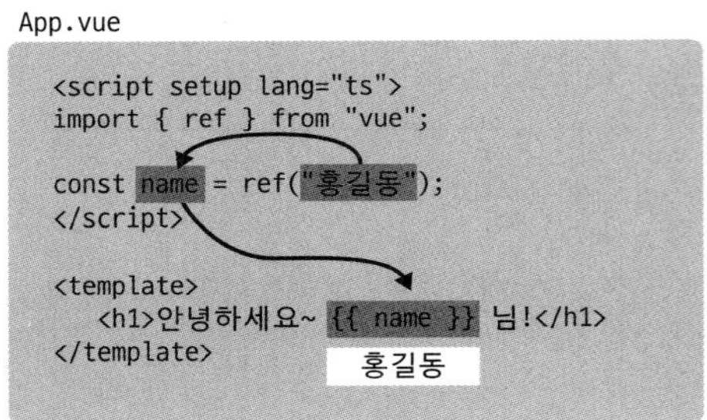

App.vue
<script setup lang="ts">
import { ref } from "vue";
const name = ref("홍길동");
</script>
<template>
<h1>안녕하세요~ {{ name }} 님!</h1>
</template>
홍길동

그림 3-3 '홍길동'이 머스태시 구문으로 표시되기까지의 과정

[코드 3-2]에서는 ref()의 인자로 템플릿 블록에 표시할 값을 직접 작성했지만 다음과 같이 변수를 미리 준비해놓고 ref()에 전달하는 방법도 괜찮습니다.

```
const yourName = "홍길동";
const name = ref(yourName);
```

참고로 ref() 함수는 사전에 Vue.js 본체에서 미리 임포트import해 두어야 합니다. [코드 3-2]에서 ❷의 import 문이 이러한 역할을 합니다.

모듈 export 및 import

모던 자바스크립트에는 함수, 클래스, 객체 등을 각각 별도의 파일로 작성하고 이를 불러와서 사용할 수 있는 구조가 있습니다. 이를 모듈이라고 합니다.

모듈을 외부에서 사용할 수 있게 하려면 미리 해당 함수나 클래스를 외부에서 사용할 수 있도록 코드에 명시해 두어야 합니다. 이를 익스포트export라고 하는데, 예를 들어 다음과 같이 함수 정의나 클래스 정의 앞에 export 키워드로 지정합니다.

```
export function ref(…) {…
```

export 모듈을 이용하려면 이용하는 측에서 임포트import해야 합니다. [코드 3-2]에서 ❷의 mport 문은 바로 이 가져오기를 수행하고 있습니다. 이때 가져오고자 하는 함수명이나 클래스명 등을 import에 이어 { } 안에 쉼표로 구분하여 나열합니다. 이때 이름은 export로 내보낸 함수명이나 클래스명과 일치해야 합니다.

또한 export에는 다음과 같이 default 키워드를 붙인 변형이 있습니다. 이것을 디폴트 익스포트라고 하며 모듈 파일에 하나만 정의할 수 있습니다.

```
export default function showName() {…
```

디폴트 익스포트는 말하자면 '이름 없음'으로 내보내기 때문에 가져오는 쪽에서 이름을 지정해야 합니다. 이 경우 다음과 같은 코드를 작성합니다. import 다음에 { }가 없다는 점에 주목합시다.

```
import sn from "…";
```

3.2 반응형 시스템

이제 스크립트 블록에서 준비한 변수를 템플릿 블록에서 사용할 수 있게 되었습니다. 그러면 이때 사용한 ref() 함수는 무엇일까요? 이 절에서는 ref() 함수의 동작을 설명합니다.

3.2.1 ref() 함수의 동작

ref() 함수의 동작을 배우려면 한 가지 키워드를 이해해야 합니다. 바로 반응형 시스템reactive system입니다. 반응형은 변숫값의 변화에 따라 표시 내용이 자동으로 바뀌는 것을 말합니다. 반응형 시스템이란 바로 이를 구현하는 메커니즘을 말하며 Vue의 근간을 이루는 요소입니다.

여기서는 한 가지 예제를 통해 반응형 시스템을 체험해보도록 하겠습니다. 지금 단계에서 반응형 시스템의 작동 원리를 정확히 이해할 필요는 없습니다. 먼저 간단한 예제를 만들어보겠습니다.

reactive-system 프로젝트를 생성하고 src/App.vue를 [코드 3-3]의 내용으로 다시 작성합니다.

코드 3-3 reactive-system/src/App.vue

```
<script setup lang="ts">
import { ref } from "vue";

// 현재 시각 취득
const now = new Date();                          ❶
// 현재 시각 문자열 취득
const nowStr = now.toLocaleTimeString();         ❶
// 현재 시각 문자열을 템플릿 변수로 준비
let timeStr = nowStr;                            ❷
```

```
// 현재 시각 문자열을 템플릿 변수로서 ref()로 준비
const timeStrRef = ref(nowStr); ———————————————————— ❸
// 새로운 시각으로 변경하는 함수
function changeTime(): void {
    // 현재 시각 취득
    const newTime = new Date(); ——————————————————┐
    // 현재 시각 문자열 취득                            ├── ❹
    const newTimeStr = newTime.toLocaleTimeString(); ——┘
    // 현재 시각 문자열을 템플릿 변수 timeStr에 대입
    timeStr = newTimeStr; ——————————————————————————— ❺
    // 현재 시각 문자열을 템플릿 변수 timeStrRef에 대입
    timeStrRef.value = newTimeStr; —————————————————— ❻
}
// changeTime 함수를 1초 간격으로 실행
setInterval(changeTime, 1000); —————————————————————— ❼
</script>

<template>
    <p>현재 시각: {{ timeStr }}</p> ———————————————— ❽
    <p>현재 시각(ref): {{ timeStrRef }}</p> ————————— ❾
</template>
```

표시 결과 예는 [그림 3-4]와 같습니다. 이 예제는 현재 시각을 표시하는 것이므로 [그림 3-4]는 어디까지 하나의 예일 뿐입니다.

현재 시각: 오후 6:18:46　　현재 시각(ref): 오후 6:19:26

그림 3-4 반응형 시스템에 따라 시간이 변화하는 모습

포인트는 '현재 시각'은 처음 표시되는 시각에 멈춰 있지만 '현재 시각(ref)'는 1초마다 시간이 바뀐다는 점입니다. 이를 가능하게 하는 것이 ref()입니다. ref()로 준비한 변수는 값의 변화에 따라 표시 내용이 자동으로 바뀌는 구조로 되어 있습니다. 이것이 바로 반응형 시스템 덕분입니다.

3.2.2 반응형 변숫값 변경 방법

이제 [코드 3-3]에서 1초마다 시간 표시가 바뀌는 이유를 소스 코드와 함께 살펴보겠습니다.

먼저 ❶에서 현재 시각 문자열을 nowStr로 준비합니다. 이를 먼저 템플릿 변수 timeStr에 저장합니다(❷). 여기서는 ref() 함수를 사용하지 않았습니다. 마찬가지로 nowStr을 ref()를 이용한 템플릿 변수로 timeStrRef에 저장합니다(❸).

템플릿 블록에서는 ref()를 사용하지 않은 timeStr을 ❽로, ref()를 사용한 timeStrRef를 ❾로 표시하고 있습니다. 처음 표시할 때는 두 시각 모두 같은 시각입니다. 이후 ❼에서 설정한 setInterval()에 의해 1초마다 changeTime() 함수가 실행됩니다. changeTime() 함수 내에서는 ❹에서 새로운 시각 문자열로 newTimeStr을 준비합니다.

주목해야 할 점은 이 다음입니다. 새로운 시각 문자열을 두 개의 템플릿 변수에 각각 대입하는 처리를 ❺와 ❻에서 수행하고 있습니다. 덕분에 원래는 timeStr도 newTimeStr도 1초마다 새로운 시각으로 대체되지만 브라우저에서 timeStr의 표시 시각은 변경되지 않습니다. 이는 timeStr이 ref() 함수를 이용하지 않아 반응형 변수가 아니기 때문입니다. 한편 timeStrRef는 ref()를 이용하므로 반응형 변수이며 ❻에서 새로운 시각 문자열을 대입함에 따라 표시가 변경됩니다(그림 3-5).

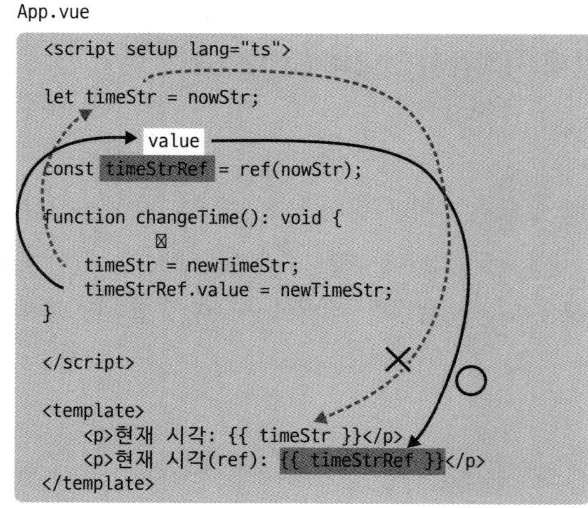

그림 3-5 [코드 3-3]에서 표시가 변경되는 구조

단 timeStrRef에 직접 새로운 값을 대입해서는 안 됩니다. 어디까지나 반응형인 상태를 유지하면서 값을 변경하려면 ref()에 의해 생성된 변수의 value 속성값을 변경해야 합니다. ❻의 코드가 단순히 timeStrRef = newTimeStr;이 아니라 timeStrRef.value = newTimeStr;이라고 되어 있는 것은 그 때문입니다.

구문으로 정리하면 다음과 같습니다.

반응형 변수 준비 및 값 재작성

```
const 변수명 = ref(값);
변수명.value = 새로운_값;
```

3.3 반응형 데이터를 준비하는 여러 가지 방법

앞 절에서 소개한 반응형 데이터를 준비하는 방법은 ref() 외에도 여러 가지가 있습니다. 이번 절에서 다양한 방법들을 살펴봅시다.

3.3.1 계산 결과를 반응형으로 만드는 computed()

무작위로 0에서 10까지의 값을 생성하고 이를 반지름으로 하는 원의 면적을 계산하여 표시하는 프로그램을 생각해봅시다. 반지름을 나타내는 템플릿 변수를 radius, 원주율을 PI로 설정하면 템플릿 블록은 예를 들어 다음과 같은 코드가 됩니다.

```
<template>
    <p>반지름 {{radius}}의 원의 면적을 원주율 {{PI}}로 계산하면 {{...}}이 된다.</p>
</template>
```

면적을 표시하는 마지막 머스태시 구문 {{...}}을 어떻게 작성하느냐가 이번 주제입니다. 사실 머스태시 구문에는 다음과 같이 직접 계산식을 작성할 수 있습니다.

```
{{PI * radius * radius}}
```

물론 이 공식은 문제없이 작동합니다. 하지만 Vue의 코딩 규약에서는 머스태시 구문 내에 식을 작성하는 것은 가능하면 피하도록 되어 있습니다.

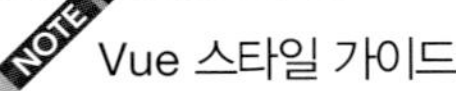

Vue 스타일 가이드

Vue에서는 다양한 코딩 규약을 스타일 가이드로 공개하고 있습니다. URL은 다음과 같습니다.

- https://vuejs.org/style-guide/

스타일 가이드에는 지켜야 할 규칙을 우선순위에 따라 네 종류로 규정합니다.

- 반드시 지켜야 할 A 규칙(Essential)
- 최대한 지켜야 할 B 규칙(Strongly Recommended)
- 기본적으로 지켜야 할 C 규칙(Recommended)
- 주의하면 지키지 않아도 되는 D 규칙(Use with Caution)

위에서 언급한 머스태시 구문 내 표현식 설명은 B 규칙에 해당하며 다음 URL에 기재되어 있습니다.

- https://vuejs.org/style-guide/rules-strongly-recommended.html#simple-expressionsin-templates

참고로 Vue의 스타일 가이드는 이 책에서도 필요에 따라 소개할 예정입니다.

머스태시 구문 내에 수식을 작성하는 것을 피한다면, 예를 들어 area와 같은 템플릿 변수를 준비해 두고 스크립트 블록 안에서 area를 계산하게 됩니다. 이때 스크립트 블록 안에 다음과 같은 코드를 작성한다고 가정해봅시다.

```
const radiusInit = Math.round(Math.random() * 10);
const PI = ref(3.14);
const radius = ref(radiusInit);
const areaInit = PI * radiusInit * radiusInit;
const area = ref(areaInit);
```

이 코드로 문제없이 결과를 표시할 수 있습니다. 하지만 [코드 3-3]의 reactive-system 프로젝트처럼 1초마다 반지름 값을 갱신하고 싶다면 이에 맞춰 area도 갱신해야 합니다. 즉 area도 반응형 변수로 만들어야 합니다.

이처럼 스크립트 블록에서 준비한 변수나 외부에서 주어진 변수(이후 장에서 소개)를 사용하여 계산한 결과를 반응형 데이터로 사용할 경우 계산형 속성computed properties이라는 방법을 사용할 수 있습니다.

그럼 원의 면적을 1초마다 표시하는 애플리케이션을 computed 프로젝트로 만들어봅시다. 프로젝트가 생성되면 src/App.vue를 [코드 3-4]의 내용으로 다시 작성합니다.

코드 3-4 computed/src/App.vue

```
<script setup lang="ts">
import { ref, computed } from "vue"; ❶

// 반지름 초깃값을 무작위로 취득
const radiusInit = Math.round(Math.random() * 10);
// 원주율 기본값 설정
const PI = ref(3.14);
// 반지름 기본값 준비
const radius = ref(radiusInit);
// 원의 면적 계산형 속성 준비
const area = computed( ❷
    (): number => {
        return radius.value * radius.value * PI.value;
    }
);
// 반지름 기본 변수에 새로운 무작위값을 1초 간격으로 저장
setInterval( ❸
    (): void => {
        radius.value = Math.round(Math.random() * 10);
    },
    1000
);
</script>

<template>
    <p>반지름이 {{ radius }}이고 원주율이 {{ PI }}인 원의 면적은 {{ area }}입니다. </p>
</template>
```

표시 결과는 다음과 같습니다.

반지름이 8이고 원주율이 3.14인 원의 면적은 200.96입니다.

그림 3-6 [코드 3-4] 표시 결과

계산형 속성을 준비하는 부분은 [코드 3-4]의 ❷입니다. 계산형 속성을 템플릿 변수로 사용할 경우 Vue.js에서 제공하는 computed() 함수를 사용합니다. 따라서 미리 ❶에서 함수를 가져와야 합니다. computed() 함수의 인자에는 계산 결과를 반환하는 화살표 함수를 작성합니다. 구문은 다음과 같습니다.

계산형 속성 준비

```
const 변수명= computed(
    (): 계산 결과의 데이터 타입 => {
        계산 처리;
        return 계산 결과;
    }
);
```

[코드 3-4]의 ❷는 화살표 함수의 생략형을 이용하여 다음과 같이 작성할 수도 있습니다.

```
const area = computed(
    (): number => radius.value * radius.value * PI.value
);
```

또는 익명 함수를 이용한 다음 코드도 문제없이 동작합니다.

```
const area = computed(
    function(): number {
        return radius.value * radius.value * PI.value;
    }
);
```

이 책에서는 [코드 3-4]의 ❷와 같은 화살표 함수로 작성하겠습니다. 왜냐하면 익명 함수 내에서는 this가 가리키는 것이 다양하게 변하고, Vue 프로젝트 내에서 에러가 발생하는 경우가 많아 화살표 함수를 권장하기 때문입니다. 또한 생략된 화살표 함수는 가독성 면에서 문제가 있습니다. 그렇기 때문에 중괄호 블록 {}은 반드시 작성하고 반환값은 return 키워드로 작성하는 형식을 채택하겠습니다. 비슷한 이유로 ❸의 setInterval()의 첫 번째 인자인 함수 역시 [코드 3-3]과 달리 화살표 함수로 작성했습니다.

계산형 속성은 읽기 전용

계산형 속성은 읽기 전용으로 제공됩니다. 즉 computed() 함수에서 준비된 변수의 value 속성에 다음과 같이 값을 대입하는 코드를 작성하면 에러가 발생하므로 주의해야 합니다.

```
area.value = 300;
```

3.3.2 객체를 한꺼번에 반응형으로 만드는 reactive()

지금까지 예에서는 반응형 템플릿 변수를 준비하는 데 ref()를 사용했습니다. 여기서 [코드 3-4]를 다시 한번 검토해보면 PI와 radius를 준비하는 부분에서 다음과 같이 매번 ref()를 사용하고 있습니다.

```
const PI = ref(3.14);
const radius = ref(radiusInit);
```

이것은 각 데이터에 대해 별도의 반응형 변수가 준비되어 있다는 의미입니다. Vue에는 이러한 여러 개의 데이터를 묶어 하나의 객체로 취급하여 반응형으로 만드는 reactive() 함수가 준비되어 있습니다.

[코드 3-4]의 computed 프로젝트를 reactive()를 사용하여 reactive-function 프로젝트로 작성해봅시다. 프로젝트가 생성되면 src/App.vue를 [코드 3-5]의 내용으로 다시 작성합니다. computed 프로젝트와 다른 점은 굵게 표시된 부분입니다. 실행 결과는 앞서 설명한 computed 프로젝트와 동일합니다.

코드 3-5 reactive-function/src/App.vue

```
<script setup lang="ts">
import {reactive, computed} from "vue";

// 반응형 템플릿 변수 준비
const data = reactive({        ─┐
    PI: 3.14,                   ├─❶
    radius: Math.round(Math.random() * 10)
});                            ─┘
```

```
// 원의 면적 계산형 속성 준비
const area = computed(
    (): number => {
    return data.radius * data.radius * data.PI;   ❷
    }
);
// 반지름 기본 변수에 새로운 무작위값을 1초 간격으로 저장
setInterval(
    ():void => {
        data.radius = Math.round(Math.random() * 10);   ❸
    },
    1000
);
</script>

<template>
     <p>반지름이 {{ data.radius }}이고 원주율이 {{ data.PI }}인 원의 면적은
     {{ area }}입니다. </p>   ❹
</template>
```

reactive() 함수를 사용하려면 사전에 Vue.js 본체에서 임포트해야 합니다. 이어서 ❶에서 템플릿 변수를 객체로 정리하여 통째로 reactive() 함수에 전달하고 반환값을 data 변수에 대입하고 있습니다. 이를 통해 객체 내의 모든 것이 반응형 데이터가 됩니다.

스크립트 블록 안에서는 이러한 객체 내의 데이터에 그대로 데이터 속성으로 접근할 수 있습니다. [코드 3-5]에서는 ❷와 ❸이 이에 해당합니다. data 자체가 객체로 정리되어 있기 때문에 ref()로 준비된 템플릿 변수에 비해 직관적으로 이해하기 쉽습니다.

한편 템플릿 블록에서 reactive() 함수로 만든 템플릿 변수는 [코드 3-4]에서와 같이 변수명 그대로는 접근할 수 없습니다. [코드 3-5]의 ❹와 같이 '객체명.속성명'의 형태로 작성해야 합니다. 이처럼 ref()와 reactive()는 장단점이 있기 때문에 적재적소에 적절히 사용해야 합니다. 기본적으로 ref()를 이용하면 문제가 없습니다. 다만 뒤에서 설명하겠지만 어쩔 수 없이 객체를 모아 반응형 데이터로 만들어야 하는 경우에는 reactive()를 활용합니다.

3.4 Vue 프로젝트 구성과 작동 원리

지난 절까지 Vue 애플리케이션의 기본적인 코딩 방법에 대해 알아보았습니다. 다음 장부터 앞서 설명한 내용을 바탕으로 조금씩 코딩의 폭을 넓혀 나갑니다. 여기서는 그 전에 지금까지 만든 다양한 Vue 프로젝트가 어떤 파일 구성으로 되어 있는지, 어떤 원리로 동작하는지 알아보겠습니다. 다만 조금 깊이 있는 내용을 다루기 때문에 지금은 완전히 이해하지 못하더라도 괜찮습니다. Vue 애플리케이션 제작에 익숙해졌을 때 다시 한번 읽어본다는 마음으로 가볍게 넘어가기 바랍니다.

3.4.1 Vue 프로젝트 파일 구성

지금까지 코딩해 온 파일이 모두 App.vue 파일임에서 알 수 있듯이 .vue 파일 중에서도 핵심이 되는 것이 바로 App.vue 파일입니다. 그 이유를 이해하기 위해 먼저 Vue 프로젝트 파일 구성을 살펴봅시다. 여기서는 다시 처음으로 돌아가 프로젝트만 생성한 상태인 hello-vue를 대상으로 설명합니다. hello-vue 프로젝트 파일 구성은 [그림 3-7]과 같습니다.

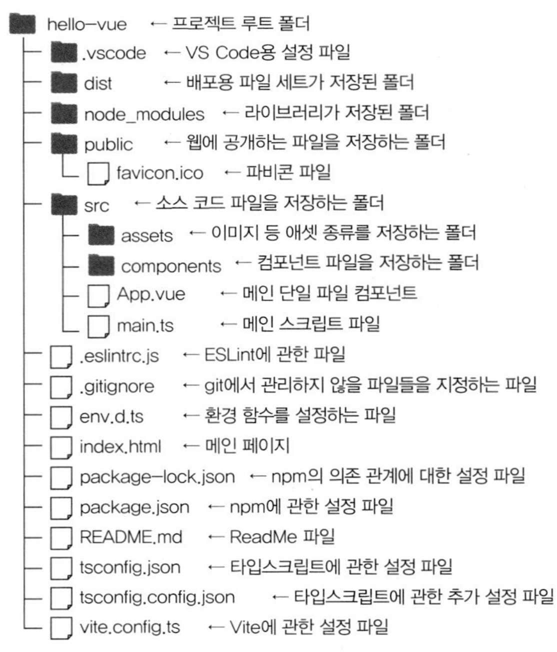

그림 3-7 hello-vue 폴더의 내부 구성

3.4.2 배포용 파일 세트가 저장된 dist 폴더

각 파일과 폴더에 대한 간략한 설명은 [그림 3-7]에 나타냈습니다. 이후 주요 파일에 대해 자세히 설명하겠지만 그 전에 dist 폴더에 대해 보충 설명하겠습니다. 사실 Vue 프로젝트만 생성한 상태에서는 dist 폴더가 존재하지 않습니다. dist 폴더와 내용을 생성하려면 다음 명령을 실행해야 합니다.

dist 폴더 내에 배포용 파일 세트를 작성하는 명령어

```
npm run build
```

실제로 hello-vue 폴더에서 이 명령을 실행해봅시다. [그림 3-8]과 같이 hello-vue 폴더 내에 dist 폴더가 생성되고 그 안에 index.html을 시작으로 js 파일, css 파일 등 웹 애플리케이션에 필요한 파일들이 생성됩니다.

그림 3-8 생성된 dist 폴더

Vue 프로젝트 내의 파일들은 .vue 파일을 포함하여 그대로 브라우저에 불러와도 작동하지 않습니다. 이 파일들은 아직 개발 단계에 있는 파일입니다. 이 모든 것을 분석하여 브라우저에 읽어 들여 작동하도록 변환하는 것이 바로 앞선 build 명령입니다. 이 명령으로 생성된 dist 폴더에 있는 파일들을 웹 서버에 배포하고 index.html을 브라우저에 불러오면 생성한 Vue 애플리케이션이 동작하게 됩니다.

하지만 개발 단계에서 이러한 절차를 일일이 밟는 것은 비효율적입니다. 따라서 개발 단계에서는 Vue 프로젝트 폴더 구성 그대로 동작하는 내부 서버를 구동하여 사용합니다. 그것이 바로 2.2.4절에서 소개한 dev 명령입니다. 이때 실행되는 내부 서버를 포함하여 개발용 파일에서 배포용 파일까지 생성해 주는 도구가 Vite입니다.

3.4.3 public 폴더와 index.html

이제 다시 [그림 3-7]의 폴더 구성으로 돌아가봅시다. public 폴더에 주목하세요. public 폴더 내의 파일과 폴더는 그대로 dist 폴더에 저장됩니다. 따라서 Vue.js의 처리를 통하지 않고 외부에 공개하고 싶은 파일들은 public 폴더에 저장합니다. 실제로 프로젝트 작성 시점에 유일하게 public 폴더 내에 존재하는 favicon.ico는 그대로 dist 폴더에 저장되어 있습니다.

그렇다면 dist 폴더의 중심이 되는 index.html은 어디에서 올까요? index.html은 프로젝트 폴더 바로 아래에 존재합니다. 이 파일은 그대로 dist 폴더에 저장되는 것이 아니라 build 처리를 통해 수정되기 때문입니다. 프로젝트 바로 아래의 index.html을 확인해보면 다음과 같습니다(코드 3-6).

코드 3-6 hello-vue/index.html

```
<!DOCTYPE html>
<html lang="en">
  <head>
    <meta charset="UTF-8" />
    <link rel="icon" href="/favicon.ico" />
    <meta name="viewport" content="width=device-width, initial-scale=1.0" />
    <title>Vite App</title>
  </head>
  <body>
    <div id="app"></div> ―――――――――――――――――――――――――――――――― ❶
    <script type="module" src="/src/main.ts"></script> ――――――――――― ❷
  </body>
</html>
```

파일 내 ❷에서 타입스크립트 파일인 main.ts를 읽어 들이고 있지만 타입스크립트 코드 그대로는 브라우저에서 동작하지 않습니다. 따라서 index.html 파일을 브라우저에 불러와도 작동하지 않습니다. 한편 이 index.html을 기반으로 build 명령에 의해 생성된 dist 폴더 내의 index.html은 [코드 3-7]과 같습니다.

코드 3-7 hello-vue/dist/index.html

```
<!DOCTYPE html>
<html lang="en">
  <head>
    <meta charset="UTF-8" />
    <link rel="icon" href="/favicon.ico" />
    <meta name="viewport" content="width=device-width, initial-scale=1.0" />
    <title>Vite App</title>
    <script type="module" crossorigin src="/assets/index.e734e9e7.js"></script>
    <link rel="stylesheet" href="/assets/index.1662c1ac.css">
  </head>
  <body>
    <div id="app"></div> ──────── ❶
  </body>
</html>
```

불러오는 파일이 전혀 다르다는 것을 알 수 있습니다. 게다가 불러오는 스크립트 파일이 모두 .js로 자바스크립트로 변환된 것을 확인할 수 있습니다. 이렇게 생성된 dist 폴더의 index.html은 브라우저에서 동작하게 됩니다.

3.4.4 Vue 프로젝트의 작동 원리

[코드 3-6]과 [코드 3-7]을 비교해보면 ❶의 태그는 변화가 없습니다. 사실 id가 app인 div 태그는 Vue 애플리케이션의 출발점이 되는 부분입니다.

이 태그의 역할을 이해하기 위해 Vue 프로젝트의 작동 원리로 이야기를 옮겨보겠습니다. Vue 프로젝트는 기본적으로 생성한 Vue 애플리케이션의 모든 화면이 id가 app인 div 태그 안에 표시되는 구조로 되어 있습니다. 이를 그림으로 나타내면 [그림 3-9]와 같습니다.

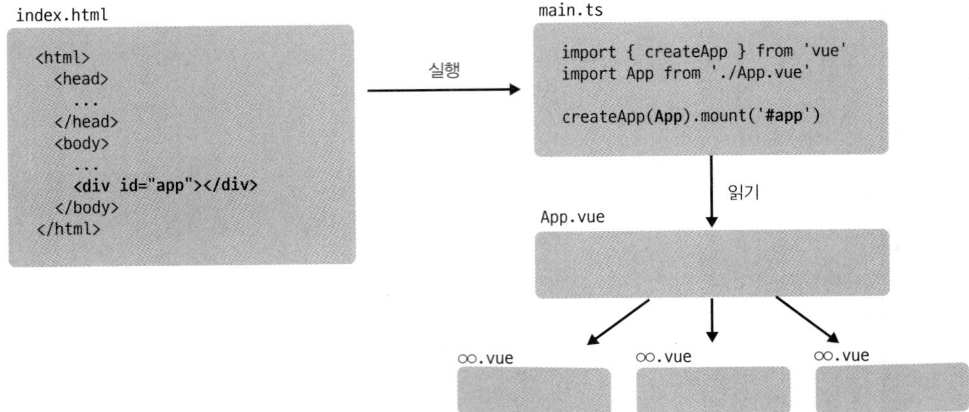

그림 3-9 Vue 프로젝트의 작동 원리

여기서 index.html에서 불러오는 main.ts에 대해 자세히 살펴보겠습니다(코드 3-8).

코드 3-8 hello-vue/src/main.ts

```
import { createApp } from 'vue'        ❶
import App from './App.vue'            ❷
import './assets/main.css'             ❸
createApp(App).mount('#app')           ❹
```

❶과 ❷는 단순히 모듈을 가져오는 부분입니다. ❶에서 Vue.js 본체에서 createApp() 함수를, ❷에서 지금까지 다양한 코딩을 진행했던 App.vue 파일을 App으로 임포트하고 있습니다. 또한 ❸은 assets 폴더 내의 main.css 파일을 가져오고 있습니다. 이를 통해 알 수 있듯이 main.ts의 코드는 사실상 하나의 구문 ❹뿐입니다. 이 구문으로 Vue 프로젝트가 동작하기 시작합니다.

❹의 전반부인 createApp()은 함수 이름에서 알 수 있듯이 Vue 애플리케이션을 생성하는 함수입니다. 인자로는 시작점인 단일 파일 컴포넌트를 전달합니다. 후반부의 mount()는 createApp()에 의해 생성된 Vue 애플리케이션을 표시하는 메서드입니다. 이때 index.html의 어느 태그에 표시할 것인지를 인자로 지정합니다.

❹에서 #app으로 표기된 것이 바로 앞의 id가 app인 div 태그(이하 #app 태그라고 부름)를 나타냅니다. 결과적으로 App.vue에 작성된 내용이 index.html의 #app 태그 안에 렌더링되

어 표시되는 구조로 되어 있습니다.

그런 다음 [그림 3-9]와 같이 필요에 따라 App.vue에서 다른 단일 파일 컴포넌트를 불러오는 것으로 다양한 표시와 처리가 이루어지게 됩니다. 일반적으로 이러한 App.vue에서 불러오는 컴포넌트 파일들은 src/components 폴더에 저장합니다. 참고로 컴포넌트에서 다른 컴포넌트를 불러오는 방법은 8장에서 다룹니다. 그 전까지는 모든 코드를 App.vue에 작성합니다.

❸에서 main.css 파일을 가져올 때는 주의가 필요합니다. 다음 장 이후의 예제에서는 css 파일의 내용이 방해가 되는 경우가 있습니다. 따라서 프로젝트를 만들 때 main.ts 파일의 ❸에 해당하는 행은 미리 삭제하기 바랍니다. 다운로드한 예제 파일 코드에도 삭제되어 있습니다.

Vue 프로젝트 내 파일의 코드 스타일

[코드 3-8]의 코드는 프로젝트를 생성할 때 자동으로 생성된 파일 내 코드입니다. 이 코드는 지금까지 이 책에서 설명한 코드와 비교할 때 다음과 같은 차이점이 있습니다.

- 문자열을 작은따옴표로 둘러쌈
- 문장 끝에 세미콜론이 없음

자바스크립트/타입스크립트에서는 문자열을 정의하는 방법으로 큰따옴표 묶음, 작은따옴표 묶음, 백쿼테이션 묶음 이렇게 세 가지 종류가 있습니다. 이 중 자바스크립트에서는 작은따옴표 묶음 방식을 많이 사용합니다. 따라서 Vue 프로젝트 내 파일에서는 거의 작은따옴표를 이용합니다.

하지만 타입스크립트 공식 문서에서 문자열 정의는 대부분 큰따옴표로 묶여 있습니다. 또한 자바와 같은 다른 언어에서는 문자열을 작은따옴표로 정의할 수 없는 경우가 있다는 점을 고려하여 큰따옴표로 묶어 정의할 것을 권장하고 있습니다. 따라서 이 책에서도 큰따옴표 또는 백쿼테이션을 이용하겠습니다.

한 가지 더, 문장 끝의 세미콜론에 대해 말하자면 자바스크립트/타입스크립트에서는 생략해도 무방합니다. 하지만 생략하면 어디가 문장 끝인지 알 수 없게 됩니다. 또한 실수로 줄 바꿈을 지우고 두 문장을 한 줄로 작성한 경우 버그가 발생합니다. 이러한 이유로 이 책에서는 문장 끝의 세미콜론을 반드시 작성하기로 하겠습니다.

이 책에서는 [코드 3-8]과 같이 미리 작성된 파일 내의 코드를 제시하는 경우에만 작은따옴표를 사용하고 문장 끝의 세미콜론이 없는 상태로 표시합니다.

COLUMN

Vite는 바닐라에서도 이용 가능

3.4.2절에서 설명한 것처럼 Vue 프로젝트에서는 개발 단계의 내부 서버를 포함한 다양한 파일을 컴파일하여 실행 파일로 변환하는 도구로 Vite를 활용합니다. 사실 Vite는 Vue 전용 도구가 아닙니다.

2.3.3절에서 설명했듯이 Vue 3이 Vue의 기본 버전이 되기 전, 즉 프로젝트 생성 도구로 Vue CLI를 사용하던 시절에는 웹팩을 변환 도구로 사용했습니다. 웹팩도 애초에 Vue 전용 도구가 아니며 자바스크립트 애플리케이션에서 널리 사용되고 있습니다. Vite도 마찬가지로 다양한 자바스크립트/타입스크립트 애플리케이션에서 사용할 수 있습니다. Vite를 이용하여 프로젝트를 생성하려면 다음 명령을 실행합니다.

```
npm create vite@latest
```

그러면 명령창에 다음과 같이 프로젝트명을 입력하라는 메시지가 표시됩니다.

```
? Project name:
```

이러한 질문 방식은 Vue 프로젝트 생성 마법사와 동일합니다. 적절한 프로젝트명을 입력하고 [Enter] 키를 누르면 [그림 3-c1]과 같은 질문이 표시됩니다. 답변으로 앞으로 만들 프로젝트 템플릿을 선택하면 됩니다.

```
son@Hawaii test % npm creat vite@latest
✔ Project name: … firstvite
? Select a framework: › - Use arrow-keys. Return to submit.
❯   Vanilla
    Vue
    React
    Preact
    Lit
    Svelte
    Solid
    Qwik
    Others
```

그림 3-c1 Vite 프로젝트 생성 마법사

표시되는 선택지를 보면 반드시 Vue에 국한되지 않는다는 것을 알 수 있습니다. 참고로 맨 위에 표시된 Vanilla는 아이스크림의 바닐라를 뜻합니다. 여기서는 프레임워크를 전혀 사용하지 않은 순수한 자바스크립트/타입스크립트의 상태를 바닐라 자바스크립트/바닐라 타입스크립트라고 부릅니다. 바닐라라는 프레임워크가 있는 것으로 착각할 수 있지만 사실은 프레임워크명이 아닙니다. 아이스크림의 기본인 순수한 아이스크림이라고 하면 바닐라를 떠올리는 것에서 유래한 것으로 알려져 있습니다.

4장

기본 편

데이터와 이벤트 디렉티브

3장에서는 Vue 애플리케이션을 만드는 기본적인 방법을 다뤘습니다. 구체적으로는 스크립트 블록에서 준비한 데이터(템플릿 변수)를 템플릿 블록에서 활용하는 기본 흐름을 소개했습니다. 지금까지 템플릿 변수를 활용하는 방법으로 머스태시 구문만 설명했지만 이 외에도 다양한 방법이 있습니다. 이 장에서 어떤 방법이 있는지 자세히 알아보겠습니다.

4.1 데이터 바인딩 디렉티브

3장에서 소개한 머스태시 구문은 태그로 둘러싸인 부분(요소의 텍스트 부분)에만 사용할 수 있습니다. 즉 속성에 템플릿 변수를 사용하려면 다른 방법이 필요합니다. 이때 사용하는 것이 이 절에서 소개하는 데이터 바인딩 디렉티브입니다.

4.1.1 디렉티브란?

디렉티브directive란 템플릿 블록에서 HTML 태그 내에 작성하는 v-로 시작하는 속성을 말합니다. [표 4-1]은 주요 디렉티브를 정리한 것입니다.

디렉티브	역할
v-bind	데이터 바인딩
v-on	이벤트 처리
v-model	양방향 데이터 바인딩
v-html	HTML 문자열 표시
v-pre	정적 콘텐츠 표시
v-once	데이터 바인딩을 최초 1회로 제한
v-cloak	머스태시 구문 비표시
v-if	조건분기
v-show	표시/비표시 제어
v-for	반복 처리

표 4-1 주요 디렉티브

[표 4-1]의 디렉티브 중에서 이 장에서는 v-bind와 v-on을 소개합니다. v-if, v-show, v-for와 같은 제어 관련 디렉티브는 6장에서, 나머지는 5장에서 다룰 예정입니다.

4.1.2 속성에 데이터를 바인딩하는 v-bind

[표 4-1]의 디렉티브 중 가장 먼저 소개할 것은 v-bind입니다. v-bind는 데이터 바인딩 디렉티브로서 머스태시 구문을 사용할 수 없는 '태그의 속성 부분'에 템플릿 변수를 활용하기 위한 디렉티브입니다. 간단한 예를 작성해보겠습니다. directive-bind-basic 프로젝트를 생성하고 src/App.vue를 [코드 4-1]의 내용으로 작성합니다.

코드 4-1 directive-bind-basic/src/App.vue

```
<script setup lang="ts">
import { ref } from "vue";

const url = ref("https://vuejs.org/");
</script>

<template>
    <p><a v-bind:href="url" target="_blank">Vue.js 사이트</a></p>  ❶
    <p><a :href="url" target="_blank">Vue.js 사이트(약어)</a></p>  ❷
    <p><a v-bind:href="url + 'guide/introduction.html'" target="_blank">
    Vue.js 가이드 페이지</a></p>  ❸
</template>
```

표시 결과는 [그림 4-1]과 같습니다.

Vue.js 사이트

Vue.js 사이트(약어)

Vue.js 가이드 페이지

그림 4-1 생성된 링크

[그림 4-1]의 화면에 실제로 렌더링된 태그는 다음과 같습니다.

```
<p><a href="https://vuejs.org/" target="_blank"> Vue.js 사이트</a></p>  ①
<p><a href="https://vuejs.org/" target="_blank"> Vue.js 사이트(약어)</a></p>  ②
<p><a href="https://vuejs.org/guide/introduction.html" target="_blank">
Vue.js 가이드 페이지</a>  ③
```

이후 예제에서는 표시 결과와 렌더링 결과에 별도 설명이 필요하지 않다면 생략하겠습니다.

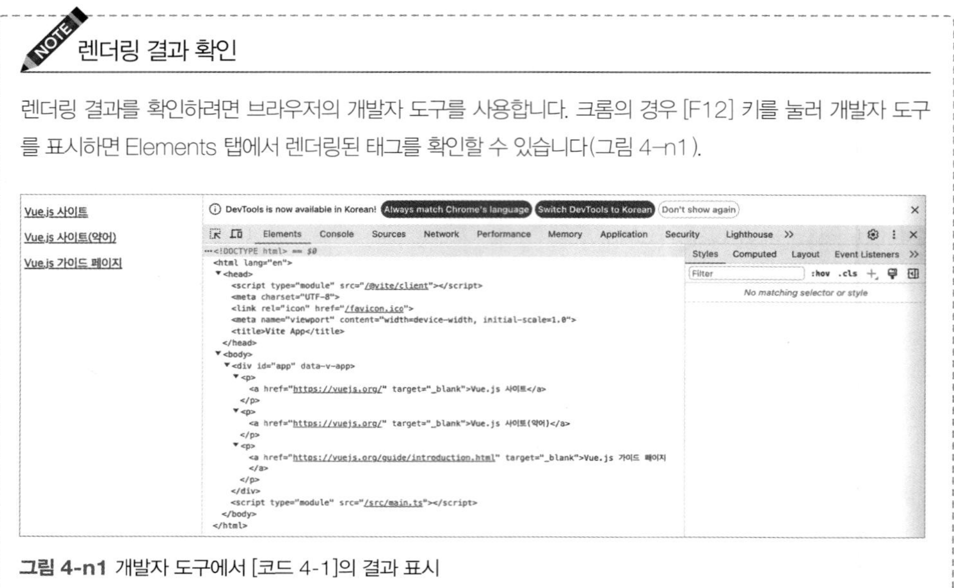

렌더링 결과 확인

렌더링 결과를 확인하려면 브라우저의 개발자 도구를 사용합니다. 크롬의 경우 [F12] 키를 눌러 개발자 도구를 표시하면 Elements 탭에서 렌더링된 태그를 확인할 수 있습니다(그림 4-n1).

그림 4-n1 개발자 도구에서 [코드 4-1]의 결과 표시

v-bind의 기본 구문

렌더링 결과 ①을 보면 [코드 4-1]의 ❶에 없던 href 속성이 추가되어 있으며 해당 속성값은 스크립트 블록에서 준비한 템플릿 변수와 일치합니다. v-bind 디렉티브를 이용한 [코드 4-1]의 ❶ 부분 중 다음과 같은 코드가 바로 그 작업을 수행합니다.

```
v-bind:href="url"
```

이와 같은 v-bind 디렉티브는 태그의 속성을 데이터로 지정할 때 사용합니다.

v-bind

```
v-bind:△△="○○"
△△ 속성의 값으로 템플릿 변수 ○○ 값을 사용합니다.
```

위 구문에서 태그의 속성을 나타내는 △△ 부분을 디렉티브의 인자arguments라고 합니다.

v-bind의 축약형

v-bind 디렉티브는 v-bind 부분을 생략하고 :(콜론)만 작성하는 방법도 있습니다. [코드 4-1]의 ❷ 부분 중 다음과 같은 코드가 이에 해당합니다.

```
:href="url"
```

렌더링 결과인 ①과 ②에 차이가 없는 것으로 보아 이러한 축약형도 문제없이 처리되는 것을 알 수 있습니다. 그러나 v-bind라는 여섯 글자를 작성하는 수고를 덜 수 있는 것은 사실이지만 소스 코드의 가독성 측면에서는 생략하지 않는 것이 좋습니다. 이 책에서도 축약형을 사용하지 않습니다.

v-bind의 값에 수식 사용

v-bind의 값에는 템플릿 변수를 작성하는 것이 기본이지만 여기에 수식을 포함할 수도 있습니다. [코드 4-1]에서 ❸ 부분 중 다음과 같은 코드가 이에 해당합니다.

```
v-bind:href="url + 'guide/introduction.html'"
```

렌더링 결과 ③에서 알 수 있듯이 템플릿 변수 url의 값과 'guide/introduction.html' 문자열이 합쳐져 href의 값으로 들어갑니다.

> NOTE **속성값에 문자열을 추가로 작성하는 경우**
>
> v-bind에서는 HTML 태그의 다른 속성과 마찬가지로 해당 속성값을 큰따옴표로 묶어야 합니다. 따라서 [코드 4-1]의 ❸에서 'guide/introduction.html'과 같이 속성값 안에 문자열을 추가로 작성할 때는 작은따옴표를 이용하게 됩니다.

수식만 작성할 수 있으며 문장은 사용할 수 없습니다.[1] 예를 들어 다음과 같은 코드는 에러가 발생하므로 주의하기 바랍니다.

```
<a v-bind:href="let url = 'guide/introduction.html'">…
```

1 자바스크립트/타입스크립트에서 식(expression)이란 변수에 대입할 수 있는 값을 생성하는 코드 조각을 가리킵니다. 한편 문장(statement)이란 처리의 단위를 나타내며 보통 세미콜론으로 구분되는 각 줄이 하나의 문장을 형성합니다.

4.1.3 속성값이 없는 속성에 대한 바인딩

HTML 태그의 속성에는 앞에서 소개한 href와 같이 속성값이 있는 것과 disabled, readonly 등 속성값이 없는 것이 있습니다. 다음으로 이렇게 속성값이 없는 속성에 v-bind를 사용하는 방법을 소개합니다. directive-bind-boolean 프로젝트를 생성하고 src/App.vue를 [코드 4-2]의 내용으로 작성합니다.

코드 4-2 directive-bind-boolean/src/App.vue

```
<script setup lang="ts">
import { ref } from "vue";

const isSendButtonDisabled = ref(true); ——❶
</script>

<template>
    <p><button type="button" v-bind:disabled="isSendButtonDisabled">전송</button></p> ——❷
</template>
```

렌더링 결과는 다음과 같습니다.

```
<button type="button" disabled>전송</button>
```

[코드 4-2]의 ❷에서는 disabled 속성에 대한 데이터 바인딩으로 v-bind를 사용하고 있습니다. 해당하는 템플릿 변수는 isSendButtonDisabled입니다. disabled 속성은 애초에 속성값이 필요하지 않으며 해당 속성에 바인딩하는 템플릿 변수에는 ❶과 같이 true/false의 boolean 타입을 값으로 사용합니다. true인 경우 렌더링 결과와 같이 속성이 부여됩니다.

4.1.4 바인딩할 속성을 템플릿 변수로 지정

v-bind의 인자로 지정하는 속성명을 템플릿 변수로 지정할 수도 있습니다. 구체적인 사례를 살펴보겠습니다. directive-bind-dynamic 프로젝트를 생성하고 src/App.vue를 [코드 4-3]의 내용으로 작성합니다.

코드 4-3 directive-bind-dynamic/src/App.vue

```
<script setup lang="ts">
import { ref } from "vue";

const widthOrHeight = ref("height"); ──────── ❶
const widthOrHeightValue = ref(100);
</script>

<template>
    <p><img alt="VueLogo" src="./assets/logo.svg" v-bind:[widthOrHeight]=
    "widthOrHeightValue"></p> ──────── ❷
</template>
```

렌더링 결과는 다음과 같습니다.

```
<img alt="VueLogo" src="/src/assets/logo.svg" height="100">
```

[코드 4-3]의 ❷에서 v-bind의 인자 부분(콜론 다음 부분)을 주목해봅시다. 대괄호 [ ]가 있고 그 안에 템플릿 변수 widthOrHeight가 작성되어 있습니다. 이렇게 하면 widthOrHeight로 지정한 속성에 값을 바인딩할 수 있습니다. 예제에서는 ❶에서 widthOrHeight에 height를 저장했기 때문에 바인딩 대상 템플릿 변수 widthOrHeightValue가 height 속성의 값으로 렌더링되고 있습니다. 이렇게 인자를 템플릿 변수로 지정하는 방식을 동적 인자dynamic arguments라고 합니다.

NOTE

assets 폴더 내 파일 처리

[코드 4-3]에서 ❷의 img 태그는 src 속성으로 assets 폴더 내의 파일 경로를 기술하고 있습니다. 그런데 이를 렌더링한 결과에서는 폴더 경로에 src가 추가되어 있습니다. 이는 dev 명령을 통한 개발 서버에서 화면을 표시할 때의 결과입니다. 한편 같은 프로젝트에 대해 3.4.2절에서 소개한 build 명령을 사용하여 배포용 파일 세트를 만들면 다음과 같은 렌더링 결과를 얻을 수 있습니다.

```
<img alt="VueLogo" src="/assets/logo.da9b9095.svg" height="100">
```

이를 보면 알 수 있듯이 렌더링된 img 태그가 dev 명령으로 렌더링된 것과는 다른 경로에 있습니다. 원인은 Vue 프로젝트의 구조에 있습니다. 3.4.3절에서 소개한 바와 같이 Vue 프로젝트에서 외부에 그대로 공개되는 것은 public 폴더에 있는 파일뿐입니다. assets 폴더에 있는 파일은 그대로 외부에 공개되지 않습니다. 하지만 템플릿 내에서 해당 파일 경로를 지정하면 Vue 프로젝트를 빌드할 때 각 파일을 적절한 폴더로 재배치하고 그에 따라 경로를 다시 작성하는 구조로 되어 있습니다. 따라서 템플릿 이외에서 경로를 지정하고 싶은 파일은 assets 폴더가 아닌 public 폴더에 넣어야 합니다.

4.1.5 여러 속성에 일괄적으로 바인딩하는 방법

지금까지 소개한 것은 태그 내 하나의 속성에 대해 인자를 지정하여 데이터를 바인딩하는 방식이었습니다. 반면 인자를 지정하지 않고 v–bind를 사용하면 여러 속성을 한꺼번에 바인딩할 수 있습니다.

구체적인 사례를 살펴보겠습니다. directive–bind–object 프로젝트를 생성하고 public 폴더 내에 images 폴더를 생성한 후 src/assets/logo.svg를 복사합니다. 그런 다음 src/App.vue를 [코드 4–4]의 내용으로 작성합니다.

코드 4-4 directive–bind–object/src/App.vue

```
<script setup lang="ts">
import { ref } from "vue";

const imgAttributes = ref({          ❶
    src: "/images/logo.svg",         ❷
    alt: "Vue 로고",
    width: 75,
    height: 75
});
</script>

<template>
    <p><img v-bind="imgAttributes"></p>                        ❸
    <p><img v-bind="imgAttributes" title="로고입니다!"></p>    ❹
    <p><img v-bind="imgAttributes" alt="로고입니다!"></p>      ❺
</template>
```

렌더링 결과는 다음과 같습니다.

```
<p><img src="/images/logo.svg" alt="Vue 로고" width="75" height="75"></p> ①
<p><img src="/images/logo.svg" alt="Vue 로고" width="75" height="75"
title="로고입니다!"></p> ②
<p><img src="/images/logo.svg" alt="로고입니다!" width="75" height="75"></p> ③
```

[코드 4-4]의 ❸에서는 v-bind의 인자에 대한 설명이 없습니다. 이 경우 템플릿 변수인 imgAttributes를 ❶과 같이 객체로 설정합니다. 그러면 imgAttributes의 각 속성이 속성으로 바인딩됩니다(렌더링 결과 ①).

또한 여러 속성을 한꺼번에 바인딩하는 방법, 즉 인자를 지정하지 않는 v-bind와 일반 속성을 함께 사용할 수 있습니다([코드 4-4]의 ❹). 이 경우 렌더링에 의해 title 속성이 영향을 받지 않습니다(렌더링 결과 ②).

한편 [코드 4-4]의 ❺에서는 ❶의 객체 내에 지정된 alt 속성이 템플릿 측에도 작성되어 있습니다. 이 경우 뒤에 작성한 부분이 우선합니다. 이 예에서는 'v-bind 속성으로 바인딩되는 alt 속성'보다 '직접 작성한 alt'가 더 뒤에 있기 때문에 이쪽이 채택됩니다(렌더링 결과 ③).

이를 반대로 다음과 같이 작성하면 v-bind 속성으로 바인딩된 alt 속성이 우선 적용되며 렌더링 결과 ①과 같은 내용이 됩니다.

```
<img alt="로고입니다!" v-bind="imgAttributes">
```

NOTE

스크립트 블록 내 경로 지정

[코드 4-3]의 directive-bind-dynamic 프로젝트와 달리 directive-bind-object 프로젝트에서는 표시하는 이미지 파일로 [코드 4-4]의 ❷와 같이 public 폴더 내의 images/logo.svg를 이용하고 있습니다. 이 코드를 다음과 같이 작성하면 이미지가 표시되지 않습니다.

```
src: "./assets/logo.svg",
```

4.1.4절 마지막 부분에서 설명한 바와 같이 assets 폴더에 있는 파일은 그대로 외부에서 참조할 수 없습니다. 게다가 스크립트 블록은 템플릿이 아니기 때문에 경로 변환도 되지 않습니다. 프로젝트 생성 직후 public 폴더 내에 images 폴더를 생성하고 그 안의 assets 폴더 내에 logo.svg를 저장한 이유가 바로 그 때문입니다. 이때 경로는 파일의 절대 경로인 /images/logo.svg로 지정합니다. 스크립트 블록에서 경로를 지정할 때는 이런 방법을 사용하도록 주의해야 합니다.

4.1.6 style 속성 바인딩

템플릿 변숫값을 태그 속성에 바인딩하는 방법을 계속해서 알아보겠습니다. 이 절에서는 style 속성에 대한 바인딩을 소개합니다. 하지만 style 속성도 속성 중 하나이므로 4.1.2절의 구문을 그대로 적용하면 v-bind:style이라는 문장이 됩니다. 여기서는 지금까지와는 다른 바인딩 값을 작성하는 방법을 소개하겠습니다. href 속성이나 src 속성 등과 달리 style 속성에는 다음과 같이 스타일 속성과 속성값의 조합을 여러 개 작성할 수 있습니다.

```
style="color: white; background-color: black;"
```

코드를 구체적인 사례로 살펴보겠습니다. directive-style 프로젝트를 생성하고 src/App.vue를 [코드 4-5]의 내용으로 작성합니다. [코드 4-5]에는 이번 절에서 설명할 모든 내용이 포함되어 있습니다.

코드 4-5 directive-style/src/App.vue

```
<script setup lang="ts">
import { ref, computed } from "vue";

const msg = ref("안녕하세요!");
const msgTextRed = ref("red");          ❶
const msgTextColor = ref("white");
const msgBgColor = ref("black");
const msgStyles = ref({                 ❷
    color: "white",
    backgroundColor: "black"
});
const msgStyles2 = ref({                ❸
    fontSize: "24pt"
});
const msgStyles3 = ref({                ❹
    color: "pink",
    fontSize: "24pt"
});
const textSize = computed(              ❺
    (): string => {
        const size = Math.round(Math.random() * 25) + 10;
        return `${size}pt`;
    }
);
```

```
</script>

<template>
    <p v-bind:style="{ color: msgTextRed }">  ――――――――――――――――――――――――――――― ❻
        {{ msg }}
    </p>
    <p v-bind:style="{ color: 'pink' }">  ――――――――――――――――――――――――――――――― ❼
        {{ msg }}
    </p>
    <p v-bind:style="{ fontSize: textSize }">  ―――――――――――――――――――――――――――― ❽
        {{ msg }}
    </p>
    <p v-bind:style="{ color: msgTextColor, backgroundColor: msgBgColor }">  ――――――― ❾
        {{ msg }}
    </p>
    <p v-bind:style="{ color: msgTextColor, 'background-color': msgBgColor }">  ――――― ❿
        {{ msg }}
    </p>
    <p v-bind:style="msgStyles">  ―――――――――――――――――――――――――――――――――――― ⓫
        {{ msg }}
    </p>
    <p v-bind:style="[msgStyles, msgStyles2]">  ―――――――――――――――――――――――――――― ⓬
        {{ msg }}
    </p>
    <p v-bind:style="[msgStyles, msgStyles3]">  ―――――――――――――――――――――――――――― ⓭
        {{ msg }}
    </p>
    <p v-bind:style="[msgStyles3, msgStyles]">  ―――――――――――――――――――――――――――― ⓮
        {{ msg }}
    </p>
</template>
```

표시 결과는 [그림 4-2]와 같습니다.

안녕하세요!

안녕하세요!

안녕하세요!

안녕하세요!

안녕하세요!

안녕하세요!

안녕하세요!

안녕하세요!

안녕하세요!

그림 4-2 다양한 스타일 속성 적용

렌더링 결과는 다음과 같습니다.

```
<p style="color: red;">안녕하세요!</p>  ─────────────────①
<p style="color: pink;"> 안녕하세요!</p>  ───────────────②
<p style="font-size: 27pt;">안녕하세요!</p>  ─────────────③
<p style="color: white; background-color: black;">안녕하세요!</p>  ──────④
<p style="color: white; background-color: black;">안녕하세요!</p>  ──────⑤
<p style="color: white; background-color: black;">안녕하세요!</p>  ──────⑥
<p style="color: white; background-color: black; font-size: 24pt;">안녕하세요!</p>  ──⑦
<p style="color: pink; background-color: black; font-size: 24pt;">안녕하세요!</p>  ──⑧
<p style="color: white; font-size: 24pt; background-color: black;">안녕하세요!</p>  ──⑨
```

v-bind:style 사용의 기본

앞서 설명한 바와 같이 style 속성값에는 복수의 스타일을 사용할 수 있습니다. 따라서 v-bind:style에서는 복수의 템플릿 변수에 바인딩하는 구조가 필요합니다. 그러기 위해서 v-bind:style 값을 템플릿 변수명이 아닌 다음과 같은 {}를 사용하여 작성하고 그 안에 스타일 속성과 설정값을 콜론으로 구분하여 작성합니다(❻).

```
v-bind:style="{color: msgTextRed}"
```

설정값으로 작성할 수 있는 것은 다음과 같습니다.

■ 템플릿 변수

앞서 살펴본 [코드 4-5]의 ❻번 코드가 해당합니다. 렌더링 결과 ①에서 볼 수 있듯이 템플릿 변수 red의 값이 적용되어 빨간색 글자가 표시됩니다(❶).

■ 리터럴

리터럴(문자열) 부분은 작은따옴표로 묶어야 합니다(❼).

```
v-bind:style="{color: 'pink'}"
```

렌더링 결과 ②에서 볼 수 있듯이 리터럴이 그대로 적용되어 분홍색 글자가 표시되는 것을 확인할 수 있습니다.

■ 계산형 속성

계산형 속성도 그대로 지정할 수 있습니다(❽).

```
v-bind:style="{fontSize: textSize}"
```

textSize 값을 결정하는 것은 [코드 4-5]에서 ❺의 코드입니다. 여기서는 무작위로 10에서 35까지 정숫값을 생성하고 이를 폰트 크기로 설정한 문자열을 반환합니다. 결과적으로 렌더링 결과 ③과 같은 스타일이 설정됩니다.

v-bind:style 값을 여러 개 지정하는 방법

스타일 속성과 값의 조합을 여러 개 나열할 때는 쉼표로 구분합니다(❾).

```
v-bind:style="{color: msgTextColor, backgroundColor: msgBgColor}"
```

여기서 알 수 있듯이 사실 v-bind:style의 속성값은 객체 리터럴object literal[2] 형태로 되어 있습니다. 지금까지 내용을 바탕으로 v-bind:style을 작성하는 방법을 구문으로 정리해보겠습니다.

v-bind:style

```
v-bind:style="{스타일 속성: 값, …}"
```

스타일 속성은 캐멀 표기법

그런데 [코드 4-5]의 ❾번 코드를 보고 이상한 점을 발견한 사람도 있을 것입니다. 배경색을 설정하는 스타일 속성은 원래 background-color와 케밥 표기법[3]으로 작성해야 합니다. 그러나 예제에서는 backgroundColor와 같이 캐멀 표기법(혹은 카멜 표기법)[4]으로 되어 있습니다. 이는 앞서 언급한 바와 같이 v-bind:style의 속성값이 객체 리터럴이기 때문입니다. 객체의 속성명에 하이픈(-) 기호는 사용할 수 없습니다. 따라서 본래 케밥 표기법인 스타일 속성도 캐멀 표기법으로 지정하고 있습니다. 이를 케밥 표기법인 background-color처럼 작성하면 에러가 발생하므로 주의하기 바랍니다. 물론 렌더링 결과 ④에서 볼 수 있듯이 렌더링 시에는 원래의 케밥 표기법으로 변환됩니다.

스타일 속성을 케밥 표기법으로 작성하는 방법

사실 스타일 속성을 원래대로 케밥 표기법으로 작성하는 방법도 있습니다. 작은따옴표로 둘러싸면 됩니다(❿).

```
v-bind:style="{color: msgTextColor, 'background-color': msgBgColor}"
```

렌더링 결과 ⑤에서 볼 수 있듯이 이때는 표기법 변환이 이루어지지 않고 그대로 사용됩니다. 그러나 이렇게 따옴표로 묶는 것과 묶지 않는 것이 섞여 있으면 가독성이 떨어집니다. 따라서 '항상 캐멀 표기법' 또는 '모든 스타일 속성을 작은따옴표로 묶는 것' 중 하나로 통일하는 것이

---

2 중괄호 { }로 감싸져 있으며 중괄호 내에 속성과 속성값을 정의하여 객체를 생성합니다. 객체 리터럴을 사용하면 간편하게 객체를 생성할 수 있으며 코드를 보다 가독성 있게 작성할 수 있습니다.

3 단어를 하이픈으로 연결하는 표기법

4 backgroundColor와 같이 두 번째 단어부터 각 단어의 첫 문자를 대문자로 하여 단어를 연결하는 표기법. 정확히 말하자면 이 기법은 로어 캐멀 케이스(lower camel case)이고 BackgroundColor와 같이 첫 번째 단어도 대문자로 하는 경우는 어퍼 캐멀 케이스(upper camel case) 또는 파스칼 케이스(pascal case)라고 합니다.

좋습니다. 후자를 선택한다면 앞에서 작성한 코드에서는 color도 작은따옴표로 묶어야 합니다. 보통은 작은따옴표로 작성하는 번거로움과 속성값이 객체 리터럴이라는 점을 고려해 '항상 캐멀 표기법'으로 작성하는 것이 적당합니다.

스타일 조합을 객체 리터럴로 지정

v-bind:style의 속성값이 객체 리터럴인 경우 이를 하나의 객체로 묶어 템플릿 변수로 참조할 수도 있습니다(⓫).

```
v-bind:style="msgStyles"
```

템플릿 변수 msgStyles를 스크립트 블록으로 준비한 것이 [코드 4-5]에서 ❷입니다.

```
const msgStyles = ref({
    color: "white",
    backgroundColor: "black"
});
```

렌더링 결과 ⑥에서 객체 리터럴 내 두 개의 속성이 그대로 스타일로 전개된 것을 확인할 수 있습니다.

여러 객체 리터럴을 배열로 지정하기

스타일이 작성된 객체 리터럴 속성을 여러 개 준비해 두고 그것들을 묶어서 바인딩하는 방법도 있습니다. [코드 4-5]에서는 앞서 설명한 ❷ 외에 ❸과❹에서도 다음과 같은 스타일이 작성된 객체 리터럴을 제공하고 있습니다.

```
const msgStyles2 = ref({
    fontSize: "24pt"
});
const msgStyles3 = ref({
    color: "pink",
    fontSize: "24pt"
});
```

❷의 msgStyles와 ❸의 msgStyles2 양쪽을 모두 적용한 것이 [코드 4-5]의 ⓬ 부분입니다.

```
v-bind:style="[msgStyles, msgStyles2]"
```

이처럼 속성값을 객체의 배열로 지정하고 있습니다. 렌더링 결과 ⑦에서 볼 수 있듯이 msg Styles와 msgStyles2 스타일이 모두 적용됩니다.

단 이렇게 여러 개의 객체 리터럴을 지정할 때는 주의가 필요합니다. ❷의 msgStyles와 ❸의 msgStyles2의 경우 중복되는 스타일 속성은 없었습니다. 그렇다면 ❷의 msgStyles와 ❹의 msgStyles3은 어떨까요? color가 중복되어 msgStyles에서는 white, msgStyles3에서는 pink로 되어 있습니다. 이때 중복된 속성은 배열 뒤쪽에 있는 것으로 덮어씁니다. 예를 들어 [코드 4-5]의 ⓭에서는 msgStyles3이 뒤에 작성되어 있기 때문에 pink가 채택됩니다.

```
v-bind:style="[msgStyles, msgStyles3]"
```

렌더링 결과 ⑧을 보면 확실히 그렇게 되어 있습니다. 한편 순서를 바꾼 [코드 4-5]의 ⓮에서는 white가 채택됩니다. 이는 렌더링 결과 ⑨에서 확인할 수 있습니다.

```
v-bind:style="[msgStyles3, msgStyles]"
```

4.1.7 class 속성 바인딩

스타일에 바인딩하는 방법으로는 앞 절에서 소개한 style 속성에 바인딩하는 방법이 유효합니다. 하지만 스타일시트의 유지보수성을 고려한다면 스타일 클래스명을 이용한 class 속성에 바인딩하는 것이 더 바람직하다고 할 수 있습니다. 이때 v-bind:class를 사용합니다.

구체적인 사례를 살펴보겠습니다. directive-class 프로젝트를 생성하고 src/App.vue를 [코드 4-6]의 내용으로 작성합니다. [코드 4-6]에는 이번 절에서 설명할 모든 내용이 포함되어 있습니다.

코드 4-6 directive-class/src/App.vue

```
<script setup lang="ts">
import { ref, computed } from "vue";
```

```
const msg = ref("안녕하세요!");
const isTextColorRed = ref(true);                          ❶
const isBgColorBlue = ref(false);                          ❷
const styles = ref({                                       ❸
    textColorRed: false,
    bgColorBlue: true
});
const computedStyles = computed(                           ❹
    (): { textColorRed: boolean; bgColorBlue: boolean; } => {
        // 무작위값을 이용하여 0 또는 1을 생성(textColorRed용)
        const randText = Math.round(Math.random());
        // textColorRed 속성의 값을 나타내는 변수를 true로 준비
        let textColorFlg = true;
        // 발생한 무작위값이 0이면 false로 변경
        if (randText == 0) {
            textColorFlg = false;
        }
        // 무작위값을 이용하여 0 또는 1을 생성(bgColorBlue용)
        const randBg = Math.round(Math.random());
        // bgColorBlue 속성의 값을 나타내는 변수를 true로 준비
        let bgColorFlg = true;
        // 발생한 무작위값이 0이면 false로 변경
        if (randBg == 0) {
            bgColorFlg = false;
        }
        // 각 속성의 값을 객체로 반환
        return {
            textColorRed: textColorFlg,
            bgColorBlue: bgColorFlg
        };
    }
);
</script>

<template>
    <p v-bind:class="{ textColorRed: true, bgColorBlue: true }">          ❺
        {{ msg }}
    </p>
    <p v-bind:class="{ textColorRed: isTextColorRed, bgColorBlue: isBgColorBlue }">   ❻
        {{ msg }}
    </p>
    <p v-bind:class="{ textColorPink: true }">          ❼
        {{ msg }}
    </p>
```

```
    <p v-bind:class="{ 'text-color-pink': true }">  ――――――― ❽
        {{ msg }}
    </p>
    <p class="textSize24" v-bind:class="{ textColorRed: isTextColorRed, bgColorBlue:
    isBgColorBlue }">  ――――――― ❾
        {{ msg }}
    </p>
    <p class="textSize24" v-bind:class="styles">  ――――――― ❿
        {{ msg }}
    </p>
    <p v-bind:class="computedStyles">  ――――――― ⓫
        {{ msg }}
    </p>
</template>

<style>
.textColorRed {
    color: red;
}
.text-color-pink {  ――――――― ⓬
    color: pink;
}
.bgColorBlue {
    background-color: blue;
}
.textSize24 {
    font-size: 24px;
}
</style>
```

표시 결과는 [그림 4-3]과 같습니다.

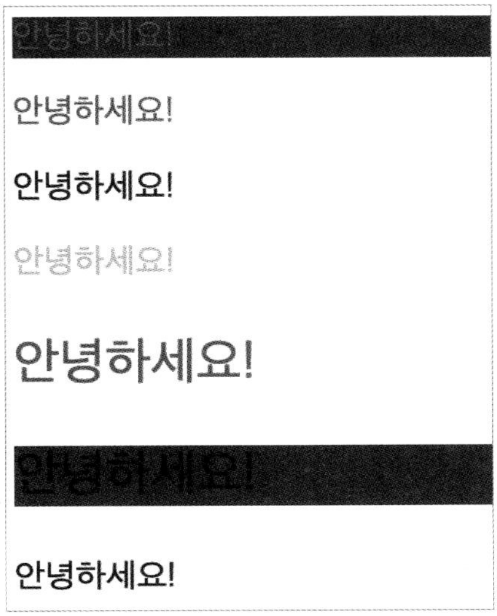

안녕하세요!

안녕하세요!

안녕하세요!

안녕하세요!

안녕하세요!

안녕하세요!

안녕하세요!

그림 4-3 다양한 클래스 스타일 적용

렌더링 결과는 다음과 같습니다.

```
<p class="textColorRed bgColorBlue">안녕하세요!</p>   ①
<p class="textColorRed">안녕하세요!</p>   ②
<p class="textColorPink">안녕하세요!</p>   ③
<p class="text-color-pink">안녕하세요!</p>   ④
<p class="textSize24 textColorRed">안녕하세요!</p>   ⑤
<p class="textSize24 bgColorBlue">안녕하세요!</p>   ⑥
<p class="textColorRed bgColorBlue">안녕하세요!</p>   ⑦
```

스타일 클래스 적용을 true/false로 지정

[코드 4-6]의 스타일 블록에서는 텍스트 색상을 빨간색으로 설정하는 클래스 선택자로 textColorRed를, 배경색을 파란색으로 설정하는 클래스 선택자로 bgColcrBlue를 제공합니다. [코드 4-6]의 ❺에서는 두 가지 스타일 클래스를 모두 적용하고 있습니다.

```
v-bind:class="{textColorRed: true, bgColorBlue: true}"
```

style 속성에 대한 바인딩과 마찬가지로 객체 리터럴을 v-bind:class의 값으로 작성하고 각각 스타일 클래스명을 속성으로 지정합니다. style 속성과의 차이점은 속성값으로 각 클래스 스타일의 적용 여부를 true/false로 지정하는 부분입니다. 이 내용을 구문으로 정리해두겠습니다.

v-bind:class

```
v-bind:class="{스타일 클래스명: true/false, …}"
```

[코드 4-6]의 ❺에서는 속성값으로 둘 다 true를 지정했기 때문에 두 가지 클래스 스타일이 모두 적용됩니다(렌더링 결과 ①).

true/false 값을 템플릿 변수로 준비

[코드 4-6]의 ❺에서는 클래스 스타일 적용 여부를 결정하는 속성값으로 리터럴인 true를 직접 명시했습니다. 물론 이 부분도 템플릿 변수로 만들 수 있습니다(❻).

```
v-bind:class="{textColorRed: isTextColorRed, bgColorBlue: isBgColorBlue}"
```

[코드 4-6]에서는 ❶에서 템플릿 변수 isTextColorRed를 true ❷에서 isBgColorBlue를 false로 작성했기 때문에 textColorRed만 적용되었습니다(렌더링 결과 ②).

스타일 클래스명이 케밥 표기법인 경우

[코드 4-6]의 ⓬와 같이 스타일 클래스명이 케밥 표기법인 경우에는 v-bind:class의 속성명으로 그대로 사용할 수는 없습니다. v-bind:style처럼 캐멀 표기법으로 정의된 클래스명을 자동으로 케밥 표기법으로 변환해주는 것도 아닙니다. 실제로 다음 [코드 4-6]의 ❼ 코드는 케밥 표기법으로 변환되지 않았습니다(렌더링 결과 ③).

```
v-bind:class="{textColorPink: true}"
```

따라서 이런 경우에는 4.1.6절 스타일 속성처럼 스타일 클래스명을 작은따옴표로 묶어 다음과 같이 작성합니다(❽).

```
v-bind:class="{'text-color-pink': true}"
```

이렇게 하면 text-color-pink 클래스 스타일이 적용됩니다(렌더링 결과 ④). 따라서 클래스 선택자를 정의할 때는 캐멀 표기법을 사용하는 것이 좋습니다. 한편 기존 클래스 스타일을 이용하는 경우 스타일 클래스명이 케밥 표기법으로 정의되어 있을 수 있습니다. 이때는 캐멀 표기법으로 변경할 수 없으므로 작은따옴표를 이용할 수밖에 없습니다.

v-bind:class와 class 함께 사용

v-bind:class는 일반 class 속성과 함께 사용할 수 있습니다(❾).

```
class="textSize24" v-bind:class="{textColorRed: isTextColorRed, bgColorBlue: isBgColorBlue}"
```

결과로 일반 class 속성으로 작성된 스타일 클래스 textSize24에 v-bind:class 속성값이 true인 textColorRed 스타일 클래스가 함께 적용됩니다(렌더링 결과 ⑤).

객체 리터럴로 지정

v-bind:style과 마찬가지로 객체 리터럴을 그대로 템플릿 변수로 사용할 수 있습니다(❿). 참고로 여기서는 일반 class 속성과 함께 사용하고 있습니다.

```
class="textSize24" v-bind:class="styles"
```

템플릿 변수 styles는 다음의 스크립트 블록으로 준비되어 있습니다(❸).

```
const styles = ref({
    textColorRed: false,
    bgColorBlue: true
});
```

객체 리터럴의 내용은 [코드 4-6]에서 ❾의 v-bind:class의 속성값으로 작성했던 스타일 속성과 동일하지만 true/false 값이 다릅니다. 렌더링 결과 ⑥에서도 이를 확인할 수 있습니다.

계산형 속성 지정

지금까지 v-bind:class의 속성값으로 스타일 클래스를 적용할지 여부를 나타내는 true/false 값은 리터럴이든 템플릿 변수든 고정되어 있었지만 이를 계산형 속성으로 설정할 수도 있습니다. 계산형 속성을 이용한 것이 [코드 4-6]에서 ⓫의 템플릿 변수 computedStyles입니다.

```
v-bind:class="computedStyles"
```

computedStyles를 정의하는 것은 [코드 4-6]의 ❹ 부분입니다. 내용을 조금 자세하게 살펴보겠습니다.

```
const computedStyles = computed(
    (): { textColorRed: boolean; bgColorBlue: boolean; } => {
        const randText = Math.round(Math.random());    ─┐
        let textColorFlg = true;                         │
        if (randText == 0) {                             ├─ ❹-1
            textColorFlg = false;                        │
        }                                               ─┘
        const randBg = Math.round(Math.random());      ─┐
        let bgColorFlg = true;                           │
        if (randBg == 0) {                               ├─ ❹-2
            bgColorFlg = false;                          │
        }                                               ─┘
        return {                                       ── ❹-3
            textColorRed: textColorFlg,                ── ❹-4
            bgColorBlue: bgColorFlg                    ── ❹-5
        };
    }
);
```

이 계산형 속성을 제공하는 함수의 반환값은 ❹-3에서 알 수 있듯이 객체 리터럴입니다. 속성으로 스타일 클래스명을 기술하고 true/false 값을 textColorFlg와 bgColorFlg 변수로 지정하고 있습니다(❹-4와 ❹-5). textColorFlg의 true/false를 결정하는 부분이 ❹-1입니다. 무작위로 0 또는 1을 발생시키고 0이면 false로 설정합니다. 비슷한 방법으로 bgColorFlg의 true/false를 결정하는 부분이 ❹-2입니다. 이렇게 하면 표시할 때마다 적용되는 스타일이 달라집니다. 바로 동적인 스타일 바인딩입니다.

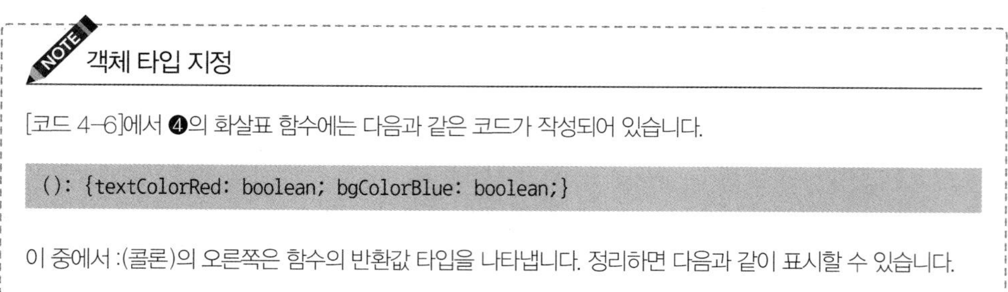

NOTE

객체 타입 지정

[코드 4-6]에서 ❹의 화살표 함수에는 다음과 같은 코드가 작성되어 있습니다.

```
(): {textColorRed: boolean; bgColorBlue: boolean;}
```

이 중에서 :(콜론)의 오른쪽은 함수의 반환값 타입을 나타냅니다. 정리하면 다음과 같이 표시할 수 있습니다.

```
{
    textColorRed: boolean;
    bgColorBlue: boolean;
}
```

타입스크립트에서는 함수의 반환값 데이터 타입을 지정할 수 있습니다. 앞에서의 예를 들면 [코드 4-5]의 ❺에서는 다음과 같이 반환형으로 문자열을 지정하고 있습니다.

```
(): string
```

반환값이 객체일 때는 각 속성명과 데이터 타입을 다음과 같이 정의할 수 있습니다.

```
{
    속성명: 데이터 타입;
    :
}
```

이렇게 함으로써 함수 반환값 객체의 속성과 타입을 보장할 수 있습니다. 앞서 나열한 [코드 4-6]의 ❹라면 반환값 객체는 반드시 두 개의 속성 textColorRed와 bgColorBlue로 구성되며 각 속성값은 boolean 타입으로 보장됩니다.

COLUMN

UI 라이브러리

Vue에는 본체와 연동할 수 있는 다양한 라이브러리가 있습니다. 이러한 라이브러리에는 물론 UI에 관한 것도 포함되어 있습니다. 이 책에서는 다루지 않지만 유명한 두 가지를 소개합니다.

첫 번째는 BootstrapVue[5]입니다. 프런트엔드 UI 프레임워크로 유명한 Bootstrap을 Vue에서 이용할 수 있도록 만든 것입니다.

참고로 Bootstrap이 단순한 CSS 프레임워크라고 생각하여 Vue 프로젝트에 일반적인 Bootstrap을 적용하는 것은 피하는 것이 좋습니다. Bootstrap 자체가 내부적으로 자바스크립트 처리를 하고 있어 Vue의 처리와 결합하여 결함을 일으킬 가능성이 있기 때문입니다.

두 번째는 Vuetify[6]입니다. Vuetify는 머티리얼 디자인을 채택한 UI 프레임워크입니다.

5 https://bootstrap-vue.org/

6 https://vuetifyjs.com/

4.2 이벤트 디렉티브

이 절에서 소개할 디렉티브는 이벤트 관련 디렉티브입니다. 차례대로 살펴보겠습니다.

4.2.1 이벤트 리스너를 설정하는 디렉티브 v-on

HTML 태그에 이벤트 리스너를 설정하려면 v-on 디렉티브를 사용합니다. 구체적인 사례를 살펴보겠습니다. directive-on-basic 프로젝트를 생성하고 src/App.vue를 [코드 4-7]의 내용으로 다시 작성합니다.

코드 4-7 directive-on-basic/src/App.vue

```
<script setup lang="ts">
import { ref } from "vue";

const randValue = ref("시작 전");
const onButtonClick = (): void => {                          ❶
    const rand = Math.round(Math.random() * 10);
    randValue.value = String(rand);
};
</script>

<template>
    <section>
        <button v-on:click="onButtonClick">클릭!</button>    ❷
        <p>클릭 결과: {{ randValue }}</p>
    </section>
</template>
```

표시 결과는 [그림 4-4]와 같습니다. ①의 상태에서 버튼을 클릭하면 ②와 같이 변화합니다.

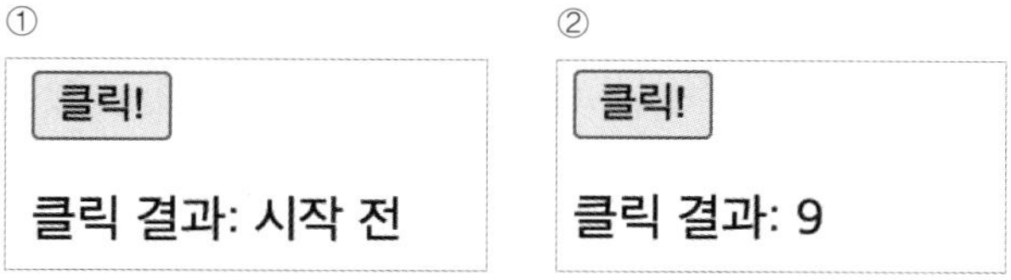

①

클릭!

클릭 결과: 시작 전

②

클릭!

클릭 결과: 9

그림 4-4 버튼을 클릭하여 무작위값 표시

[코드 4-7]에서 ❷의 button 태그에는 v-on:click이라고 적혀 있습니다. 이벤트 리스너를 설정하는 디렉티브로 콜론 뒤에 인자로 쓰인 click은 이벤트 종류를 나타냅니다. 여기서는 클릭 이벤트가 설정되어 있기 때문에 버튼이 클릭되었을 때 처리가 실행됩니다.

버튼 클릭 이벤트 처리, 즉 이벤트 핸들러는 v-on:click의 속성값인 onButtonClick입니다. 이는 [코드 4-7]의 ❶에서 템플릿 변수로 정의되어 있습니다. 지금까지는 템플릿 변수에 문자열, 숫자, 객체 리터럴 등 어떤 값을 넣었지만 onButtonClick은 처리 자체여야 합니다. Vue에서는 이를 메서드라고 부릅니다. 지금까지 내용을 구문으로 정리하면 다음과 같습니다.

v-on

```
v-on:이벤트명="이벤트 발생 시 실행하는 메서드명"
```

[코드 4-7]의 ❶ 메서드 onButtonClick을 조금 더 살펴보겠습니다. 변수 onButtonClick에 할당된 내용은 화살표 함수 자체입니다. 화살표 함수 처리 블록에서는 0에서 10까지 무작위값(난수)을 생성하고 이를 템플릿 변수 randValue의 값으로 저장합니다. 이에 따라 버튼을 클릭하면 '시작 전' 표시가 임의의 숫자로 바뀌게 됩니다.

이렇게 처리 내용을 화살표 함수로 작성하고 이를 템플릿 변수에 대입합니다. 이제 템플릿 변수를 v-on의 속성값으로 설정하면 v-on에서 설정한 이벤트 처리가 실행됩니다. 메서드 정의 방법을 구문으로 정리해보겠습니다.

메서드 정의

```
const 메서드명 = (): void => {
    처리 내용
};
```

참고로 v-on 디렉티브에는 v-bind 디렉티브와 마찬가지로 축약형이 있습니다. v-on 디렉티브의 약어로는 @를 사용합니다. 예를 들어 [코드 4-7]의 ❷는 다음과 같이 작성할 수 있습니다.

```
<button @click="onButtonClick">클릭!</button>
```

단 v-bind와 같은 이유로 이 책에서는 축약형은 사용하지 않고 코드를 작성합니다.

NOTE

숫자의 문자열 변환

[코드 4-7]에서 ❶의 처리 블록 안에 다음과 같은 코드가 있습니다.

```
randValue.value = String(rand);
```

이를 다음과 같이 작성하면 에러가 발생합니다.

```
randValue.value = rand;
```

타입스크립트는 데이터 타입을 엄격하게 취급합니다. rand는 무작위값이므로 숫자 타입입니다. 한편 randValue의 원천이 되는 ref()에 전달한 값은 문자열이므로 randValue.value도 문자열입니다. 문자열 타입 변수에 숫자를 대입할 수 없으므로 에러가 발생하는 것입니다. 원래 코드에서는 이를 피하고자 String(rand)로 숫자를 문자열로 변환하고 있습니다.

4.2.2 v-on 이벤트

v-on 디렉티브의 인자로 작성하는 이벤트명에는 자바스크립트에서 제공하는 이벤트명을 작성합니다. 이 부분은 Vue가 아닌 자바스크립트와 관련되므로 자세한 내용은 자바스크립트 문서 등을 참고하기 바랍니다. 대표적인 이벤트를 [표 4-2]에 정리했습니다.

분류	이벤트명	이벤트 발생 시점
포커스	blur	포커스를 잃었을 때
	focus	포커스를 받았을 때
	focusin	포커스를 받았을 때(부모 요소에서도 이벤트 감지 가능)
	focusout	포커스를 잃었을 때(부모 요소에서도 이벤트 감지 가능)
마우스	click	클릭했을 때
	contextmenu	컨텍스트 메뉴가 표시될 때
	dblclick	더블클릭했을 때
	mousedown	마우스 버튼을 눌렀을 때
	mouseenter	마우스 포인터가 요소에 들어갔을 때(자체 요소만 해당)
	mouseleave	마우스 포인터가 요소를 벗어났을 때(자체 요소만 해당)
	mousemove	마우스 포인터가 움직일 때
	mouseout	마우스 포인터가 요소를 벗어났을 때(자식 요소 포함)
	mouseover	마우스 포인터가 요소에 들어갔을 때(자식 요소 포함)
	mouseup	마우스 버튼을 놓았을 때
	wheel	마우스 휠이 회전할 때
입력	change	드롭다운 등으로 입력 내용이 변경되었을 때
	compositionend	IME를 사용하여 입력을 종료할 때
	compositionstart	IME를 사용하여 입력을 시작할 때
	compositionupdate	IME를 사용하여 입력 중일 때
	input	입력 내용이 업데이트될 때
	keydown	키를 눌렀을 때
	keypress	키를 눌러 문자가 입력될 때
	keyup	키를 놓았을 때
	select	텍스트가 선택되었을 때
기타	resize	요소의 크기가 변경되었을 때
	scroll	스크롤할 때

표 4-2 자바스크립트에서 제공하는 주요 이벤트

4.2.3 이벤트 객체를 메서드 인자로 받기

v-on 디렉티브에 대응하는 이벤트 핸들러 메서드는 이벤트 객체를 인자로 받을 수 있습니다. 구체적인 사례를 살펴보겠습니다. directive-on-param-event 프로젝트를 생성하고 src/App.vue를 [코드 4-8]의 내용으로 작성합니다.

코드 4-8 directive-on-param-event/src/App.vue

```
<script setup lang="ts">
import { ref } from "vue";

const mousePointerX = ref(0);                                   ❶
const mousePointerY = ref(0);
const onImgMousemove = (event: MouseEvent): void => {           ❷
    mousePointerX.value = event.offsetX;
    mousePointerY.value = event.offsetY;
};
</script>

<template>
    <section>
        <img src="./assets/logo.svg" alt="Vue 로고" width="200" v-on:mousemove=
        "onImgMousemove">                                       ❸
        <p>포인터 위치: x={{ mousePointerX }}; y={{ mousePointerY }}</p>   ❹
    </section>
</template>
```

표시 결과는 [그림 4-5]와 같습니다. ①의 상태에서 마우스를 이미지 위로 이동하면 ②와 같이 포인터의 위치 정보가 변합니다.

①

②

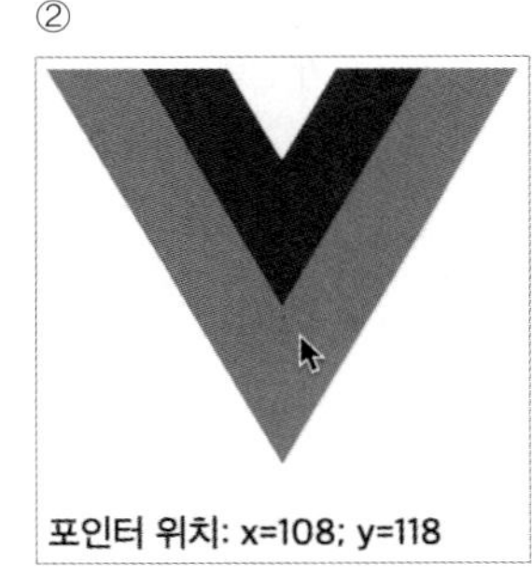

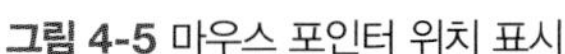
그림 4-5 마우스 포인터 위치 표시

[코드 4-8]의 ❸에서는 img 태그에 v-on 디렉티브를 통해 mousemove 이벤트 리스너를 설정하고 있습니다. 이제 이미지에서 마우스 움직임을 감지할 수 있습니다.

이벤트 핸들러 메서드로 onImgMousemove를 지정하고 있습니다. 이 미서드는 ❷에서 정의된 메서드로 이미지에서 마우스 포인터 위치를 가져와 그 값을 ❶에서 준비한 템플릿 변수에 넣습니다. 메서드 정의의 화살표 함수에서는 event를 인자로 제공하여 이벤트 객체를 받을 수 있도록 하고 있습니다. 예제에서는 마우스 이벤트를 이용하기 때문에 인자 타입에 MouseEvent를 지정했습니다. 이를 통해 자동으로 이벤트 객체가 인자로 전달되므로 MouseEvent의 속성에서 마우스 포인터의 위치 정보를 얻을 수 있습니다. 이 결과는 ❹로 표시됩니다.

4.2.4 이벤트 객체 이외의 인자를 받는 이벤트 핸들러 메서드

이벤트 핸들러 메서드에서는 이벤트 객체뿐만 아니라 임의의 인자를 받을 수 있습니다. 단 이때 인자를 템플릿 블록으로 전달해야 합니다. 구체적인 사례를 살펴보겠습니다. directive-on-param-others 프로젝트를 생성하고 src/App.vue를 [코드 4-9]의 내용으로 작성합니다.

코드 4-9 directive-on-param-others/src/App.vue

```
<script setup lang="ts">
import { ref } from "vue";

const pBgColor = ref("white"); ❶
const onPClick = (bgColor: string): void => { ❷
    pBgColor.value = bgColor;
};
</script>

<template>
    <p v-on:click="onPClick('red')" v-bind:style="{ backgroundColor: pBgColor }"> ❸
        여기를 클릭하면 배경색이 변합니다.
    </p>
</template>
```

표시 결과는 [그림 4-6]과 같습니다. ①의 상태에서 표시 문자열 부분(p 태그 부분)을 클릭하면 ②와 같이 배경이 바뀝니다(실제 화면에서는 빨간색으로 보입니다).

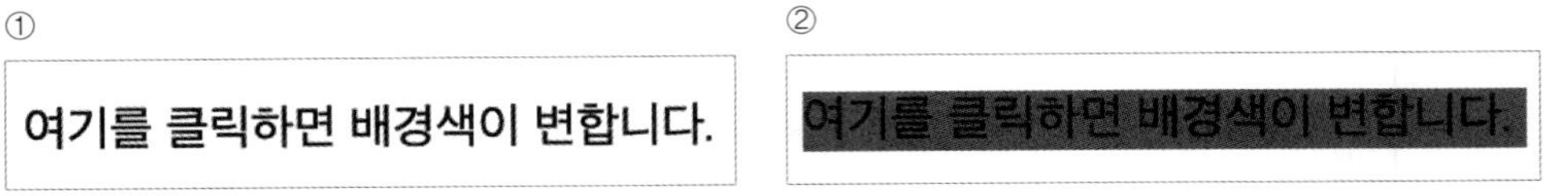

①

여기를 클릭하면 배경색이 변합니다.

②

여기를 클릭하면 배경색이 변합니다.

그림 4-6 p 태그 부분을 클릭하면 배경색이 빨간색으로 변함

[코드 4-9]의 ❶에서는 p 태그의 배경색을 가정한 템플릿 변수 pBgColor를 초깃값 white로 준비했습니다. 그리고 ❷에서는 이벤트 핸들러 메서드로 onPClick을 정의하고 화살표 함수의 인자로 문자열 bgColor를 받도록 하고 있습니다. 화살표 함수 내부에서는 받은 인자를 pBgColor 값으로 저장하고 있을 뿐입니다.

이러한 템플릿 변수와 메서드를 활용하는 부분이 ❸입니다. 주목해야 할 부분은 v-on의 속성값으로 작성한 메서드명 부분입니다. [코드 4-7]과 [코드 4-8]에서는 v-on의 속성값으로 메서드명만 작성했습니다. 한편 여기서는 메서드명뿐만 아니라 ('red')와 같이 괄호와 인자도 작성하고 있습니다. 이렇게 하면 이벤트 핸들러 메서드에 값을 전달할 수 있습니다.

4.2.5 이벤트 객체와 다른 인자를 함께 사용하는 이벤트 핸들러 메서드

4.2.3절에서 살펴본 것처럼 이벤트 핸들러 메서드의 인자가 이벤트 객체일 때는 템플릿 블록에서 인자를 전달할 필요가 없습니다. 하지만 4.2.4절에서 살펴본 것처럼 이벤트 객체 이외의 인자를 정의한 경우 템플릿 블록에서 인자를 전달해야 합니다. 그렇다면 이 두 가지를 함께 사용할 때는 어떻게 작성해야 할까요?

구체적인 사례를 살펴보겠습니다. directive-on-param-both 프로젝트를 생성하고 src/App.vue를 [코드 4-10]의 내용으로 작성합니다.

코드 4-10 directive-on-param-both/src/App.vue

```
<script setup lang="ts">
import { ref } from "vue";

const pMsg = ref("이벤트 전 (클릭해주세요!)");
```

```
const pBgColorEvent = ref("white");
const onPClickWithEvent = (bgColor: string, event: MouseEvent): void => {  ❶
    pBgColorEvent.value = bgColor;
    pMsg.value = event.timeStamp.toString();  ❷
};
</script>

<template>
    <p v-on:click="onPClickWithEvent('green', $event)" v-bind:style="{ backgroundColor:
    pBgColorEvent }">  ❸
        {{ pMsg }}
    </p>
</template>
```

표시 결과는 [그림 4-7]과 같습니다. ①의 상태에서 문자열 부분(p 태그 부분)을 클릭하면 ②와 같이 내용이 숫자로 바뀌고 배경이 녹색으로 바뀝니다.

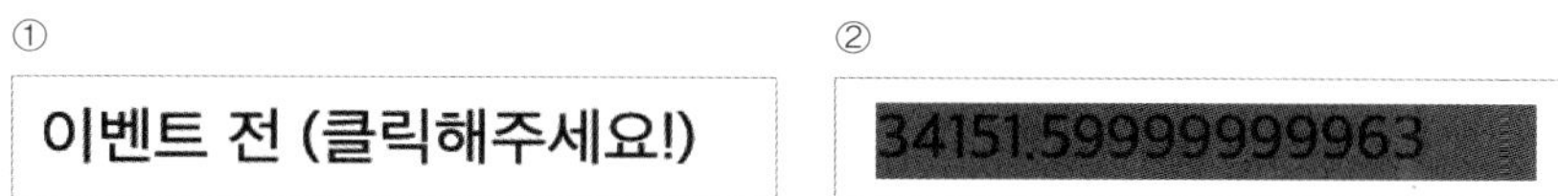

그림 4-7 p 태그 부분을 클릭하면 변하는 내용과 배경

[코드 4-10]의 ❶에서 볼 수 있듯이 onPClickWithEvent 메서드의 화살표 함수에는 배경색을 나타내는 문자열 bgColor와 이벤트 객체인 MouseEvent 타입의 event, 두 개의 인자가 정의되어 있습니다. onPClickWithEvent 메서드를 사용하는 부분의 템플릿은 다음과 같습니다(❸).

```
v-on:click="onPClickWithEvent('green', $event)"
```

주목해야 할 것은 인자 $event입니다. 이벤트 객체를 인자로서 자동으로 전달해주는 것은 4.2.3절과 같이 인자를 생략하고 메서드명만 작성한 경우입니다. 다른 인자와 함께 쓸 때는 인자 부분에 이벤트 객체로 $event를 명시해야 합니다. 단 인자의 순서는 상관없지만 정의 부분과 템플릿 측 호출 부분의 순서를 일치시켜야 합니다. 예를 들어 [코드 4-10]의 ❶에서 화살표 함수를 다음과 같이 만들었다고 가정해봅시다.

```
(event: MouseEvent, bgColor: string): void => {
```

이럴 때는 템플릿에서 다음과 같이 $event를 첫 번째 인자로 작성합니다.

```
v-on:click="onPClickWithEvent($event, 'green')"
```

참고로 p 태그 부분을 클릭할 때 표시되는 숫자는 [코드 4-10]의 ❷ 부분을 처리한 결과입니다. 이벤트 객체의 timeStamp 속성값으로 이벤트의 경과 시간을 밀리초 단위로 가져옵니다.

4.2.6 v-on 수식어

이제 v-on 디렉티브의 수식어modifiers를 소개합니다. 수식어는 인자 뒤에 .(마침표)로 연결하여 작성하는 키워드입니다. [표 4-3]은 v-on에서 사용할 수 있는 수식어를 정리한 것입니다.

수식어	내용
stop	이벤트 버블링 취소(event.stopPropagation()과 동일)
capture	이벤트 리스너를 캡처 모드로 설정
self	이 요소에서 이벤트가 발생했을 때만 이벤트를 실행
prevent	이벤트의 기본 처리 취소(event.preventDefault()와 동일)
passive	해당 이벤트의 기본 동작을 즉시 실행
once	이벤트 실행을 1회로 제한

표 4-3 v-on 수식어

DOM 이벤트 단계

[표 4-3]의 수식어를 보면 자바스크립트 이벤트를 어느 정도 이해하지 않으면 알 수 없는 용어가 몇 가지 있습니다. 간단히 보충 설명하겠습니다. 참고로 여기서 소개하는 내용은 Vue가 아니라 자바스크립트 자체에 대한 설명입니다. 따라서 더 자세한 내용은 자바스크립트 이벤트에 대한 다른 문서[7]를 참고하기 바랍니다.

예를 들어 다음과 같은 태그 중첩 구조가 있다고 가정해봅시다.

```
<html>
```

7 예) MDN 이벤트 설명 페이지: https://developer.mozilla.org/ko/docs/Learn/JavaScript/Building_blocks/Events

```
    <body>
        <section>
            <div>
                <button …>클릭</button>
            </div>
        </section>
    </body>
</html>
```

button 태그에 이벤트, 예를 들어 클릭 이벤트를 설정하면 직관적으로 해당 이벤트는 button 태그에서만 발생하는 것처럼 보입니다. 하지만 실제로 이러한 이벤트(DOM 이벤트)는 조금 더 복잡한 구조로 발생되며 3단계로 구성되어 있습니다. 이를 그림으로 나타내면 다음과 같습니다.

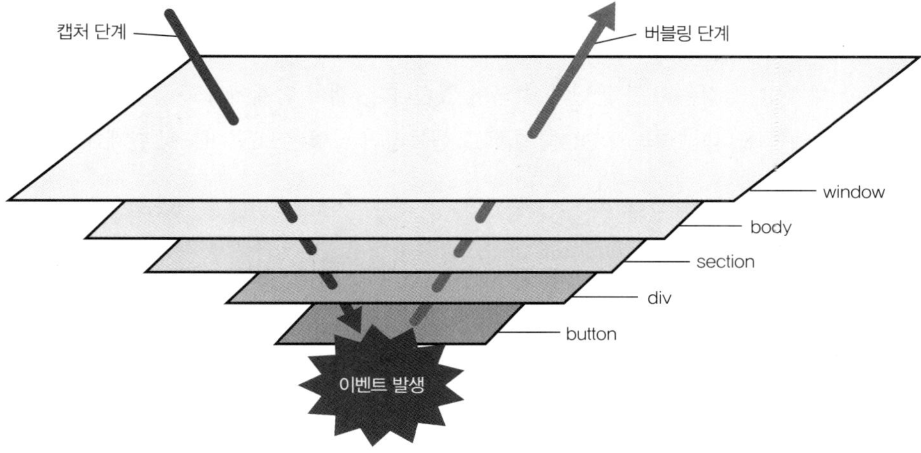

그림 4-8 DOM 이벤트 발생 구조

각 단계는 캡처 단계, 타깃 단계, 버블링 단계라는 이름으로 불립니다. 간단히 살펴보겠습니다.

1. 캡처 단계

예를 들어 button 태그를 클릭한다고 해서 태그에서 갑자기 이벤트가 발생하는 것은 아닙니다. 먼저 이벤트를 감지하는 것은 기본 window 객체입니다. 그리고 차례대로 요소들 내부로 들어가서 이벤트 발생지까지 추적합니다. 이것이 바로 캡처 단계입니다.

2. 타깃 단계

최종적으로 이벤트의 발생지를 파악합니다. 그리고 특정된 발생지 태그에서 해당 태그에 등록된 이벤트 핸들러가 호출됩니다. 이것이 타깃 단계입니다.

3. 버블링 단계

타깃 단계에서 이벤트 발생지를 파악한 후 캡처 단계의 역순으로 부모 요소로 거슬러 올라갑니다. 이것이 버블링 단계입니다. 마지막으로 window 객체에 도달하게 됩니다.

캡처 단계든 버블링 단계든 요소들을 차례로 따라가면서 무엇을 하느냐 하면 해당 요소에 설정된 이벤트 핸들러를 실행합니다. 즉 [그림 4-8]의 이미지와 같이 캡처 단계에서 window부터 이벤트 발생지까지 내려가면서 해당 요소에 이벤트 핸들러가 설정되어 있으면 순차적으로 실행합니다. 다음으로 버블링 단계에서는 이벤트를 연속적으로 발생시키면서 window까지 올라가는 과정을 거칩니다. 이것이 바로 이벤트의 전파입니다. 단 자바스크립트에서 DOM 이벤트를 설정할 때 기본 설정은 버블링 단계로 되어 있습니다. 캡처 단계에서도 실행되도록 하려면 옵션을 설정해야 합니다. 따라서 DOM 이벤트 핸들러의 실행은 보통 버블링 단계에서 이뤄진다고 할 수 있습니다.

stop, capture, self 수식어

이제 지금까지 설명을 바탕으로 [표 4-3]을 보면 .stop, .capture, .self의 의미를 이해할 수 있을 것입니다. .stop은 버블링을 취소하여 버블링 단계에서 부모 요소에 설정된 이벤트 핸들러가 실행되는 것을 막습니다. .capture는 캡처 단계에서 해당 이벤트 핸들러를 실행하고 버블링 단계에서는 이벤트 핸들러를 실행하지 않도록 설정합니다. .self는 해당 요소 자체가 이벤트 발생지일 때만 이벤트 핸들러를 실행하도록 설정합니다.

prevent 수식어

다음으로 .prevent 수식어를 구체적인 예제를 통해 살펴보겠습니다. directive-on-prevent 프로젝트를 생성하고 src/App.vue를 [코드 4-11]의 내용으로 다시 작성합니다.

코드 4-11 directive-on-prevent/src/App.vue

```
<script setup lang="ts">
import { ref } from "vue";

const msg = ref("미전송");
const onFormSubmit = (): void => {
  msg.value = "전송되었습니다.";
};
</script>

<template>
  <form action="#" v-on:submit.prevent="onFormSubmit">    ❶
    <input type="text" required>    ❷
    <button type="submit">전송</button>    ❸
  </form>
  <p>{{ msg }}</p>
</template>
```

표시 결과는 [그림 4-9]와 같습니다. 입력란이 입력되지 않은 ①의 상태에서 [전송] 버튼을 클릭하면 HTML 유효성 검사가 작동하여 ②와 같은 화면이 표시됩니다. 문자를 입력하고 [전송] 버튼을 클릭하면 ③과 같이 '전송되었습니다.'라는 메시지가 표시됩니다.

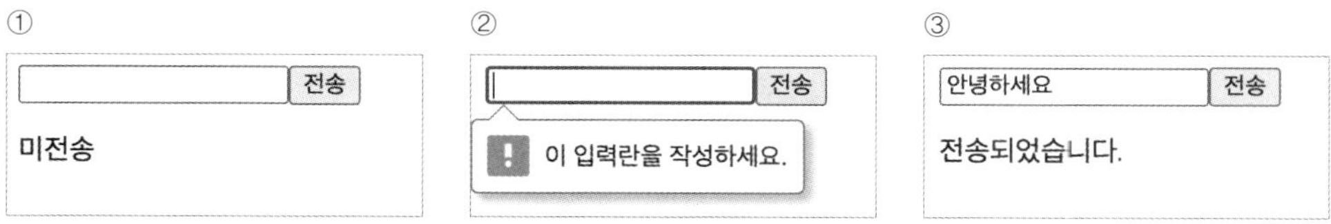

그림 4-9 HTML 유효성 검사

[그림 4-9]의 ②와 같이 HTML 유효성 검사를 활성화하려면 입력 컨트롤을 form 태그로 둘러싸고([코드 4-11]의 ❶, ❷), 버튼의 type을 submit으로 설정해야 합니다(❸). 이때 이벤트 설정은 ❶과 같이 form 태그에 v-on:submit을 이용하여 작성합니다.

단 그대로 두면 v-on:submit으로 설정한 onFormSubmit 메서드가 실행된 직후에 원래의 전송submit 이벤트도 실행되어 action 속성에 지정된 URL이 호출됩니다. [코드 4-11]에서는 URL이 #이기 때문에 결과적으로 페이지가 다시 로드되어 [그림 4-9]의 ①과 같은 화면으로 돌아가게 됩니다.

이러한 원래의 이벤트(예에서는 전송 이벤트)를 취소하는 것이 .prevent 수식어입니다. [코드 4-11]의 ❶에서는 v-on:submit.prevent로 사용하고 있습니다. prevent 수식어는 내부적으로 해당 이벤트 객체에 대해 자바스크립트 표준 preventDefault() 메서드를 호출함으로써 구현됩니다.

passive 수식어

마지막으로 [표 4-3]의 .passive 수식어에 대해 보충 설명합니다. .passive 수식어는 이벤트 처리 함수 내에서 preventDefault() 메서드를 실행하지 않았음을 브라우저에 알립니다. 즉 .passive 수식어는 .prevent 수식어의 역기능이라고 할 수 있는 수식어입니다.

.passive를 붙이면 브라우저가 즉시 이벤트 처리를 할 수 있게 됩니다. 예를 들어 .passive를 scroll 이벤트에 적용하면 스크롤 처리가 즉시 실행되어 모바일 환경에서 스크롤 끊김을 줄일 수 있습니다.

4.2.7 클릭 이벤트와 키 이벤트 수식어

v-on 디렉티브의 수식어 중 클릭 이벤트와 키 이벤트에는 전용 수식어가 제공됩니다. 지금부터 구체적인 사례로 살펴보겠습니다. directive-on-modifier 프로젝트를 생성하고 src/App.vue를 [코드 4-12]의 내용으로 작성합니다.

코드 4-12 directive-on-modifiers/src/App.vue

```
<script setup lang="ts">
import { ref } from "vue";

const msg = ref("시작 전");
const onEnterKey = (): void => {
    msg.value = "엔터 키가 입력되었습니다. ";
};
const onRightButtonClick = (): void => {
    msg.value = "마우스 우클릭되었습니다. ";
};
const onShiftClick = (): void => {
    msg.value = "시프트 키를 누르면서 클릭했습니다.";
};
```

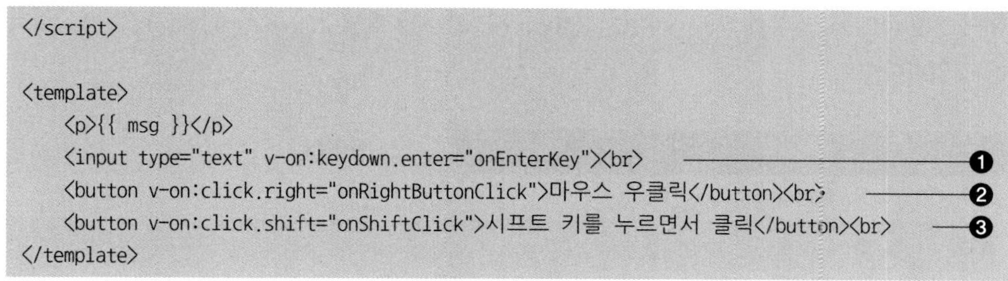

```
</script>

<template>
    <p>{{ msg }}</p>
    <input type="text" v-on:keydown.enter="onEnterKey"><br>  ❶
    <button v-on:click.right="onRightButtonClick">마우스 우클릭</button><br>  ❷
    <button v-on:click.shift="onShiftClick">시프트 키를 누르면서 클릭</button><br>  ❸
</template>
```

표시 결과는 [그림 4-10]과 같습니다. ①의 상태에서 입력란을 선택하고 [Enter] 키를 누르면 ②의 화면으로 바뀝니다. [마우스 우클릭] 버튼은 마우스 왼쪽 클릭 시에는 반응하지 않지만 마우스 오른쪽 클릭 시 ③의 화면으로 바뀝니다. [시프트 키를 누르면서 클릭] 버튼도 마찬가지로 단순히 클릭만 하면 반응이 없지만 [Shift] 키를 누른 상태에서 클릭하면 ④와 같이 표시됩니다.

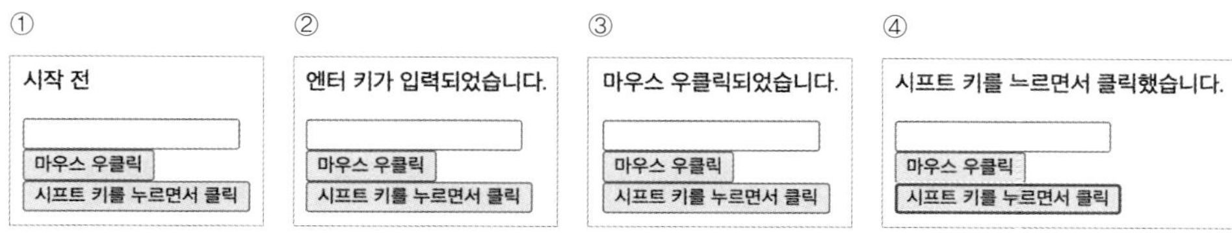

그림 4-10 클릭과 키 이벤트 활용

이러한 우클릭이나 특정 키 조작에 따른 이벤트 실행을 가능하게 하는 것이 [코드 4-12]의 ❶ v-on:keydown.enter의 .enter 수식어, ❷ v-on:click.right의 .right 수식어, ❸ v-on:click.shift의 .shift 수식어입니다. 지금부터 차례대로 살펴보겠습니다.

키 이벤트 수식어

[코드 4-12]의 ❶ keydown을 비롯해 keypress, keyup과 같은 키 이벤트에는 누른 키에 대응하는 수식어를 추가로 부여할 수 있습니다. 예를 들어 다음과 같은 코드를 작성할 수 있습니다.

```
v-on:keydown.q="…"
```

이 코드로 [Q] 키를 누를 때 처리할 이벤트를 설정할 수 있습니다. 알파벳이 아닌 특수 키에 대해서는 Vue에서 키 별칭key alias이라는 전용 수식어를 제공합니다. [표 4-4]는 키 별칭을 정리한 것입니다.

수식어	대응 키
enter	[Enter]
tab	[Tab]
delete	[Delete] 또는 [Backspace]
esc	[Esc]
space	[Space]
up	[↑]
down	[↓]
left	[←]
right	[→]

표 4-4 키 별칭

[코드 4-12]에서 ❶의 수식어 .enter는 [Enter] 키를 표시하는 키 별칭입니다.

클릭 이벤트 수식어

[코드 4-12]에서 ❷의 수식어 .right와 같이 클릭 이벤트와 조합하는 수식어를 [표 4-5]로 정리했습니다. 해당하는 마우스 각 버튼이 클릭될 때 이벤트가 실행됩니다.

수식어	대응 버튼
left	왼쪽 버튼
right	오른쪽 버튼
middle	가운데 버튼

표 4-5 v-on:click 수식어

[코드 4-12]의 ❷에서는 .right 수식어가 있어 우클릭할 때만 이벤트가 발생하도록 되어 있습니다.

시스템 수식어

[코드 4-12]의 ❸에서 .shift 수식어는 시스템 수식어라고 불립니다. 시스템 수식어를 정리하면 [표 4-6]과 같습니다.

수식어	대응 키
ctrl	[Ctrl]
alt	[Alt]
shift	[Shift]
meta	맥에서는 [⌘], 윈도우에서는 [Windows]

표 4-6 시스템 수식어

이러한 수식어를 지정하면 해당 키가 눌렸을 때만 설정한 이벤트가 실행되도록 할 수 있습니다. [코드 4-12]의 ❸에서 .shift는 [Shift] 키를 나타냅니다. [Shift] 키를 누른 채로 클릭하지 않으면 반응하지 않도록 하는 것이 바로 .shift 수식어의 역할입니다.

exact 수식어

앞서 언급했듯이 [코드 4-12]의 ❶은 [Enter] 키를 누를 때의 이벤트 설정입니다. 하지만 이대로는 [Enter] 키 단독으로 누를 때뿐만 아니라 [Shift] + [Enter] 키 등 다른 키와 조합해도 이벤트가 발생하게 됩니다. 이를 [Enter] 키를 단독으로 누를 때로 제한하고 싶다면 다음 코드와 같이 .exact 수식어를 함께 사용하면 됩니다.

```
v-on:keydown.enter.exact="onEnterKey"
```

5장

기본 편

양방향 데이터 바인딩과 기타 디렉티브

4장에서는 데이터와 이벤트를 다루는 기본 디렉티브를 소개했습니다. 데이터 바인딩과 이벤트 설정을 결합하면 양방향 데이터 바인딩이 가능합니다. 이 장에서는 양방향 데이터 바인딩에 대해 알아보고 제어 디렉티브를 제외한 나머지 디렉티브를 소개합니다.

5.1 양방향 데이터 바인딩

4장에서 소개한 데이터 바인딩 디렉티브와 이벤트 디렉티브를 결합하면 입력 폼 내 컨트롤의 값과 템플릿 변수를 양방향으로 바인딩할 수 있습니다. 이 절에서는 이러한 양방향 데이터 바인딩을 소개합니다.

5.1.1 양방향 데이터 바인딩을 실현하는 v-model

먼저 양방향 데이터 바인딩이 어떤 것인지 이해를 돕기 위해 구체적인 예를 살펴보겠습니다. directive-model 프로젝트를 생성하고 src/App.vue를 [코드 5-1]의 내용으로 작성합니다.

코드 5-1 directive-model/src/App.vue

```
<script setup lang="ts">
import { ref } from "vue";

const inputNameModel = ref("양방향");  ――――――――――――――――― ❶
</script>

<template>
    <section>
        <input type="text" v-model="inputNameModel">  ―――――――― ❷
        <p>{{ inputNameModel }}</p>  ―――――――――――――――――― ❸
    </section>
</template>
```

표시 결과는 [그림 5-1]과 같습니다. ①의 상태에서 입력란의 글자를 변경하면 아래쪽 '양방향' 이라는 텍스트 부분이 ②와 같이 입력한 내용으로 변경됩니다.

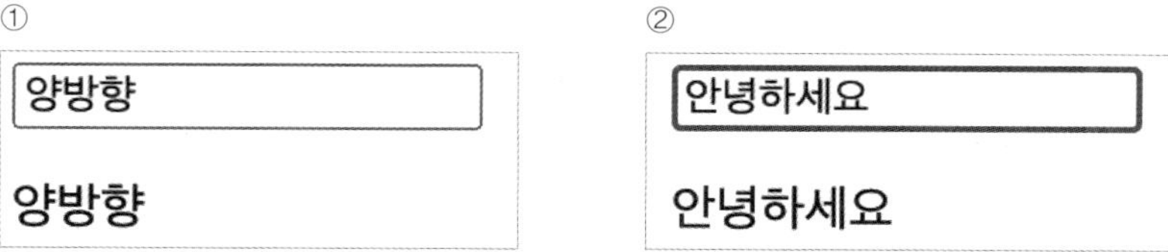

그림 5-1 양방향 데이터 바인딩을 구현한 화면

입력한 데이터가 실시간으로 템플릿 변수와 연동되는 것을 바로 확인할 수 있습니다. 소스 코드는 매우 간단합니다. 입력란인 ❷의 태그에 새롭게 등장한 디렉티브 v-model을 작성하고 속성값으로 ❶의 템플릿 변수를 지정하는 것뿐입니다. 이것으로 입력 내용과 템플릿 변수가 자동으로 연동됩니다. 결과는 템플릿 변수 inputNameModel을 머스태시 구문으로 표시한 ❸ 부분에서 확인할 수 있습니다. 이것이 바로 양방향 데이터 바인딩입니다.

5.1.2 단방향 데이터 바인딩

그렇다면 왜 이런 양방향 데이터 바인딩이 가능한지 이유를 알아봅시다. 양방향 데이터 바인딩의 원리는 어렵게 느껴질 수 있기 때문에 하나씩 차근차근 살펴보겠습니다.

앞선 장의 복습도 겸해 이해하기 쉬운 부분부터 시작해봅시다. 먼저 구체적인 예제를 만들어보겠습니다. directive-oneway 프로젝트를 생성하고 src/App.vue를 [코드 5-2]의 내용으로 다시 작성합니다.

코드 5-2 directive-oneway/src/App.vue

```
<script setup lang="ts">
import { ref } from "vue";

const inputNameBind = ref("홍길동");                          ❶
const inputNameOn = ref("이름 없음");                         ❷
const onInputName = (event: Event): void => {                 ❸
    const element = event.target as HTMLInputElement;         ❹
    inputNameOn.value = element.value;                        ❺
}
</script>

<template>
    <section>
```

```
        <input type="text" v-bind:value="inputNameBind">  ❻
    </section>
    <br>
    <section>
        <input type="text" v-on:input="onInputName">  ❼
        <p>{{ inputNameOn }}</p>  ❽
    </section>
</template>
```

표시 결과는 [그림 5-2]와 같습니다. ①의 상태에서 아래쪽 입력란에 글자를 입력하면 아래쪽 '이름 없음' 텍스트 부분이 ②와 같이 입력한 내용으로 변경됩니다.

①

홍길동

이름 없음

②

홍길동

영웅

영웅

그림 5-2 단방향 데이터 바인딩 화면

템플릿 변수 → 컨트롤 입력값

먼저 템플릿 변수의 값을 입력 컨트롤의 기본 입력값으로 설정한 부분부터 이야기를 시작하겠습니다([코드 5-2]의 ❶, ❻). 여기서는 4.1절에서 소개한 v-bind를 활용합니다. 예제에서는 ❻의 v-bind:value의 속성값으로 ❶의 템플릿 변수를 지정하면 자동으로 변숫값이 입력 컨트롤의 value 값, 즉 기본 입력값이 됩니다. 지금까지 처리 과정을 그림으로 나타내면 [그림 5-3]과 같습니다.

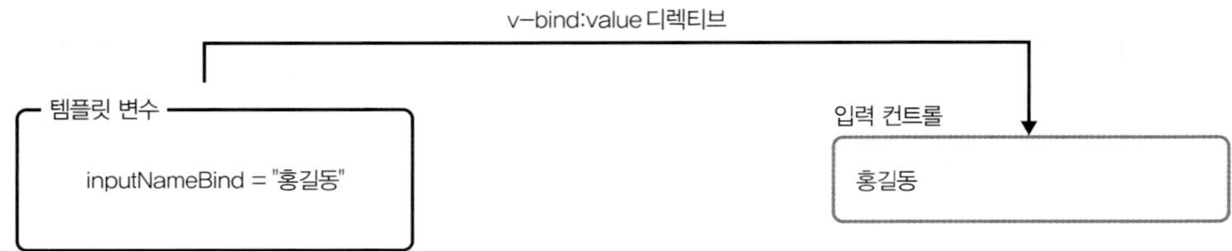

그림 5-3 템플릿 변수 → 컨트롤 입력값 바인딩 구조

컨트롤 입력값 → 템플릿 변수

다음으로 반대의 경우를 생각해봅시다. 컨트롤의 입력값을 템플릿 변수에 저장하는 처리입니다. 이때 이벤트 디렉티브를 사용합니다.

입력 컨트롤의 입력 이벤트는 input이므로 템플릿 블록에서 v-on:input을 사용합니다(❼). 여기서 이벤트 핸들러인 onInputName 메서드를 정의하는 부분이 ❸의 화살표 함수입니다. 처리 블록 내에서는 이벤트가 발생한 입력 컨트롤에서 입력값(value)을 가져와서 템플릿 변수에 저장하고 있습니다.

이렇게 입력 컨트롤에서 입력값을 가져오는 코드는 자바스크립트라면 event.target.value로 작성할 수 있습니다. 하지만 타입스크립트에서는 이벤트가 발생한 대상 요소를 나타내는 event.target 속성은 EventTarget 타입으로 여기서 직접 입력값을 나타내는 value 속성을 얻을 수 없습니다. 따라서 일단 이벤트가 발생한 입력 요소를 나타내는 HTMLInputElement 타입으로 변환해야 합니다(❹). 그런 다음 HTMLInputElement 타입의 element에서 value 속성값, 즉 입력값을 가져와 템플릿 변수 inputNameOn의 값에 저장합니다(❺). 그 결과 Vue의 반응형 시스템에 의해 새로운 값이 p 태그에 표시됩니다(❽).

지금까지의 처리 과정을 그림으로 나타내면 [그림 5-4]와 같습니다.

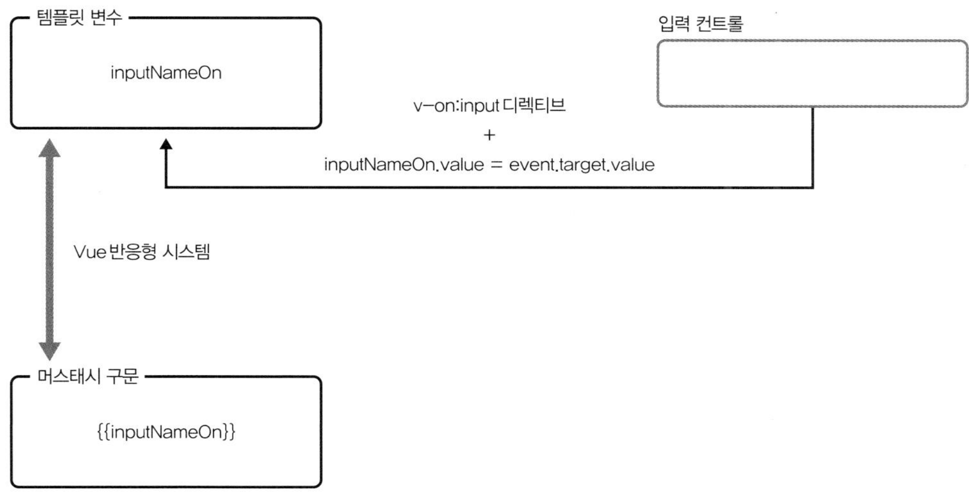

그림 5-4 컨트롤 입력값 → 템플릿 변수 바인딩 구조

5.1.3 v-bind와 v-on:input의 조합

앞서 소개한 v-bind와 v-on:input을 결합하면 양방향 바인딩이 완성됩니다. 구체적인 사례를 살펴보겠습니다. directive-twoway 프로젝트를 생성하고 src/App.vue를 [코드 5-3]의 내용으로 작성합니다.

코드 5-3 directive-twoway/src/App.vue

```
<script setup lang="ts">
import { ref } from "vue";

const inputName2Way = ref("양방향");
const onInputName2Way = (event: Event): void => {
    const element = event.target as HTMLInputElement;
    inputName2Way.value = element.value;
}
</script>

<template>
    <section>
        <input type="text" v-bind:value="inputName2Way" v-on:input="onInputName2Way">  ❶
        <p>{{ inputName2Way }}</p>
    </section>
</template>
```

표시 결과는 [그림 5-1]과 동일합니다.

[코드 5-3]에서 주목해야 할 부분은 ❶입니다. 바로 [코드 5-2]의 ❻과 ❼을 합친 것과 같습니다. 이에 해당하는 스크립트 블록의 코드는 내용상으로 [코드 5-2]와 거의 동일합니다. 포인트는 v-bind에서 사용하는 템플릿 변수와 v-on:input의 이벤트 핸들러에서 사용하는 템플릿 변수가 동일하다는 점입니다. 즉 v-bind와 v-on:input에서 동일한 템플릿 변수를 사용하여 양방향 데이터 바인딩을 구현하고 있습니다. 또한 이 템플릿 변수와 머스태시 구문은 Vue의 반응형 시스템에서 동기화가 이루어지고 있습니다. 이를 통해 입력 컨트롤과 템플릿 변수 사이에 양방향 데이터 바인딩을 구현할 수 있습니다(그림 5-5).

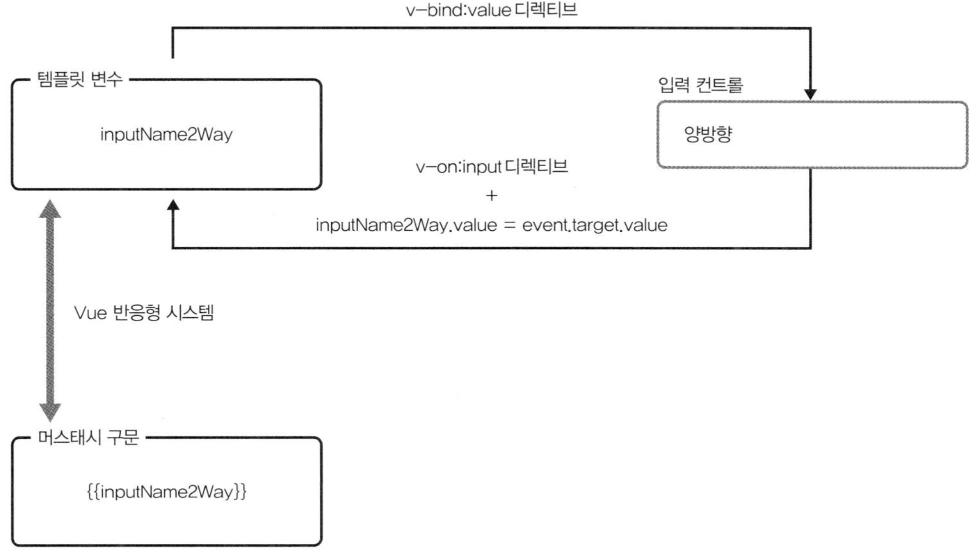

그림 5-5 Vue의 양방향 데이터 바인딩 구조

이렇게 v-bind와 v-on:input을 조합하여 양방향 데이터 바인딩을 구현할 수 있습니다. 이를 간단하게 작성할 수 있도록 한 것이 5.1.1절에서 소개한 v-model입니다.

이번 절의 양방향 데이터 바인딩 구조와 v-model에서는 type 속성이 text인 input 태그를 예로 설명했지만 type 속성이 email, number, date 등 문자열 입력에 준하는 경우라면 같은 방법을 사용할 수 있습니다.

5.1.4 문자열 입력 이외의 컨트롤에서 v-model

앞 절에서는 간단한 텍스트 컨트롤에서 v-model의 사용 예를 살펴보았습니다. 이번 절에서는 다른 입력 컨트롤에서 v-model을 사용하는 방법을 소개합니다.

여기서는 텍스트 영역, 라디오 버튼, 드롭다운 리스트, 체크박스, 다중 선택 셀렉트박스의 예를 정리하여 소개합니다. directive-model-controls 프로젝트를 생성하고 src/App.vue를 [코드 5-4]의 내용으로 다시 작성합니다. 여러 컨트롤을 한꺼번에 소개하기 때문에 코드가 다소 길어졌습니다.

코드 5-4 directive-model-controls/src/App.vue

```
<script setup lang="ts">
import { ref } from "vue";

const inputTextarea = ref("텍스트 영역 문자 입력 \n(개행 추가)"); ❶
const memberType = ref(1); ❷
const memberTypeSelect = ref(1); ❸
const isAgreed = ref(false); ❹
const isAgreed01 = ref(0); ❺
const selectedOS = ref([]); ❻
const selectedOSSelect = ref([]); ❼
</script>

<template>
    <textarea v-model="inputTextarea"></textarea> ❽
    <!-- <textarea>{{inputTextarea}}</textarea> -->
    <br>
    <section>
        <label><input type="radio" name="memberType" value="1" v-model="memberType">
        일반회원</label>
        <label><input type="radio" name="memberType" value="2" v-model="memberType">
        특별회원</label> ❾
        <label><input type="radio" name="memberType" value="3" v-model="memberType">
        우수회원</label>
        <br>
        <p>선택된 라디오 버튼: {{ memberType }}</p>
    </section>
    <br>
    <section>
        <select v-model="memberTypeSelect">
            <option value="1">일반회원</option>
            <option value="2">특별회원</option> ❿
            <option value="3">우수회원</option>
        </select>
        <br>
        <p>선택된 리스트: {{ memberTypeSelect }}</p>
    </section>
    <br>
    <section>
        <label><input type="checkbox" v-model="isAgreed">동의</label> ⓫
        <p>동의 결과: {{ isAgreed }}</p>
    </section>
    <section>
```

```
        <label><input type="checkbox" v-model="isAgreed01" true-value="1" false-value="0">
        동의</label>  ⓬
        <p>동의 결과: {{ isAgreed01 }}</p>
    </section>
    <section>
        <label><input type="checkbox" v-model="selectedOS" value="1">macOS</label>
        <label><input type="checkbox" v-model="selectedOS" value="2">Windows</label>
        <label><input type="checkbox" v-model="selectedOS" value="3">Linux</label>  ⓭
        <label><input type="checkbox" v-model="selectedOS" value="4">iOS</label>
        <label><input type="checkbox" v-model="selectedOS" value="5">Android</label>
        <p>선택된 OS: {{ selectedOS }}</p>
    </section>
    <section>
        <select v-model="selectedOSSelect" multiple>
            <option value="1">macOS</option>
            <option value="2">Windows</option>
            <option value="3">Linux</option>  ⓮
            <option value="4">iOS</option>
            <option value="5">Android</option>
        </select>
        <p>선택된 OS: {{ selectedOSSelect }}</p>
    </section>
</template>
```

표시 결과는 다음 그림과 같습니다.

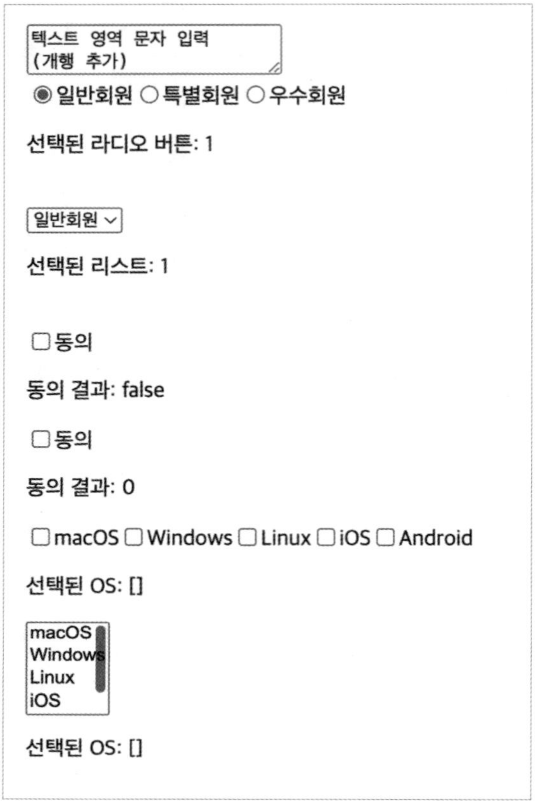

텍스트 영역 문자 입력
(개행 추가)

◉ 일반회원 ○ 특별회원 ○ 우수회원

선택된 라디오 버튼: 1

일반회원 ∨

선택된 리스트: 1

☐ 동의

동의 결과: false

☐ 동의

동의 결과: 0

☐ macOS ☐ Windows ☐ Linux ☐ iOS ☐ Android

선택된 OS: []

macOS
Windows
Linux
iOS

선택된 OS: []

그림 5-6 다양한 입력 컨트롤에 대한 양방향 데이터 바인딩

이러한 입력 컨트롤들이 양방향 데이터 바인딩을 통해 각각 어떻게 동작하는지, 코딩할 때 주의할 점은 무엇인지 차례대로 알아보겠습니다.

텍스트 영역

텍스트 영역에 양방향 데이터 바인딩을 적용한 부분은 [코드 5-4]의 ❽ 부분입니다.

```
<textarea v-model="inputTextarea"></textarea>
```

textarea 태그의 텍스트 부분(시작 태그와 끝 태그 사이)에는 아무것도 안 적혀 있음에도 불구하고 [그림 5-6]의 텍스트 영역 부분에는 문자열이 표시됩니다. 이것이 v-model의 작동 원리입니다. 실제로 여기에 표시된 문자열은 v-model의 속성값인 템플릿 변수 inputTextarea

의 값입니다(❶). 참고로 textarea의 경우 다음과 같이 머스태시 구문을 사용해도 문제없이 표시되지만 반응형으로 동작하지 않으니 주의하기 바랍니다.

```
<textarea …>{{inputTextarea}}</textarea>
```

라디오 버튼

라디오 버튼은 그룹 내 모든 컨트롤에 동일한 템플릿 변수를 v-model의 속성값으로 설정합니다(❾).

```
<label><input type="radio" name="memberType" value="1" v-model="memberType" >일반회원</label>
<label><input type="radio" name="memberType" value="2" v-model="memberType" >특별회원</label>
<label><input type="radio" name="memberType" value="3" v-model="memberType" >우수회원</label>
```

v-model의 속성값은 memberType이고 해당 템플릿 변수의 초깃값은 1이므로 처음 표시될 때는 일반회원이 선택된 상태입니다(❷). 여기서 다른 라디오 버튼을 선택하면 그에 맞게 템플릿 변수 memberType의 값이 변경되고 해당 memberType을 표시하는 p 태그 내에서도 [그림 5-7]과 같이 값이 바뀌기 때문에 확실히 양방향 데이터 바인딩이 이르어지고 있음을 알 수 있습니다.

○일반회원 ○특별회원 ◉우수회원

선택된 라디오 버튼: 3

그림 5-7 라디오 버튼의 양방향 데이터 바인딩

드롭다운 리스트

드롭다운 리스트에서 select 태그에 v-model 디렉티브를 작성합니다(❿).

```
<select v-model="memberTypeSelect">
    <option value="1">일반회원</option>
    <option value="2">특별회원</option>
    <option value="3">우수회원</option>
</select>
```

라디오 버튼과 마찬가지로 v-model의 속성값인 템플릿 변수 memberTypeSelect의 초깃값은 1입니다(❸). 따라서 처음 표시될 때는 일반회원이 선택된 상태입니다. 여기서 다른 리스트를 선택하면 그에 따라 템플릿 변수 memberTypeSelect의 값이 바뀌고 해당 memberTypeSelect를 표시하는 p 태그 내에서도 [그림 5-8]과 같이 값이 바뀝니다. 여기에서도 확실히 양방향 데이터 바인딩이 이루어지고 있음을 알 수 있습니다.

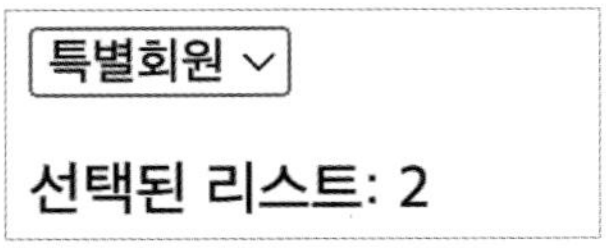

특별회원 ∨

선택된 리스트: 2

그림 5-8 드롭다운 리스트의 양방향 데이터 바인딩

단일 체크박스

체크박스는 하나만 사용하는 경우와 여러 개를 그룹화하여 사용하는 경우에 따라 처리 내용이 달라집니다. 하나인 경우 true/false로 값을 관리합니다(⓫).

```
<label><input type="checkbox" v-model="isAgreed">동의</label>
```

v-model의 속성값으로 작성하는 템플릿 변수 isAgreed는 boolean 타입이며 초깃값은 false입니다(❹). 따라서 처음에는 체크되지 않은 상태입니다. 여기서 체크박스에 체크하면 그에 따라 템플릿 변수 isAgreed의 값이 변경되고 해당 isAgreed를 표시하는 p 태그 내에서도 [그림 5-9]와 같이 값이 변경됩니다.

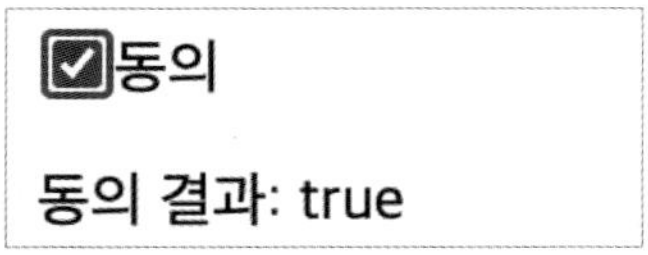

☑동의

동의 결과: true

그림 5-9 단일 체크박스의 양방향 데이터 바인딩

또한 true/false 이외의 값으로 데이터를 관리하고 싶다면 true-value 속성과 false-value 속성을 활용합니다(⓬).

```
<input type="checkbox" v-model="isAgreed01" true-value="1" false-value="0">
```

이때 v-model의 속성값으로 작성한 템플릿 변수 isAgreed01은 true-value와 false-value 속성값에 맞춰 값을 준비합니다. [코드 5-4]의 ❺에서는 초깃값이 0으로 설정되어 있으므로 처음에는 체크되지 않은 상태입니다. 여기서 체크박스에 체크하면 그에 따라 템플릿 변수 isAgreed01의 값이 변경되고 해당 isAgreed01을 표시하는 p 태그 내에서도 [그림 5-10]과 같이 true-value의 속성값으로 변경됩니다.

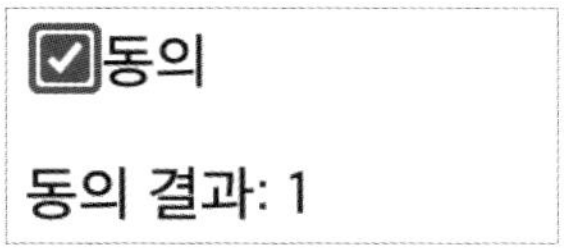

☑동의

동의 결과: 1

그림 5-10 단일 체크박스에서 true/false 이외의 값 사용

다중 선택 체크박스

다중 선택할 수 있는 체크박스의 경우 모든 체크박스에 v-model의 속성값으로 동일한 템플릿 변수를 지정하면 해당 템플릿 변수를 배열로 취급할 수 있습니다(⓭).

```
<label><input type="checkbox" v-model="selectedOS" value="1">macOS</label>
<label><input type="checkbox" v-model="selectedOS" value="2">Windows</label>
<label><input type="checkbox" v-model="selectedOS" value="3">Linux</label>
<label><input type="checkbox" v-model="selectedOS" value="4">iOS</label>
<label><input type="checkbox" v-model="selectedOS" value="5">Android</label>
```

예제에서 체크박스의 v-model 속성값은 모두 동일한 템플릿 변수인 selectedOS로 지정되어 있습니다. 이때 selectedOS는 배열로 정의되어 있습니다(❻). 예제 코드에서는 초깃값으로 빈 배열이 주어지기 때문에 처음에는 모든 체크박스가 체크되지 않은 상태로 표시됩니다. 체크박스를 선택하면 선택된 체크박스의 value 속성값이 배열의 요소로 추가됩니다. 결과적으로 selectedOS의 내용을 표시하는 p 태그 내에서도 [그림 5-11]과 같이 값이 변경됩니다.

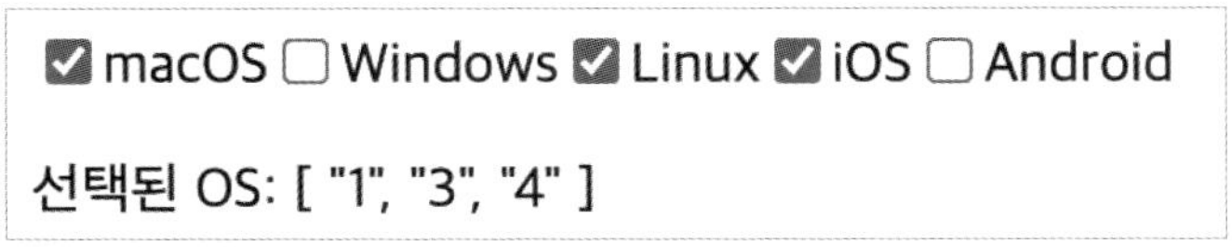

☑ macOS ☐ Windows ☑ Linux ☑ iOS ☐ Android

선택된 OS: ["1", "3", "4"]

그림 5-11 다중 선택 체크박스의 양방향 데이터 바인딩

다중 선택 셀렉트박스

마지막은 다중 선택이 가능한 셀렉트박스입니다(⑭). 역시 다중 선택 체크박스와 마찬가지로 배열 형태로 데이터를 처리합니다.

```
<select v-model="selectedOSSelect" multiple>
    <option value="1">macOS</option>
    <option value="2">Windows</option>
    <option value="3">Linux</option>
    <option value="4">iOS</option>
    <option value="5">Android</option>
</select>
```

v-model의 속성값으로 지정된 템플릿 변수 selectedOSSelect는 배열로 정의되어 있습니다(❼). 다중 선택 체크박스와 마찬가지로 초깃값으로 빈 배열이 주어지기 때문에 처음에는 아무것도 선택되지 않은 상태입니다. 이어서 항목을 선택하면 선택한 option 태그의 value 속성값이 배열의 요소로 추가됩니다. 결과적으로 selectedOSSelect의 내용을 표시하는 p 태그 내에서도 [그림 5-12]와 같이 값이 변경됩니다.

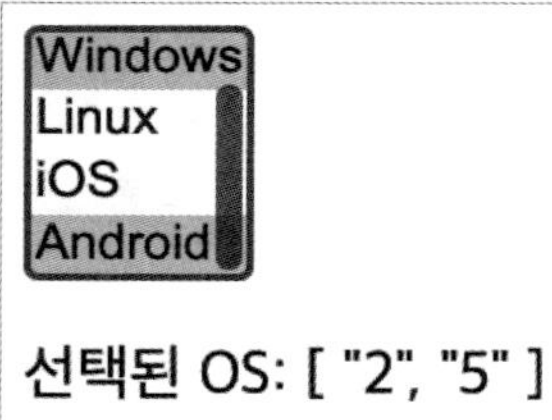

그림 5-12 다중 선택 셀렉트박스의 양방향 데이터 바인딩

파일 선택 컨트롤의 양방향 데이터 바인딩

input 태그 중에서 type="file", 즉 파일 선택 컨트롤에는 v-model을 사용할 수 없습니다. 우선 애플리케이션 측에서 컨트롤에 값을 바인딩하는 것이 보안상 허용되지 않으며 컨트롤에서 선택된 파일을 수신하는 것만이 애플리케이션의 역할입니다. 즉 양방향 데이터 바인딩이라는 개념이 성립하지 않습니다.

5.1.5 v-model 수식어

마지막으로 v-model의 세 가지 수식어를 소개합니다(표 5-1).

수식어	내용
lazy	input 대신 change 이벤트로 양방향 데이터 바인딩 수행
number	입력값을 숫자로 취급
trim	입력값의 전후 공백 제거

표 5-1 v-model의 수식어

조금 설명을 덧붙이겠습니다. 예를 들어 5.1.2절에서 소개한 type="text"의 input 태그에 대한 양방향 데이터 바인딩은 한 글자를 입력 또는 삭제할 때마다 데이터 바인딩이 이루어지고 머스태시 구문에 의한 표시 부분에도 즉시 변경 사항이 반영됩니다. 이때 .lazy 수식어를 사용하면 입력을 모두 마치고 입력 컨트롤에서 포커스가 사라질 때까지 기다렸다가 데이터 바인딩을 수행합니다.

.number는 input type="number"와 같이 숫자를 입력하는 컨트롤에 유효합니다. 이러한 컨트롤에서는 숫자를 입력하더라도 입력값은 원칙적으로 문자열, 즉 string 타입의 데이터가 됩니다. 하지만 타입스크립트에서는 숫자를 number 타입의 변수에 저장해야 합니다. 이때 .number 수식어를 사용하면 문자열로 입력된 숫자 데이터를 number 타입으로 변환하여 number 타입의 템플릿 변수에 저장할 수 있습니다. 이 내용은 다음 장의 예제에서 활용하며 살펴보겠습니다.

다음은 마지막 수식어인 .trim의 예를 살펴보겠습니다. directive-model-trim 프로젝트를 생성하고 src/App.vue를 [코드 5-5]의 내용으로 다시 작성합니다.

코드 5-5 directive-model-trim/src/App.vue

```
<script setup lang="ts">
import { ref } from "vue";

const trimedText = ref("");
</script>

<template>
    <section>
```

```
      <input type="text" v-model.trim="trimedText">  ❶
      <p>입력 문자열: {{ trimedText }}</p>
    </section>
</template>
```

이를 실행하고 표시된 화면의 입력란에 [그림 5-13]과 같이 앞뒤에 공백이 포함된 문자열을 입력해봅시다.

안녕하세요

입력 문자열: 안녕하세요

그림 5-13 trim 입력값

[그림 5-13]의 아래쪽 텍스트를 보면 알 수 있듯이 앞뒤 공백을 제거한 후 데이터 바인딩이 이루어지고 있습니다. 이것이 [코드 5-5]에서 ❶의 v-model에 지정한 .trim 수식어의 역할입니다.

> **NOTE** Vue Devtools
>
> Vue 애플리케이션 제작에 없어서는 안 될 도구로 Vue Devtools[1]가 있습니다. 브라우저의 확장 기능으로 제공되며 예를 들어 크롬의 경우 크롬 웹스토어에서 검색하면 바로 찾을 수 있습니다(그림 5-n1).
>
> 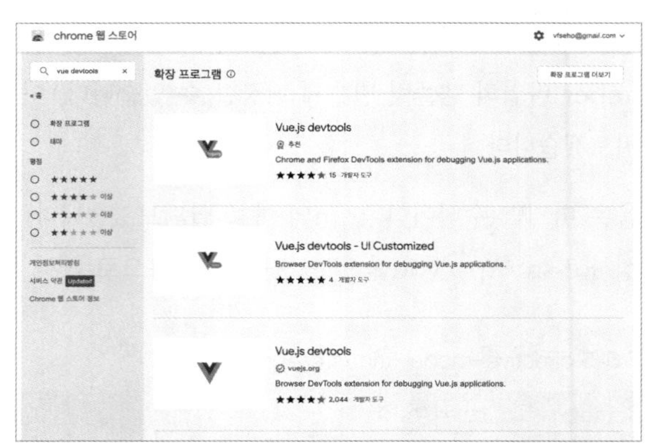
>
>
> **그림 5-n1** 크롬 웹스토어에서 vue devtools 검색
>
> [그림 5-n1]의 검색 결과는 legacy 버전, beta 버전, 일반 버전 세 가지로 구성되어 있습니다. 이 중 일반 버전을 추가합니다. 추가가 완료되면 브라우저의 개발자 도구에 Vue 탭이 추가됩니다. 이 탭을 선택하면 [그림 5-n2]와 같이 컴포넌트의 정보를 비롯해 Vue 애플리케이션의 다양한 정보가 표시됩니다.

1 https://devtools.vuejs.org/

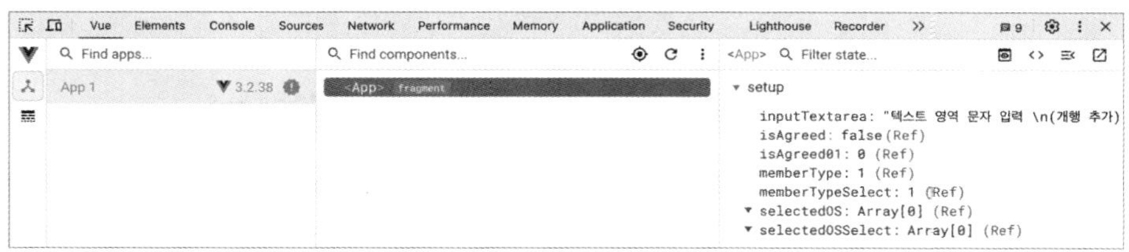

그림 5-n2 크롬의 Vue Devtools 화면

[그림 5-n2]는 5.1.4절에서 작성한 directive-model-controls의 실행 결과를 Vue Devtools에서 표시한 모습입니다. 컴포넌트로 〈App〉을 선택하면 오른쪽에 해당 컴포넌트 내의 변수가 표시됩니다. 이 값들은 [코드 5-4]에 작성한 초깃값 그대로지만 화면을 조작한 후 오른쪽 위 새로고침 버튼을 클릭하면 내용이 업데이트되어 컴포넌트 내 변수의 현재 값을 확인할 수 있게 됩니다.

[그림 5-n3]은 텍스트 영역 맨 앞에 "XXX"를 추가하고 라디오 버튼을 '특별회원'으로 선택한 후 변화된 모습을 Vue Devtools로 확인한 화면입니다. 이들에 해당하는 변수인 inputTextarea와 memberType이 [그림 5-n2]에서 변경된 것을 확인할 수 있습니다.

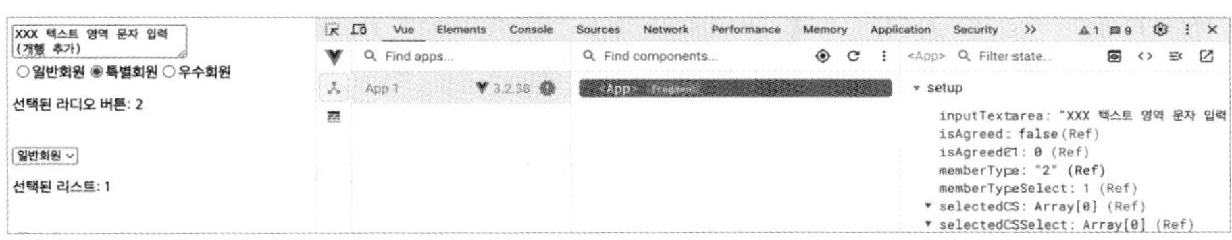

그림 5-n3 화면 조작으로 변경된 변숫값을 Vue Devtools에서 확인

5.2 기타 데이터 바인딩 디렉티브

3장부터 앞 절까지 v-bind, v-on, v-model 등 데이터와 이벤트 관련 주요 디렉티브는 한 번씩 소개했습니다. 이 절에서는 그 외의 데이터 관련 디렉티브로 남은 네 가지를 소개합니다.

5.2.1 HTML 문자열을 그대로 표시하는 v-html

v-html 디렉티브는 HTML 문자열을 그대로 표시하는 디렉티브입니다. Vue는 머스태시 구문 등 템플릿에 데이터를 바인딩할 때 자동으로 HTML 이스케이프[2]를 처리합니다. 하지만 때로는 HTML 문자열을 그대로 표시하고 싶을 때가 있습니다. 이럴 때 활용하는 것이 v-html 디렉티브입니다.

구체적인 사례를 살펴보겠습니다. directive-html 프로젝트를 생성하고 src/App.vue를 [코드 5-6]의 내용으로 작성합니다.

코드 5-6 directive-html/src/App.vue

```
<script setup lang="ts">
import { ref } from "vue";

const htmlStr = ref(`<a href="https://vuejs.org//">Vue.js의 TOP 페이지<a/>`);   ❶
</script>

<template>
    <section>{{ htmlStr }}</section>   ❷
    <section v-html="htmlStr"></section>   ❸
</template>
```

표시 결과는 다음 그림과 같습니다.

2 HTML 표기의 일부로서 인식되는 문자를 <와 > 등의 문자열로 변환하여 브라우저에서 HTML로 인식하지 않도록 하는 처리

<a href="https://vuejs.org//">Vue.js의 TOP 페이지<a/>
Vue.js의 TOP 페이지

그림 5-14 머스태시 구문과 v-html에 따른 렌더링 결과의 차이점

렌더링 결과는 다음과 같습니다.

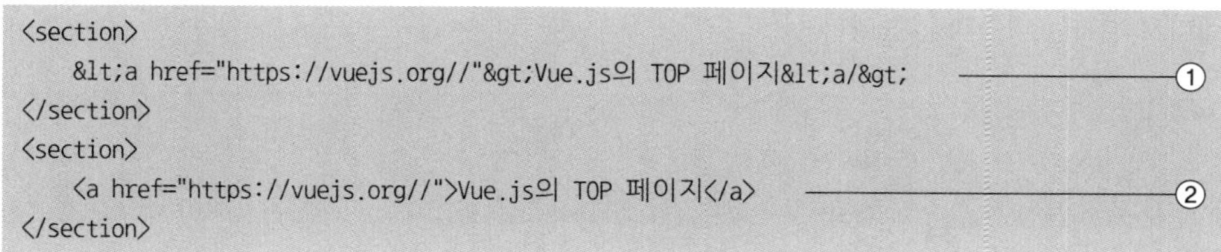

```
<section>
    &lt;a href="https://vuejs.org//"&gt;Vue.js의 TOP 페이지&lt;a/&gt;    ①
</section>
<section>
    <a href="https://vuejs.org//">Vue.js의 TOP 페이지</a>    ②
</section>
```

[코드 5-6]에서는 ❶과 같이 템플릿 변수 htmlStr에 a 태그로 링크의 HTML 문자열을 사용하고 있습니다. ❷에서는 htmlStr 템플릿 변수를 머스태시 구문으로 표시하고 있습니다. 결과는 [그림 5-14]의 첫 번째 줄과 같이 HTML 문자열이 그대로 표시됩니다. 한편 ❸을 표시한 두 번째 줄은 링크가 생성되어 HTML 문자열이 HTML로 구문 분석되었음을 알 수 있습니다.

렌더링 결과도 확인해보겠습니다. ①에서는 <, > 등의 문자가 이스케이프 처리됐지만 ②에서는 그대로 HTML 태그로 삽입된 것을 확인할 수 있습니다.

이처럼 v-html 디렉티브는 HTML 문자열을 HTML 문자열 그대로 템플릿에 삽입하기 때문에 XSS cross-site scripting[3]에 취약합니다. 따라서 v-html을 이용할 때는 프로그래머가 직접 준비한 데이터 등 신뢰할 수 있는 데이터로 한정하고 이외의 데이터는 전달되지 않도록 해야 합니다.

5.2.2 정적 콘텐츠로 표시하는 v-pre

v-pre 디렉티브는 머스태시 구문을 포함한 하위 태그의 모든 템플릿 설명을 비활성화하고 그대로 표시하는 디렉티브입니다. 구체적인 사례를 살펴보겠습니다. directive-pre 프로젝트를 생성하고 src/App.vue를 [코드 5-7]의 내용으로 작성합니다.

3 웹 애플리케이션에서 일어나는 취약점으로 관리자가 아닌 권한이 없는 사용자가 웹 사이트에 스크립트를 삽입하는 공격 기법

코드 5-7 directive-pre/src/App.vue

```
<template>
    <section v-pre>
        <p v-on:click="showHello">{{hello!}}</p>
    </section>
</template>
```

렌더링 결과는 다음과 같습니다.

```
<section>
    <p v-on:click="showHello">{{hello!}}</p>
</section>
```

[코드 5-7]의 ❶에서는 section 태그에 v-pre 디렉티브를 작성하고 있습니다. 이 경우 렌더링 결과에서 알 수 있듯이 v-on 디렉티브나 머스태시 구문 분석이 이루어지지 않고 하위 태그에 있는 문장이 그대로 렌더링되고 있습니다.

참고로 v-on과 머스태시 구문이 해석되지 않는다는 것은 템플릿 변수나 메서드도 필요 없다는 의미이므로 예제에서는 스크립트 블록을 작성하지 않았습니다.

5.2.3 데이터 바인딩을 한 번만 수행하는 v-once

v-once는 처음 한 번만 데이터 바인딩을 수행하는 디렉티브입니다. 구체적인 사례를 살펴보겠습니다. directive-once 프로젝트를 생성하고 src/App.vue를 [코드 5-8]의 내용으로 작성합니다.

코드 5-8 directive-once/src/App.vue

```
<script setup lang="ts">
import { ref } from "vue";

const price = ref(1000);
</script>

<template>
    <section>
```

```
        <input type="number" v-model="price">원<br>
        <p>금액은 {{ price }}원입니다. </p>  ❶
        <p v-once>금액은 {{ price }}원입니다. </p>  ❷
    </section>
</template>
```

표시 결과는 [그림 5-15]와 같습니다. ①의 상태에서 입력란의 수치를 변경하면 ②와 같이 변경됩니다. [코드 5-8]의 ❶에 해당하는 입력란 아래 첫 번째 줄의 금액은 입력에 따라 변경되지만 ❷에 해당하는 두 번째 줄의 금액은 초깃값을 유지합니다. 이를 가능하게 하는 것이 바로 v-once 디렉티브입니다.

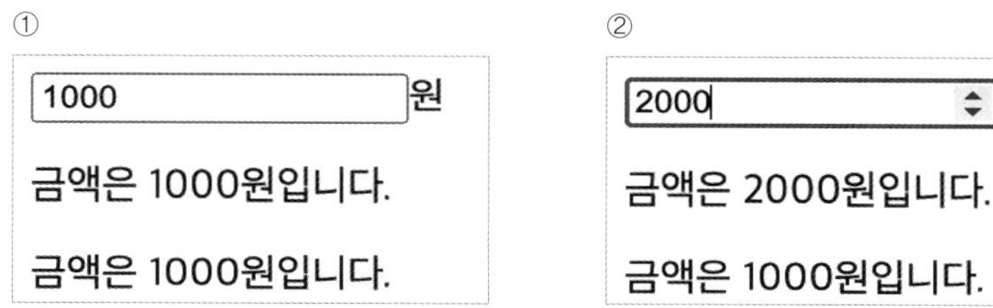

그림 5-15 v-once 렌더링 결과는 변하지 않음

5.2.4 렌더링이 끝날 때까지 머스태시 구문을 숨기는 v-cloak

마지막으로 v-cloak을 소개합니다. 템플릿 블록에 작성된 머스태시 구문은 HTML이 로드된 후 브라우저에서 동작하는 자바스크립트에 의해 값이 삽입됩니다. 즉 때에 따라서는 값이 임베디드되기까지 잠깐 동안 머스태시 구문이 그대로 표시될 수 있습니다. 이를 방지하려면 해당 태그에 v-cloak 디렉티브를 작성하면 됩니다.

구체적인 사례를 살펴보겠습니다. directive-cloak 프로젝트를 생성하고 src/App.vue를 [코드 5-9]의 내용으로 작성합니다.

코드 5-9 directive-cloak/src/App.vue

```
<script setup lang="ts">
import { ref } from "vue";
```

```
const hello = ref("안녕하세요!");
</script>

<template>
    <p v-cloak>{{ hello }}</p>          ❶
</template>

<style>
[v-cloak] {                             ❷
    display: none;
}
</style>
```

이 예제는 순식간에 표시되기 때문에 실행 결과를 확인하기가 쉽지 않습니다. 따라서 [코드 5-9]의 포인트만 살펴보겠습니다.

먼저 ❶과 같이 머스태시 구문을 보여주고 싶지 않은 태그에 대해 v-cloak 디렉티브를 작성합니다. 그 위에 ❷의 속성 선택자를 작성해둡니다. v-cloak 디렉티브는 처음에는 속성 그대로 렌더링되지만 머스태시 구문 렌더링이 완료되면 Vue가 v-cloak 디렉티브를 제거합니다.

따라서 v-cloak 속성이 붙어 있는 동안에는 태그에 ❷의 스타일이 적용되어 태그 자체가 보이지 않지만 머스태시 구문 렌더링이 완료되면 태그가 보이게 됩니다. 이 메커니즘을 통해 렌더링 도중 머스태시 구문이 순간적으로 화면에 표시되는 것을 방지할 수 있습니다.

6장

기본 편

제어 디렉티브

4장과 5장에 이어 디렉티브를 소개하는 마지막 장입니다. 이번 장에서는 제어 디렉티브, 즉 조건 분기 및 반복 디렉티브를 소개합니다. 이로써 모든 디렉티브를 다뤄보았으니 템플릿을 전반적으로 작성할 수 있을 것입니다.

6.1 조건분기 디렉티브

조건분기 디렉티브는 일반 프로그래밍의 조건분기처럼 if, else if, else를 디렉티브로 만든 것입니다. 차례대로 살펴보겠습니다.

6.1.1 조건분기 디렉티브의 기본 v-if

조건분기 디렉티브의 기본 형태는 값으로 조건을 작성하는 v-if입니다. 구체적인 사례를 살펴보겠습니다. directive-conditional-basic 프로젝트를 생성하고 src/App.vue를 [코드 6-1]의 내용으로 작성합니다.

코드 6-1 directive-conditional-basic/src/App.vue

```
<script setup lang="ts">
import { computed, ref } from "vue";

const number = ref(80);  ❶
const showOrNot = computed(  ❷
    (): boolean => {
        // 반환값용 변수를 초깃값 false로 준비
        let showOrNot = false;
        // 0~100 무작위값 생성
        const rand = Math.round(Math.random() * 100);
        // 무작위값이 50 이상이면 true를 반환
        if (rand >= 50) {
            showOrNot = true;
        }
        return showOrNot;
    }
);
</script>

<template>
```

```
    <p v-if="number >= 50">  ❸
        조건에 일치함으로 표시①
    </p>
    <p v-if="Math.round(Math.random() * 100) >= 50">  ❹
        조건에 일치함으로 표시②
    </p>
    <p v-if="showOrNot">  ❺
        조건에 일치함으로 표시③
    </p>
</template>
```

표시 결과 예는 다음 그림과 같습니다. 무작위값을 사용하므로 두 번째와 세 번째 줄은 표시되지 않을 수 있습니다.

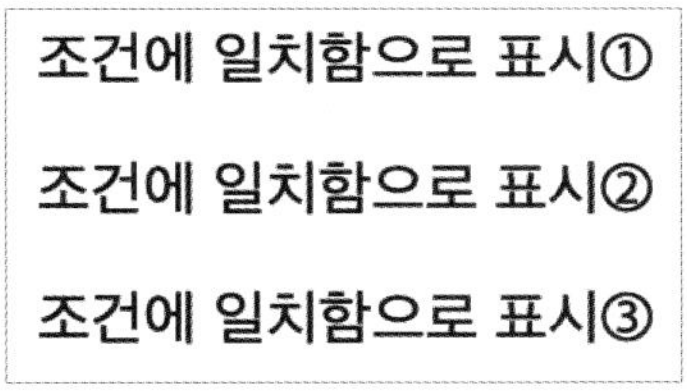

조건에 일치함으로 표시①

조건에 일치함으로 표시②

조건에 일치함으로 표시③

그림 6-1 조건에 따라 표시 여부가 달라지는 화면

[그림 6-1]의 렌더링 결과는 다음과 같습니다. 앞서와 마찬가지로 ②와 ③은 렌더링되지 않을 수도 있습니다. 렌더링되지 않을 경우 p 태그가 있어야 할 위치에 <!--v-if-->라는 코드가 렌더링됩니다.

```
<p> 조건에 일치함으로 표시① </p>  ①
<p> 조건에 일치함으로 표시② </p>  ②
<p> 조건에 일치함으로 표시③ </p>  ③
```

조건에 부합하는 경우 태그가 렌더링된다

[코드 6-1]의 ❸~❺에서 p 태그 안에 작성된 v-if가 조건분기 디렉티브의 기본입니다. 속성값으로 조건식을 작성하는데 조건식 내에 템플릿 변수를 사용할 수 있습니다. 실제로 [코드 6-1]의 ❸에서는 ❶에서 준비한 number를 활용하고 있습니다.

v-if는 조건에 부합하는 경우 해당 태그와 하위 태그가 렌더링됩니다. ❶에서 number의 값을

80으로 설정했기 때문에 number >= 50이라는 조건에 부합하여 렌더링 결과 ①과 같이 p 태그가 렌더링됩니다. 예를 들어 number 값을 50보다 작은 30으로 설정하면 p 태그가 렌더링되지 않고 렌더링 결과 ①이 표시되지 않습니다.

복잡한 수식에서는 계산형 속성을 활용한다

이제 템플릿 변수 number의 값을 무작위로 설정하는 경우를 생각해봅시다. v-if의 조건부에는 자바스크립트/타입스크립트 식을 작성할 수 있으므로 [코드 6-1]에서 ❹의 코드는 문제없이 동작합니다. 무작위로 생성한 값이 50 이상이면 렌더링 결과 ②가 렌더링되지만 50보다 작으면 렌더링되지 않습니다.

하지만 가독성 측면에서 이렇게 템플릿에 직접 수식을 작성하는 것은 좋은 코드가 아닙니다. 무엇보다 3.3.1절에서 소개한 Vue 스타일 가이드에 위배됩니다. 그래서 이런 중첩 구조의 복잡한 조건식은 [코드 6-1]의 ❷와 같이 디렉티브 속성값이 아닌 계산형 속성으로 작성합니다.

계산형 속성 내 함수에서는 무작위로 생성한 값이 50 이상인지를 판단하고 결과를 true/false로 반환합니다. 그리고 계산형 속성을 템플릿 변수 showOrNot에 저장하고 있습니다. showOrNot을 속성값으로 사용한 v-if 디렉티브가 [코드 6-1]의 ❺입니다. 이처럼 계산형 속성을 이용하면 조건분기 디렉티브를 깔끔하게 작성할 수 있습니다.

6.1.2 조건분기 디렉티브 전체 세트를 사용하는 경우

앞에서는 v-if만 소개했지만 조건분기 디렉티브에는 자바스크립트/타입스크립트의 조건분기처럼 if, else if, else를 조합하여 사용할 수 있습니다.

구체적인 사례를 살펴보겠습니다. directive-conditional-full 프로젝트를 생성하고 src/App.vue를 [코드 6-2]의 내용으로 작성합니다.

코드 6-2 directive-conditional-full/src/App.vue

```
<script setup lang="ts">
import { computed } from "vue";

const randomNumber = computed(
    (): number => {
```

```
        return Math.round(Math.random() * 100);
    }
);
</script>

<template>
    <p>
        점수는 {{ randomNumber }}점으로
        <span v-if="randomNumber >= 80">매우 우수합니다</span>
        <span v-else-if="randomNumber >= 70">우수합니다</span>
        <span v-else-if="randomNumber >= 60">보통입니다</span>
        <span v-else>미흡합니다</span>
    </p>
</template>
```

❶

표시 결과 예는 다음 그림과 같습니다. [코드 6-2]도 무작위값을 사용하므로 표시 내용은 매번 바뀝니다.

점수는 76점으로 우수합니다

그림 6-2 여러 조건의 경우의 수에 따른 표시 내용 변화

[그림 6-2]의 렌더링 결과는 다음과 같습니다.

```
<p> 점수는 76점으로 <span>우수합니다</span></p>
```

v-else-if와 v-else 디렉티브

[코드 6-2]의 ❶은 조건분기 디렉티브를 모두 사용한 경우입니다. 기본은 자바스크립트/타입스크립트의 조건분기 구문과 동일합니다. 단 else if의 경우 v-else-if에서처럼 else와 if 사이에 하이픈이 들어간다는 점에 주의합시다. else는 그대로 v-else이며 속성값으로 조건을 지정할 필요가 없습니다. 구문으로 정리하면 다음과 같습니다.

조건 디렉티브

```
v-if="조건"
 ⋮
v-else-if="조건"
 ⋮
v-else
```

조건분기 디렉티브는 연속으로 배치한다

if, else if, else 조합을 이용할 때 주의해야 할 점이 있습니다. 바로 일련의 조건분기 디렉티브를 작성한 태그와 태그 사이에는 별도의 태그를 넣지 않아야 한다는 점입니다. 예를 들어 다음과 같이 작성하면 안 됩니다.

```
<span v-if="randomNumber >= 80"> 매우 우수합니다</span>
<span class="colorRed">대단해요!</span>
<span v-else-if="randomNumber >= 70">우수합니다</span>
```

if, else의 경우도 마찬가지로 조건분기 디렉티브를 작성한 태그는 항상 연속해서 작성해야 합니다. 중간에 태그가 들어가면 에러가 발생하니 주의합시다.

6.1.3 디렉티브 작성을 위한 태그 template

6.1.1절에서 설명한 것처럼 조건분기 디렉티브는 조건이 충족될 때 디렉티브와 하위에 있는 태그가 렌더링됩니다. 이를 바꿔 말하면 여러 태그를 렌더링할지 여부를 판단할 때 이를 묶는 태그를 배치하고 해당 태그에 조건분기 디렉티브를 작성해야 한다는 뜻입니다. 예를 들면 다음과 같습니다.

```
<div v-if="showOrNot">
    <img alt="Vue logo" src="./assets/logo.svg">
    <p>표시</p>
</div>
```

템플릿 변수 showOrNot이 true일 때 p 태그와 img 태그를 모두 렌더링하려면 위와 같이 이들을 묶는 div 태그에 v-if를 작성하면 됩니다. 이때 조건에 부합하면 당연히 div 태그 자체도 렌더링됩니다. 따라서 div 태그에 예를 들어 CSS 레이아웃과 같은 다른 역할이 있으면 좋습니다. 하지만 디렉티브만을 위해 작성하는 것은 무의미한 태그가 많아지고 태그 계층이 불필요하게 깊어지는 결과를 초래할 수 있습니다. 이 문제를 해결하기 위해 마련된 태그가 바로 template 태그입니다.

구체적인 사례를 살펴보겠습니다. directive-conditional-template 프로젝트를 생성하고 src/App.vue를 [코드 6-3]의 내용으로 작성합니다.

코드 6-3 directive-conditional-template/src/App.vue

```
<script setup lang="ts">
~생략([코드 6-2]와 같음)~
</script>

<template>
    <p>
        점수는 {{ randomNumber }}점
        <template v-if="randomNumber >= 80">    ❶
            으로 매우 우수합니다.
            <span style="color: red;">대단해요!</span>
        </template>
    </p>
</template>
```

조건에 부합하는 경우의 표시 결과는 다음 그림과 같습니다.

점수는 97점 으로 매우 우수합니다. 대단해요!

그림 6-3 template 태그와 조건분기의 조합

[그림 6-3]의 렌더링 결과는 다음과 같습니다.

```
<p>
    점수는 97점                                  ┐
    으로 매우 우수합니다.                        ├─①
    <span style="color: red;">대단해요!</span>   ┘
</p>
```

[코드 6-3]의 ❶에서 template 태그를 사용하고 있습니다. template 태그는 v-if 디렉티브를 위한 태그이기 때문에 조건에 따라 내부 코드가 렌더링될 때 태그가 렌더링되지 않습니다. 실제로 조건에 부합하는 경우 렌더링 결과 ①을 보면 template 태그 자체는 어디에도 찾아볼 수 없습니다. 이처럼 단순히 조건분기를 위해 코드를 정리하는 태그가 필요할 때 template 태그가 유용합니다.

6.1.4 v-if와 닮은 듯 다른 v-show

v-if와 비슷한 디렉티브로 v-show가 있습니다. 둘 다 조건을 속성으로 작성하고 조건에 맞는 경우 내부 코드가 표시되므로 언뜻 보면 같은 동작을 하는 디렉티브처럼 보이지만 실제로는 전혀 다릅니다.

구체적인 사례를 살펴보겠습니다. directive-show 프로젝트를 생성하고 src/App.vue를 [코드 6-4]의 내용으로 작성합니다. 참고로 스크립트 블록의 showOrNot 관련 코드는 [코드 6-1]과 동일하므로 생략합니다.

코드 6-4 directive-show/src/App.vue

```
<script setup lang="ts">
import { computed } from "vue";

const showOrNot = computed(
~생략([코드 6-2]와 같음)~
);
</script>

<template>
    <section>
        v-if를 이용
        <p v-if="showOrNot">    ❶
            조건에 부합하여 표시
        </p>
    </section>
    <section>
        v-show를 이용
        <p v-show="showOrNot">    ❷
            조건에 부합하여 표시
```

```
        </p>
    </section>
</template>
```

표시 결과는 다음 그림과 같습니다. ①은 조건에 부합하는 경우이고 ②는 조건에 부합하지 않는 경우입니다.

①

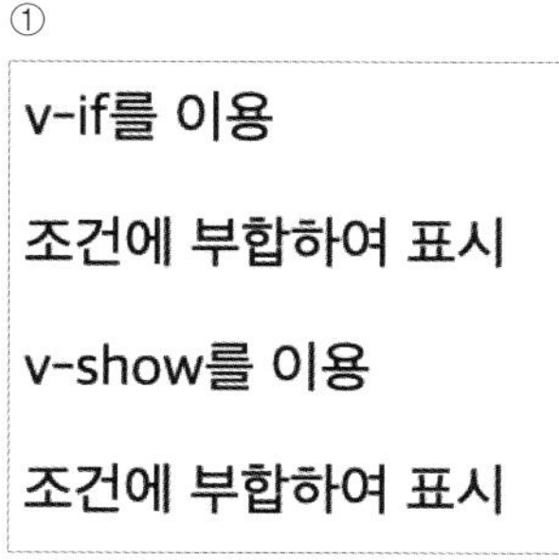

②

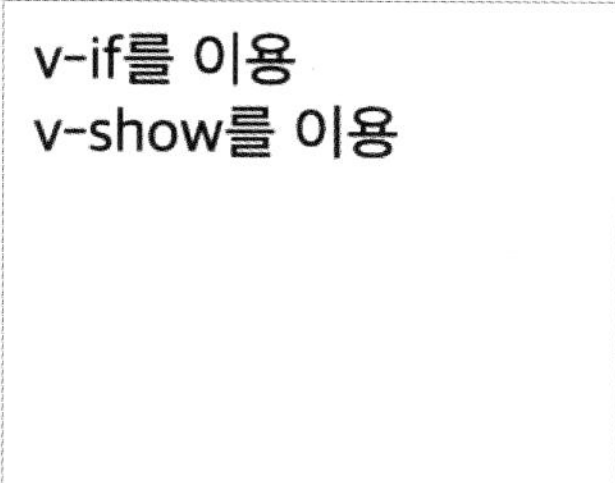

그림 6-4 v-if와 v-show의 차이점

[그림 6-4]의 ①, 즉 조건에 부합하는 경우 렌더링 결과는 다음과 같습니다.

```
<section>
    v-if를 이용
    <p>조건에 부합하여 표시</p>
</section>
<section>
    v-show를 이용
    <p>조건에 부합하여 표시</p>
</section>
```

한편 [그림 6-4]의 ②, 즉 조건에 부합하지 않는 경우 렌더링 결과는 다음과 같습니다.

```
<section>
    v-if를 이용
    <!--v-if-->
</section>
<section>
    v-show를 이용
    <p style="display: none;"> 조건에 부합하여 표시 </p>   ①
</section>
```

[코드 6-4]에서는 [코드 6-1]과 동일한 계산형 속성 showOrNot을 사용하고 있습니다. ❶에서는 이를 조건으로 v-if 디렉티브를 통해 표시/비표시를 전환하고 있습니다. 한편 ❷에서는 같은 조건을 v-show 디렉티브로 사용하고 있습니다.

[그림 6-4]를 비교해도 차이를 알 수 없으며 렌더링 결과도 조건에 부합하는 경우 차이가 없습니다. 하지만 조건에 부합하지 않는 렌더링 결과에서 차이가 확연하게 드러납니다. v-show 디렉티브의 태그는 렌더링된 후 다음과 같은 CSS 효과로 숨겨져 있습니다(렌더링 결과 ①).

```
style="display: none;"
```

이러한 차이를 충분히 이해할 필요가 있습니다. v-show는 항상 렌더링되기 때문에 표시/비표시 전환 비용이 낮아 전환이 빈번한 처리에 적합합니다. 반면 v-if는 조건에 부합하지 않을 경우 렌더링 비용이 전혀 들지 않습니다. 따라서 표시/비표시가 미리 정해져 있고 전환이 필요 없는 경우에는 v-if가 더 적합합니다.

NOTE

template 태그에서는 v-show를 사용할 수 없다

v-show는 조건에 맞는지 여부와 상관없이 렌더링되므로 template 태그에서는 사용할 수 없습니다. 6.1.3절에서 설명한 것처럼 템플릿 태그는 렌더링할 때 사라지기 때문입니다. 따라서 template 태그에 v-show를 작성하면 에러가 발생하므로 주의해야 합니다.

COLUMN

실제 DOM과 가상 DOM

지금까지 예제에서 디렉티브를 이용하여 다양한 태그를 조작하는 방법을 살펴보았습니다. 특히 6.1절에서 소개한 조건분기 디렉티브를 사용하면 화면 전체에서 표시하는 태그가 늘거나 줄어드는 형태가 됩니다. 이렇게 표시용 태그를 변경하면 브라우저는 렌더링을 위해 DOM을 변경하는 작업을 수행합니다.

DOM은 Document Object Model의 머리글자를 딴 것으로 브라우저가 렌더링 대상 태그와 속성 등을 내부적으로 객체로 보유하는 구조입니다. DOM 덕분에 자바스크립트로 태그를 조작할 수 있습니다. 하지만 DOM을 한 번만 조작해도 상당한 처리 내용이 발생하므로 DOM을 계속 변경하면 브라우저에 많은 처리를 요구하게 됩니다.

그래서 Vue는 브라우저가 보유하고 있는 DOM과 동일한 자바스크립트 객체를 별도로 내부에서 생성하여 사용합니다. 이를 가상 DOM^virtual DOM^이라고 합니다. 이에 비해 브라우저가 보유하고 있는 본래의 DOM을 실제 DOM^real DOM^이라고 합니다. Vue에서는 태그의 표시/비표시 등의 변경이 발생하면 먼저 가상 DOM을 변경합니다. 그리고 변경 처리가 완료된 단계에서 가상 DOM의 변경 사항을 정리하여 실제 DOM에 반영합니다. 이를 통해 실제 DOM의 변경 처리 횟수를 줄입니다.

6.2 반복 디렉티브

지난 절에서 조건분기 디렉티브에 대해 간략하게 살펴봤습니다. 이번 절에서는 또 다른 제어 구문인 반복 디렉티브를 소개합니다.

6.2.1 반복 디렉티브 v-for

반복 디렉티브로 제공되는 것은 v-for뿐입니다. v-for 디렉티브로 다양한 반복 코드를 작성할 수 있습니다. 이번에는 배열을 반복으로 처리하면서 기본 사항을 알아보겠습니다.

구체적인 사례를 살펴보겠습니다. directive-loop-basic 프로젝트를 생성하고 src/App.vue를 [코드 6-5]의 내용으로 작성합니다.

코드 6-5 directive-loop-basic/src/App.vue

```
<script setup lang="ts">
import { ref } from "vue";

const cocktailListInit: string[] = ["화이트레이디", "블루하와이", "뉴욕"]; ──── ❶
const cocktailList = ref(cocktailListInit); ──── ❷
</script>

<template>
    <ul>
        <li
         v-for="cocktailName in cocktailList" ──── ❸
         v-bind:key="cocktailName"> ──── ❹
         {{ cocktailName }} ──── ❺
        </li>
    </ul>
    <ul>
        <li
         v-for="(cocktailName, index) in cocktailList" ──── ❻
```

```
        v-bind:key="cocktailName">                                    ❼
        {{ cocktailName }} (인덱스 {{ index }})                        ❽
      </li>
    </ul>
</template>
```

표시 결과는 [그림 6-5]와 같습니다.

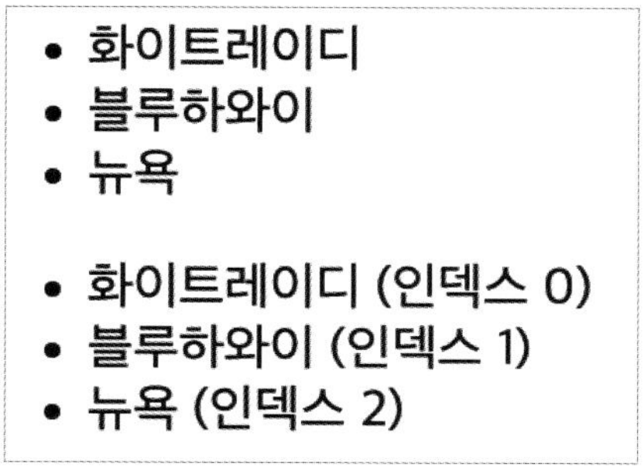

- 화이트레이디
- 블루하와이
- 뉴욕

- 화이트레이디 (인덱스 0)
- 블루하와이 (인덱스 1)
- 뉴욕 (인덱스 2)

그림 6-5 반복에 따른 배열 데이터 표시

렌더링 결과는 다음과 같습니다.

```
<ul>
    <li>화이트레이디</li>
    <li>블루하와이</li>          ①
    <li>뉴욕</li>
</ul>
<ul>
    <li>화이트레이디 (인덱스 0) </li>
    <li>블루하와이 (인덱스 1) </li>          ②
    <li>뉴욕 (인덱스 2) </li>
</ul>
```

v-for의 기본 구문

[코드 6-5]에서는 ❶에서 문자열 배열 cocktailListInit을 준비하고 ❷에서 해당 cocktailListInit을 템플릿 변수 cocktailList로 설정했습니다. 이를 반복하면서 li 태그를 렌더링하는 부분이 ❸입니다. 여기서 작성한 v-for 디렉티브의 기본 구문은 다음과 같습니다.

v-for 디렉티브

```
v-for="각 요소를 저장하는 변수 in 반복 대상"
```

[코드 6-5]의 ❸에서는 반복 대상(반복할 배열)으로 ❷에서 준비한 배열의 템플릿 변수 cocktailList, 각 요소를 저장하는 변수로 cocktailName을 지정하고 있습니다. 이렇게 작성하면 반복 안의 태그에서 배열의 각 요소를 {{cocktailName}}과 같은 머스태시 구문 등으로 사용할 수 있습니다(❺).

결과는 렌더링 결과 ①과 같습니다. 참고로 구문에서 '각 요소를 저장하는 변수' 즉 in의 왼쪽 부분을 Vue에서는 별칭alias이라고 부릅니다.

> **NOTE 데이터 준비와 반응형 지정 분리**
>
> [코드 6-5]의 ❶과 ❷를 한 줄로 묶어 다음과 같이 작성해도 문제없이 작동합니다. 이때 cocktailList.value, 즉 cocktailList 내부에는 문자열 배열이 저장됩니다.
>
> ```
> const cocktailList = ref(["화이트레이디", "블루하와이", "뉴욕"]);
> ```
>
> 단 [코드 6-5]의 ❶과 같이 리스트 데이터를 변수로 한번 준비한 후 ref()를 통해 반응형으로 만들면 데이터 준비와 반응형 지정을 분리할 수 있습니다. 이렇게 하면 컴포넌트에서 사용하는 리스트 데이터가 어떤 데이터로 구성되는지 쉽게 알 수 있습니다. 또한 리스트 데이터 각 요소의 데이터 타입이 string[]과 같은 타입 지정으로 명확하게 표시되기 때문에 가독성도 높아집니다. 이러한 이유로 이 책에서는 앞으로도 이런 패턴의 코드로 설명하겠습니다.

반복 대상 태그에 필수적인 v-bind:key

[코드 6-5]의 ❹와 ❼의 v-bind:key는 반복 처리로 생성된 각 요소를 Vue 본체에서 식별할 수 있도록 키 문자열로 바인딩합니다. 컴포넌트의 템플릿 부분에서 v-for 디렉티브를 사용한다면 이 속성을 함께 작성하기를 권장합니다. 속성값으로 지정하는 것은 요소(태그)를 식별하기 위한 목적이므로 반복 처리 후 고유한 문자열이 적합합니다. 이 부분은 뒤에서 다시 한번 설명하겠습니다.

배열 반복에서 인덱스를 표시하려면

[코드 6-5]의 ❸에서는 배열의 요소만 추출했습니다. 배열의 인덱스도 사용하고 싶다면 다음 구문과 같이 별칭을 확장합니다.

인덱스를 사용하는 v-for 디렉티브

```
v-for="(각 요소를 저장하는 변수, 인덱스를 저장하는 변수) in 반복 대상"
```

[코드 6-5]에서는 ❻에서 인덱스를 추출하고 있습니다. 변수 index도 머스태시 구문 등에서 사용할 수 있습니다(❽). 실제로 렌더링 결과 ②를 보면 index가 문제없이 렌더링된 것을 확인할 수 있습니다.

인덱스값은 v-bind:key에 사용할 수 없다

[코드 6-5]의 ❻과 같이 v-for에서 인덱스를 사용하는 경우 v-bind:key로 인덱스를 지정하면 될 것이라고 생각할 수 있지만 이는 잘못된 판단입니다. 물론 인덱스는 고유하지만 그렇다고 반드시 요소를 식별할 수 있는 것은 아니기 때문입니다.

예를 들어 [코드 6-5]에서 블루하와이의 인덱스는 1입니다. 이 배열에서 화이트레이디와 블루하와이 사이에 다른 칵테일, 예를 들어 XYZ를 삽입하면 XYZ의 인덱스가 1, 블루하와이의 인덱스가 2가 됩니다. 각 요소에 대응하는 인덱스가 달라지기 때문에 인덱스로는 제대로 식별할 수 없습니다. 이런 상황을 피하고자 보통은 해당 데이터를 진정으로 식별할 수 있는 값을 준비하여 v-bind:key로 지정합니다.

6.2.2 연관 배열의 반복

앞에서 기본 배열 반복을 통해 v-for 디렉티브를 설명했습니다. 다음으로 객체를 연관 배열로 사용할 때 키와 값의 쌍을 반복으로 처리하는 경우를 알아보겠습니다.

구체적인 사례를 살펴보겠습니다. directive-loop-associative 프로젝트를 생성하고 src/App.vue를 [코드 6-6]의 내용으로 작성합니다.

코드 6-6 directive-loop-associative/src/App.vue

```
<script setup lang="ts">
import { ref } from "vue";

const cocktailListInit: { [key: number]: string; } = {   ❶
    2345: "화이트레이디",
    4412: "블루하와이",
    6792: "뉴욕"
};
const cocktailList = ref(cocktailListInit);   ❷
</script>

<template>
    <ul>
        <li
         v-for="(cocktailName, id) in cocktailList"   ❸
         v-bind:key="'cocktailList' + id">   ❹
         ID가 {{ id }}인 칵테일은 {{ cocktailName }}   ❺
        </li>
    </ul>
    <ul>
        <li
         v-for="(cocktailName, id, index) in cocktailList"   ❻
         v-bind:key="'cocktailListWithIdx' + id">   ❼
         {{ index + 1 }}: ID가 {{ id }}인 칵테일은 {{ cocktailName }}   ❽
        </li>
    </ul>
</template>
```

표시 결과는 [그림 6-6]과 같습니다.

- ID가 2345인 칵테일은 화이트레이디
- ID가 4412인 칵테일은 블루하와이
- ID가 6792인 칵테일은 뉴욕

- 1: ID가 2345인 칵테일은 화이트레이디
- 2: ID가 4412인 칵테일은 블루하와이
- 3: ID가 6792인 칵테일은 뉴욕

그림 6-6 연관 배열 데이터가 반복 표시되는 화면

렌더링 결과는 다음과 같습니다.

```
<ul>
    <li> ID가 2345인 칵테일은 화이트레이디</li>
    <li> ID가 4412인 칵테일은 블루하와이</li>          ①
    <li> ID가 6792인 칵테일은 뉴욕</li>
</ul>
<ul>
    <li>1: ID가 2345인 칵테일은 화이트레이디</li>
    <li>2: ID가 4412인 칵테일은 블루하와이</li>        ②
    <li>3: ID가 6792인 칵테일은 뉴욕</li>
</ul>
```

연관 배열의 반복에서 별칭 작성

[코드 6-6]에서는 ❶에서 객체 리터럴을 연관 배열로 정의하고 ❷에서 반응형 템플릿 변수로 정의하고 있습니다. 연관 배열은 객체의 속성명으로 키가 되는 칵테일의 ID 값을, 속성값으로 칵테일명을 할당하고 있습니다. 연관 배열을 v-for 디렉티브로 반복하고 있는 부분이 ❸입니다. 이를 구문으로 요약하면 다음과 같습니다.

연관 배열을 반복하는 v-for 디렉티브

```
v-for="(각 요소의 값을 저장하는 변수, 각 요소의 키를 저장하는 변수) in 반복 대상"
```

[코드 6-6]의 ❸에서는 각 속성의 키인 ID 값을 변수 id에 저장하고 있습니다. [코드 6-5]의 변수 index와 마찬가지로 변수 id도 머스태시 구문으로 그대로 사용할 수 있습니다(❺).

key 값에 대한 고민

[코드 6-6]에서 ❹의 v-bind:key에 대해 보충 설명을 하자면 [코드 6-6]의 반복 대상인 cocktailList의 키인 ID는 각 칵테일을 구분할 수 있으므로 v-bind:key에 적합합니다. 그래서 보통은 다음과 같이 작성하면 충분합니다.

```
v-bind:key="id"
```

하지만 이번 예제에서는 ❻에서 동일한 cocktailList의 데이터를 다시 한번 활용하기 때문에 각 요소를 적절히 식별할 수 있도록 ID 앞에 'cocktailList'라는 문자열을 부여하고 있습니다(❹). 이처럼 같은 데이터를 같은 컴포넌트 내에서 여러 번 반복해서 표시하는 경우 v-bind:key에 대한 고민이 필요하다는 점에 유의해야 합니다.

연관 배열 반복에서 인덱스 이용하기

연관 배열을 반복할 때 객체의 속성명과 속성값(키와 값) 외에 인덱스도 이용할 수 있습니다(❻). 이때 다음 구문과 같이 별칭의 괄호 ( ) 안에 세 개의 변수를 정렬합니다.

연관 배열에서 인덱스를 사용하는 v-for 디렉티브

```
v-for="(각 요소의 값을 저장하는 변수, 각 요소의 키를 저장하는 변수,
        인덱스를 저장하는 변수) in 반복 대상"
```

v-for 디렉티브에서 괄호 안에 별칭으로 쓸 수 있는 변수의 개수는 최대 세 개입니다. 물론 별칭으로 작성한 변수는 [코드 6-6]의 ❽과 같이 머스태시 구문 등으로 사용할 수 있습니다. ❽에서는 인덱스값인 index에 +1을 하여 렌더링 결과 ②와 같이 순서가 있는 리스트에서 각 항목 앞에 붙이는 항목 번호로 활용하고 있습니다. 또한 앞서 설명한 바와 같이 ❸의 v-for 반복과 동일한 cocktailList의 데이터를 다시 한번 사용합니다. 따라서 ❼의 v-bind:key에서는 ❹와 구분할 수 있도록 'cocktailListWithIdx'라는 문자열을 부여하고 있습니다.

NOTE **연관 배열 타입 지정**

[코드 6-6]의 ❶에서 cocktailListInit을 선언할 때 데이터 타입을 다음과 같이 작성합니다.

```
{[key: number]: string;}
```

이는 타입스크립트에서 객체 리터럴을 연관 배열로 사용할 때 키와 값의 데이터 타입을 지정하기 위한 것입니다. 자바스크립트 객체는 속성명이나 속성값으로 어떤 데이터 타입이든 자유롭게 사용할 수 있습니다. 그러나 객체를 연관 배열로 활용하려면 키와 값의 데이터 타입이 일치해야 전체적으로 동질의 데이터가 됩니다. 이러한 동질성을 보장하기 위해 위와 같은 방식으로 데이터 타입을 지정할 수 있습니다. 이 중 [key: number] 부분을 인덱스 시그니처라고 합니다.

6.2.3 Map의 반복

앞 절에서는 객체 리터럴을 연관 배열로 활용했습니다. 한편 ES2015 이후 자바스크립트에는 Map이라는 연관 배열을 위한 객체가 도입되었습니다. 이번에는 Map을 이용해보겠습니다.

먼저 예제를 작성해봅시다. directive-loop-map 프로젝트를 생성하고 src/App.vue를 [코드 6-7]의 내용으로 작성합니다.

코드 6-7 directive-loop-map/src/App.vue

```
<script setup lang="ts">
import { ref } from "vue";

const cocktailListInit = new Map<number, string>();          ❶
cocktailListInit.set(2345, "화이트레이디");                   ┐
cocktailListInit.set(4412, "블루하와이");                     ├ ❷
cocktailListInit.set(6792, "뉴욕");                           ┘
const cocktailList = ref(cocktailListInit);                  ❸
</script>

<template>
    <ul>
        <li
         v-for="[id, cocktailName] in cocktailList"          ❹
         v-bind:key="id">
         ID가 {{ id }}인 칵테일은 {{ cocktailName }}
        </li>
    </ul>
</template>
```

표시 결과는 [그림 6-7]과 같습니다.

- ID가 2345인 칵테일은 화이트레이디
- ID가 4412인 칵테일은 블루하와이
- ID가 6792인 칵테일은 뉴욕

그림 6-7 Map 데이터가 반복적으로 표시되는 화면

렌더링 결과는 다음과 같습니다.

```
<ul>
    <li> ID가 2345인 칵테일은 화이트레이디</li>
    <li> ID가 4412인 칵테일은 블루하와이</li>
    <li> ID가 6792인 칵테일은 뉴욕</li>
</ul>
```

Map을 이용하려면 new하고 set()한다

[코드 6-7]의 ❶에서 new를 통해 Map 객체를 생성하고 있습니다. Map을 new로 생성할 때 타입스크립트에서는 < > 안에 키와 값의 데이터 타입을 지정해야 합니다. 쉼표 앞은 키, 뒤는 값의 데이터 타입입니다. 여기서는 <number, string>이므로 키는 number, 값은 string입니다. 이처럼 < >로 작성하는 것을 제네릭generic이라고 합니다.

이렇게 준비한 Map 객체 cocktailListInit에 데이터를 등록하는 부분이 ❷입니다. 데이터 등록은 set() 메서드를 이용하며 첫 번째 인자에 키 데이터, 두 번째 인자에 값 데이터를 전달합니다. ❸에서는 Map 객체를 ref() 함수에 전달하여 반응형 템플릿 변수로 사용하고 있습니다.

Map의 반복에 대한 별칭 작성

[코드 6-7]의 ❹에서는 Map 객체인 템플릿 변수 cocktailList를 v-for 디렉티브로 반복하고 있습니다. 주목할 포인트는 별칭 부분입니다. Map을 반복할 때는 다음과 같은 구문을 사용합니다.

Map을 반복하는 v-for 디렉티브

```
v-for="[각 요소의 키를 저장하는 변수, 각 요소의 값을 저장하는 변수] in 반복 대상"
```

이렇게 별칭 부분을 소괄호 ( )로 둘러싸는 것이 아니라 대괄호 [ ]로 둘러쌉니다. 또한 괄호 안 변수의 순서도 반대가 되어 왼쪽에 키, 오른쪽에 값이 저장됩니다. 이 점만 주의하면 나머지는 기존 v-for와 동일합니다.

6.2.4 객체 반복

지금까지 v-for의 기본 구문에 대해 알아보았습니다. 이제부터는 v-for를 응용한 반복 패턴을 몇 가지 소개하겠습니다.

먼저 연관 배열, 즉 인덱스 시그니처를 이용하지 않는 일반 객체를 반복해서 표시하는 방법을 소개합니다. 구체적인 사례를 살펴보겠습니다. directive-loop-obj 프로젝트를 생성하고 src/App.vue를 [코드 6-8]의 내용으로 작성합니다.

코드 6-8 directive-loop-obj/src/App.vue

```
<script setup lang="ts">
import { ref } from "vue";

const whiteLadyInit: {                                    ❶
    id: number;                                           ┐
    name: string;                                         ├❷
    price: number;                                        │
    recipe: string;                                       ┘
} = {                                                     ┐
    id: 2345,                                             │
    name: "화이트레이디",                                  ├❸
    price: 1200,                                          │
    recipe: "진 30ml + 쿠앵트로 15ml + 레몬과즙 15ml"      ┘
};
const whiteLady = ref(whiteLadyInit);                     ❹
</script>

<template>
    <dl>
        <template                                         ❺
            v-for="(value, key) in whiteLady"             ❻
            v-bind:key="key">
            <dt>{{ key }}</dt>                            ❼
            <dd>{{ value }}</dd>                          ❽
        </template>
    </dl>
</template>
```

표시 결과는 [그림 6-8]과 같습니다.

```
id
        2345
name
        화이트레이디
price
        1200
recipe
        진 30ml + 쿠앵트로 15ml + 레몬과즙 15ml
```

그림 6-8 반복을 통한 객체 내용 표시

렌더링 결과는 다음과 같습니다.

```
<dl>
    <dt>id</dt>
    <dd>2345</dd>
    <dt>name</dt>
    <dd>화이트레이디</dd>
    <dt>price</dt>
    <dd>1200</dd>
    <dt>recipe</dt>
    <dd>진 30ml + 쿠앵트로 15ml + 레몬과즙 15ml</dd>
</dl>
```

객체의 반복은 연관 배열과 같다

[코드 6-8]에서는 ❶~❸에서 화이트레이디라는 하나의 칵테일을 나타내는 객체 리터럴을 whiteLadyInit으로 준비했습니다. 이 객체에는 ID를 나타내는 id, 칵테일명을 나타내는 name, 가격을 나타내는 price, 레시피를 나타내는 recipe의 각 속성이 포함되어 있습니다(❸). ❹에서는 객체 리터럴 whiteLadyInit을 템플릿 변수 whiteLady로 설정했습니다. whiteLady를 v-for 디렉티브로 반복하는 부분이 ❻입니다. 별칭 부분을 보면 6.2.2절에서 소개한 연관 배열 구문을 그대로 적용하고 있습니다. 6.2.2절에서 설명했듯이 타입스크립트/자바스크립트의 연관 배열은 애초에 객체를 연관 배열로 이용하기 때문에 실체는 객체와 다를 바 없습니다. 따라서 반복 구문도 마찬가지입니다.

여러 태그를 반복하려면 template을 사용한다

[코드 6-8]에서는 dl 태그를 사용하여 리스트 형식으로 표시하고 있습니다. dl 태그 안에는 보통 dt 태그와 dd 태그의 쌍이 반복됩니다. 따라서 반복 처리하려면 dt 태그와 dd 태그를 하나로 묶어주는 태그가 필요하며 이 태그에 v-for 디렉티브를 작성하게 됩니다.

이때 사용하기 좋은 것이 6.1.3절에서 소개한 template 태그입니다. [코드 6-8]에서는 ❺에서 template 태그를 사용하고 속성으로 ❻의 v-for 디렉티브를 지정하고 있습니다. 또한 태그 내부에는 ❼과 ❽ 같이 dt 태그와 dd 태그를 작성하고 있습니다. template 태그는 렌더링 결과를 보면 알 수 있듯이 렌더링할 때 사라집니다.

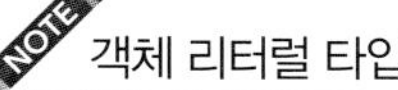

객체 리터럴 타입

타입스크립트에서는 객체 리터럴을 정의할 때 해당 객체 내의 속성명과 데이터 타입을 타입 정의로써 지정할 수 있습니다([코드 6-8]의 ❷). 이러한 '객체 리터럴 타입' 지정 덕분에 whiteLadyInit은 id, name, price, recipe 이외의 속성을 작성할 수 없게 될 뿐만 아니라 각각의 데이터 타입이 고정되어 안전하게 객체 리터럴을 정의할 수 있습니다.

6.2.5 객체 배열의 반복

6.2.1절에서 소개한 배열 반복에서는 문자열을 각 요소로 하는 간단한 배열을 다루었지만 요소가 객체인 경우에도 문제없이 반복할 수 있습니다.

구체적인 사례를 살펴보겠습니다. directive-loop-arrayobj 프로젝트를 생성하고 src/App.vue를 [코드 6-9]의 내용으로 작성합니다.

코드 6-9 directive-loop-arrayobj/src/App.vue

```
<script setup lang="ts">
import { ref } from "vue";

const cocktailDataListInit: Cocktail[] = [            ❶
    { id: 2345, name: "화이트레이디", price: 1200 },   ┐
    { id: 4412, name: "블루하와이", price: 1500 },     │ ❷
    { id: 6792, name: "뉴욕", price: 1100 },           │
    { id: 8429, name: "마티니", price: 1500 }          ┘
];
const cocktailDataList = ref(cocktailDataListInit);   ❸

interface Cocktail {                                   ┐
    id: number;                                        │
    name: string;                                      │ ❹
    price: number;                                     │
}                                                      ┘
</script>

<template>
    <ul>
        <li
```

```
            v-for="cocktailItem in cocktailDataList"  ❺
            v-bind:key="cocktailItem.id">  ❻
            {{ cocktailItem.name }}의 가격은 {{ cocktailItem.price }}원  ❼
        </li>
    </ul>
</template>
```

표시 결과는 [그림 6-9]와 같습니다.

- 화이트레이디의 가격은 1200원
- 블루하와이의 가격은 1500원
- 뉴욕의 가격은 1100원
- 마티니의 가격은 1500원

그림 6-9 각 요소가 객체 배열을 반복적으로 표시

렌더링 결과는 다음과 같습니다.

```
<ul>
    <li>화이트레이디의 가격은 1200원</li>
    <li>블루하와이의 가격은 1500원</li>
    <li>뉴욕의 가격은 1100원</li>
    <li>마티니의 가격은 1500원</li>
</ul>
```

[코드 6-9]에서는 ❶에서 배열 cocktailDataListInit을 준비했습니다. 배열의 각 요소는 Cocktail[ ]이라고 작성한 데서 알 수 있듯이 ❹의 인터페이스에서 정의한 Cocktail 타입의 객체입니다.

NOTE 인터페이스

6.2.4절 끝 부분에서 객체 리터럴 타입을 소개했습니다. 객체 리터럴 타입에서는 객체 변수를 선언할 때 타입 정의를 직접 작성했습니다([코드 6-8]의 ❷). 객체의 타입 정의를 그 자리에서 한 번 쓰고 버리는 것이라면 이 방법도 괜찮습니다. 하지만 객체의 타입 정의를 재사용하고 싶다면 타입스크립트에서는 타입 정의를 별도로 정의할 수 있습니다. 그것이 바로 인터페이스입니다. [코드 6-9]에서는 ❹에서 number 타입의 id, string 타입의 name, number 타입의 price라는 세 가지 속성으로 구성된 객체의 타입을 인터페이스 Cocktail로 정

의하고 있습니다. 이 정의를 이용한 Cocktail 타입의 객체는 세 가지 속성을 정의한 데이터 타입대로 명확하게 만들어야 합니다.

[코드 6-9]의 ❷는 Cocktail 타입의 객체를 배열의 각 요소로 표현한 것입니다. ❸에서는 이렇게 준비한 cocktailDataListInit을 템플릿 변수 cocktailDataList로 설정했습니다. 그리고 ❺에서는 해당 cocktailDataList를 v-for 디렉티브로 반복하고 있습니다.

여기서 중요한 점은 각 요소를 저장하는 변수로 작성한 cocktailItem에 객치가 들어간다는 점입니다. 객체를 요소로 하는 배열이니 당연합니다. 따라서 cocktailItem 내의 각 속성은 .(마침표)로 꺼낼 수 있습니다. [코드 6-9]에서는 ❻에서 id를 v-bind:key의 값으로 사용하고 ❼에서 name과 price를 추출하여 표시하고 있습니다.

6.2.6 맵과 객체 조합의 반복

이번에는 앞에서 소개한 객체를 요소로 하는 배열의 반복과 6.2.3절에서 소개한 Map의 반복을 결합합니다. 즉 Map의 값으로 객체를 지닌 경우의 반복을 다룹니다.

구체적인 사례를 살펴보겠습니다. directive-loop-mapobj 프로젝트를 생성하고 src/App.vue를 [코드 6-10]의 내용으로 작성합니다.

칵테일 인터페이스의 정의는 [코드 6-9]의 ❹와 동일합니다. 또한 표시 결과와 렌더링 결과도 [코드 6-9]와 같이 칵테일 정보를 표시하게 됩니다.

코드 6-10 directive-loop-mapobj/src/App.vue

```
<script setup lang="ts">
import { ref } from "vue";

const cocktailDataListInit = new Map<number, Cocktail>();  ❶
cocktailDataListInit.set(2345, { id: 2345, name: "화이트레이디", price: 1200 });  ❷
cocktailDataListInit.set(4412, { id: 4412, name: "블루하와이", price: 1500 });
cocktailDataListInit.set(6792, { id: 6792, name: "뉴욕", price: 1100 });
cocktailDataListInit.set(8429, { id: 8429, name: "마티니", price: 1500 });
const cocktailDataList = ref(cocktailDataListInit);

interface Cocktail {
```

```
    id: number;
    name: string;
    price: number;
}
</script>

<template>
    <ul>
        <li
            v-for="[id, cocktailItem] in cocktailDataList"    ❸
            v-bind:key="id">    ❹
            {{ cocktailItem.name }}의 가격은{{ cocktailItem.price }}원
        </li>
    </ul>
</template>
```

[코드 6-9]에서는 Cocktail 타입의 요소를 가진 배열을 사용했습니다. [코드 6-10]에서는 대신 Map을 사용하고 있습니다(❶). 키는 id를 number 타입으로 저장하고 값은 Cocktail 타입으로 저장합니다.

따라서 제네릭 타입 지정은 <number, Cocktail>과 같습니다. 이어서 Map 객체에 각 칵테일을 등록하고 있습니다(❷).

NOTE

Map의 장점

Map을 사용하면 id 값을 키로 사용할 수 있어서 관리가 용이합니다. 즉 Map에 대해 get() 메서드로 키를 지정하면 해당 값을 바로 가져올 수 있기 때문입니다. 예를 들어 id가 '4412'인 칵테일 데이터를 원할 때 배열이라면 복잡한 코드가 필요하지만 Map이라면 다음 코드만으로 충분합니다.

```
cocktailDataListInit.get(4412);
```

Map을 사용하므로 v-for 디렉티브의 별칭 부분은 ❸의 [ ] 부분이 됩니다. 키 부분은 id 값이므로 변수명을 id로 지정합니다. 이렇게 하면 id 값을 사용할 때 ❹ 부분에서 cocktailItem.id를 사용하지 않아도 됩니다.

6.2.7 카운터 변수를 이용한 반복

v-for 디렉티브 중 마지막으로 소개할 것은 카운터 변수를 이용한 반복입니다. 먼저 예제를 작성해보겠습니다. directive-loop-range 프로젝트를 작성하고 src/App.vue를 [코드 6-11]의 내용으로 작성합니다. [코드 6-11]에서는 스크립트 블록에 작성하는 코드는 없습니다.

코드 6-11 directive-loop-range/src/App.vue

```
<template>
    <ul>
        <li
            v-for="r in 5"  ──────────── ❶
            v-bind:key="r">
            반지름이 {{ r }}인 원의 둘레: {{ 2 * r * 3.14 }}
        </li>
    </ul>
</template>
```

표시 결과는 [그림 6-10]과 같습니다.

- 반지름이 1인 원의 둘레: 6.28
- 반지름이 2인 원의 둘레: 12.56
- 반지름이 3인 원의 둘레: 18.84
- 반지름이 4인 원의 둘레: 25.12
- 반지름이 5인 원의 둘레: 31.400000000000002

그림 6-10 카운터 변수를 이용한 반복 처리

렌더링 결과는 다음과 같습니다.

```
<ul>
    <li> 반지름이 1인 원의 둘레: 6.28</li>
    <li> 반지름이 2인 원의 둘레: 12.56</li>
    <li> 반지름이 3인 원의 둘레: 18.84</li>
    <li> 반지름이 4인 원의 둘레: 25.12</li>
    <li> 반지름이 5인 원의 둘레: 31.400000000000002</li>
</ul>
```

카운터 변수를 이용한 반복 구문은 다음과 같습니다.

카운터 변수를 사용하는 v-for 디렉티브

```
v-for="카운터 변수 in 마지막값"
```

주목해야 할 부분은 in의 오른쪽으로 마지막값만 작성합니다. 시작값은 1로 고정되어 있습니다. [코드 6-11]의 ❶에서는 5가 지정되어 있으므로 실행 결과와 같이 1~5 범위를 반복합니다.

카운터 변수 반복에서 시작값을 변경하는 방법

구문에서도 알 수 있듯이 카운터 변수를 이용한 v-for 디렉티브에서 시작값은 1로 고정되어 있습니다. 한편 시작값을 1이 아닌 다른 값으로 설정하고 싶을 수도 있습니다. 예를 들어 1966년부터 2025년까지 연도별 드롭다운 리스트를 생성한다고 합시다. 이때는 다음 코드와 같이 카운터 변수를 이용하는 단계에서 덧셈 처리를 하면 됩니다.

```
<select>
    <option v-for="year in 60" v-bind:key="year" v-bind:value="year + 1965">
        {{year + 1965}}년
    </option>
</select>
```

6.3 리스트 조작

앞 절에서 소개한 v-for 디렉티브는 템플릿 변수를 반복의 대상으로 사용했습니다. 이렇게 하면 리스트를 조작할 때 그에 따라 표시되는 리스트의 내용도 자동으로 변경됩니다. 이번에는 이러한 리스트 조작에 따라 표시가 자동으로 변화하는 모습을 소개합니다.

6.3.1 반복 대상 데이터 세분화

가장 먼저 소개할 것은 반복 대상 데이터 세분화입니다. [코드 6-9]에 등장한 Cocktail 객체를 요소로 가진 배열 중에서 가격이 1500원인 것을 표시하는 것을 생각해봅시다. 가장 먼저 떠오르는 방법은 [코드 6-9]의 v-for 디렉티브가 작성된 li 태그 안에 v-if 디렉티브를 다음과 같이 작성하는 것입니다.

```
<li
    v-if="…"
    v-for="cocktailItem in cocktailDataList"
    …>
    :
</li>
```

물론 v-if의 속성값에 cocktailItem의 가격이 1500원이라는 조건을 작성하면 어떻게든 될 것 같습니다. 하지만 이 방법은 3.3.1절에서 소개한 Vue 스타일 가이드의 A 규칙에 위배됩니다. 대신 계산형 속성을 사용하는 방법이 있습니다.[1]

구체적인 사례를 살펴보겠습니다. listchange-filter 프로젝트를 생성하고 src/App.vue를 [코드 6-12]의 내용으로 작성합니다. [코드 6-9]와 동일한 부분은 생략했습니다.

---

1 https://vuejs.org/style-guide/rules-essential.html#avoid-v-if-with-v-for

코드 6-12 listchange-filter/src/App.vue

```
<script setup lang="ts">
import { ref, computed } from "vue";

const cocktailDataListInit: Cocktail[] = [
    { id: 2345, name: "화이트레이디", price: 1200 },
    { id: 4412, name: "블루하와이", price: 1500 },
    { id: 6792, name: "뉴욕", price: 1100 },
    { id: 8429, name: "마티니", price: 1500 }
];
const cocktailDataList = ref(cocktailDataListInit);
const cocktail1500 = computed(          ❶
    (): Cocktail[] => {          ❷
        // 배열의 filter() 메서드를 사용해 새로운 배열 생성
        const newList = cocktailDataList.value.filter(          ❸
            // filter() 메서드의 필터링 조건 함수
            // 인자는 배열의 각 요소인 Cocktail 객체
            (cocktailItem: Cocktail): boolean => {          ❹
                // 가격이 1500인지 여부를 반환값으로 설정
                return cocktailItem.price == 1500;          ❺
            }
        );
        return newList;          ❻
    }
);

interface Cocktail {
    id: number;
    name: string;
    price: number;
}
</script>

<template>
    <section>
        칵테일 리스트
        <ul>
            <li v-for="cocktailItem in cocktailDataList" v-bind:key="cocktailItem.id">
                {{ cocktailItem.name }}의 가격은 {{ cocktailItem.price }}원
            </li>
        </ul>
    </section>
    <section>
```

```
        가격이 1500원인 칵테일 리스트
        <ul>
            <li
                v-for="cocktailItem in cocktail1500"  ──────────── ❼
                v-bind:key="'cocktail1500' + cocktailItem.id">
                {{ cocktailItem.name }}의 가격은 {{ cocktailItem.price }}원
            </li>
        </ul>
    </section>
</template>
```

표시 결과는 [그림 6-11]과 같습니다.

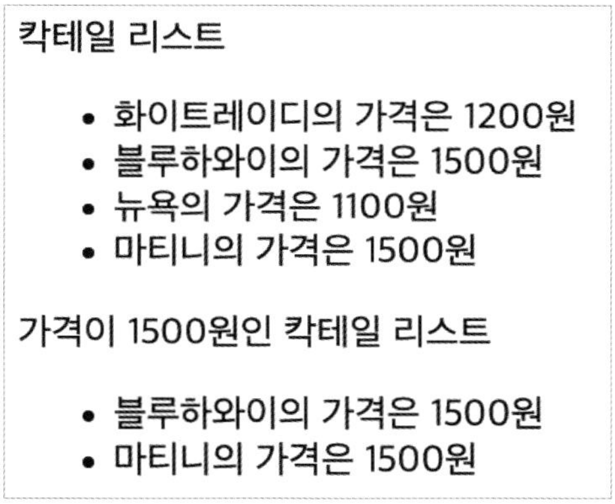

칵테일 리스트

- 화이트레이디의 가격은 1200원
- 블루하와이의 가격은 1500원
- 뉴욕의 가격은 1100원
- 마티니의 가격은 1500원

가격이 1500원인 칵테일 리스트

- 블루하와이의 가격은 1500원
- 마티니의 가격은 1500원

그림 6-11 전체 칵테일 리스트와 1500원 이상 칵테일 리스트 표시

[코드 6-12]의 ❶에서 전체 칵테일 리스트에서 가격이 1500원인 칵테일만 선별하는 계산형 속성을 정의합니다. 계산형 속성의 계산 함수 내에서는 반응형 템플릿 변수인 cocktailDataList에 저장된 배열(cocktailDataList.value)에 배열 객체의 메서드인 filter()를 이용하여 요소를 필터링해 새로운 배열 newList를 만듭니다(❸). newList를 계산 함수의 반환값으로 하여(❻) 추려진 배열이 계산형 속성이 됩니다. 예제에서는 템플릿 변수 cocktail1500으로 설정했습니다.

배열의 filter() 메서드

배열 객체의 filter() 메서드는 자바스크립트/타입스크립트의 표준 메서드이며 메서드명에서 알 수 있듯이 배열에서 조건에 맞는 요소로 구성된 새로운 배열을 생성합니다. filter() 메서드의 인자에는 조건에 부합하는지 판별하는 함수를 전달합니다. [코드 6-12]에서 ❹의 화살표 함수가 이에 해당합니다. 조건 판단 함수에는 배열 내의 각 요소가 인자로 전달되어 조건에 맞는지 여부를 평가하고 true/false 값을 반환합니다(❺).

계산형 속성을 정의하고 이를 템플릿 변수로 설정하면 v-for 디렉티브에서는 계산형 속성의 템플릿 변수를 반복 대상으로만 사용합니다(❼). 여기서는 대상을 추리는 것을 예로 들어 소개했지만 반복 대상을 정렬하여 표시하고 싶을 때도 마찬가지입니다. 이러한 처리는 템플릿 블록에서 이루어지므로 계산형 속성을 이용하여 표시할 데이터를 미리 준비해두도록 합시다.

데이터 타입의 장점

[코드 6-12]의 ❷에서 계산 함수의 반환값 타입에 주목해봅시다. 추려진 원래 배열 각 요소의 데이터 타입은 6.2.5절에서 설명한 인터페이스로 정의한 Cocktail 타입이므로 배열의 데이터 타입은 Cocktail[ ]입니다. 추려져도 데이터 타입은 변하지 않으므로 계산 함수의 반환값 타입도 Cocktail[ ]이 됩니다. 또한 ❹의 조건 판단 함수의 인자에는 배열의 각 요소가 들어가기 때문에 인자의 데이터 타입도 Cocktail이 됩니다.

한편 조건 판단 함수의 반환값은 true/false 중 하나이므로 boolean 타입이 됩니다. 이처럼 타입스크립트에서는 다양한 곳에 데이터 타입을 작성하고 안전하게 코딩할 수 있게 되어 있습니다.

6.3.2 배열의 데이터 조작

이제 [코드 6-5]에서 표시한 칵테일 리스트의 원래 배열에 요소를 추가하거나 삭제하면 표시가 어떻게 바뀌는지 살펴보겠습니다.

먼저 예제를 작성해보겠습니다. listchange-array 프로젝트를 생성하고 src/App.vue를 [코드 6-13]의 내용으로 작성합니다. 참고로 ❶과 ❺의 코드는 [코드 6-5]와 동일합니다.

코드 6-13 listchange-array/src/App.vue

```
<script setup lang="ts">
import { ref } from "vue";

const cocktailListInit: string[] = ["화이트레이디", "블루하와이", "뉴욕"];  ❶
const cocktailList = ref(cocktailListInit);
const changeCocktailList = (): void => {                                      ❷
    cocktailList.value = ["발랄라이카", "XYZ", "맨해튼"];
};
const addCocktailList = (): void => {                                         ❸
    cocktailList.value.push("블루문");
};
const deleteFromCocktailList = (): void => {                                  ❹
    cocktailList.value.pop();
};
</script>

<template>
    <ul>                                                                      ❺
        <li v-for="(cocktailName, index) in cocktailList" v-bind:key="cocktailName">
            {{ cocktailName }}(인덱스 {{ index }})
        </li>
    </ul>
    <p>
        CocktailList를
        <button v-on:click="changeCocktailList">변경</button>                   ❻
    </p>
    <p>
        CocktailList의 끝에 블루문을
        <button v-on:click="addCocktailList">추가</button>                      ❼
    </p>
    <p>
        CocktailList에서 끝에 요소를
        <button v-on:click="deleteFromCocktailList">삭제</button>               ❽
    </p>
</template>
```

표시 결과는 [그림 6-12]와 같습니다. ①의 상태에서 [변경] 버튼을 클릭하면 ②와 같이 표시되는 리스트 내용이 바뀝니다. 또한 [추가] 버튼을 클릭하면 ③과 같이 리스트의 마지막에 '블루문'이 추가됩니다. 이후 [삭제] 버튼을 클릭하면 추가된 '블루문'이 삭제되고 다시 ②의 표시로 돌아갑니다.

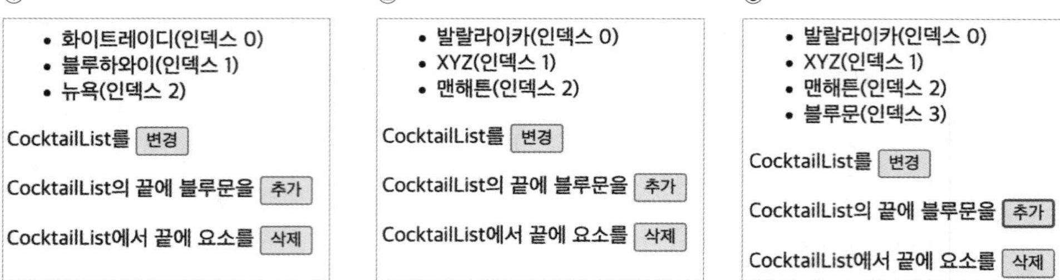

그림 6-12 배열의 데이터 조작에 따라 변경되는 리스트 표시

[코드 6-13]은 [코드 6-5]와 마찬가지로 ❶에서 준비한 칵테일명 배열을 ❺에 나열한 것입니다. 또한 ❻~❽에서 배열의 데이터를 조작하는 버튼을 배치하고 v-on 디렉티브로 실행할 메서드를 지정하고 있습니다. 메서드는 ❷~❹에서 정의하고 있습니다.

먼저 [변경] 버튼(❻)으로 실행되는 ❷의 메서드 changeCocktailList 내에서 배열 자체를 통째로 교체하고 있습니다. [그림 6-12]의 ②에서 알 수 있듯이 실제로 리스트를 표시하는 ❶과 ❺ 부분은 전혀 변경하지 않았는데도 불구하고 표시가 바뀝니다. 이는 cocktailList가 반응형 데이터인 덕분입니다.

마찬가지로 배열에 요소를 추가하는 버튼(❼)에서는 ❸의 메서드가, 요소를 삭제하는 버튼(❽)에서는 ❹의 메서드가 실행됩니다. 이때도 반응형 시스템 덕분에 단순히 배열을 조작하는 것만으로도 표시가 변경됩니다.

참고로 ❸과 ❹에서 사용하는 push()와 pop()은 자바스크립트/타입스크립트의 표준 배열 조작 메서드지만 반응형 시스템과 연동되도록 Vue 내에서는 래핑된 상태로 제공됩니다. 이런 메서드를 다음 표에 정리했습니다.

메서드	내용
push(element)	element를 마지막에 추가
pop()	마지막 요소를 삭제
shift()	처음 요소를 삭제
unshift(element)	element를 처음에 추가
splice(start[, count[, e1[, e2, …]]])	start 번째부터 count 개의 요소를 e1, e2, …에 치환

sort()	정렬
reverse()	순서 반전

표 6-1 Vue에서 래핑하는 배열 조작 메서드

[표 6-1] 이외의 메서드를 사용하는 경우에는 [코드 6-13]의 ❷에서처럼 새로운 배열을 생성하여 깔끔하게 교체하는 것이 좋습니다.

6.3.3 Map의 데이터 조작

다음으로 앞 절과 같은 데이터 조작을 Map으로 수행하는 경우를 살펴보겠습니다. listchange-map 프로젝트를 생성하고 src/App.vue를 [코드 6-14]의 내용으로 작성합니다. 참고로 ❶과 ❺ 부분은 [코드 6-7]과 동일하므로 생략했습니다.

코드 6-14 listchange-map/src/App.vue

```
<script setup lang="ts">
import { ref } from "vue";

const cocktailListInit = new Map<number, string>();    ─┐
~생략([코드 6-7]과 같음)~                                 ├─❶
const cocktailList = ref(cocktailListInit);            ─┘
const changeCocktailList = (): void => {
    cocktailList.value.clear();                        ─┐
    cocktailList.value.set(3416, "발랄라이카");           │
    cocktailList.value.set(5517, "XYZ");                ├─❷
    cocktailList.value.set(7415, "맨해튼");             ─┘
};
const addCocktailList = (): void => {
    cocktailList.value.set(8894, "블루문");             ──❸
};
const deleteFromCocktailList = (): void => {
    cocktailList.value.delete(5517);                   ──❹
};
</script>

<template>
```

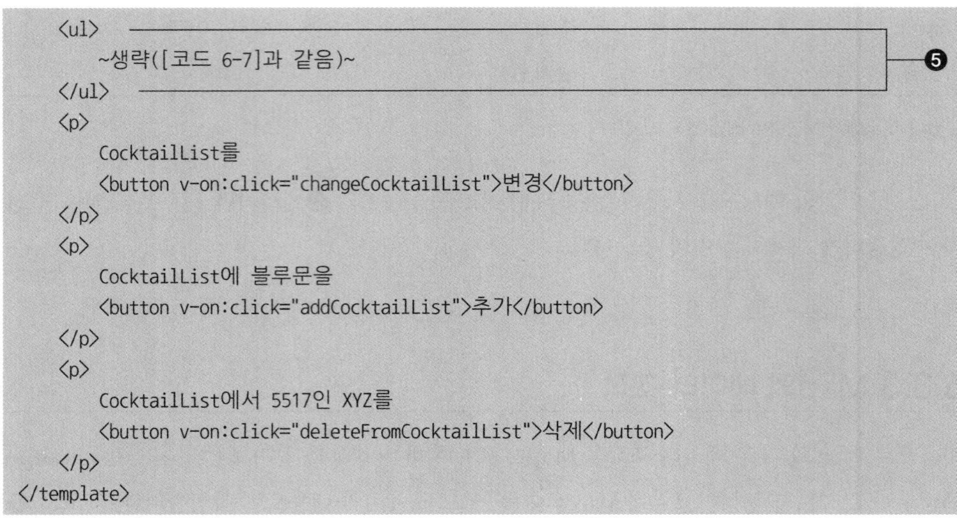

```
    <ul>
        ~생략([코드 6-7]과 같음)~                         ❺
    </ul>
    <p>
        CocktailList를
        <button v-on:click="changeCocktailList">변경</button>
    </p>
    <p>
        CocktailList에 블루문을
        <button v-on:click="addCocktailList">추가</button>
    </p>
    <p>
        CocktailList에서 5517인 XYZ를
        <button v-on:click="deleteFromCocktailList">삭제</button>
    </p>
</template>
```

표시 결과는 [그림 6-13]과 같습니다. ①의 상태에서 [변경] 버튼을 클릭하면 ②와 같이 표시가 변경됩니다. 또한 [추가] 버튼을 클릭하면 ③과 같이 '블루문'이 추가됩니다. 이후 [삭제] 버튼을 클릭하면 코드 중간에 있는 'XYZ'가 삭제되어 ④와 같이 표시됩니다.

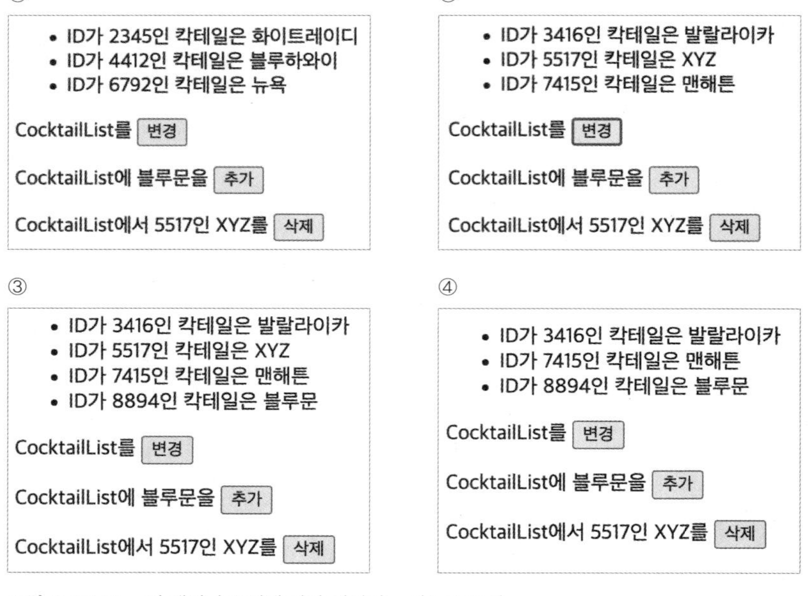

그림 6-13 Map의 데이터 조작에 따라 변경되는 리스트 표시

Map에는 각 요소를 쉽게 조작할 수 있도록 편리한 메서드가 마련되어 있는데 이를 활용하면 반응형 시스템이 작동하여 표시 내용이 변경됩니다.

[코드 6-14]의 ❷에서는 cocktailList 내의 Map의 요소들을 싹 바꾸고 있습니다. 이때 Map에는 모든 요소를 삭제하는 clear() 메서드가 있으므로 이를 이용하여 일단 요소를 삭제한 후 새로운 요소를 set() 메서드로 등록하고 있습니다. 요소 추가는 ❸과 같이 set() 메서드를 실행하기만 하면 됩니다.

요소를 삭제할 때 Map에서는 delete() 메서드를 사용합니다. delete() 메서드에는 삭제할 키를 인자로 지정합니다. delete() 메서드로 [코드 6-14]의 ❹와 같이 리스트의 시작이나 끝이 아닌 중간에 있는 요소를 정확하게 제거할 수 있습니다. 이것이 Map의 가장 큰 장점입니다.

6.3.4 객체 내 데이터 변경

지금까지 살펴본 바와 같이 반응형 시스템을 활용한 표시 내용의 동적 변경은 객체 내의 데이터 변경에 대해서도 유효합니다.

구체적인 사례를 살펴보겠습니다. 여기서는 [코드 6-8]에 표시된 whiteLady의 금액을 변경하는 예제를 작성합니다. listchange-obj 프로젝트를 생성하고 src/App.vue를 [코드 6-15]의 내용으로 작성합니다. 참고로 ❶과 ❸ 부분은 [코드 6-8]과 동일하므로 생략했습니다.

코드 6-15 listchange-obj/src/App.vue

```
<script setup lang="ts">
import { ref } from "vue";

const whiteLadyInit: {                                    ─┐
    ~생략([코드 6-8]과 같음)~                                ├─❶
};                                                         │
const whiteLady = ref(whiteLadyInit);                     ─┘
const changeWhiteLadyPrice = (): void => {
    whiteLady.value.price = 1500;                         ──❷
};
</script>

<template>
```

```
    <dl>
        <template v-for="(value, key) in whiteLady" v-bind:key="key">
            ~생략([코드 6-8]과 같음)~
        </template>
    </dl>
    <p>
        가격을 1500원으로
        <button v-on:click="changeWhiteLadyPrice">변경</button>
    </p>
</template>
```

표시 결과는 [그림 6-14]와 같습니다. ①의 상태에서 [변경] 버튼을 클릭하면 ②와 같이 가격이 변경된 것을 확인할 수 있습니다.

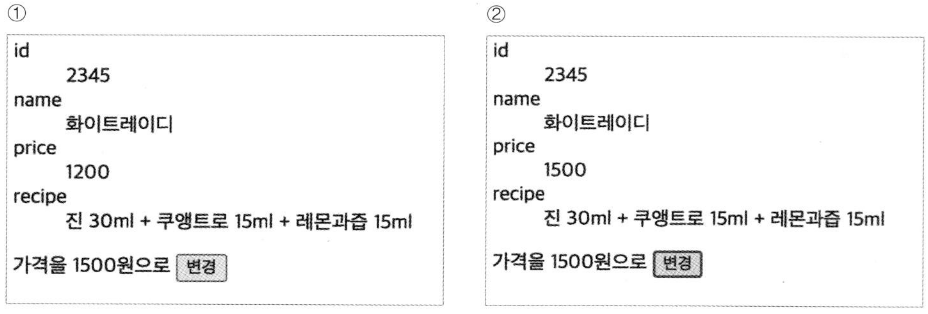

그림 6-14 [코드 6-15] 표시 결과

[코드 6-15]의 포인트는 ❷ 부분입니다. 템플릿 변수 whiteLady 내 칵테일 데이터를 나타내는 객체(whiteLady.value)의 가격을 변경하는 것만으로도 반응형 시스템이 작동하여 표시 내용이 즉시 변경됩니다.

6.3.5 리스트 데이터 내 객체 변경

지금까지 내용에서 짐작할 수 있듯이 6.2.5절에서 소개한 객체를 요소로 하는 배열이나 6.2.6절에서 소개한 객체를 요소로 하는 Map에 대해서 요소 내 객체 데이터를 변경해도 반응형 시스템 덕분에 즉각적으로 표시에 반영됩니다.

마지막으로 [코드 6-10]에서 소개한 Cocktail 객체를 요소로 하는 Map을 사용하여 6.3.1절에서 소개한 계산형 속성으로 리스트를 추리는 예제를 만들어보겠습니다. listchange-mapobj 프로젝트를 생성하고 src/App.vue를 [코드 6-16]의 내용으로 작성합니다. 참고로 ❶, ❻, ❼ 부분은 [코드 6-10]과 동일하므로 생략했습니다.

코드 6-16 listchange-mapobj/src/App.vue

```
<script setup lang="ts">
import { ref, computed } from "vue";

const cocktailDataListInit = new Map<number, Cocktail>();     ❶
~생략([코드 6-10]과 같음)~
const cocktailDataList = ref(cocktailDataListInit);
const cocktail1500 = computed(     ❷
    // 계산 함수 반환값 형태는 Map
    (): Map<number, Cocktail> => {
        // 필터링한 결과를 저장하는 새로운 Map 준비
        const newList = new Map<number, Cocktail>();
        // cocktailDataList 안의 Map을 반복 처리
        cocktailDataList.value.forEach(
            // 반복의 각 처리 내용을 나타내는 함수
            (value: Cocktail, key: number): void => {     ❸
                // 칵테일 가격이 1500원이라면 newList에 등록
                if (value.price == 1500) {
                    newList.set(key, value);
                }
            });
        // 필터링된 새 Map을 반환값으로 설정
        return newList;
    }
);
const changeWhiteLadyPriceInList = (): void => {
    const whiteLady = cocktailDataList.value.get(2345) as Cocktail;     ❹
    whiteLady.price = 1500;     ❺
};

interface Cocktail {     ❻
    ~생략([코드 6-10]과 같음)~
}
</script>

<template>
```

```
    <section>
        칵테일 리스트
        <ul>                                                          ❼
            ~생략([코드 6-10]과 같음)~
        </ul>
    </section>
    <section>
        가격이 1500원인 칵테일 리스트
        <ul>
            <li
                v-for="[id, cocktailItem] in cocktail1500"            ❽
                v-bind:key="'cocktail1500' + id">
                {{ cocktailItem.name }}의 가격은 {{ cocktailItem.price }}원
            </li>
        </ul>
    </section>
    <p>
        CocktailDataList 내의 화이트레이디 가격을 1500원으로
        <button v-on:click="changeWhiteLadyPriceInList">변경</button>
    </p>
</template>
```

표시 결과는 [그림 6-15]와 같습니다. ①의 상태에서 [변경] 버튼을 클릭하면 ②와 같은 상태가 됩니다.

①

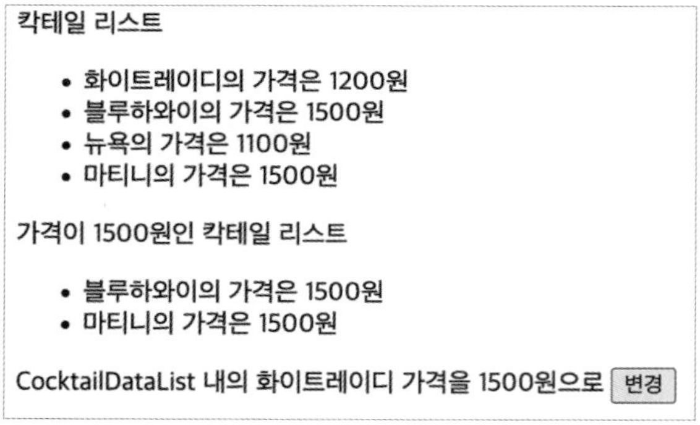

칵테일 리스트

- 화이트레이디의 가격은 1200원
- 블루하와이의 가격은 1500원
- 뉴욕의 가격은 1100원
- 마티니의 가격은 1500원

가격이 1500원인 칵테일 리스트

- 블루하와이의 가격은 1500원
- 마티니의 가격은 1500원

CocktailDataList 내의 화이트레이디 가격을 1500원으로 [변경]

②

칵테일 리스트

- 화이트레이디의 가격은 1500원
- 블루하와이의 가격은 1500원
- 뉴욕의 가격은 1100원
- 마티니의 가격은 1500원

가격이 1500원인 칵테일 리스트

- 화이트레이디의 가격은 1500원
- 블루하와이의 가격은 1500원
- 마티니의 가격은 1500원

CocktailDataList 내의 화이트레이디 가격을 1500원으로 [변경]

그림 6-15 버튼을 클릭하면 화이트레이디가 필터링 리스트에 추가됨

화이트레이디의 가격 변경에 따라 전체 칵테일 리스트에서 화이트레이디 가격이 변경될 뿐만 아니라 가격이 1500원인 칵테일 리스트에 화이트레이디가 등장합니다. 이를 보면 계산형 속성에 따른 필터링에서도 반응형 시스템이 작동하고 있음을 알 수 있습니다.

[코드 6-16]의 ❽ 부분에서 계산형 속성에 의한 템플릿 변수 cocktail1500을 반복하고 있습니다. [코드 6-12]의 템플릿 변수 cocktail1500과 달리 여기서는 Map이므로 별칭 부분이 [ ]로 표기되어 있습니다. 이 계산형 속성을 제공하는 부분이 ❷입니다. Map에는 배열의 filter()에 해당하는 메서드가 없기 때문에 꾸준히 모든 요소를 반복 처리하면서 가격이 1500인 요소만 새로운 Map 객체에 저장하는 처리를 하고 있습니다.

NOTE

Map의 forEach()

Map에는 배열과 마찬가지로 각 요소를 반복 처리하는 forEach() 메서드가 있으며 [코드 6-16]에서도 이용하고 있습니다. forEach()에는 각 반복에서 처리할 내용을 담은 함수를 인자로 전달합니다. [코드 6-16]에서는 ❸의 화살표 함수가 해당합니다. 반복 처리 함수의 인자는 첫 번째 인자가 Map의 각 요소의 값, 두 번째 인자가 키가 되기 때문에 ❸에서는 이에 맞춰서 인자를 작성하고 있습니다.

[코드 6-16]의 ❹와 ❺에서 Map 내 화이트레이디의 가격을 변경했습니다. 여기에서도 Map의 특성을 살려 화이트레이디의 id '2345'를 지정한 get() 메서드로 화이트레이디를 나타내는 Cocktail 객체를 가져오고(❹) 그 후 가격을 1500원으로 변경하고 있습니다(❺). 이후 리스트 내 가격 표시를 변경하거나 화이트레이디를 필터링 리스트에 추가하는 것은 모두 반응형 시스템이 알아서 처리합니다.

타입 표명

[코드 6-16]의 ❹ as에 대해서 보충 설명하겠습니다. Map의 get() 메서드는 인자로 받은 키에 해당하는 데이터가 존재하지 않을 경우를 고려하여 반환값이 'undefined 또는 값의 데이터 타입'으로 정의되어 있습니다. 이렇게 여러 데이터 타입을 조합한 타입을 타입스크립트에서는 유니온 타입이라고 부르며 데이터 타입의 사이에 | 기호를 넣어 작성합니다. 예를 들어 [코드 6-16]의 cocktailDataList.value 값의 데이터 타입은 Cocktail이므로 get() 메서드의 반환값은 다음과 같이 작성할 수 있습니다.

```
Cocktail | undefined
```

이때 반환값이 저장된 whiteLady도 undefined 가능성이 있습니다. 그런데 undefined 가능성을 남겨두고 ❺에서 price 속성으로 접근하려고 하면 [그림 6-n1]과 같은 에러가 발생합니다.

```
const changeWhiteLadyPriceInList = (): void => {
    const whiteLady = cocktailDataList.value.get(2345);
    whiteLady.price = 1500;
```

ⓧ App.vue 문제 1개 중 1개

'whiteLady'은(는) 'undefined'일 수 있습니다. ts-plugin(18048)

```
};
```

그림 6-n1 undefined 가능성이 있는 whiteLady의 속성에서 에러 발생

이 에러를 해결하기 위해 강제로 Cocktail 타입으로 타입을 변환하는 것이 as를 사용한 부분입니다.

```
as Cocktail
```

이러한 as에 의한 타입 변환을 타입 표명type assertion이라고 합니다. 단, 이는 키 '2345'에 대응하는 화이트레이디의 Cocktail 객체가 확실히 존재한다고 알고 있기 때문에 사용할 수 있는 방법입니다. 존재하는지 확실하지 않은 경우는 if 문 등으로 존재를 체크한 다음에 타입을 변환해야 합니다.

7장

기본 편

스크립트 블록 활용

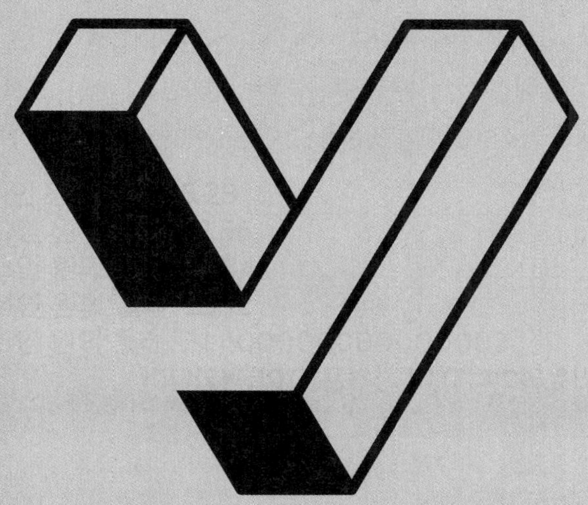

4장에서 6장까지 소개한 다양한 디렉티브를 활용하면 템플릿 블록은 문제없이 작성할 수 있습니다. 한편 스크립트 블록에 대해서는 3장에서 기본적인 부분만 소개했고 자세히 설명하지 않았습니다. 이번 장에서는 지금까지 내용을 바탕으로 스크립트 블록을 작성하는 다양한 패턴을 소개합니다.

7.1 감시자

지금까지 스크립트 블록에 작성한 것은 ref() 함수나 reactive() 함수로 반응형 데이터로 만든 템플릿 변수와 계산형 속성, 메서드 그리고 그것들이 사용하는 원본 데이터와 함수 정도였습니다. Vue에서는 이 외에도 스크립트 블록에서 사용할 수 있는 다양한 기능이 준비되어 있습니다. 가장 먼저 살펴볼 것은 감시자watcher입니다.

7.1.1 계산형 속성의 역할

감시자에 대한 설명에 들어가기 전에 왜 감시자가 필요한지를 체감할 수 있도록 지금까지 배운 지식으로 만들 수 있는 애플리케이션을 하나 만들어보겠습니다. 화면 표시 직후에는 [그림 7-1]의 ①과 같이 칵테일 번호와 칵테일 정보가 표시되며 이것이 ②와 같이 1초마다 무작위로 바뀌는 애플리케이션입니다.

①

현재 칵테일 번호 : 1

해당 칵테일은 '화이트레이디'이며 가격은 1200원입니다

②

현재 칵테일 번호 : 2

해당 칵테일은 '블루하와이'이며 가격은 1500원입니다

그림 7-1 change-cocktail 프로젝트 표시 결과

change-cocktail 프로젝트를 생성하고 src/App.vue를 [코드 7-1]의 내용으로 작성합니다. 참고로 ❺의 코드는 [코드 6-9]와 동일하므로 생략했습니다. 또한 ❶의 코드는 [코드 6-10]

과 거의 동일하지만 set() 메서드에 사용하는 키값과 각 칵테일 정보의 id 값이 서로 다릅니다. [코드 6-10]에서는 ID와 같은 네 자리 숫자였지만 [코드 7-1]에서는 무작위로 생성한 1~4 숫자를 사용했습니다.

코드 7-1 change-cocktail/src/App.vue

```
<script setup lang="ts">
import { ref, computed } from "vue";

// 칵테일 리스트
const cocktailDataListInit = new Map<number, Cocktail>();
cocktailDataListInit.set(1, { id: 1, name: "화이트레이디", price: 1200 });
cocktailDataListInit.set(2, { id: 2, name: "블루하와이", price: 1500 });
cocktailDataListInit.set(3, { id: 3, name: "뉴욕", price: 1100 });
cocktailDataListInit.set(4, { id: 4, name: "마티니", price: 1500 });

// 칵테일 번호 템플릿 변수
const cocktailNo = ref(1);
// 칵테일 정보의 계산형 속성
const priceMsg = computed(
    (): string => {
        // 칵테일 번호에 해당하는 칵테일 데이터 취득
        const cocktail = cocktailDataListInit.get(cocktailNo.value);
        // 칵테일 번호에 해당하는 정보가 없는 경우 메시지
        let msg = "해당 칵테일은 없습니다";
        // 칵테일 번호에 해당하는 정보가 있는 경우 메시지
        if (cocktail != undefined) {
            // 칵테일 번호에 해당하는 칵테일 이름과 금액을 표시하는 문자열 생성
            msg = `해당 칵테일은 '${cocktail.name}'이며 가격은 ${cocktail.price}원입니다`;
        }
        // 표시 문자열 반환
        return msg;
    }
);

// cocktailNo를 1초마다 1~4의 무작위값으로 변경
setInterval(
    (): void => {
        cocktailNo.value = Math.round(Math.random() * 3) + 1;
    },
    1000
);
```

❶ (cocktailDataListInit 정의 및 set() 부분)
❷ const cocktailNo = ref(1);
❸ const priceMsg = computed(
❹ (setInterval 부분)

```
interface Cocktail {
    ~생략([코드 6-9]와 같음)~
}                                                    ❺
</script>

<template>
    <p>현재 칵테일 번호 : {{ cocktailNo }}</p>
    <p>{{ priceMsg }}</p>
</template>
```

새로운 내용은 아니지만 조금 설명하겠습니다. ❶에서 준비한 칵테일 리스트 데이터의 ID 값에 해당하는 칵테일 번호를 반응형 템플릿 변수로 준비한 것이 ❷의 cocktailNo입니다. 그리고 cocktailNo 값에 따라 해당 칵테일명과 금액을 준비한 것이 ❸의 계산형 속성입니다. 함수 내부에서는 cocktailNo 값을 기반으로 ❶의 칵테일 리스트에서 해당 데이터를 찾아 표시할 문자열을 생성하고 있습니다.

한편 ❹에서는 cocktailNo를 1초마다 임의의 숫자를 사용하여 변경하고 있습니다. 이에 따라 cocktailNo 값이 변경되면 반응형 시스템 덕분에 자동으로 계산형 속성인 priceMsg도 변경됩니다. 그 결과 표시 내용이 1초마다 바뀌게 됩니다.

NOTE

setInterval()에 대하여

다음 장에서 설명하겠지만 Vue에서는 App.vue와 같은 컴포넌트에서 준비한 반응형 변수의 값이 전혀 다른 곳, 예를 들어 다른 컴포넌트 등에서 변경될 수 있습니다. 여기서 setInterval()을 사용한 이유는 주기적으로 cocktailNo 값을 변경하는 것 자체가 목적이 아니라 그러한 상황을 유사하게 재현하기 위한 것입니다.

이처럼 반응형 변수로 필요한 데이터를 잘라내거나 가공할 때 계산형 속성은 매우 유용하게 사용할 수 있습니다. 단, 이는 어디까지나 계산에 사용되는 데이터가 스크립트 블록 내의 변수인 경우입니다.

여기서 가령 표시할 칵테일 정보를 인터넷에서 가져온다고 가정해봅시다. 이때는 계산 함수 내에 인터넷 접속을 위한 비동기 처리를 작성하게 됩니다. 이는 스크립트 블록의 변수에서 데이터를 잘라내는 것과는 비교할 수 없을 정도로 무거운 작업입니다. 계산형 속성은 이러한 무거운 처리를 하기에는 적합하지 않기 때문에 이런 상황에서는 사용하지 않는 것이 좋습니다.

7.1.2 반응형 변수의 변화를 모니터링하는 watchEffect()

대신 등장한 것이 바로 감시자입니다. 감시자watcher는 반응형 변수의 값 변화에 따라 특정 처리를 수행하게 해줍니다.

구체적인 사례를 살펴보겠습니다. watcheffect 프로젝트를 생성하고 src/App.vue를 [코드 7-2]의 내용으로 작성합니다. 템플릿 블록 내부(⓫) 및 ❻, ❼ 부분의 코드는 [코드 7-1]과 동일하므로 생략합니다. 또한 ❽은 [코드 7-1]의 ❶과 같고 ❾는 [코드 7-1]의 ❸ 계산 함수 내의 코드와 동일하므로 여기도 생략하고 있습니다. 실행 결과는 [코드 7-1]과 같습니다.

코드 7-2 watcheffect/src/App.vue

```
<script setup lang="ts">
import { ref, watchEffect } from "vue";

// 칵테일 번호 템플릿 변수
const cocktailNo = ref(1);                                                    ❶
// 칵테일 번호에 해당하는 칵테일 정보 템플릿 변수 준비
const priceMsg = ref("");                                                     ❷
// watchEffect를 설정
watchEffect(                                                                  ❸
    (): void => {                                                             ❹
        priceMsg.value = getCocktailInfo(cocktailNo.value);                   ❺
    }
);

// cocktailNo를 1초마다 1~4의 무작위값으로 변경
setInterval(
    ~생략([코드 7-1]과 같음)~                                                 ❻
);

interface Cocktail {
    ~생략([코드 7-1]과 같음)~                                                 ❼
}

// 칵테일 번호에 해당하는 칵테일 정보 취득 함수
function getCocktailInfo(cocktailNo: number): string {                        ❽
    // 칵테일 리스트
    const cocktailDataListInit = new Map<number, Cocktail>();
    ~생략([코드 7-1]과 같음)~                                                 ❾
    cocktailDataListInit.set(4, { id: 4, name: "마티니", price: 1500 });
```

```
    ~생략([코드 7-1]과 같음)~
    return msg; ———————————————— ❿
}
</script>

<template> ————————————————┐
    ~생략([코드 7-1]과 같음)~      ├— ⓫
</template> ———————————————┘
```

[코드 7-2]에서는 [코드 7-1]과 마찬가지로 ❶에서 칵테일 번호를 나타내는 변수 cocktailNo를 준비합니다. 이번에는 이 값이 1초 간격으로 바뀔 때마다 인터넷에 접속하여 칵테일 데이터를 가져와서 가격을 표시하는 것을 가정하고 있습니다. 표시는 반응형 변수로 ❷에서 준비한 priceMsg에 데이터를 저장하면 자동으로 갱신됩니다.

참고로 [코드 7-2]에서는 실제로 인터넷에 접속하여 데이터를 가져오는 것이 아니라 칵테일 정보를 가져오는 함수 getCocktailInfo()를 제공합니다. 정말 인터넷에 접속하여 데이터를 얻을 때는 이런 함수를 별도의 파일로 작성해두어야 합니다. 하지만 여기서는 인터넷 데이터 취득 부분은 가상으로만 수행하도록 간단하게 App.vue 내에 작성하고 있습니다. 함수 내 처리도 단순히 용도에 따라 칵테일 리스트 데이터에서 데이터를 취득하는 것일 뿐이고 [코드 7-1]의 계산 함수와 다르지 않습니다. [코드 7-1]은 어디까지나 가상의 코드임을 참고하기 바랍니다.

> **NOTE getCocktailInfo()에 대하여**
>
> 앞서 언급했듯이 getCocktailInfo()는 인터넷에 접속하여 데이터를 가져오는 동작을 모방한 함수입니다. 따라서 본래 이 함수에는 비동기 처리가 포함되어야 하며 async라는 키워드를 부여해야 합니다. 하지만 비동기 처리는 이번 장의 주제에서 벗어나므로 다루지 않습니다. async를 포함한 비동기식 기간 처리 및 인터넷 접속에 대한 자세한 내용은 12장에서 다루겠습니다.

이러한 처리를 감시자로 설정한 것이 [코드 7-2]의 ❸~❺이며 핵심은 ❸의 watchEffect() 함수입니다. 이 함수의 구문은 다음과 같습니다.

watchEffect()

```
watchEffect(
    (): void => {
        반응형 변수에 대응하여 실행되는 처리
    }
);
```

watchEffect() 함수는 콜백 함수를 인자로 받습니다(❹). 콜백 함수 내부에는 반응형 변수가 변경되었을 때 실행할 처리를 작성합니다(❺).

Vue는 이 콜백 함수 내에서 사용되는 모든 반응형 변수를 모니터링하고 있으며 그중 하나라도 값이 변경되면 콜백 함수를 실행합니다. [코드 7-2]에서는 ❺에서 칵테일 정보를 취득하는 함수 getCocktailInfo()를 호출할 때 인자로 반응형 변수 cocktailNo를 이용하고 있으며 반환값을 반응형 변수 priceMsg에 저장하고 있습니다. 즉 이들 두 변수가 모니터링 대상이 되어 둘 중 하나의 값이 변경될 때마다 콜백 함수가 실행됩니다. 하지만 예제에서는 priceMsg 값을 외부에서 변경하는 구조가 아니기 때문에 cocktailNo 값이 변경되었을 때만 콜백 함수가 실행됩니다.

7.1.3 감시 대상을 명시하는 watch()

watchEffect() 함수를 이용한 감시자에서는 콜백 함수 내의 모든 반응형 변수가 감시 대상입니다. 하지만 Vue에는 watchEffect() 함수 외에도 감시 대상 변수를 지정하여 등록하는 watch() 함수가 있습니다.

이제 [코드 7-2]를 watch() 함수를 사용하여 다시 작성해봅시다. watch 프로젝트를 생성하고 src/App.vue를 [코드 7-3]의 내용으로 다시 작성합니다. [코드 7-2]와 다른 점은 굵게 표시된 부분입니다.

코드 7-3 watch/src/App.vue

```
<script setup lang="ts">
import { ref, watch } from "vue";

// 칵테일 번호 템플릿 변수
```

```
const cocktailNo = ref(1);
// 칵테일 번호에 해당하는 칵테일 정보 템플릿 변수 준비
const priceMsg = ref("");  ——❶
// watch를 설정
watch(cocktailNo,  ——❷
    (): void => {
        priceMsg.value = getCocktailInfo(cocktailNo.value);
    }
);
    ~생략([코드 7-2]와 같음)~
</script>

<template>
    ~생략([코드 7-2]와 같음)~
</template>
```

변경된 부분을 살펴보겠습니다. watch() 함수에는 첫 번째 인자로 모니터링할 반응형 변수를 지정하고 두 번째 인자로 콜백 함수를 전달합니다. [코드 7-3]의 ❷에서는 첫 번째 인자에 모니터링 대상으로 cocktailNo를 전달하고 있습니다. 구문으로 정리하면 다음과 같습니다.

watch()

```
watch(감시 대상 반응형 변수,
    (): void => {
        감시 대상이 변경되었을 때 실행되는 처리
    }
);
```

이제 실행 결과를 확인해봅시다. [코드 7-2]와 달리 처음 시작할 때 [그림 7-2]처럼 칵테일 정보는 표시되지 않습니다. 1초가 지나면 [코드 7-2]와 같이 칵테일 정보가 표시되기 시작합니다.

현재 칵테일 번호 : 1

그림 7-2 watch 프로젝트 표시 후 첫 1초 동안

왜 이런 결과가 나올까요? 사실 watch() 함수는 watchEffect() 함수와는 달리 처음 실행할 때 콜백 함수를 실행하지 않습니다. 따라서 처음 시작할 때 템플릿 변수 priceMsg의 값은 ❶로 설정됩니다. 빈 문자("")가 남아 있고 칵테일 정보를 표시하는 p 태그에는 아무것도 표시되

지 않습니다. 1초 후부터는 cocktailNo 값이 변하기 때문에 콜백 함수가 실행되고 마침내 ❶의 priceMsg 값이 변하게 됩니다.

반면 watchEffect()의 경우 처음 시작할 때부터 콜백 함수가 실행되기 때문에 처음부터 칵테일 정보가 표시됩니다. 이 차이점을 잘 알고 있어야 합니다.

watch()로 여러 변수 모니터링

앞서 설명한 watch() 구문을 보면 모니터링 대상으로 하나의 반응형 변수만 지정할 수 있는 것처럼 보입니다. 하지만 다음과 같이 첫 번째 인자를 배열로 지정하면 여러 변수를 모니터링 대상으로 지정할 수 있습니다.

```
watch([selectedId, inputName],
    (): void => {
        // 필요한 처리
    }
);
```

하지만 이렇게 여러 변수를 모니터링 대상으로 한다면 watchEffect()를 사용하는 편이 더 깔끔한 코드를 작성할 수 있습니다.

7.1.4 즉시 실행 watch()

watch()에서도 처음 시작할 때부터 콜백 함수를 실행(즉시 실행)하는 방법이 있습니다. 다음 구문과 같이 watch()의 세 번째 인자에 {immediate: true} 옵션을 지정합니다.

즉시 실행 watch()

```
watch(감시 대상 반응형 변수,
    (): void => {
        감시 대상이 변경되었을 때 실행되는 처리
    },
    {immediate: true}
);
```

[코드 7-3]에 즉시 실행을 적용하려면 ❷ 부분을 다음과 같이 변경합니다.

```
watch(cocktailNo,
    (): void => {
        priceMsg.value = getCocktailInfo(cocktailNo.value);
    },
    {immediate: true}
);
```

이렇게 하면 [코드 7-3]을 실행했을 때 [코드 7-1]과 마찬가지로 최초 실행 시 칵테일 정보가 표시됩니다.

7.1.5 watch()에서 변경 전후의 값 사용

여기까지 설명을 보면 '항상 watchEffect()를 사용하면 되는데 watch()는 필요 없지 않을까' 라는 생각이 들 수도 있습니다. 하지만 watch()는 watchEffect()에는 없는 장점이 있습니다. 모니터링 대상 변수의 값이 변경되었을 때 새로운 값과 기존 값을 각각 인자로 받을 수 있다는 점입니다.

watch 프로젝트를 기반으로 cocktailNo가 변경되었을 때 새로운 정보와 이전 정보를 모두 표시하는 예제를 만들어봅시다. watch-oldnew 프로젝트를 생성하고 src/App.vue를 [코드 7-4]의 내용으로 작성합니다. [코드 7-3]과 굵게 표시된 부분만 다르며 동일한 부분은 생략했습니다.

코드 7-4 watch-oldnew/src/App.vue

```
<script setup lang="ts">
import { ref, watch } from "vue";

// 칵테일 번호 템플릿 변수
const cocktailNo = ref(1);
// 칵테일 번호에 해당하는 칵테일 정보 템플릿 변수 준비
const priceMsg = ref("");
// watch를 설정
watch(cocktailNo,
    (newVal: number, oldVal: number): void => {        ❶
        // 표시용 문자열
        let msg = "이전 칵테일: ";
        msg += getCocktailInfo(oldVal);                 ❷
```

```
        msg += "   ⇒   ";
        msg += "현재 칵테일: ";
        msg += getCocktailInfo(newVal); ——— ❸
        // 표시 문자열을 priceMsg로 설정
        priceMsg.value = msg;
    }
);
    ~생략([코드 7-3]과 같음)~
</script>

<template>
    ~생략([코드 7-3]과 같음)~
</template>
```

첫 번째 표시 화면은 [그림 7-2]와 같습니다. 이어서 1초 후부터 칵테일 정보가 표시되기 시작하면 [그림 7-3]과 같은 화면으로 변경됩니다.

현재 칵테일 번호 : 4

이전 칵테일: 해당 칵테일은 '블루하와이'이며 가격은 1500원입니다 ⇒ 현재 칵테일: 해당 칵테일은 '마티니'이며 가격은 1500원입니다

그림 7-3 신구 칵테일 정보 모두 보기

[코드 7-4]의 핵심은 ❶에서 콜백 함수의 인자를 지정하고 있다는 점입니다. 첫 번째 인자가 모니터링 대상 반응형 변수의 새로운 값, 두 번째 인자는 이전 값입니다. 이렇게 인자를 지정해 두면 자동으로 값이 전달됩니다. ❷와 ❸과 같이 이전 cocktailNo와 새로운 cocktailNo에 해당하는 칵테일 데이터를 가져와서 표시할 문자열을 생성하고 있습니다.

변경 전후의 값을 이용하는 watch()

```
watch(감시 대상 반응형 변수,
    (newVal: 데이터 타입, oldVal: 데이터 타입): void => {
        감시 대상이 변경되었을 때 실행되는 처리
    }
);
```

7.2 라이프사이클 훅

지금까지 스크립트 블록에 작성할 수 있는 코드로 사용한 템플릿 변수, 계산형 속성, 메서드, 감시자 등을 소개했습니다. 스크립트 블록에는 이외에도 라이프사이클 훅lifecycle hooks이라는 것을 작성할 수 있습니다. 이번 절에서는 라이프사이클 훅을 소개합니다. 다만 라이프사이클 훅은 조금 어려운 주제이기 때문에 여기서는 기본적인 내용만 소개하므로 지금 단계에서는 '이런 게 있구나' 정도만 알고 넘어가도 좋습니다.

7.2.1 라이프사이클이란?

3.4절에서 Vue 프로젝트의 동작 원리를 소개하면서 main.ts에 명시된 createApp() 함수에 의해 App 컴포넌트가 로드되어 #app 위치에 렌더링된다고 설명했습니다. 이에 대해 좀 더 자세히 알아보겠습니다.

앱 컴포넌트에는 로드되는 단계, 렌더링되는 단계 등 다양한 상태가 있습니다. App.vue에서 다른 컴포넌트를 불러와서 표시하는 경우 등에서 각각의 컴포넌트가 다양한 상태를 거치게 됩니다. 이때 생성되어 표시되는 변화뿐만 아니라 필요 없어져서 숨겨지는 변화도 생각할 수 있습니다.

이러한 컴포넌트의 분석, 표시, 숨기기 사이에 발생하는 다양한 컴포넌트 상태의 전환을 라이프사이클이라고 합니다. 그리고 Vue에서는 라이프사이클의 각 상태에 따라 원하는 처리를 실행하는 라이프사이클 훅이라는 함수가 준비되어 있습니다.

7.2.2 라이프사이클 훅 예제

개념만 이야기해서는 이해하기 어렵기 때문에 구체적인 예를 들어보겠습니다. lifecycle-hooks 프로젝트를 생성하고 src/App.vue를 [코드 7-5]의 내용으로 다시 작성합니다.

코드 7-5 lifecycle-hooks/src/App.vue

```
<script setup lang="ts">
import { ref, computed, onBeforeMount, onMounted, onBeforeUpdate, onUpdated, onRenderTracked,
onRenderTriggered } from "vue";
import type { DebuggerEvent } from "vue"; ――― ❶

const heightInit = Math.round(Math.random() * 10);
const widthInit = Math.round(Math.random() * 10);
const height = ref(heightInit); ――― ❷
const width = ref(widthInit);
const area = computed( ――― ❸
    (): number => {
        return height.value * width.value;
    }
);
const change = (): void => { ――― ❹
    height.value = Math.round(Math.random() * 10);
    width.value = Math.round(Math.random() * 10);
}
onBeforeMount( ――― ❺
    (): void => {
        console.log(`beforeMount called: ${height.value} * ${width.value}`);
    }
);
onMounted(
    (): void => {
        console.log(`mounted called: ${height.value} * ${width.value}`);
    }
);
onBeforeUpdate(
    (): void => {
        console.log(`beforeUpdate called: ${height.value} * ${width.value}`);
    }
);
onUpdated(
    (): void => {
        console.log(`updated called: ${height.value} * ${width.value}`);
    }
);
onRenderTracked(
    (event: DebuggerEvent): void => {
        console.log(`renderTracked called: ${height.value} * ${width.value}`);
        console.log(event);
    }
```

```
);
onRenderTriggered(
    (event: DebuggerEvent): void => {
        console.log(`renderTriggered called: ${height.value} * ${width.value}`);
        console.log(event);
    }
);
</script>

<template>
    <p>세로 {{ height }}, 가로 {{ width }}인 사각형의 면적은 {{ area }}</p>
    <button v-on:click="change">값을 변경</button>
</template>
```

실행 결과는 다음 그림과 같습니다. 화면의 [값을 변경] 버튼을 클릭하면 직사각형의 가로, 세로 값과 면적이 변경됩니다.

세로 7, 가로 5인 사각형의 면적은 35

[값을 변경]

그림 7-4 lifecycle-hooks 프로젝트의 표시 결과

[코드 7-5]에서 ❹까지는 코드와 템플릿 블록에 특별히 새로운 것이 없습니다. ❷에서 사용한 직사각형의 세로와 가로를 나타내는 반응형 변수를 사용하여 ❸에서 면적을 계산하는 계산형 속성을 정의하고 있습니다. 또한 ❹에서는 ❷의 직사각형 세로와 가로 값을 변경하는 메서드를 등록하고 있습니다. 이것이 버튼을 눌렀을 때의 처리 과정입니다.

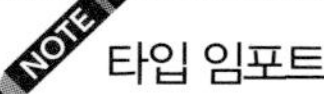

타입 임포트

타입스크립트에서도 외부 모듈에서 함수나 클래스 등을 가져올 때 다음 코드처럼 익숙한 import 구문을 사용합니다.

```
import {ref} from "vue";
```

반면 외부 모듈에서 정의된 인터페이스 등 데이터 타입 정의 자체를 가져올 때는 단순한 import 구문이 아닌 [코드 7-5]의 ❶과 같이 import type을 사용합니다.

[코드 7-5]에서 새롭게 추가된 부분은 라이프사이클 훅 함수를 사용하는 ❺ 부분의 코드입니다. 기본적인 형식은 모두 동일하며 각 라이프사이클의 상태에서 실행할 처리를 콜백 함수에 인자로 전달합니다. 구문은 다음과 같습니다.

라이프사이클 훅

```
on라이프사이클 훅명(
    () => {
        하고 싶은 처리
    }
);
```

[코드 7-5]에서는 콜백 함수 내에서 각 라이프사이클 훅이 호출되었음을 나타내는 메시지와 해당 시점의 직사각형 세로와 가로 값을 콘솔에 간단히 출력하고 있습니다. 이 프로젝트를 표시하면 콘솔에 다음과 같은 내용이 표시됩니다.

코드 7-6 lifecycle-hooks의 초기 화면이 표시된 단계의 콘솔 출력

```
beforeMount called: 7 * 5 ——— ❶
renderTracked called: 7 * 5 ——— ❷
{effect: ReactiveEffect, target: RefImpl, type: 'get', key: 'value'} ——— ❸
renderTracked called: 7 * 5 ——— ❹
{effect: ReactiveEffect, target: RefImpl, type: 'get', key: 'value'} ——— ❺
renderTracked called: 7 * 5 ——— ❻
{effect: ReactiveEffect, target: ComputedRefImpl, type: 'get', key: 'value'} ——— ❼
mounted called: 7 * 5 ——— ❽
```

단순히 화면을 표시할 때도 몇 가지 라이프사이클 훅이 실행되고 있고 각 상태를 거쳐서 화면이 표시되는 것을 알 수 있습니다. 또한 [값을 변경] 버튼을 클릭하면 콘솔에 다음과 같은 내용이 추가됩니다.

코드 7-7 [값을 변경] 버튼을 클릭할 때 추가되는 콘솔 출력

```
renderTriggered called: 10 * 5 ———┐
{effect: ReactiveEffect, target: RefImpl, type: 'set', key: 'value', newValue: 10} ———┴ ❶
renderTriggered called: 10 * 5 ———┐
{effect: ReactiveEffect, target: ComputedRefImpl, type: 'set', key: 'value', newValue: ———├ ❷
undefined} ———┘
```

```
renderTriggered called: 10 * 7 ❸
{effect: ReactiveEffect, target: RefImpl, type: 'set', key: 'value', newValue: 7}
beforeUpdate called: 10 * 7 ❹
updated called: 10 * 7 ❺
```

직사각형의 세로와 가로 값이 변경되고 반응형 시스템에 의해 화면이 다시 그려지는 동안 몇 가지 라이프사이클 훅이 추가로 실행되는 것을 볼 수 있습니다.

7.2.3 Vue의 라이프사이클

그렇다면 구체적으로 Vue에는 어떤 라이프사이클이 있고 그때 호출되는 훅에는 어떤 것들이 있는지 [그림 7-5]를 통해 알아봅시다.

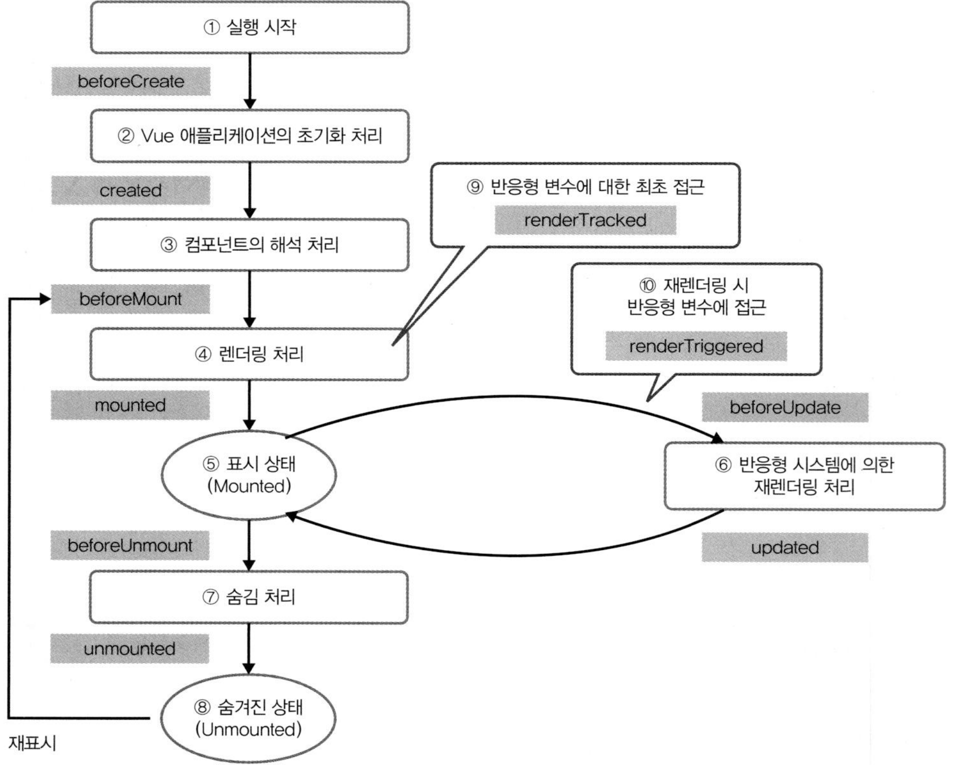

그림 7-5 Vue 애플리케이션의 라이프사이클

차례대로 간단히 살펴보겠습니다.

① Vue 애플리케이션이 실행됩니다.

② Vue 애플리케이션의 초기화 작업이 진행됩니다. 이 단계에서 스크립트 블록 내의 코드가 실행되어 템플릿 변수, 계산형 속성, 메서드 등이 준비됩니다.

③ 컴포넌트의 분석 처리가 이루어집니다. 이에 따라 템플릿 블록의 코드를 분석하여 태그 구성(DOM 구조)을 결정합니다.

④ ③에서 결정한 DOM 구조가 렌더링됩니다.

⑤ ④의 렌더링 처리가 완료되면 표시 상태가 됩니다. 이 상태에서 처음으로 화면이 보이게 됩니다. 참고로 공식 문서에서는 이 상태를 Mounted라고 표현합니다.

⑥ 반응형 시스템에 의해 재렌더링이 필요할 때 이루어지는 처리입니다. 재렌더링이 끝나면 다시 Mounted 상태로 돌아갑니다.

⑦ 더 이상 표시할 필요가 없는 컴포넌트에 대해 숨김 처리합니다.

⑧ 숨김 처리가 완료되면 컴포넌트는 숨겨진 상태가 됩니다. 이 상태를 공식 문서에서는 Unmounted라고 표현합니다.

7.2.4 Vue의 라이프사이클 훅

[그림 7-5]에서 볼 수 있듯이 각 처리/상태에는 앞뒤로 처리를 끼워 넣을 수 있도록 라이프사이클 훅이 준비되어 있습니다. 예를 들어 [그림 7-5] ④의 렌더링 처리 전에는 beforeMount 훅이 호출되고 렌더링 처리가 끝나면 mounted 훅이 호출됩니다. 따라서 각 훅이 호출되는 타이밍에 처리를 수행하려면 각 훅에 해당 처리를 수행하는 콜백 함수를 등록해두면 됩니다.

실제로 [코드 7-5]의 실행 결과로 초기 화면이 표시된 상태, 즉 [그림 7-5]의 ⑤ Mounted에 이르기까지 [코드 7-6]의 콘솔 출력이 이루어지고 있습니다. 또한 다음과 같이 beforeMount(❶)와 mounted(❽)가 호출된 것을 확인할 수 있습니다.

```
beforeMount called: 7 * 5 ——— ❶
    ~ 생략 ~
mounted called: 7 * 5 ——— ❽
```

7.2.5 디버깅을 위한 라이프사이클 훅

renderTracked의 경우 [코드 7-6]에서 다음과 같이 세 번 호출됩니다(❷, ❹, ❻).

```
beforeMount called: 7 * 5         ❶
renderTracked called: 7 * 5       ❷
~ 생략 ~
renderTracked called: 7 * 5       ❹
~ 생략 ~
renderTracked called: 7 * 5       ❻
~ 생략 ~
mounted called: 7 * 5             ❽
```

renderTracked는 [그림 7-5]의 ⑨에 해당하는 반응형 변수에 처음 접근할 때 실행됩니다. ④의 렌더링을 처리하는 동안 Vue가 반응형 데이터에 접근할 때마다 호출되는 훅을 반환합니다. [코드 7-5]에서는 다음과 같이 반응형 변수로 ❷의 height와 width, ❸의 area 세 개가 준비되어 있습니다.

```
const height = ref(heightInit);   ┐
const width = ref(widthInit);     ┘ ❷
const area = computed(            ┐
  ⋮                               │ ❸
);                                ┘
```

세 가지 변수에 접근할 때마다 renderTracked가 호출되는 구조입니다. 그래서 콘솔 출력이 세 번 이루어지는 것입니다. 이는 디버깅을 목적으로 한 설계입니다. 따라서 콜백 함수에는 DebuggerEvent 객체가 인자로 전달됩니다. [코드 7-5]에서 ❺의 renderTracked 콜백 함수 내에서는 다음 코드에 굵게 표시한 부분과 같이 DebuggerEvent도 콘솔에 출력하고 있습니다.

```
onRenderTracked(
    (event: DebuggerEvent): void => {
        console.log(`renderTracked called: ${height.value} * ${width.value}`);
        console.log(event);
    }
);
```

이렇게 콘솔에 출력한 결과가 [코드 7-6]의 다음 부분입니다(❸, ❺, ❼).

```
{effect: ReactiveEffect, target: RefImpl, type: 'get', key: 'value'}  ❸
{effect: ReactiveEffect, target: RefImpl, type: 'get', key: 'value'}  ❺
{effect: ReactiveEffect, target: ComputedRefImpl, type: 'get', key: 'value'}  ❼
```

이 중 target 속성을 보면 ❸과 ❺는 RefImpl로 되어 있습니다. RefImpl은 ref() 함수에 의해 생성된 객체이며 따라서 ref()에 의한 반응형 변수임을 알 수 있습니다. 마찬가지로 ❼은 ComputedRefImpl로 computed() 함수에 의해 생성된 객체를 가리키므로 computed()에 의한 반응형 변수임을 알 수 있습니다. 이렇게 renderTracked 훅과 콜백 함수의 인자인 DebuggerEvent 객체를 이용하면 렌더링 시 사용되는 값을 확인할 수 있습니다.

계속 살펴보겠습니다. [값을 변경] 버튼을 클릭하면 [코드 7-5]의 다음 메서드 내 처리 과정을 통해 반응형 변수의 값이 변경됩니다.

```
const change = (): void => {
    height.value = Math.round(Math.random() * 10);
    width.value = Math.round(Math.random() * 10);
}
```
❹

반응형 시스템은 이를 감지하여 화면을 다시 그리는 작업을 수행합니다. 이는 [그림 7-5]의 ⑥에 해당하는 처리로, 처리 전에 beforeUpdate 훅이 호출되고 처리 후에 updated 훅이 호출됩니다. 실제로 [코드 7-7]에서 처리 전후에 beforeUpdate(❹)와 updated(❺)가 호출되는 것을 확인할 수 있습니다.

```
beforeUpdate called: 10 * 7  ❹
updated called: 10 * 7  ❺
```

한편 beforeUpdate 직전에 renderTriggered 훅은 다음과 같이 세 번 호출됩니다.

```
renderTriggered called: 10 * 5
{effect: ReactiveEffect, target: RefImpl, type: 'set', key: 'value', newValue: 10}  ❶
renderTriggered called: 10 * 5
{effect: ReactiveEffect, target: ComputedRefImpl, type: 'set', key: 'value', newValue:
undefined}  ❷
renderTriggered called: 10 * 7
{effect: ReactiveEffect, target: RefImpl, type: 'set', key: 'value', newValue: 7}3  ❸
```

[그림 7-5]의 ⑩에 해당하는 처리로 재렌더링에 앞서 반응형 변숫값의 변화를 감지했을 때 호출되는 훅입니다. renderTriggered 훅도 renderTracked 훅과 마찬가지로 디버깅용이며 DebuggerEvent 객체를 콜백 함수의 인자로 받을 수 있습니다. renderTracked와 마찬가지로 DebuggerEvent 객체의 내용도 콘솔에 출력합니다([코드 7-7]의 ❶~❸). 특징적인 것은 renderTracked일 때의 DebuggerEvent 객체와 달리 newValue 속성이 있다는 점입니다. 이를 통해 반응형 변수가 어떤 값으로 변화했는지 확인할 수 있습니다.

[코드 7-5]의 beforeUnmount와 unmounted

[코드 7-5]에는 beforeUnmount와 unmounted 훅을 설정하는 코드가 없습니다. App.vue는 시작점이 되는 컴포넌트이기 때문에 App.vue 자체가 Unmounted되는 것이 아니라 애플리케이션 자체가 종료되기 때문입니다. 8장에서는 컴포넌트에서 다른 컴포넌트를 불러와서 사용하는 방법을 소개합니다. 이 훅은 App.vue에서 다른 컴포넌트를 불러올 때 사용합니다.

7.2.6 라이프사이클 훅 정리

이렇게 라이프사이클 훅을 잘 활용하면 적절한 시기에 적절한 처리를 할 수 있습니다. [그림 7-5]에 나타내지 않은 라이프사이클 훅도 있으므로 이를 포함하여 다음 표에 정리해두었습니다.

라이프사이클 훅명	호출 타이밍
beforeCreate	Vue 애플리케이션의 시작 직후, 초기화 처리 전
created	Vue 애플리케이션 초기화 처리 후
beforeMount	컴포넌트의 해석 처리 후 결정한 DOM을 렌더링하기 직전
mounted	DOM의 렌더링이 완료되고 표시 상태가 된 시점, 즉 Mounted 상태가 된 시점
beforeUpdate	반응형 데이터가 변경되고 DOM을 다시 렌더링하기 전
updated	DOM의 재렌더링이 완료된 시점
beforeUnmount	컴포넌트의 DOM의 숨김 처리를 시작하기 직전
unmounted	컴포넌트의 DOM의 숨김 처리가 완료된 시점, 즉 Unmounted 상태가 된 시점
errorCaptured	하위 컴포넌트를 포함하여 에러를 감지한 시점

renderTracked	반응형 변수에 처음 접근이 발생한 시점
renderTriggered	반응형 변수가 변경된 것을 감지하고 해당 변수에 접근이 있는 시점
activated	컴포넌트가 더 이상 대기 상태가 아니게 된 시점
deactivated	컴포넌트가 대기 상태가 된 시점

표 7-1 Vue 라이프사이클 훅

몇 가지 보충 설명을 덧붙이겠습니다. 먼저 [그림 7-5]에도 포함된 beforeCreate와 created에 대해 알아보겠습니다. 7.2.3절에서 [그림 7-5]의 ② 단계에서 스크립트 블록의 코드가 실행된다고 설명했습니다. 즉 스크립트 블록 내 코드에서 beforeCreate와 created를 대체할 수 있으므로 스크립트 블록에서 이 훅을 호출할 필요가 없습니다. beforeCreate와 created 훅은 7.4절에서 소개할 Options API를 통해 스크립트 블록을 작성하기 위해 존재합니다. 참고로 [그림 7-5]를 보면 알 수 있듯이 Unmounted 상태의 컴포넌트를 다시 표시할 경우 beforeMount에서 다시 시작됩니다.

NOTE

activated와 deactivated

[표 7-1]에 있지만 [그림 7-5]에 없는 훅은 errorCaptured, activated, deactivated 서 가지입니다. 이 중 errorCaptured에 대해서는 [표 7-1]에서 설명하고 있으며 나머지 activated와 deactivated는 9.4.4절에서 소개하겠습니다.

7.3 script setup의 진짜 모습

지금까지 스크립트 블록에서 사용할 수 있는 다양한 Vue 기능(API)을 소개했습니다. 이 절에서는 스크립트 블록 자체에 대해 조금 더 자세히 살펴보겠습니다.

7.3.1 defineComponent와 setup

지금까지 예제 스크립트 블록에서는 모든 script 태그에 setup 속성이 작성되어 있었습니다. setup 속성의 정체를 여기서 밝히려고 합니다. 7.1.1절에서 생성한 change-cocktail 프로젝트를 setup 속성이 없는 단순한 script 태그로 작성하면 [코드 7-8]과 같습니다. [코드 7-1]과 같은 부분은 생략했습니다. change-cocktail2 프로젝트를 생성하고 src/App.vue를 [코드 7-8]의 내용으로 다시 작성하면 change-cocktail 프로젝트와 동일하게 동작하는 것을 확인할 수 있을 것입니다.

코드 7-8 change-cocktail2/src/App.vue

```
<script lang="ts">
import { defineComponent, ref, computed } from "vue";

export default defineComponent({ ―――――――――――― ❶
    name: "App", ―――――――――――――――――――――― ❷
    setup() { ――――――――――――――――――――――― ❸
        // 칵테일 리스트
        const cocktailDataListInit = new Map<number, Cocktail>(); ―┐
        ~생략([코드 7-1]과 같음)~                                      │
        const cocktailNo = ref(1);                                    │
        const priceMsg = computed(                                    │
        ~생략([코드 7-1]과 같음)~                                      ├― ❹
        );                                                            │
        setInterval(                                                  │
        ~생략([코드 7-1]과 같음)~                                      │
        ); ―――――――――――――――――――――――――――――――――――――┘
```

```
        return {
            cocktailNo,
            priceMsg
        };                                                    ❺
    }
});

interface Cocktail {
    ~생략([코드 7-1]과 같음)~
</script>

<template>
    ~생략([코드 7-1]과 같음)~
</template>
```

코드의 양이 상당히 다르다는 것을 알 수 있습니다. 사실 역사적으로 script setup 태그가 등장한 것은 Vue 본체 버전 3.2 이후이며 그 이전에는 [코드 7-8]과 같은 코딩이 필요했습니다.

여기서 중요한 부분은 defineComponent() 함수의 실행 결과를 export하는 부분입니다(코드 7-8의 ❶). 함수 이름에서 알 수 있듯이 defineComponent()는 컴포넌트의 처리 내용을 정의합니다. 인자에는 컴포넌트의 처리 내용을 나타내는 객체를 전달합니다.

이 객체를 정의하는 방법은 크게 두 가지가 있으며 각각 Options API, Composition API라는 이름이 붙어 있습니다. [코드 7-8]을 포함한 지금까지의 예제는 모두 Composition API를 이용한 것입니다. Options API에 대해서는 다음 절에서 다루겠습니다.

다음으로 defineComponent()의 인자로 지정하는 객체를 작성하는 방법에 대해 자세히 알아보겠습니다. [코드 7-8]에서는 ❷에서 name 속성을 정의하고 있습니다. 이것이 컴포넌트명입니다. 그리고 지금까지 스크립트 블록에 작성했던 코드는 ❸과 같이 setup() 함수를 사용하여 그 안에 작성한다고 생각하면 문제없습니다.

하지만 제대로 동작하려면 한 가지 더, setup() 함수의 반환값으로 템플릿 변수로 사용할 것들을 반환해야 합니다. [코드 7-8]의 ❺가 이에 해당합니다. 여기서는 ref()에 의한 반응형 변수 cocktailNo와 계산형 속성 priceMsg를 반환하여 템플릿 블록에서 사용할 수 있게 합니다. 메서드에 대해서도 마찬가지로 반환해야 합니다.

이처럼 Composition API를 이용한 스크립트 블록에서는 기존에는 'defineComponent()

와 setup()을 작성하고 템플릿 변수를 setup()의 반환값으로 설정한다'는 정형화된 코드를 작성해야 했습니다. 이를 간결하게 작성할 수 있도록 한 것이 setup 속성입니다. 이 구조로 인해 상당히 깔끔한 코드를 작성할 수 있게 되었습니다.

7.3.2 setup과 reactive, toRefs

다음으로 앞 절의 setup() 함수와 함께 사용할 수 있는 toRefs()라는 함수에 대해 간단히 알아보겠습니다. 3.3.2절에서 소개한 것처럼 Vue에는 객체를 모아 반응형 데이터로 변환해주는 reactive() 함수가 있습니다. reactive() 함수를 setup() 함수 내에서 사용할 경우 반응형 변수로 반환할 때 데이터를 분리하여 템플릿 블록에서 사용할 수 있도록 하는 구조가 있습니다. 예를 들어 3.3.2절에서 생성한 reactive-function의 App.vue를 setup() 함수를 이용하는 코드로 만들면 [코드 7-9]와 같습니다.

코드 7-9 reactive-function/src/App.vue

```
<script lang="ts">
import { defineComponent, reactive, computed } from "vue";

export default defineComponent({
    name: "App",
    setup() {
        // 반응형 템플릿 변수를 정리하여 준비
        const data = reactive({
            PI: 3.14,
            radius: Math.round(Math.random() * 10)
        });                                                    ❶
        // 원의 면적 계산형 속성
        const area = computed(
            (): number => {
                return data.radius * data.radius * data.PI;
            }
        );
        // 반지름 템플릿 변수에 새로운 무작위값을 1초 간격으로 저장
        setInterval(
            (): void => {
                data.radius = Math.round(Math.random() * 10);
            },
            1000
```

```
        );
        // 템플릿 변수 반환
        return {
            data,  ─────────────────────── ❷
            area
        }
    }
});
</script>

<template>
    <p>반지름이 {{ data.radius }}이고 원주율이 {{ data.PI }}인 원의 면적은 {{ area }}
    입니다.</p>  ─────────────────────── ❸
</template>
```

3.3.2절에서 설명한 것처럼 [코드 7-9]의 ❶과 같이 reactive() 함수를 사용하면 데이터를 객체에 모아 반응형 변수로 만들 수 있습니다. 단 setup() 함수를 이용하는 경우 마찬가지로 반응형 변수 data를 템플릿 블록에서 이용하려면 setup() 함수의 반환값으로 반환해주어야 합니다. ❷와 같이 반환하면 ❸과 같이 data.radius나 data.PI 형태로 사용할 수 있습니다.

그러나 이러한 data.radius나 data.PI 값을 템플릿 블록에서 단순히 radius나 PI라는 변수명으로 작성할 수 있게 하는 방법도 있습니다. 예를 들어 살펴보겠습니다. reactive-function2 프로젝트를 생성하고 src/App.vue를 [코드 7-10]과 같이 다시 작성해봅시다. reactive-function 프로젝트와 유사하게 동작하는 것을 확인할 수 있습니다.

코드 7-10 reactive-function2/src/App.vue

```
<script lang="ts">
import { defineComponent, reactive, computed, toRefs } from "vue";

export default defineComponent({
    name: "App",
    setup() {
        const data = reactive({
            PI: 3.14,
            radius: Math.round(Math.random() * 10)
        });
        const area = computed(
            (): number => {
                return data.radius * data.radius * data.PI;
```

```
            }
        );
        setInterval(
            (): void => {
                data.radius = Math.round(Math.random() * 10);
            },
            1000
        );
        return {
            ...toRefs(data),
            area
        }
    }
});
</script>

<template>
    <p>반지름이 {{ radius }}이고 원주율이 {{ PI }}인 원의 면적은 {{ area }}입니다.</p>
</template>
```

setup() 함수의 반환값을 반환할 때 스프레드 연산자(...)와 toRefs() 함수를 결합하여 reactive()에서 준비한 반응형 템플릿 변수 객체를 전개하여 반환합니다. 그 결과 템플릿 블록에서 굵게 표시된 부분처럼 속성명마다 별도의 변수로 사용할 수 있게 됩니다.

다만 이 방법은 setup() 함수를 이용한 기존 작성 방식에 대해서만 유효합니다. 현재 주로 쓰이는 스크립트 블록에 setup 속성을 부여하는 방식에서는 이 방법을 활용하기 어려운 측면이 있습니다. 여기서는 웹 등의 정보를 참고할 때 헷갈리지 않도록 하나의 작성 방법으로 소개했습니다.

7.4 Options API

스크립트 블록의 변형을 소개해 온 이번 장도 이제 마지막 절입니다. 이 절에서는 앞서 간략하게 소개한 Options API에 관해 설명합니다.

7.4.1 Options API란?

이번에 소개할 Options API는 이제까지 소개한 스크립트 블록의 변형과는 성격이 다릅니다. Options API에서는 setup 속성은 물론 setup()함수도 사용하지 않고 전혀 다른 방식으로 작성합니다.

사실 Vue의 역사를 살펴보면 Options API가 더 전통적인 방식입니다. 지금까지 사용해 온 setup 속성과 근원이 되는 setup() 함수를 이용하는 Composition API는 Vue 버전 3 개발 단계에서 Options API의 단점을 개선하기 위해 탄생한 작성 방식입니다. Vue 3 정식 출시에 앞서 별도의 라이브러리로 공개되었기 때문에 당시에는 Vue 버전 2에 라이브러리를 추가하는 형태로 이용되었습니다.

7.4.2 Options API의 기본 구문

어떤 점이 어떻게 개선되었는지는 나중에 설명하기로 하고 먼저 Options API를 작성하는 방법을 예제를 만들면서 살펴보겠습니다. 여기서는 [코드 7-5]에서 라이프사이클 훅 코드를 제외한 나머지 부분을 Options API로 변경하여 작성합니다.

optionsapi 프로젝트를 생성하고 src/App.vue를 [코드 7-11]의 내용으로 작성합니다. 템플릿 블록은 [코드 7-5]와 동일하므로 생략했습니다. 실행 결과는 [코드 7-5]와 같습니다.

코드 7-11 optionsapi/src/App.vue

```
<script lang="ts">
import { defineComponent } from "vue";

export default defineComponent({
    name: "App",
    data() {
        return {
            height: Math.round(Math.random() * 10),
            width: Math.round(Math.random() * 10)
        }
    },
    computed: {
        area(): number {
            return this.height * this.width;
        }
    },
    methods: {
        change(): void {
            this.height = Math.round(Math.random() * 10);
            this.width = Math.round(Math.random() * 10);
        }
    }
});
</script>

<template>
    ~생략([코드 7-5]와 같음)~
</template>
```

(❶ data, ❷ computed, ❸ methods)

[코드 7-11]과 같이 Options API는 defineComponent()의 인자 객체에 각 속성을 열거하는 형식을 취합니다. ❶에서는 지금까지 템플릿 변수로 작성해왔던 반응형 변수를 준비했습니다. 이를 데이터 속성이라고 합니다. ❷에서는 계산형 속성을, ❸에서는 메서드를 정의하고 있습니다. 여기에 컴포넌트명을 더해 구문으로 정리하면 다음과 같습니다.

Options API의 기본 구문

```
export default defineComponent({
    name: "컴포넌트명",
    data() {
        return {
            데이터 속성명:
              ⋮
        }
    },
    computed: {
        계산형 속성명(): 데이터 타입 {
            계산 처리
        },
          ⋮
    },
    methods: {
        메서드명(): void {
            처리
        },
          ⋮
    }
});
```

[코드 7-11]에서는 계산형 속성과 메서드가 하나만 있지만 구문과 같이 쉼표로 구분하여 여러 개를 정의할 수 있습니다.

Options API를 이용할 때 한 가지 주의할 점이 있습니다. 계산형 속성 및 메서드 내 데이터 속성에 접근하는 방법입니다. [코드 7-11]의 ❷와 ❸을 보면 알 수 있듯이 다음과 같이 작성합니다.

```
this.속성명
```

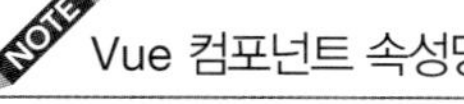

Vue 컴포넌트 속성명

위 구문을 보면 알 수 있듯이 데이터 속성, 계산형 속성(computed 속성), 메서드라는 명칭은 이것들이 Options API의 defineComponent()의 인자로 지정하는 객체의 속성이기 때문에 붙여진 이름입니다.

7.4.3 Options API의 라이프사이클 훅

Options API의 기본 구문을 소개했으니 이제 앞에서 소개한 감시자와 라이프사이클 훅을 Options API로 작성하는 방법을 소개합니다.

먼저 라이프사이클 훅을 소개합니다. 예를 들어 [코드 7-5]에 있는 updated 훅을 Options API로 [코드 7-11]에 추가하면 다음과 같은 코드가 됩니다.

```
export default defineComponent({
    ⋮
    updated(): void {
        console.log(`updated called: ${this.height} * ${this.width}`);
    }
});
```

단순히 라이프사이클 훅명의 함수를 정의하고 그 안에 처리를 작성하면 됩니다. Composition API(setup 스크립트 블록이나 setup() 함수 내)에서 작성할 때와 달리 라이프사이클 훅명에 on을 붙일 필요는 없습니다.

7.4.4 Options API의 감시자

다음은 감시자입니다. 예를 들어 [코드 7-4]의 watch를 설정하는 코드는 Options API에서 다음과 같습니다.

```
export default defineComponent({
    data() {
        return {
            cocktailNo: 0,
            priceMsg: ""
        }
    },
    watch: {  ❶
        cocktailNo(newVal: number, oldVal: number): void {  ❷
            ⋮
        }
    }
});
```

❶과 같이 watch 속성을 설정하고 ❷와 같이 함수 이름으로 모니터링할 데이터 속성을 지정하는 것이 포인트입니다. 인자나 함수 처리는 기존과 동일하게 작성합니다. 단 함수 내에서 데이터 속성에 접근하는 경우 계산형 속성이나 메서드와 마찬가지로 다음과 같이 작성해야 한다는 점에 유의해야 합니다.

```
this.속성명
```

Options API의 감시자를 구문으로 정리하면 다음과 같습니다. 7.1.4절에서 설명한 즉시 실행 옵션인 {immediate: true}를 포함한 구문으로 작성되어 있지만 최초 실행이 필요 없는 경우에는 생략할 수 있습니다.

Options API의 감시자

```
export default defineComponent({
    ⋮
    watch: {
        감시 대상 데이터 속성명(newVal: 데이터 타입, oldVal: 데이터 타입): void {
        ⋮
        },
    {immediate: true}
    }
});
```

Options API에는 watchEffect()가 없다

Composition API(setup 스크립트 블록이나 setup() 함수 내)에서 감시자를 정의하는 함수는 watchEffect()와 watch() 두 가지가 있었습니다. 하지만 Options API에는 watch()만 있으며 watchEffect()는 존재하지 않습니다.

7.4.5 Composition API의 장점

앞서 Options API의 문제점을 해결하기 위해 Composition API가 만들어졌다고 설명했는데 어떤 부분이 문제가 되었는지 간단히 소개하겠습니다.

먼저 this 문제가 있습니다. 앞서 언급했듯이 Options API에서 데이터 속성, 즉 반응형 변수를 스크립트 블록에서 활용하고자 할 때는 'this.속성명'으로 작성합니다. 예를 들어 7.1.5절의 watch–oldnew를 Options API로 작성하려고 하면 문제가 발생합니다. 쉽게 설명하기 위해 [코드 7–4]의 cocktailNo 코드 부분만 Options API로 다시 작성하면 다음과 같은 코드가 되지만 제대로 작동하지 않습니다.

```
export default defineComponent({
    data() {
        return {
            cocktailNo: 1,  ——— ❶
            priceMsg: ""
        }
    },
    watch: {
        cocktailNo(newVal: number, oldVal: number): void {
            :
        }
    },
    created(): void {
        () => {
            setInterval(  ——┐
                (): void => {                                        │
                    this.cocktailNo = Math.round(Math.random() * 3) + 1;  ——— ❸  ├── ❷
                },                                                   │
                1000                                                 │
            );  ——┘
        }
    }
});
```

watch–oldnew에서 다시 작성하는 포인트는 ❷와 ❸ 부분입니다.

먼저 ❷ 부분을 살펴보겠습니다. 7.2.3절에서 설명한 것처럼 setup 스크립트 블록은 라이프사이클 ②의 애플리케이션 초기화 과정에서 실행되므로 ❷와 같은 초기화 과정에 해당하는 코드는 크게 의식하지 않고 setup 스크립트 블록 내에 작성할 수 있었습니다.

하지만 Options API에서는 라이프사이클 훅의 beforeCreate 또는 created에 작성해야 합니다. 초기화 처리 중 데이터 속성에 접근해야 하는 것은 created에 작성합니다. 왜냐하면 beforeCreate에서는 Vue 애플리케이션의 초기화 처리가 이루어지지 않아 데이터 속성이 존재하지 않는 상태이기 때문입니다. 이처럼 초기화 처리 하나만 하더라도 고려해야 할 사항이 많아집니다.

또한 앞의 코드는 그대로 두면 에러가 발생하여 제대로 동작하지 않습니다. 원인은 ❸ 부분입니다. Composition API에서는 반응형 변수가 setup 스크립트 블록 또는 setup() 내의 변수로 존재하기 때문에 그대로 변수명으로 접근할 수 있습니다(그림 7-6).

Composition API

```
<script setup lang="ts">
    ⋮
const cocktailNo = ref(1);
    ⋮
setInterval(
    ():void => {
        cocktailNo.value = Math.round(Math.random() * 3) + 1;
    },
    1000
);
    ⋮
</script>
```

같은 블록(함수) 내에 있어
접근이 직관적

그림 7-6 Composition API에서는 반응형 변수에 대한 직관적인 접근이 가능

반면 Options API에서는 데이터 속성이 defineComponent() 인자 객체의 data() 속성 형태로 정리되어 있기 때문에 create() 속성, computed 속성, methods 손성 등 다른 속성에서 접근하려면 일단 this를 거쳐야 합니다(그림 7-7).

Options API

```
export default defineComponent({
    data() {
        return {
            cocktailNo: 1,
            priceMsg: ""
        }
    },
    created(): void {
        () => {
            setInterval(
                (): void => {
                    this.cocktailNo = Math.round(Math.random() * 3) + 1;
                },
                1000
            );
        }
    }
});
```

다른 속성이므로
this를 이용해서 접근

그림 7-7 Options API에서는 this를 통해 접근

그런데 ❸과 같이 함수 내 함수에서 this를 사용하면 this는 함수 자체를 나타내게 되어 ❶의 데이터 속성을 참조할 수 없게 됩니다. 이것이 에러의 원인입니다.

또한 Composition API에 비해 각 속성이 개별적으로 나열되어 있어 this.cocktailNo가 무엇을 가리키는지 파악하기 어렵습니다. 이렇게 코드가 산재한 것이 Options API의 가장 큰 문제입니다. 앞의 예시처럼 짧은 코드라면 큰 문제가 되지 않지만 실제로 운영하는 애플리케이션처럼 코드 양이 많아지면 코드의 가독성도 나빠지고 재사용성도 떨어지게 됩니다. 이를 개선하기 위해 고안된 것이 Composition API, 그리고 작성을 간소화할 수 있는 setup 속성입니다.

8장

기본 편

컴포넌트 간 연계

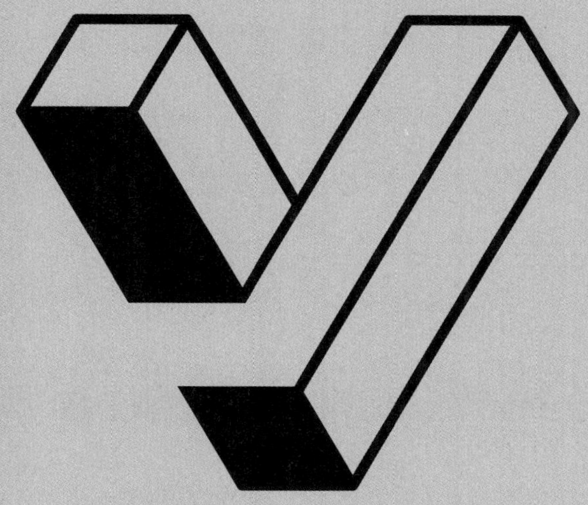

4장~6장에서는 디렉티브를 이용한 템플릿 블록, 7장에서는 스크립트 블록을 작성하는 방법을 설명했습니다. 이로써 컴포넌트 작성 방법을 어느 정도 익혔다고 할 수 있습니다. 8장에서는 지금까지 모두 App.vue에 작성했던 컴포넌트 내용을 다른 컴포넌트로 분할하기 위해 컴포넌트를 추가하는 방법, 컴포넌트에서 다른 컴포넌트를 이용하는 방법, 여러 컴포넌트를 연동하는 방법에 대해 알아봅니다.

8.1 자식 컴포넌트 사용

컴포넌트가 무엇인지는 3.1.1절에서 설명했지만 복습을 겸해 새로운 예제를 만들어 컴포넌트에 대해 자세히 살펴보겠습니다.

8.1.1 다시 한번, 컴포넌트란?

다음은 앞으로 만들 예제 화면입니다.

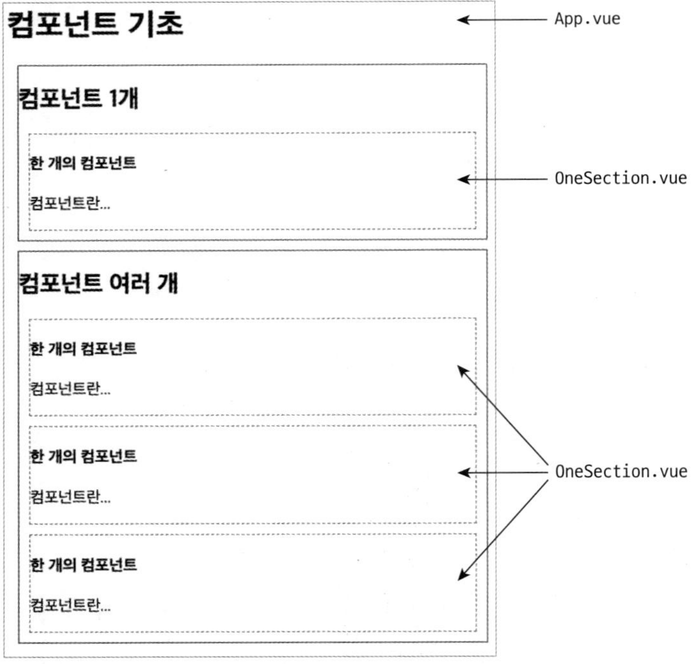

그림 8-1 앞으로 작성할 예제의 표시 결과

이 화면에서 [그림 8-2] 부분은 반복적으로 등장합니다.

한개의 컴포넌트

컴포넌트란...

그림 8-2 반복적으로 [그림 **8-1**]에 등장하는 부분

보통 웹 화면에는 이렇게 반복적으로 등장하는 부분이 많기 때문에 이를 하나의 컴포넌트로 만들어 여러 번 재사용한다면 구현의 번거로움을 줄일 수 있습니다. 또한 HTML+CSS라는 외형적인 부분뿐만 아니라 여기에 동작, 즉 스크립트 부분이 추가된다면 재사용 가치가 더욱 높아집니다. 이렇게 HTML, CSS, 스크립트를 한 세트로 재사용할 수 있게 만든 것이 컴포넌트입니다.

Vue에서는 지금까지 다뤄온 것처럼 이러한 HTML+CSS+스크립트 세트를 .vue 확장자를 가진 하나의 파일로 묶어서 작성할 수 있습니다. 이를 SFC[Single File Component](단일 파일 컴포넌트)라고 합니다. 지금까지 작성한 App.vue도 단일 파일 컴포넌트 중 하나이며 3.4절에서 설명한 것처럼 Vue 프로젝트에서는 App.vue가 모든 화면 표시(처리)의 시작점이 됩니다.

8.1.2 컴포넌트 제작 방법

그렇다면 [그림 8-1]과 같이 App.vue에서 화면의 구성 요소가 되는 다른 컴포넌트를 불러와서 사용하려면 어떻게 해야 할까요? 먼저 사용할 대상 컴포넌트, 즉 자식 컴포넌트를 만들어야 합니다. 앞에서 설명한 것처럼 Vue 프로젝트에서 하나의 컴포넌트는 하나의 .vue 파일로 구성됩니다.

예제에서는 App.vue에서 사용하는 컴포넌트를 OneSection.vue로 설정했습니다(그림 8-2). 우선 여기서부터 작성해봅시다. components-basics 프로젝트를 생성하고 src/components 폴더에 OneSection.vue를 생성하여 [코드 8-1]의 내용으로 작성합니다. 참고로 예제에서는 컴포넌트의 경계를 알기 쉽게 ❶의 스타일 블록을 작성하고 CSS로 border와 margin을 설정합니다.

코드 8-1 components-basics/src/components/OneSection.vue

```
<template>
    <section class="box">
        <h4>한 개의 컴포넌트</h4>
        <p>
            컴포넌트란...
        </p>
    </section>
</template>

<style> ―――――――――――――――――――――――――――――――――
.box {
    border: green 1px dashed;
    margin: 10px;                                         ❶
}
</style> ――――――――――――――――――――――――――――――――
```

Vue 프로젝트에서는 App.vue 이외의 단일 파일 컴포넌트(.vue 파일)는 src/components 폴더에 생성하게 되어 있습니다. 그리고 .vue 파일을 만들면 그것만으로도 하나의 컴포넌트가 됩니다. 컴포넌트 내에는 스크립트 블록, 템플릿 블록, 스타일 블록 중 필요한 것만 작성합니다. 실제로 OneSection 컴포넌트는 처리하는 것은 없고 표시만 하는 컴포넌트이기 때문에 [코드 8-1]과 같이 스크립트 블록이 없습니다.

8.1.3 자식 컴포넌트 사용 방법

이제 앞에서 만든 OneSection 컴포넌트를 이용하는 App.vue를 만들어봅시다. components-basics 프로젝트를 생성할 때 생성된 src/App.vue를 [코드 8-2]의 내용으로 작성합니다. 또한 [코드 8-1]과 마찬가지로 컴포넌트의 경계를 쉽게 알 수 있도록 스타일 블록에 section 태그 선택자를 작성하고 border와 margin을 설정했습니다.

코드 8-2 components-basics/src/App.vue

```
<script setup lang="ts">
import OneSection from "./components/OneSection.vue"; ―――――――――― ❶
</script>
```

```
<template>
    <h1>컴포넌트 기초</h1>
    <section>
        <h2>컴포넌트 1개</h2>
        <OneSection />  ——— ❷
    </section>
    <section>
        <h2>컴포넌트 여러 개</h2>
        <OneSection />  ┐
        <OneSection />  ├── ❸
        <OneSection />  ┘
    </section>
</template>

<style>
section {
    border: blue 1px solid;
    margin: 10px;
}
</style>
```

여기까지 작성했으면 프로젝트를 실행하고 표시 결과를 확인해봅시다. [그림 8-2]와 같은 화면이 표시됩니다. 한 컴포넌트에서 다른 컴포넌트, 즉 자식 컴포넌트를 이용하는 절차는 다음과 같습니다.

1. 자식 컴포넌트의 .vue 파일 가져오기

[코드 8-2]의 ❶에 해당합니다. .js 파일이나 .ts 파일로 모듈을 임포트할 경우 일반적으로 확장자를 기재하지 않게 되어 있지만 .vue 파일의 경우 확장자가 필요하다는 점에 주의하기 바랍니다.

2. 템플릿 블록에 태그 작성하기

[코드 8-2]의 ❷와 ❸에 해당합니다. 1단계에서 임포트할 때 가져온 이름과 동일한 이름의 태그를 작성하면 태그 위치에 해당 컴포넌트의 내용이 자동으로 렌더링됩니다(그림 8-3).

```
<template>
    <h1>컴포넌트 기초</h1>
    <section>
        <h2>컴포넌트 1개</h2>
        <OneSection />
    </section>
    ...
</template>
```

```
<template>
    <section class="box">
        <h4>한 개의 컴포넌트</h4>
        <p>
            컴포넌트란...
        </p>
    </section>
</template>
```

그림 8-3 컴포넌트와 같은 이름의 태그 위치에 해당 내용이 렌더링되는 모습

그 결과 [코드 8-2]에서 ❷의 렌더링 결과는 다음과 같습니다.

```
<section>
    <h2>컴포넌트 1개</h2>
    <section class="box">
        <h4>한 개의 컴포넌트</h4>
        <p>컴포넌트란?</p>
    </section>
</section>
```

이러한 구조는 [코드 8-2]의 ❸과 같이 컴포넌트 태그를 여러 개 작성해도 마찬가지로 동작합니다(그림 8-4).

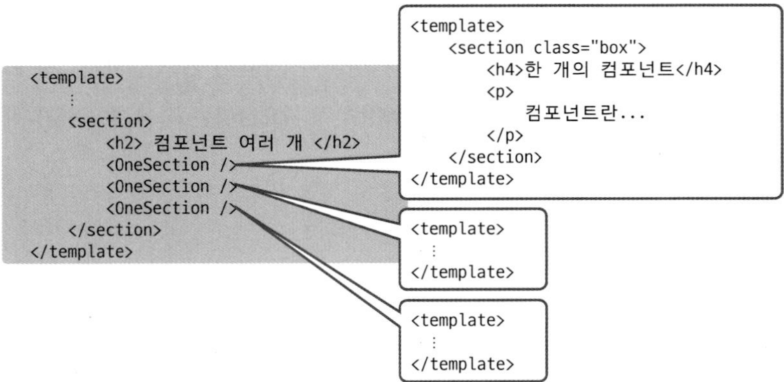

그림 8-4 컴포넌트 태그를 여러 개 작성했을 때 렌더링 결과

NOTE Vue Devtools에서 컴포넌트 확인

이 절에서 작성한 components-basics의 실행 결과를 Vue Devtools에서 확인하면 다음 그림과 같습니다.

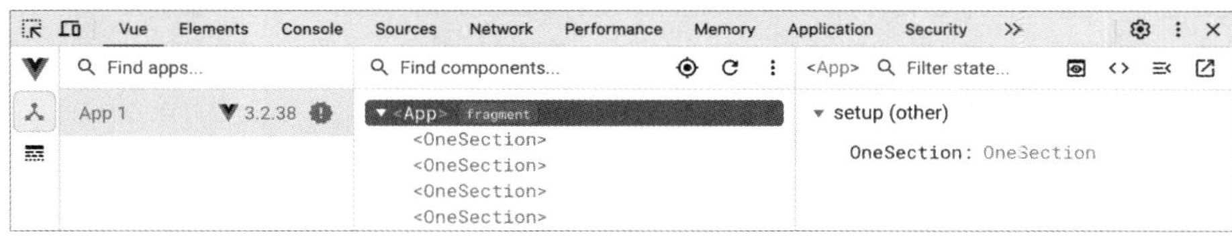

그림 8-n1 Vue Devtools에서 여러 컴포넌트도 확인할 수 있다.

〈App〉 컴포넌트 아래에 〈OneSection〉 네 개의 컴포넌트가 배치된 것을 확인할 수 있습니다. 해당 컴포넌트에 마우스를 올리면 [그림 8-n2]와 같이 표시 위치의 색상이 바뀌게 되어 있습니다. 컴포넌트가 여러 개일 때 유용하게 사용할 수 있습니다.

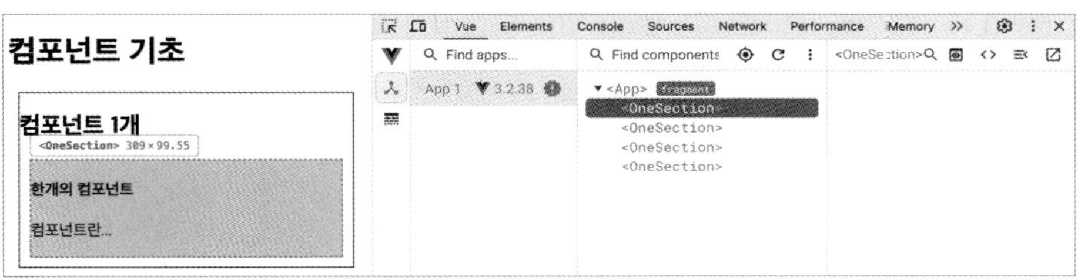

그림 8-n2 Vue Devtools에서 컴포넌트 표시 위치도 확인할 수 있다.

8.2 컴포넌트 독립성과 CSS 처리

이제 컴포넌트 제작과 사용법에 대한 기초를 익혔으니 다음 이야기를 이어가겠습니다.

8.2.1 처리가 포함된 컴포넌트 임베딩

앞 절의 내용에서는 단순히 태그를 복사하여 붙여 넣기만 하면 끝났기 때문에 자식 컴포넌트를 사용하는 장점을 느끼지 못했습니다. 하지만 컴포넌트에는 템플릿 블록에 의한 태그 렌더링뿐만 아니라 스크립트 블록에 의한 처리도 포함될 수 있습니다. 이러한 처리는 컴포넌트마다 독립적으로 수행됩니다. 여기서는 이를 체감할 수 있는 예제를 만들어보겠습니다.

components-vmodel 프로젝트를 생성하고 src/components 폴더 내에 WithModel.vue를 생성하고 [코드 8-3]의 내용으로 작성합니다.

코드 8-3 components-vmodel/src/components/WithModel.vue

```
<script setup lang="ts">
import { ref } from "vue";

const name = ref("이름 없음");  ❶
</script>

<template>
    <section>
        <p>{{ name }} 님이네요!</p>  ❷
        <input type="text" v-model="name">  ❸
    </section>
</template>

<style scoped>  ❹
section {
```

```
    border: orange 1px dashed;  ❺
    margin: 10px;
}
</style>
```

그런 다음 src/App.vue를 [코드 8-4]의 내용으로 다시 작성합니다.

코드 8-4 components-vmodel/src/App.vue

```
<script setup lang="ts">
import WithModel from "./components/WithModel.vue";
</script>

<template>
    <h1>컴포넌트의 독립성</h1>
    <section>
        <h2>v-model을 포함한 컴포넌트</h2>
        <WithModel />  ❶
        <WithModel />
    </section>
</template>

<style>
section {
    border: blue 1px solid;  ❷
    margin: 10px;
}
</style>
```

실행 결과는 [그림 8-5]와 같습니다. ①의 상태에서 '이름 없음'으로 기재된 입력란을 변경하면 ②와 같이 표시가 변경됩니다.

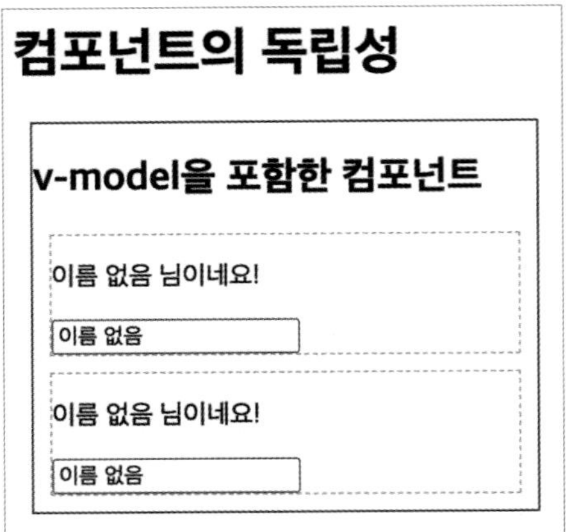

그림 8-5 두 개의 입력란이 나란히 배치된 컴포넌트

결과를 살펴보면 각 자식 컴포넌트 내부에서만 표시가 변경됩니다. 이것이 바로 컴포넌트 독립성입니다.

8.2.2 컴포넌트 내 처리는 컴포넌트 내에서 완료

구체적으로 살펴보겠습니다. 하위 컴포넌트에 해당하는 [코드 8-3]의 WithModel.vue에서는 ❷의 머스태시 구문과 ❸의 입력 컨트롤이 v-model 디렉티브와 ❶의 반응형 변수 name을 통해 연동되어 있습니다. 따라서 입력란의 내용을 변경하면 ❷의 p 태그 안에 머스태시 구문의 표시가 변경됩니다. 하위 컴포넌트인 WithModel.vue에서 보면 이러한 처리에 대해서는 이미 설명한 바 있으며 특별히 새로운 내용은 없습니다.

components-vmodel 프로젝트의 App.vue에서는 WithModel 컴포넌트를 두 개 내장하고 있습니다([코드 8-4]의 ❶). 결과적으로는 [그림 8-6]과 같이 한 화면에 표시되지만 처리와 관련해서는 하나의 WithModel 컴포넌트 내에서 완성된 별도의 프로세스로 동작합니다.

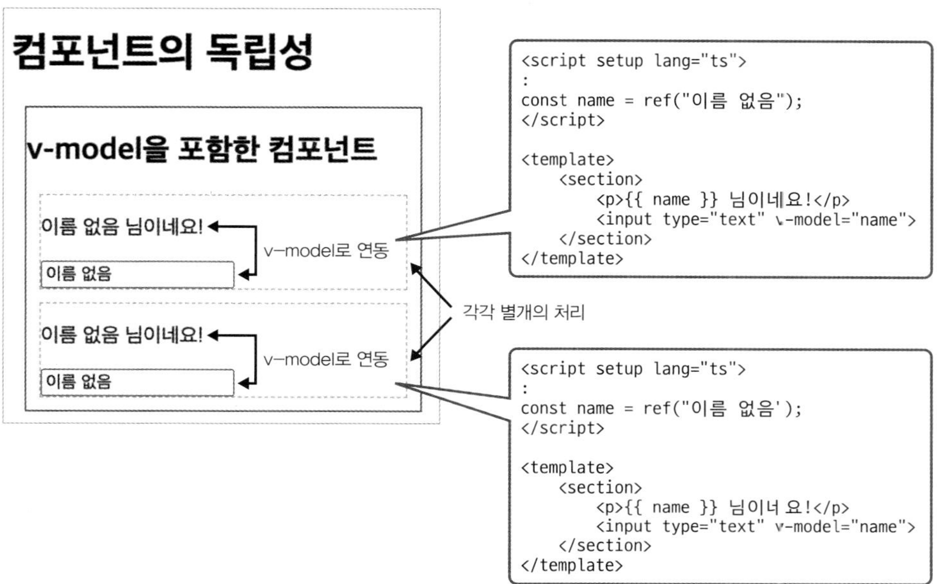

그림 8-6 컴포넌트 내의 처리는 각각 별도의 처리로 이루어진다.

8.2.3 스타일 블록을 독립적으로 만드는 scoped 속성

이처럼 각 컴포넌트는 독립적이지만 이는 처리와 관련된 부분만 해당합니다. 스타일 블록에 작성한 CSS는 컴포넌트별로 독립적이지 않고 다른 컴포넌트 스타일 블록의 영향을 받습니다. 이를 컴포넌트별로 독립시키기 위한 기술이 [코드 8-3]의 ❹ style 태그의 scoped 속성입니다.

scoped 속성의 작동 원리를 자세히 살펴보겠습니다. [그림 8-6]과 같이 'v-model을 포함한 컴포넌트'라고 표시된 section 태그의 테두리는 실선으로 표시되며 이에 해당하는 스타일 작성은 [코드 8-4]의 ❷와 같습니다. 한편 WithModel 컴포넌트의 section 터그의 테두리는 점선으로 되어 있으며 이에 해당하는 스타일 작성은 [코드 8-3]의 ❺입니다. 이것이 원래의 모습입니다. 이 상태에서 [코드 8-3]의 ❹ scoped 속성을 삭제하고 결과를 확인해봅시다. 그러면 [그림 8-7]과 같이 테두리가 모두 점선으로 바뀌어 버립니다.

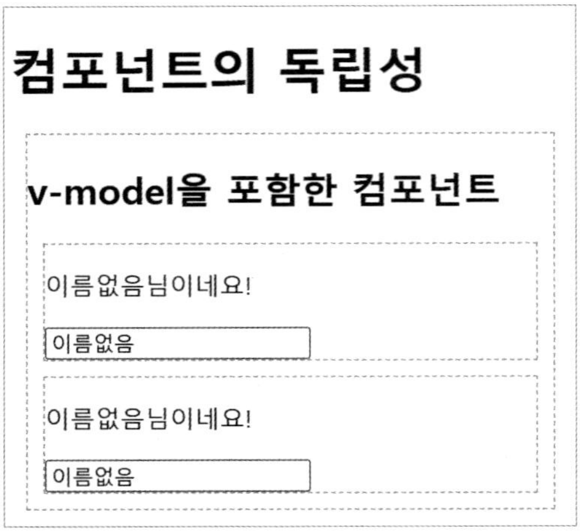

컴포넌트의 독립성

v-model을 포함한 컴포넌트

이름없음님이네요!

이름없음

이름없음님이네요!

이름없음

그림 8-7 [코드 8-3]의 ❹ scoped 속성을 삭제한 표시 결과

브라우저 개발자 도구의 Styles 탭을 확인하면 [그림 8-8]과 같은 모습을 볼 수 있습니다.

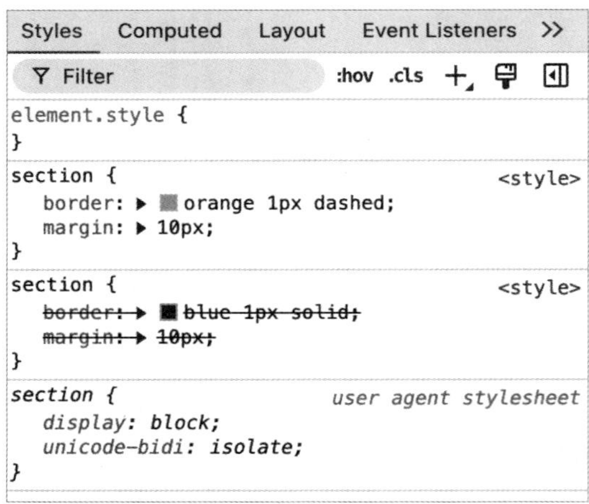

Styles Computed Layout Event Listeners >>
Filter :hov .cls
element.style {
}
section { <style>
border: orange 1px dashed;
margin: 10px;
}
section { <style>
border: blue 1px solid;
margin: 10px;
}
section { user agent stylesheet
display: block;
unicode-bidi: isolate;
}

그림 8-8 표시 화면 스타일 확인

[코드 8-4]의 section 태그 선택자와 [코드 8-3]의 section 태그 선택자가 모두 읽히고 나중에 읽힌 [코드 8-3]의 section 태그 선택자가 채택된 것을 알 수 있습니다. 그 결과 테두리 선이 모두 점선이 되어 버린 것입니다. 이러한 현상을 피하고자 style 태그에 scoped 속성을 사용하는데 이러한 구조를 Scoped CSS라고 합니다.

8.2.4 Scoped CSS의 메커니즘

그렇다면 Scoped CSS는 어떤 메커니즘으로 되어 있을까요? 다시 한번 scoped 속성을 작성한 후 components-vmodel 프로젝트의 렌더링 결과를 살펴보면 다음과 같습니다.

```
<section>
    <h2>v-model을 포함한 컴포넌트</h2>
    <section data-v-eee87bea="">  ─┐
        <p data-v-eee87bea="">이름 없음 님이네요!</p>  │
        <input type="text" data-v-eee87bea="">  ├─①
    </section>  ─┘
    <section data-v-eee87bea="">  ─┐
        <p data-v-eee87bea="">이름 없음 님이네요!</p>  │
        <input type="text" data-v-eee87bea="">  ├─②
    </section>  ─┘
</section>
```

①과 ②는 WithModel.vue의 렌더링 결과입니다. WithModel.vue에서 파생된 태그에는 모두 data-v-eee87bea라는 속성이 작성되어 있습니다. 한편 section 태그의 스타일을 확인해 보면 [그림 8-9]와 같습니다.

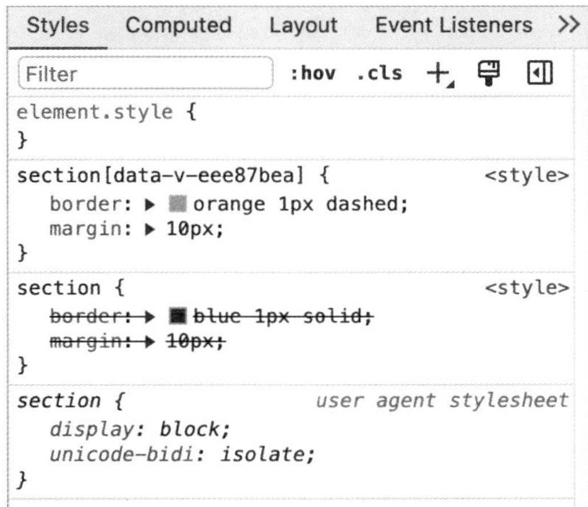
Styles
Computed
Layout
Event Listeners
Filter
:hov .cls
element.style {
}
section[data-v-eee87bea] {
<style>
border: ▶ orange 1px dashed;
margin: ▶ 10px;
}
section {
<style>
border: ▶ blue 1px solid;
margin: ▶ 10px;
}
section {
user agent stylesheet
display: block;
unicode-bidi: isolate;
}

그림 8-9 Scoped CSS 컴포넌트 스타일 확인

선택자가 단순한 섹션 태그 선택자가 아니라 다음과 같은 속성 선택자로 되어 있습니다.

```
section[data-v-eee87bea]
```

이는 렌더링 결과에서 WithModel.vue에서 파생된 태그에 부여된 속성과 일치하는 속성으로 범위를 좁힐 수 있습니다. 즉 Scoped CSS가 설정된 컴포넌트에서 유래한 태그에는 모두 data-v-####이라는 속성이 자동으로 부여되며 스타일 블록에 작성한 선택자에는 동일한 속성 선택자가 자동으로 부여되는 구조로 되어 있습니다. 이것이 바로 Scoped CSS의 메커니즘입니다.

이 내용을 바탕으로 전체 프로젝트 CSS 디자인에서는 다음과 같은 방법을 권장합니다.

- 전역적으로 적용하고 싶은 CSS 코딩은 App.vue의 스타일 블록에 작성한다.
- App.vue 이외의 컴포넌트 스타일 블록에는 원칙적으로 scoped 속성을 작성하여 Scoped CSS로 만든다.

NOTE

Vue Devtools에서 컴포넌트 내 데이터 확인하기

이 절에서 작성한 components-vmodel의 실행 결과 중 [그림 8-5]의 ② 상태를 VueDevtools에서 확인하면 다음 그림과 같습니다.

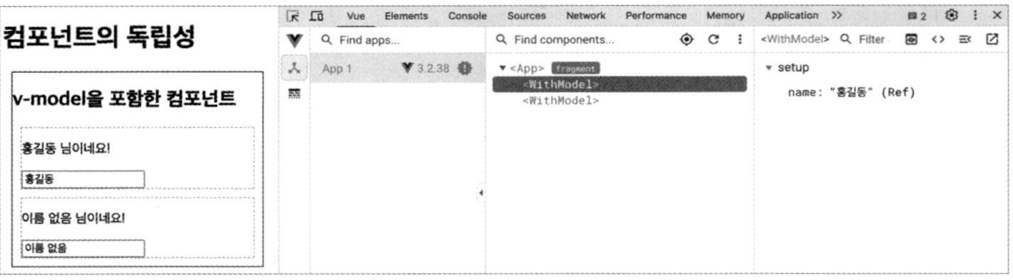

그림 8-n3 Vue Devtools에서 자식 컴포넌트 내 데이터도 확인할 수 있다.

첫 번째 〈WithModel〉 컴포넌트 내의 템플릿 변수 name이 '홍길동'으로 설정된 것을 확인할 수 있습니다. 한편 두 번째 〈WithModel〉 컴포넌트 내의 name은 '이름 없음'을 유지한 것을 확인할 수 있습니다(그림 8-n4).

그림 8-n4 Vue Devtools에서는 컴포넌트의 데이터 독립성도 확인할 수 있다.

8.3 부모에서 자식 컴포넌트로 통신

다시 한번 앞 절에서 설명한 컴포넌트의 독립성을 이야기해봅시다. 컴포넌트별로 처리가 독립적이라는 것은 부모와 자식의 관계도 독립적이라는 것을 의미합니다. 한편 컴포넌트 간 데이터 전달, 즉 컴포넌트 간에 통신이 필요할 수도 있습니다. 이 절에서는 컴포넌트 간 통신 중 부모 컴포넌트에서 자식 컴포넌트로의 통신을 소개합니다.

8.3.1 부모로부터 데이터를 받는 Props

부모 컴포넌트에서 자식 컴포넌트로의 통신, 즉 부모 컴포넌트의 데이터를 자식 컴포넌트에서 전달받는 구조를 Props(프롭스)라고 합니다.

어떤 구조인지 구체적인 사례를 살펴보겠습니다. components-props-basics 프로젝트를 생성하고 src/components 폴더에 OneInfo.vue를 생성하여 [코드 8-5]의 내용으로 작성합니다.

코드 8-5 components-props-basics/src/components/OneInfo.vue

```
<script setup lang="ts">
interface Props {                          ❶
    title: string;                         ❷
    content: string;
}
defineProps<Props>();                      ❸
</script>

<template>
    <section class="box">
        <h4>{{ title }}</h4>               ❹
        <p>{{ content }}</p>               ❺
    </section>
```

```
</template>

<style scoped>
.box {
    border: green 1px dashed;
    margin: 10px;
}
</style>
```

그런 다음 src/App.vue를 [코드 8-6]의 내용으로 작성합니다.

코드 8-6 components-props-basics/src/App.vue

```
<script setup lang="ts">
import OneInfo from "./components/OneInfo.vue";
</script>

<template>
    <h1>Props 기초</h1>
    <section>
        <h2>속성에 직접 기술</h2>
        <OneInfo                                                ❶
         title="Props의 이용"                                   ❷
         content="자식 컴포넌트에 데이터를 넘겨주는 Props를 이용" />   ❸
    </section>
</template>

<style>
section {
    border: blue 1px solid;
    margin: 10px;
}
</style>
```

실행 결과는 [그림 8-10]과 같습니다.

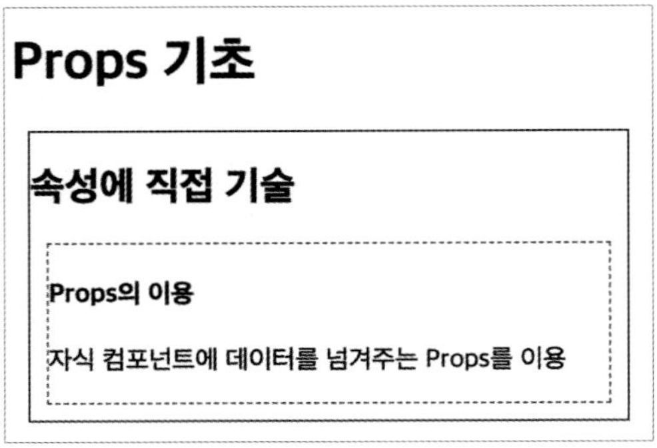

Props 기초

속성에 직접 기술

Props의 이용

자식 컴포넌트에 데이터를 넘겨주는 Props를 이용

그림 8-10 components-props-basics 프로젝트의 표시 결과

[코드 8-5]에서 ❶~❸이 Props 정의 부분입니다. Props를 정의하는 절차는 다음과 같습니다.

1. 개별 Prop을 멤버로 하는 인터페이스 정의하기

[코드 8-5]의 ❶과 ❷가 이에 해당합니다. ❶에서는 인터페이스명을 Props로 지정했지만 2단계에서 설명하듯이 이름은 무엇이든 상관없습니다. 단 특별한 사유가 없는 한 Props로 남겨두는 것이 좋습니다. 부모 컴포넌트로부터 받고자 하는 데이터(각 Prop)는 Props 인터페이스의 멤버로 정의합니다. 예제에서는 ❷에서 제목을 나타내는 title과 내용을 나타내는 content를 정의하고 있습니다. 각각의 데이터 타입은 문자열이므로 string입니다.

2. defineProps() 함수 실행하기

[코드 8-5]의 ❸이 이에 해당합니다. 1단계에서 정의한 인터페이스를 Props로 사용하기 위해 defineProps() 함수를 실행합니다. 이때 예제처럼 〈〉안에 해당 인터페이스를 작성한 제네릭 타입을 지정합니다. 이렇게 하면 지정한 인터페이스가 Props로 작동하게 됩니다. 따라서 인터페이스명은 무엇이든 상관없습니다. 이 내용을 구문으로 정리하면 다음과 같습니다.

Props 정의

```
interface Props {
    각 Prop명: 데이터 타입;
    ⋮
}
defineProps<Props>();
```

Props와 Prop에 대하여

Vue의 공식 문서에서는 Props를 props라고 표현하고 있습니다. 한편 인터페이스 등에서 정의하는 Props의 각 데이터에 대해서는 a prop과 같이 단수형으로 기술하고 있습니다. 대소문자 차이는 있지만 이 책에서도 이같이 기술하고 있습니다.

이렇게 정의해두면 부모 컴포넌트에서 전달된 데이터가 title, content에 각각 저장되어 그대로 템플릿 변수로 사용할 수 있습니다. 실제로 [코드 8-5]에서는 ❹에서 title, ❺에서 content를 머스태시 구문으로 표시하고 있습니다. 또한 Props가 타입스크립트의 인터페이스 형식으로 정의되어 있기 때문에 개별 Prop으로 정의되지 않은 데이터를 사용하려고 하면 [그림 8-11]과 같이 에러가 표시되므로 안전합니다.

```
    <section class="box">
        <h4>{{ title }}</h4>
        <p>{{ content }}</p>
        <p>{{ address }}</p>
```

```
ⓧ OneInfo.vue 문제 1개 중 1개
..' 형식에 'address' 속성이 없습니다. ts-plugin(2339)
```

그림 8-11 존재하지 않는 Prop을 사용하려고 할 때 발생하는 에러

이는 데이터 타입에 대해서도 마찬가지입니다. 예를 들어 [코드 8-5]의 ❷와 같이 string 타입으로 정의한 content를 숫자로 처리하려고 하면 [그림 8-12]와 같이 에러가 발생합니다. [그림 8-12]에서는 머스태시 구문 내에서 곱셈하고 있는데 이는 숫자가 아니면 불가능한 코드입니다.

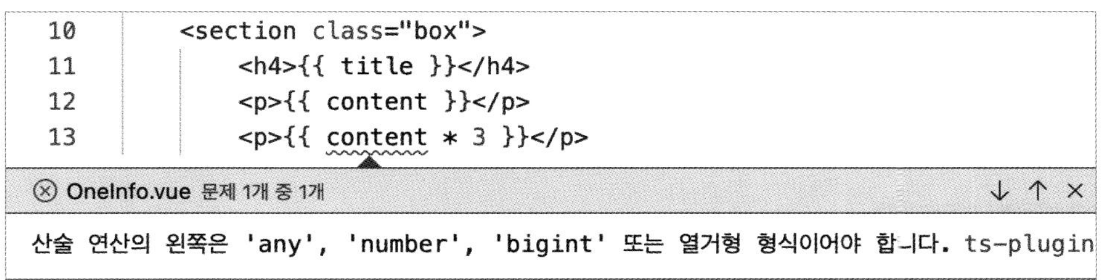
10 <section class="box">
11 <h4>{{ title }}</h4>
12 {{ content }}
13 {{ content * 3 }}
OneInfo.vue 문제 1개 중 1개
산술 연산의 왼쪽은 'any', 'number', 'bigint' 또는 열거형 형식이어야 합니다. ts-plugin

그림 8-12 string 타입의 Prop을 숫자로 사용하려고 할 때 발생하는 에러

8.3.2 부모로부터 Props에 데이터를 전달하는 방법

이렇게 Props가 정의된 컴포넌트에는 부모 컴포넌트 측에서 데이터를 전달해야 합니다. 이때 활용하는 것이 속성입니다. [코드 8-6]에서는 [코드 8-5]에서 생성한 OneInfo 컴포넌트를 사용하고 있습니다. 앞 절의 예제에서는 자식 컴포넌트를 표시하는 태그에 속성이 없었지만 [코드 8-6]에서 ❶의 OneInfo 태그에는 title(❷)과 content(❸)가 속성으로 작성되어 있습니다. 이때 속성명은 OneInfo 컴포넌트의 개별 Prop명과 일치합니다. 이를 통해 속성값이 자식 컴포넌트의 해당 Prop명의 템플릿 변숫값으로 저장됩니다(그림 8-13).

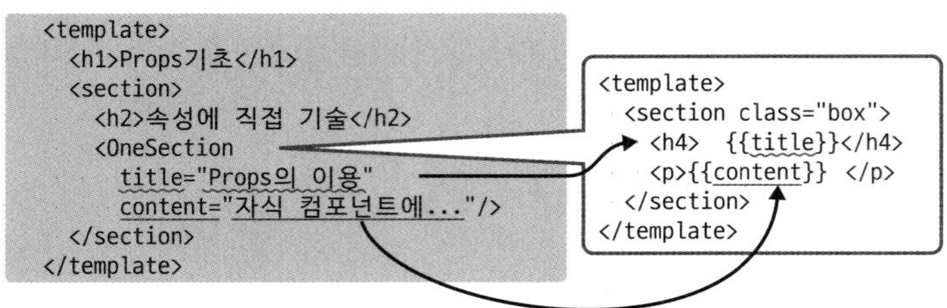

그림 8-13 속성값이 해당 개별 Prop명의 템플릿 변숫값으로 저장

렌더링 결과는 다음과 같습니다. 결과 ①과 ②를 보면 확실히 [코드 8-6]의 ❷와 ❸ 속성값이 렌더링된 것을 확인할 수 있습니다.

```
<section>
    <h2>속성에 직접 기술</h2>
    <section class="box" data-v-f5793d22="">
        <h4 data-v-f5793d22="">Props의 이용</h4>  ──────────①
        <p data-v-f5793d22="">자식 컴포넌트에 데이터를 넘겨주는 Props를 이용</p>  ──②
    </section>
</section>
```

마지막으로 부모 컴포넌트에서 자식 컴포넌트의 Props에 데이터를 전달하는 방법을 구문으로 정리합니다.

Props에 데이터 전달

```
<자식 컴포넌트명
    각 Prop명="이 Prop에 전달하는 값"
    ⋮
/>
```

8.3.3 부모 템플릿 변수를 Props에 전달하는 방법

components-props-basics 프로젝트에서 Props를 이용하여 전달한 데이터는 일부 고정 문자열뿐이었지만 전달할 데이터를 변수로 스크립트 블록에서 준비할 수도 있습니다.

구체적인 사례를 살펴보겠습니다. components-props-bind 프로젝트를 생성하고 components-props-bind를 사용하여 components-props-basics의 OneInfo.vue를 src/components 폴더에 파일 단위로 복사합니다. 그런 다음 [코드 8-7]의 굵게 표시된 부분을 변경합니다.

코드 8-7 components-props-bind/src/components/OneInfo.vue

```
<script setup lang="ts">
interface Props {
    title: string;
    content: number;  ❶
}
~ 생략 ~
```

다음으로 src/App.vue를 [코드 8-8]의 내용으로 작성합니다.

코드 8-8 components-props-bind/src/App.vue

```
<script setup lang="ts">
import { ref } from "vue";
import OneInfo from "./components/OneInfo.vue";

const propsTitle = ref("발생한 무작위값");  ❶
const rand = Math.round(Math.random() * 100);
const propsContent = ref(rand);  ❷
</script>

<template>
    <h1>Props 기초</h1>
    <section>
        <h2>템플릿 변수 이용</h2>
        <OneInfo
         v-bind:title="propsTitle"  ❸
         v-bind:content="propsContent" />  ❹
    </section>
</template>
```

실행 결과는 [그림 8-14]와 같습니다.

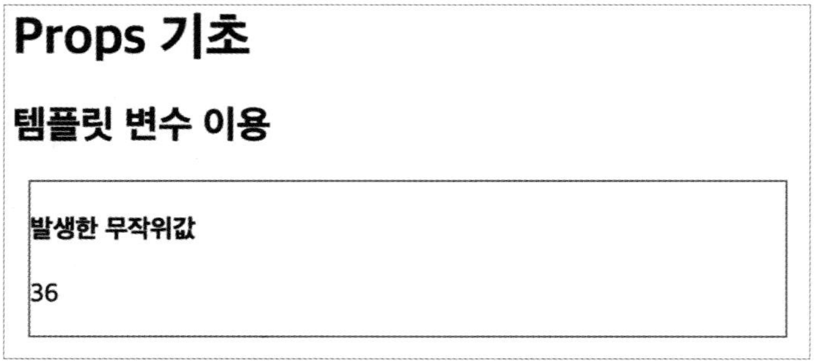

Props 기초

템플릿 변수 이용

발생한 무작위값

36

그림 8-14 Props의 데이터로 템플릿 변수 활용

[코드 8-6]의 OneInfo 컴포넌트를 사용하는 코드와 다른 점은 [코드 8-8]의 ❸과 ❹ 부분입니다. [코드 8-6]에서는 Prop명을 단순한 속성으로 작성했지만 스크립트 블록에서 준비한 템플릿 변수를 할당할 때는 v-bind 디렉티브를 사용합니다.

[코드 8-8]의 ❸에서는 v-bind:title에 ❶에서 준비한 템플릿 변수 propsTitle을 지정하고 있습니다. 그러면 ❶의 값이 자식 컴포넌트인 OneInfo의 Props인 title에 전달됩니다. 마찬가지로 ❹의 v-bind:content에 의해 ❷에서 준비한 템플릿 변수 propsContent의 값이 OneInfo의 Props인 content로 전달됩니다(그림 8-15).

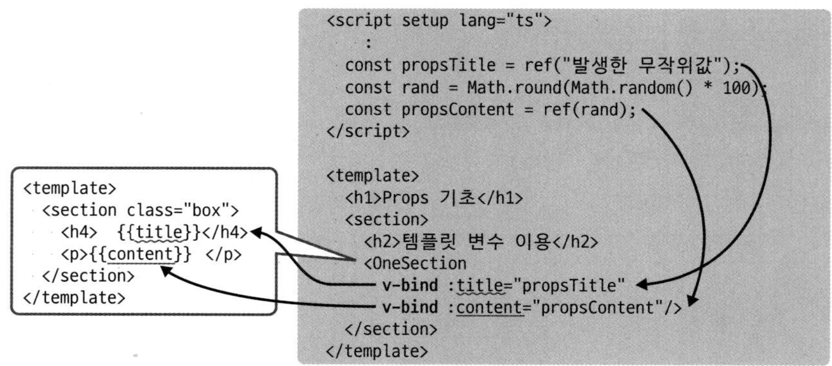

그림 8-15 템플릿 변수가 Props로 전달되는 과정

content의 데이터 타입

[코드 8-7]에서 ❶의 데이터 타입을 number로 변경한 것은 Prop에 할당하는 데이터가 [코드 8-8]에서 ❷의 숫자이기 때문입니다.

결과는 다음과 같이 렌더링됩니다.

```
<section>
    <h2>템플릿 변수 이용</h2>
    <section class="box" data-v-f5793d22="">
        <h4 data-v-f5793d22="">발생한 무작위값</h4> ―――――――――① 
        <p data-v-f5793d22="">36</p> ―――――――――――――② 
    </section>
</section>
```

결과의 ①과 ②를 보면 확실히 [코드 8-8]의 ❶과 ❷의 템플릿 변숫값이 렌더링된 것을 확인할 수 있습니다. 포인트는 v-bind의 인자 부분(콜론 다음에 작성)이 Prop명 자체가 된다는 점입니다. 이를 사용하면 해당 Prop에 템플릿 변수의 값이 저장됩니다. 게다가 템플릿 변수의 반응형 시스템이 그대로 작동하기 때문에 부모 컴포넌트 내에서 템플릿 변숫값을 변경하면 자식 컴포넌트 내에 표시되는 Props 값도 연동되어 변경됩니다. 예를 들어 [코드 8-8]의 ❹에서 참조하는 propsContent의 값을 1초마다 변경하면 그에 따라 표시도 1초마다 바뀝니다. 마지막으로 Props에 템플릿 변수를 사용하여 데이터를 전달하는 방법을 구문으로 정리해보겠습니다.

템플릿 변수의 Props로 데이터 전달

```
<자식 컴포넌트명
    v-bind:Prop명="템플릿 변수명"
    ⋮
/>
```

8.3.4 v-for와 Props의 조합

앞서 소개한 템플릿 변수와 Props의 조합을 적용하면 컴포넌트를 v-for로 반복하면서 각 컴포넌트에 값을 삽입할 수 있습니다.

구체적인 사례를 살펴보겠습니다. components-props-vfor 프로젝트를 생성하고 components-props-basics의 OneInfo.vue를 src/components 폴더에 파일 단위로 복사합니다. 이번에는 OneInfo.vue를 변경하지 않고 그대로 사용합니다. 이 상태에서 src/App.vue를 [코드 8-9]의 내용으로 작성합니다.

코드 8-9 components-props-vfor/src/App.vue

```
<script setup lang="ts">
import { ref } from "vue";
import OneInfo from "./components/OneInfo.vue";

const weatherListInit = new Map<number, Weather>();
weatherListInit.set(1, { id: 1, title: "오늘의 날씨", content: "오늘은 하루 종일
맑습니다" });
weatherListInit.set(2, { id: 2, title: "내일의 날씨", content: "내일은 하루 종일
비가 오겠습니다" });                                                              ❶
weatherListInit.set(3, { id: 3, title: "모레의 날씨", content: "모레는 하루 종일
눈이 오겠습니다" });
const weatherList = ref(weatherListInit);

interface Weather {
    id: number;
    title: string;
    content: string;
}
</script>

<template>
    <h1>Props 기초</h1>
    <section>
        <h2>반복 컴포넌트 생성</h2>
        <OneInfo                                                                  ❷
         v-for="[id, weather] in weatherList"                                     ❸
         v-bind:key="id"                                                          ❹
         v-bind:title="weather.title"                                             ❺
```

```
        v-bind:content="weather.content" />  ――――――――――――――――――――――❻
    </section>
</template>
```

실행 결과는 [그림 8-16]과 같습니다.

Props 기초

반복 컴포넌트 생성

오늘의 날씨

오늘은 하루 종일 맑습니다.

내일의 날씨

내일은 하루 종일 비가 오겠습니다.

모레의 날씨

모레는 하루 종일 눈이 오겠습니다.

그림 8-16 반복으로 컴포넌트 생성하고 Props 삽입하기

[코드 8-9]에서는 먼저 표시할 리스트 데이터를 준비하고(❶) 데이터를 v-for 디렉티브로 반복하고 있습니다(❸). 단 이번에 반복하는 태그는 일반적인 HTML 태그나 template 태그가 아닌 자식 컴포넌트인 OneInfo입니다(❷). 6.2.1절에서 설명했듯이 반복 대상 태그 내에서는 별칭에 작성한 변수를 그대로 사용할 수 있습니다. 그래서 지금까지의 v-for 작성과 같이 id를 v-bind:key로 지정하고(❹) Props에 데이터를 전달하는 v-bind의 값에 반복에서 가져온 각 요소를 지정하는 것으로(❺, ❻) 이를 자식 컴포넌트에 전달할 수 있습니다(그림 8-17).

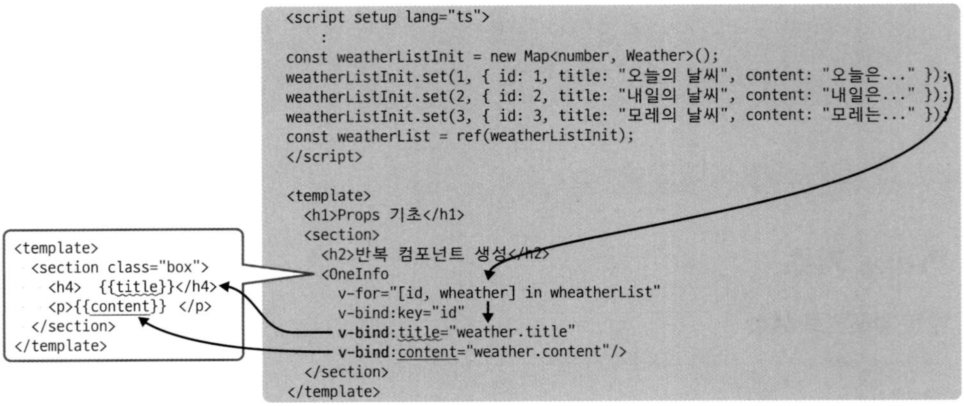

```
<script setup lang="ts">
    :
const weatherListInit = new Map<number, Weather>();
weatherListInit.set(1, { id: 1, title: "오늘의 날씨", content: "오늘은..." });
weatherListInit.set(2, { id: 2, title: "내일의 날씨", content: "내일은..." });
weatherListInit.set(3, { id: 3, title: "모레의 날씨", content: "모레는..." });
const weatherList = ref(weatherListInit);
</script>

<template>
  <h1>Props 기초</h1>
  <section>
    <h2>반복 컴포넌트 생성</h2>
    <OneInfo
      v-for="[id, wheather] in wheatherList"
      v-bind:key="id"
      v-bind:title="weather.title"
      v-bind:content="weather.content"/>
  </section>
</template>
```

```
<template>
  <section class="box">
    <h4>  {{title}}</h4>
    <p>{{content}} </p>
  </section>
</template>
```

그림 8-17 리스트 데이터 내의 각 요소가 Props로 전달되는 과정

결과로 리스트 데이터 요소 수만큼 각각의 데이터에 기반한 자식 컴포넌트가 렌더링됩니다. [코드 8-9]의 렌더링 결과를 보면 확실히 요소 수만큼의 컴포넌트가 렌더링된 것을 확인할 수 있습니다.

```
<section>
    <h2>반복 컴포넌트 생성</h2>
    <section class="box" data-v-f5793d22="">
        <h4 data-v-f5793d22="">오늘의 날씨</h4>
        <p data-v-f5793d22="">오늘은 하루 종일 맑습니다.</p>
    </section>
    <section class="box" data-v-f5793d22="">
        <h4 data-v-f5793d22="">내일의 날씨</h4>
        <p data-v-f5793d22="">내일은 하루 종일 비가 오겠습니다.</p>
    </section>
    <section class="box" data-v-f5793d22="">
        <h4 data-v-f5793d22="">모레의 날씨</h4>
        <p data-v-f5793d22="">모레는 하루 종일 눈이 오겠습니다.</p>
    </section>
</section>
```

Vue Devtools에서 Props 확인

Vue Devtools에서는 이 절에서 소개한 Props의 내용도 확인할 수 있습니다. [그림 8-n5]는 8.3.4절에서 작성된 components-props-vfor의 실행 결과를 Vue Devtools에서 표시한 모습입니다.

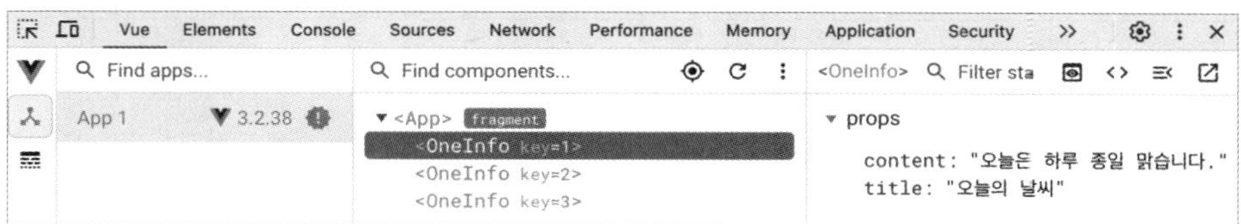

그림 8-n5 Vue Devtools에서 Props의 내용도 확인할 수 있다.

오른쪽 표시란에 〈OneInfo〉 컴포넌트의 Props 값이 표시되며 부모 컴포넌트에서 어떤 값이 전달되었는지 확인할 수 있습니다.

8.4 Props 응용

부모 컴포넌트에서 자식 컴포넌트로 컴포넌트 간 통신의 핵심인 Props의 기초를 이해했으니 이제 이를 응용하는 방법을 살펴보겠습니다.

8.4.1 스크립트 블록에서 Props 값 사용

상위 컴포넌트에서 전달받은 Props 데이터는 그대로 표시할 뿐만 아니라 스크립트 블록에서 활용할 수 있습니다.

구체적인 사례를 살펴보겠습니다. components-props-indepth 프로젝트를 생성하여 src/components 폴더 내에 OneMember.vue를 생성하고 [코드 8-10]의 내용으로 작성합니다.

코드 8-10 components-props-indepth/src/components/OneMember.vue

```
<script setup lang="ts">
import { ref, computed } from "vue";

// Props 인터페이스 정의
interface Props {                                    ─┐
    id: number;                                       │
    name: string;                                     │
    email: string;                                    ├─ ❶
    points: number;                                   │
    note?: string;                                    │
}                                                    ─┘
// Props 객체 정의
const props = defineProps<Props>();                  ── ❷

// 이 컴포넌트 내에서 이용하는 포인트의 템플릿 변수
const localPoints = ref(props.points);               ── ❸
```

```
// Props의 note를 가공하는 계산형 속성
const localNote = computed( ———————————————————— ❹
    (): string => {
        let localNote = props.note; ———————————————— ❺
        if (localNote == undefined) {
            localNote = "--";
        }
        return localNote;
    }
);
// [포인트 UP] 버튼을 클릭했을 때의 메서드
const pointUp = (): void => { ——————————————┐
    // props.points++;                        ├— ❻
    localPoints.value++;                      │
} ———————————————————————————————————————————┘
</script>

<template>
    <section class="box">
        <h4>{{ name }} 님의 정보</h4>
        <dl>
            <dt>ID</dt>
            <dd>{{ id }}</dd>
            <dt>메일 주소</dt>
            <dd>{{ email }}</dd>
            <dt>보유 포인트</dt>
            <dd>{{ localPoints }}</dd>
            <dt>비고</dt>
            <dd>{{ localNote }}</dd>
        </dl>
        <button v-on:click="pointUp">포인트 UP</button>
    </section>
</template>

<style scoped>
.box {
    border: green 1px solid;
    margin: 10px;
}
</style>
```

그런 다음 src/App.vue를 [코드 8-11]의 내용으로 작성합니다.

코드 8-11 components-props-indepth/src/App.vue

```
<script setup lang="ts">
import { ref, computed } from "vue";
import OneMember from "./components/OneMember.vue";

// 회원 리스트
const memberListInit = new Map<number, Member>();
memberListInit.set(33456, { id: 33456, name: "영희", email: "bow@example.com",
points: 35, note: "신규 가입 특전" });
memberListInit.set(47783, { id: 47783, name: "철수", email: "mue@example.com",
points: 53 });
const memberList = ref(memberListInit);                                        ❶

// 모든 회원의 포인트 합계 계산형 속성
const totalPoints = computed(
    (): number => {
        let total = 0;
        for (const member of memberList.value.values()) {
            total += member.points;
        }
        return total;
    }
);                                                                             ❷

// 회원 정보 인터페이스
interface Member {
    id: number;
    name: string;
    email: string;
    points: number;
    note?: string;
}                                                                              ❸
</script>

<template>
    <section>
        <h1>회원 리스트</h1>
        <p>모든 회원의 보유 포인트 합계: {{ totalPoints }}</p>
        <OneMember
         v-for="[id, member] in memberList"
         v-bind:key="id"
         v-bind:id="id"                                                        ❹
         v-bind:name="member.name"
```

```
            v-bind:email="member.email"
            v-bind:points="member.points"
            v-bind:note="member.note" />
    </section>
</template>
```

실행 결과는 [그림 8-18]과 같습니다. ①의 각 회원 정보 박스 내 [포인트 UP] 버튼을 클릭하면 ②와 같이 해당 회원의 보유 포인트가 증가합니다. 한편 전체 회원의 보유 포인트 총합은 변하지 않습니다. 이에 대해서는 뒤에서 설명하겠습니다.

그림 8-18 2명의 회원 정보 표시

[코드 8-11]에서는 ❶에서 회원 리스트 데이터를 준비했습니다. 각 회원 정보를 나타내는 인터페이스가 ❸입니다. 인터페이스 중 note는 필수 항목이 아니라는 점에 유의해야 합니다. ❷는 회원 리스트 내 모든 회원의 포인트 합계를 구하는 계산형 속성입니다.

❹에서는 리스트 데이터를 기반으로 자식 컴포넌트인 OneMember를 v-for로 반복해서 표시하고 있습니다. 이때 ❸의 인터페이스에서 정의한 데이터, 즉 id, name, email, points, note의 각 Prop 데이터를 전달합니다. 따라서 자식 컴포넌트인 OneMember에도 비슷한

Props 정의가 있어야 합니다.

실제로 [코드 8-10]에서 ❶의 인터페이스 Props에는 [코드 8-11]의 Member 인터페이스와 동일한 내용이 정의되어 있으며 ❷에서는 defineProps() 함수의 제네릭 타입 지정으로 이러한 Props 인터페이스를 전달하고 있습니다. 지금까지의 예제와 다른 점은 defineProps() 함수의 반환값을 변수 props로 받는다는 점입니다.

예를 들어 [그림 8-18]에서 볼 수 있듯이 components-props-indepth에서는 필수 항목이 아닌 note에 대해 데이터가 있으면 그대로 표시하고 없으면 '--'로 표시합니다. 이렇게 하려면 스크립트 블록에서 Props 값의 유무에 따라 처리를 변경하는 코드가 필요합니다.

이때 [코드 8-10]의 ❷와 같이 defineProps() 함수의 반환값을 변수(예제에서는 props)로 받습니다. 이렇게 하면 스크립트 블록 내에서 props의 속성으로 각각의 Prop 데이터를 추출할 수 있습니다. 예를 들어 여기서는 note 부분의 표시를 위한 계산형 속성 localNote를 준비하고(❹) 그 안에서 props의 note에 접근하고 있습니다(❺). 구문으로 정리하면 다음과 같습니다.

스크립트 블록에서 Props 데이터 활용

```
const props = defineProps<Props>();
```

8.4.2 Props 값 사용 시 주의할 점

단 이렇게 Props 값을 사용할 때 주의해야 할 점이 있습니다. Props 값은 자식 컴포넌트에서 직접 변경할 수 없다는 점입니다. 확인을 위해 [코드 8-10]에서 ❻의 pointUp에 [포인트 UP] 버튼을 클릭했을 때 수행할 다음 코드를 작성해봅니다.

```
props.points++;
```

OneMember 컴포넌트의 Props인 points를 직접 증가시키는 코드입니다. 이 코드를 작성하는 순간 VS Code에 [그림 8-19]와 같은 에러가 표시됩니다.

```
const pointUp = (): void => {
    props.points++;
```

ⓧ OneMember.vue 문제 1개 중 1개

읽기 전용 속성이므로 'points'에 할당할 수 없습니다. ts-plugin(2540)

그림 8-19 Props 값을 직접 편집하려고 할 때 표시되는 경고

[그림 8-19]의 에러 메시지에서 알 수 있듯이 애초에 개별 Prop은 readonly입니다. 8.3.3절에서 설명한 것처럼 Props 값은 반응형 시스템에서 관리할 수 있으며 부모 컴포넌트에서 값을 변경하면 이를 반영합니다. 이때 자식 컴포넌트에서 자체적으로 값을 변경하면 불일치가 발생할 수 있으므로 readonly로 설정되어 있습니다. 따라서 자식 컴포넌트에서 값을 변경할 수 있는 Props는 컴포넌트 내에서 별도의 반응형 변수에 값을 복사해서 사용합니다. [코드 8-10]에서는 ❸의 다음 코드가 해당합니다.

```
const localPoints = ref(props.points);
```

이렇게 하면 localPoints는 자식 컴포넌트인 OneMember 자체의 반응형 변수가 되어 OneMember 내에서 자유롭게 변경할 수 있습니다. 실제로 ❻에서는 다음과 같이 포인트 가산 처리를 하고 있습니다.

```
const pointUp = (): void => {
    localPoints.value++;
}
```

이 구조 덕분에 [포인트 UP] 버튼을 클릭하면 자식 컴포넌트 내에서 독립적으로 각 회원의 포인트가 증가됩니다. 한편 전체 회원의 보유 포인트 총합은 변경되지 않습니다. 이 값은 부모 컴포넌트인 App이 관리하기 때문입니다.

8.2절에서 설명한 것처럼 컴포넌트 내부의 데이터는 컴포넌트 내부에 한정되어 있으며, 부모 컴포넌트에서 관리하는 데이터인 포인트 합계 값은 자식 컴포넌트에서 직접 변경할 수 없습니다. 따라서 이 값을 변경하려면 자식 컴포넌트인 OneMember에서 부모 컴포넌트인 App에 데이터 변경 요청, 즉 자식에서 부모로 컴포넌트 간 통신을 해야 합니다. 이에 대해서는 다음 절에서 설명하겠습니다.

8.4.3 Props의 기본값

자식에서 부모로의 컴포넌트 간 통신에 관해 이야기하기 전에 Props의 기본값[default value]에 대해 소개하겠습니다.

components-props-indepth에서는 필수가 아닌 항목의 note에 데이터가 없는 경우 계산형 속성을 이용하여 '--'를 표시하고 있었습니다. '--'는 필수가 아닌 Props의 기본값이라는 뜻입니다. Props에는 계산형 속성을 사용하지 않고도 이러한 기본값을 설정하는 기능이 있습니다.

구체적인 사례를 살펴보겠습니다. components-props-indepth2 프로젝트를 생성하고 앞서 설명한 components-props-indepth의 OneMember.vue와 App.vue를 각각 같은 계층의 폴더에 복사합니다. 그런 다음 OneMember.vue에서 [코드 8-12]에 굵게 표시된 부분을 다시 작성합니다. ❷의 계산형 속성 localNote는 아예 삭제하기 바랍니다.

코드 8-12 components-props-indepth2/src/components/OneMember.vue

```
<script setup lang="ts">
~ 생략 ~
const props = withDefaults(            ❶
    defineProps<Props>(),
    { note: "--" }
);
const localPoints = ref(props.points);
const localNote = computed(            ❷
~ 생략 ~
);
const pointUp = (): void => {
    // props.points++;
    localPoints.value++;
}
</script>
```

실행 결과는 components-props-indepth와 동일하며 철수님의 비고란에는 '--'으로 표시되어 있습니다. Props에 기본값을 설정하려면 ❶과 같이 withDefaults() 함수를 사용합니다. 함수의 첫 번째 인자로 defineProps()의 반환값, 두 번째 인자로 필수가 아닌 항목의 기본값을 담은 객체를 전달합니다.

❶에서는 두 번째 인자로 note에 대해 '--'을 지정했기 때문에 note의 데이터가 존재하지 않을 때는 '--'으로 표시됩니다. 이 경우 ❷와 같이 굳이 계산형 속성을 작성할 필요가 없고 ❸과 같이 Props명을 직접 머스태시 구문으로 작성할 수 있습니다.

다만 보다 복잡한 조건분기에 의한 표시 처리가 필요한 경우 등에는 기본값을 사용하는 이 방법으로는 대응하기 어려우므로 역시 계산형 속성을 이용하게 됩니다. 마지막으로 Props의 기본값을 지정하는 방법을 구문으로 정리해보겠습니다.

Props의 기본값

```
withDefaults(
    defineProps<Props>(),
    {
        필수가 아닌 항목 Prop명: 기본값,
          ⋮
    }
);
```

8.5 자식에서 부모로 컴포넌트 간 통신

8.4.2절 말미에 소개한 바와 같이 때에 따라서 자식에서 부모로의 컴포넌트 간 통신이 필요할 수 있습니다. 이 통신은 Emit(이밋)이라는 기능으로 구현할 수 있습니다. Emit을 이용하지 않으면 components-props-indepth의 결함, 즉 자식 컴포넌트에서 회원 포인트를 늘려도 회원 전체의 포인트 총합이 변하지 않는 현상을 해결할 수 없습니다. 이번 절에서는 Emit을 소개합니다.

8.5.1 자식에서 부모로의 통신은 이벤트 처리

먼저 간단한 예제를 만들어 Emit의 작동 원리를 살펴봅시다. components-emit-basics 프로젝트를 준비하고 src/components 폴더에 OneSection.vue를 생성하여 [코드 8-13]의 내용으로 작성합니다.

코드 8-13 components-emit-basics/src/components/OneSection.vue

```
<script setup lang="ts">
interface Props {
    rand: number;
}

interface Emits {                                   ❶
    (event: "createNewRand"): void;                 ❷
}

defineProps<Props>();
const emit = defineEmits<Emits>();                  ❸

const onNewRandButtonClick = (): void => {          ❹
    emit("createNewRand");                          ❺
}
</script>
```

```
<template>
    <section class="box">
        <p>자식 컴포넌트로 무작위값을 표시: {{ rand }}</p>
        <button v-on:click="onNewRandButtonClick">새로운 무작위값 발생</button>  ❻
    </section>
</template>

<style scoped>
.box {
    border: green 1px solid;
    margin: 10px;
}
</style>
```

그런 다음 src/App.vue를 [코드 8-14]의 내용으로 작성합니다.

코드 8-14 components-emit-basics/src/App.vue

```
<script setup lang="ts">
import { ref } from "vue";
import OneSection from "./components/OneSection.vue";

const randInit = Math.round(Math.random() * 10);
const rand = ref(randInit);
const onCreateNewRand = (): void => {  ❶
    rand.value = Math.round(Math.random() * 10);
}
</script>

<template>
    <section>
        <p>부모 컴포넌트로 무작위값을 표시: {{ rand }}</p>
        <OneSection
         v-bind:rand="rand"
         v-on:createNewRand="onCreateNewRand" />  ❷
    </section>
</template>
```

실행 결과는 [그림 8-20]과 같습니다. 화면에서 [새로운 무작위값 발생] 버튼을 클릭하면 표시되는 무작위값은 부모 컴포넌트 측과 자식 컴포넌트 측에서 동일하게 변화합니다.

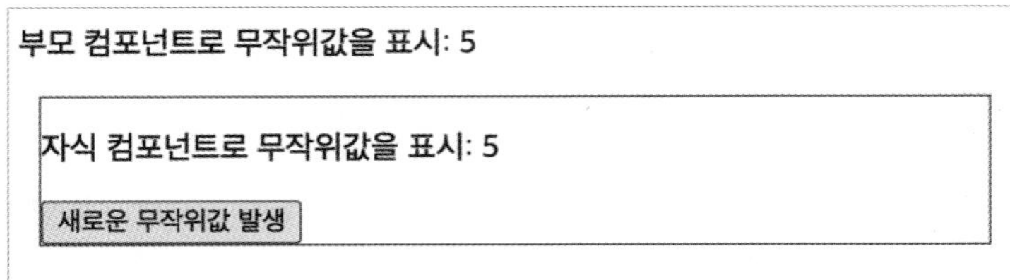

그림 8-20 components-emit-basics 프로젝트 표시 결과

예제에서는 자식 컴포넌트에 배치한 버튼을 클릭하면 부모 컴포넌트의 반응형 변수인 rand가 업데이트됩니다. 즉 자식 컴포넌트에서 부모 컴포넌트로 통신이 이루어지고 있다는 의미입니다.

여기서 핵심은 이벤트 처리와 이를 촉발trigger하는 emit()입니다. components-emit-basics 프로젝트를 예로 들어 구체적인 처리 과정을 나타내면 [그림 8-21]과 같습니다.

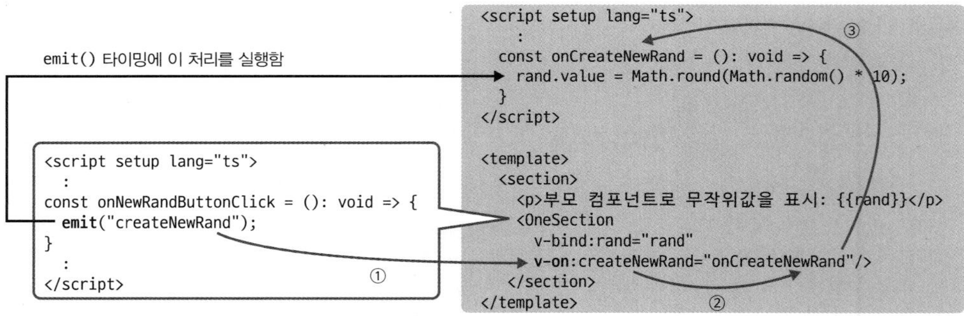

그림 8-21 부모 컴포넌트로의 통신 처리 흐름

자식 컴포넌트에서 emit()이 실행되면 인자인 문자열(createNewRand)을 사용하여 다음과 같은 처리가 이루어집니다.

① 자식 컴포넌트 태그 내 emit() 인자(createNewRand)와 일치하는 부모 컴포넌트 측의 v-on 디렉티브 인자를 찾습니다.

② 일치하는 v-on 디렉티브의 속성값(onCreateNewRand)에 주목합니다.

③ 부모 컴포넌트의 스크립트 블록에서 ②와 일치하는 메서드를 실행합니다.

이와 같이 emit()을 실행한 타이밍에 부모 컴포넌트의 메서드가 실행됩니다. 이러한 처리 흐름을 바탕으로 코드 작성 절차를 정리하면 다음과 같습니다.

1 부모 컴포넌트 작성
  1-1 처리 메서드 준비
  1-2 v-on 디렉티브 작성

2 자식 컴포넌트 작성
  2-1 Emit 정의
  2-2 Emit 실행

1-1 부모 컴포넌트 작성: 처리 메서드 준비하기

부모 컴포넌트에 자식 컴포넌트로부터 알림을 받았을 때 실행할 처리 메서드를 준비합니다. 예제에서는 [코드 8-14]의 ❶ onCreateNewRand 메서드가 이에 해당하며 반응형 변수인 rand에 새로운 무작위값을 대입하는 작업을 수행합니다.

1-2 부모 컴포넌트 작성: v-on 디렉티브 작성하기

부모 컴포넌트 측 자식 컴포넌트 태그에 v-on 디렉티브를 작성합니다. 인자로 이벤트명을 나타내는 문자열을, 속성값으로 절차 1-1에서 준비한 메서드명을 작성합니다. 예제에서는 [코드 8-14]의 ❷에 해당합니다. v-on 디렉티브의 인자로 createNewRand, 속성값으로 onCreateNewRand를 지정하고 있습니다.

2-1 자식 컴포넌트 작성: Emit 정의하기

자식 컴포넌트에서 Emit을 정의합니다. 예제에서는 [코드 8-13]의 ❶~❸에 해당합니다. Props와 마찬가지로 Emit도 인터페이스로 정의합니다. 예제에서는 인터페이스명을 Emits로 지정했습니다(❶). 단 시그니처는 Props와 같은 속성 시그니처가 아닌 콜 시그니처가 되며 인자 정의로 () 안에 인자명을 기재합니다(❷). 인자명은 무엇이든 상관없지만 이벤트를 나타내기 위해 event 혹은 e로 표기하는 경우가 많습니다. 여기서는 event를 사용합니다. 그리고 인자 event의 타입으로는 절차 1-2의 v-on 디렉티브의 인자로 지정한 이벤트명(예제에서는 createNewRand)을 문자열로 작성합니다. 반환값 타입은 void입니다. 이렇게 정의한 Emits 인터페이스를 제네릭 타입으로 지정하면서 defineEmits() 함수를 실행합니다(❸). 이 구조는 Props와 같지만 Emit의 경우 반드시 반환값을 emit 변수로 받습니다.

지금까지 내용을 바탕으로 Emit 정의 방법을 구문으로 정리하면 다음과 같습니다.

Emit 정의

```
interface Emits {
    (event: "이벤트명"): void;
     ⋮
    }
const emit = defineEmits<Emits>();
```

2-2 자식 컴포넌트 작성: Emit 실행하기

자식 컴포넌트에서 부모 컴포넌트의 메서드를 실행하고 싶은 타이밍에 emit()을 실행합니다. 이때 인자로 이벤트명 문자열을 전달합니다. 절차 2-1에서 Props와 달리 defineEmits()의 반환값은 반드시 변수로 받을 필요가 있으며 변수명은 항상 emit으로 한다고 설명했는데 이 부분이 핵심입니다. 여기서 실행하는 emit()은 사실 defineEmits()의 반환값입니다. 반환값을 함수로 실행하여 인자에 해당하는 이벤트명과 연관된 부모 컴포넌트의 메서드가 실행되는 구조입니다.

[코드 8-13]에서는 ❺에서 emit()을 실행하고 있습니다. emit()은 ❹의 onNewRandButtonClick 메서드의 내부에 있기 때문에 [새로운 무작위값 발생] 버튼을 클릭했을 때 처리가 실행됩니다.

이와 같은 절차로 자식 컴포넌트에서 부모 컴포넌트의 메서드를 실행할 경우, 해당하는 메서드 내에서 반응형 변숫값을 변경하면 이전과 마찬가지로 이를 템플릿 변수로 사용하는 부분의 표시도 변경됩니다. [코드 8-14]에서 템플릿 변수 rand가 이에 해당합니다.

또한 해당 변수를 Props로 자식 컴포넌트에 전달한 경우 자식 컴포넌트에서도 반응형 시스템 덕분에 값의 변경에 연동하여 표시가 변경됩니다. [그림 8-20]의 실행 화면에서 무작위값이 변경될 때마다 부모 컴포넌트에서 표시되는 부분과 자식 컴포넌트에서 표시되는 부분이 동시에 변경되는 것은 이 구조 덕분입니다.

8.5.2 부모 컴포넌트에 데이터를 전달하는 방법

이렇게 Emit을 이용하면 자식 컴포넌트에서 부모 컴포넌트의 메서드를 실행할 수 있습니다. 하지만 앞의 경우 메서드를 실행하는 것일 뿐 자식 컴포넌트에서 부모 컴포넌트로 데이터를 전달하는 것은 아닙니다. 메서드 실행과 함께 데이터를 전달하고 싶다면 emit()의 두 번째 인자에 해당 데이터를 지정합니다.

이제 이러한 메커니즘을 이용하여 components-props-indepth의 결합을 수정한 예제를 만들어보겠습니다. components-emit-value 프로젝트를 생성하고 components-props-indepth의 OneMember.vue와 App.vue를 각각 해당 폴더에 복사합니다. 그런 다음 먼저 OneMember.vue 파일을 [코드 8-15]에 굵게 표시된 부분을 참고해 추가하고 수정합니다. 또한 localPoints는 필요 없으므로 삭제합니다.

코드 8-15 components-emit-value/src/components/OneMember.vue

```
<script setup lang="ts">
import { computed } from "vue";

// Props 인터페이스 정의
interface Props {
    ~ 생략 ~
}

// Emit 인터페이스 정의
interface Emits {
    (event: "incrementPoint", id: number): void;    ❶
}

// Props 객체 정의
const props = defineProps<Props>();
// Emit 정의
const emit = defineEmits<Emits>();

const localPoints = ref(props.points);
// Props의 note를 가공하는 계산형 속성
const localNote = computed(
    ~ 생략 ~
);
// [포인트 UP] 버튼을 클릭했을 때의 메서드
const pointUp = (): void => {
    emit("incrementPoint", props.id);    ❷
}
</script>

<template>
```

```
    ~ 생략 ~
            <dt>보유 포인트</dt>
            <dd>{{ points }}</dd> ——— ❸
            <dt>비고</dt>
            <dd>{{ localNote }}</dd>
        </dl>
        <button v-on:click="pointUp">포인트 UP</button>
    </section>
</template>

<style scoped>
    ~ 생략 ~
</style>
```

다음으로 src/App.vue 파일을 [코드 8-16]에 굵게 표시된 부분을 참고해 추가하고 수정합니다.

코드 8-16 components-emit-value/src/App.vue

```
<script setup lang="ts">
~ 생략 ~
const totalPoints = computed(
~ 생략 ~
);
// Emit에 의해 실행되는 메서드
const onIncrementPoint = (id: number): void => { ——— ❶
    // 처리 함수의 id에 해당하는 회원 정보 객체 취득
    const member = memberList.value.get(id); ——┐
    // 회원 정보 객체가 존재하는 경우             │
    if (member != undefined) {                  ├── ❷
        // 포인트 증가                           │
        member.points++;                        │
    } ——————————————————————————————————————————┘
}

// 회원 정보 인터페이스
interface Member {
~ 생략 ~
}
</script>

<template>
```

```
    <section>
    ~ 생략 ~
        v-bind:points="member.points"
        v-bind:note="member.note"
        v-on:incrementPoint="onIncrementPoint" />        ❸
    </section>
</template>
```

실행 결과는 [그림 8-18]과 거의 동일하며 각 회원 정보 상자 내의 [포인트 UP] 버튼을 클릭하면 해당 회원의 보유 포인트가 증가합니다. 하지만 이번에는 8.4.1절의 components-props-indepth 프로젝트와 달리 전체 회원의 보유 포인트 총합도 연동하여 변화합니다.

첫 번째 포인트는 [코드 8-15]의 ❷ pointUp 메서드입니다. 8.4.1절의 components-props-indepth 프로젝트에서는 Props의 points를 기반으로 OneMember 컴포넌트 내에서 사용할 localPoints를 준비하고 이 localPoints를 증가시키는 작업을 수행했습니다. 이를 Emit을 이용하여 부모 컴포넌트인 App의 points를 증가시키도록 변경하고 있습니다. 이러한 처리 흐름을 표현하면 [그림 8-22]와 같습니다.

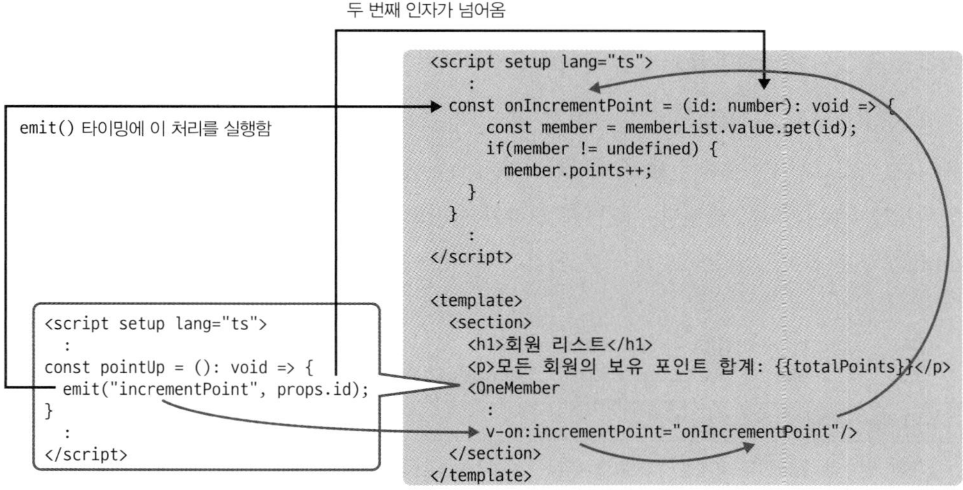

그림 8-22 components-emit-value에서 포인트가 증가되는 구조

[그림 8-22]와 같이 [코드 8-15]의 ❷에서 emit()이 실행된 타이밍에 [코드 8-16]의 ❶ onIncrementPoint 메서드가 실행되므로 메서드 내에서 해당 회원의 포인트 수, 즉 points

속성값을 증가시키면 되는 것입니다.

하지만 부모 컴포넌트 측에서 해당 회원을 어떻게 식별할 수 있을까요? 이를 위해서는 emit()을 실행할 때 OneMember에서 App에 해당 회원을 식별할 수 있는 데이터를 전달해야 합니다. 즉 자식 컴포넌트에서 부모 컴포넌트로 데이터 전달이 필요합니다. 이때 emit()의 두 번째 인자를 사용합니다. emit()은 앞서 설명한 것처럼 두 번째 인자로 받은 데이터를 부모 컴포넌트의 메서드에 인자로 전달하는 구조입니다.

[그림 8-22]에서도 볼 수 있듯이 자식 컴포넌트 OneMember에서는 emit()의 두 번째 인자로 회원 ID를 나타내는 props.id를 전달하고 있습니다([코드 8-15]의 ❷). 그러면 이 값이 그대로 부모 컴포넌트 App의 실행 메서드 onIncrementPoint에 인자로 전달됩니다. onIncrementPoint 메서드는 [코드 8-16]의 ❶에 정의되어 있으며 인자 id를 받아 회원 리스트의 Map 객체에서 해당 회원의 회원 정보 객체를 member로 가져옵니다([코드 8-16]의 ❷). 이를 통해 해당 회원의 포인트 가산이 가능합니다.

member 내의 points에 대한 변경 사항은 반응형 시스템에 의해 총 포인트를 나타내는 계산형 속성 totalPoints뿐만 아니라 자식 컴포넌트에도 반영됩니다. 이 구조 덕분에 자식 컴포넌트 측에서는 components-props-indepth 프로젝트처럼 컴포넌트 내에 localPoints를 준비할 필요 없이 Props의 points를 그대로 표시하기만 하면 됩니다([코드 8-15]의 ❸).

또한 emit()에서 두 번째 인자를 사용할 경우 해당 인자를 인터페이스에 미리 정의해두어야 합니다. [코드 8-15]에서는 ❶에 해당합니다. event 인자 외에 두 번째 인자로 number 타입의 id를 정의하고 있습니다. 두 번째 인자를 올바르게 정의하지 않으면 [코드 8-15]의 ❷ emit() 부분에서 [그림 8-23]과 같은 에러가 발생합니다.

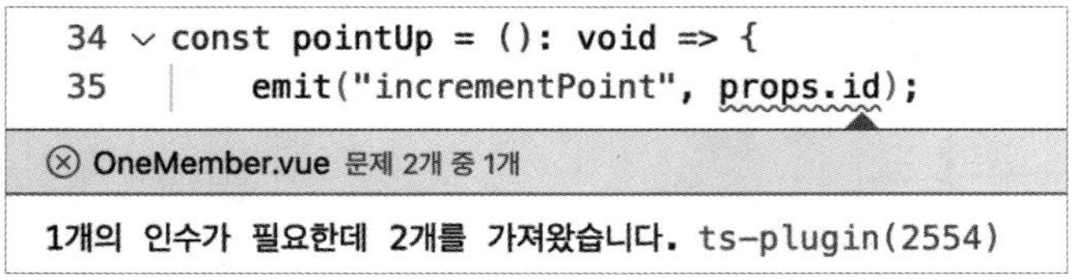

```
const pointUp = (): void => {
    emit("incrementPoint", props.id);
```

ⓧ OneMember.vue 문제 2개 중 1개

1개의 인수가 필요한데 2개를 가져왔습니다. ts-plugin(2554)

그림 8-23 emit()에서 인자 정의 부족으로 발생한 에러

Props와 마찬가지로 Emit에서도 인터페이스 정의 덕분에 코딩 단계부터 실수를 줄일 수 있게 되었습니다.

8.5.3 v-model을 이용한 자식에서 부모로의 통신

지금까지 소개한 자식 컴포넌트에서 부모 컴포넌트로의 통신은 v-model을 이용하면 더욱 쉽게 구현할 수 있습니다. 구체적인 사례를 살펴보겠습니다. components-emit-model 프로젝트를 생성하고 components-emit-value의 OneMember.vue와 App.vue를 각각 같은 계층 폴더에 복사합니다.

먼저 OneMember.vue 파일을 [코드 8-17]에 굵게 표시된 부분을 참고해 추가하고 수정합니다. 또한 pointUp 메서드와 button 태그는 더 이상 필요하지 않으므로 삭제합니다.

코드 8-17 components-emit-model/src/components/OneMember.vue

```
<script setup lang="ts">
~ 생략 ~
interface Emits {
    (event: "update:points", points: number): void;   ❶
}
~ 생략 ~
const pointUp = (): void => {
    emit("incrementPoint", props.id);
}
const onInput = (event: Event): void => {   ❷
    const element = event.target as HTMLInputElement;   ❸
    const inputPoints = Number(element.value);   ❸
    emit("update:points", inputPoints);   ❹
}
</script>

<template>
    <section class="box">
        ~ 생략 ~
            <dt>보유 포인트</dt>
            <dd>
                <input type="number" v-bind:value="points" v-on:input="onInput">   ❺
            </dd>
            <dt>비고</dt>
            <dd>{{ localNote }}</dd>
        </dl>
        <button v-on:click="pointUp">포인트 UP</button>
    </section>
</template>
```

```
<style scoped>
    ~ 생략 ~
</style>
```

다음으로 src/App.vue 파일을 [코드 8-18]에 굵게 표시된 부분을 참고해 추가하고 수정합니다. 참고로 onIncrementPoint 메서드와 OneMember 태그의 v-on 속성은 필요 없으므로 삭제합니다.

코드 8-18 components-emit-model/src/App.vue

```
<script setup lang="ts">
    ~ 생략 ~
const totalPoints = computed(
    ~ 생략 ~
);
const onIncrementPoint = (id: number): void => {
    const member = memberList.value.get(id);
        if(member != undefined) {
            member.points++;
        }
}

interface Member {
    ~ 생략 ~
}
</script>

<template>
    <section>
            ~ 생략 ~
            v-bind:email="member.email"
            v-model:points="member.points"    ❶
            v-bind:note="member.note"
            v-on:incrementPoint="onIncrementPoint"/>
    </section>
</template>
```

실행 결과는 [그림 8-24]와 같습니다. ①의 상태에서 각 회원 정보 상자 내 보유 포인트 값을 변경하면 ②와 같이 전체 회원의 보유 포인트 합계도 연동되어 변경됩니다.

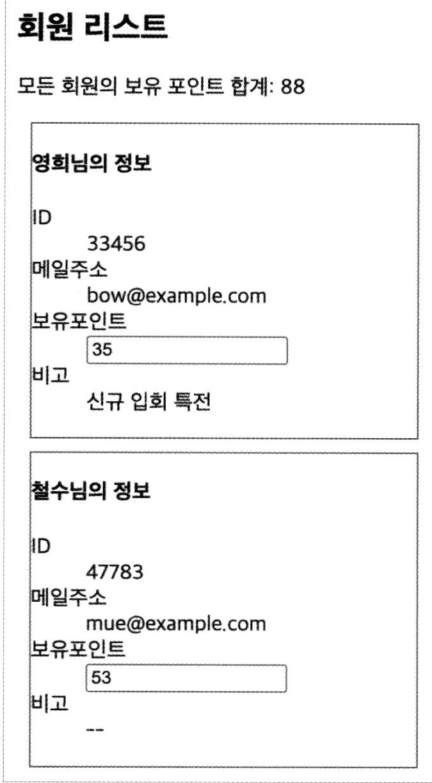

그림 8-24 v–model로 입력값 연동

실행 결과를 보면 자식 컴포넌트인 OneMember가 부모 컴포넌트인 App에 대해 Emit을 이용하여 데이터를 전달하고 있는 것 같습니다. 하지만 부모 컴포넌트인 App의 [코드 8-18]에서 onIncrementPoint 메서드가 삭제되었고 emit()에 의해 실행되는 메서드가 보이지 않습니다.

그런데도 불구하고 데이터가 업데이트되는 것은 [코드 8-18]에서 ❶ v–model이 작동하기 때문입니다. 지금까지는 자식 컴포넌트 태그 속성으로서 Props에 데이터를 전달하기 위한 디렉티브로 v–bind를 사용했습니다. 이것을 v–model로 설정하면 자체로 Props의 데이터가 Emit에 의한 변경 대상이 됩니다. v–model로 Props의 데이터를 변경할 때는 emit()을 다음과 같은 구문으로 작성합니다.

v-model의 Props 데이터 변경

```
emit("update:Prop명", 값);
```

자식 컴포넌트인 OneMember의 [코드 8-17]에서는 숫자 입력 컨트롤(❺)의 내용이 변경되었을 때(input 이벤트 발생 시) onInput 메서드가 실행되는데(❷), 이 메서드 내에 emit()이 작성되어 있습니다(❹). 이 emit()의 첫 번째 인자는 [코드 8-18]의 ❶에서 Prop명 points를 v-model의 대상으로 삼았으므로 update:points가 됩니다. 두 번째 인자의 값은 ❸에서 얻은 입력값입니다. 단 문자열인 입력값을 숫자로 변환해야 하므로 Number() 함수를 이용합니다.

이렇게 부모 컴포넌트에 이벤트 메서드를 작성하지 않아도 자식 컴포넌트에 입력된 값을 반영할 수 있습니다. 또한 반응형 시스템 덕분에 총점 계산형 속성인 totalPoints에도 변경 사항이 즉시 반영됩니다.

참고로 update:를 이용한 Emit 정의도 다른 Emit 정의와 마찬가지로 [코드 8-17]의 ❶과 같이 Emits 인터페이스를 정의해야 한다는 점에 유의해야 합니다.

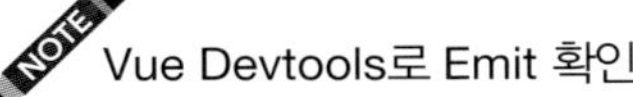

Vue Devtools로 Emit 확인

이 절에서 소개한 Emit 내용을 Vue Devtools로 표시하면 Props만큼 자세한 내용을 확인할 수 있습니다. 8.5.1절에서 생성한 components-emit-basics의 〈OneSection〉 컴포넌트를 VueDevtools에서 표시하면 [그림 8-n6]과 같습니다.

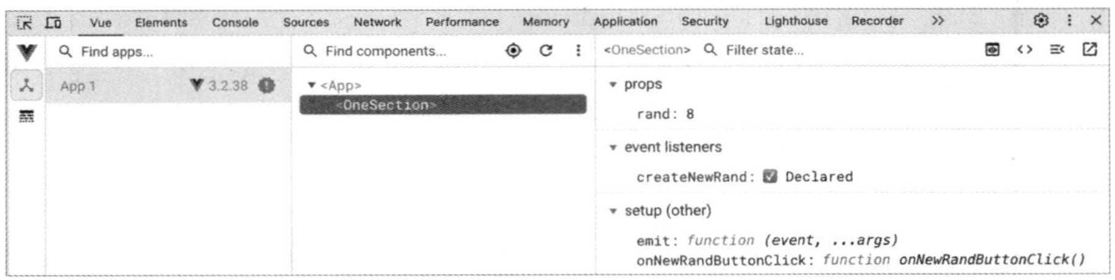

그림 8-n6 Vue Devtools로 Emit 표시

확인해보면 오른쪽 표시란에 다음과 같이 표시되어 있을 뿐입니다.

```
emit:function (event, ...args)
```

이 절에서 작성한 다른 예제도 비슷하게 표시됩니다.

8.6 Provide와 Inject

지난 절까지 부모 컴포넌트와 자식 컴포넌트의 양방향 통신 방법을 소개했습니다. 이 절에서는 지금까지 설명한 컴포넌트 간 통신에 대해 정리하면서 문제점을 확인합니다. 그리고 문제점을 해결하는 Provide(프로바이드)와 Inject(인젝트)를 알아보겠습니다.

8.6.1 컴포넌트 간 통신 정리 및 문제 제기

이전 절까지 설명한 컴포넌트 간 통신을 정리하면 [그림 8-25]와 같습니다.

그림 8-25 컴포넌트 간 통신

부모 컴포넌트에서 자식 컴포넌트로 데이터를 전달하려면 Props를 사용합니다. 한편 자식 컴포넌트에서 부모 컴포넌트로 데이터를 전달하려면 Emit을 통한 이벤트 처리를 사용합니다. 이 두 가지 구조를 'Props Down, Event Up'이라고 하며 컴포넌트 간 통신의 기본입니다.

하지만 단순한 부모-자식 관계는 그렇다 치더라도 실제 애플리케이션에서는 [그림 8-26]과 같이 App.vue를 정점으로 하여 컴포넌트 계층이 복잡해지고 부모와 자식뿐만 아니라 손자, 손녀, 사촌 등의 관계를 다루게 되는 경우가 있습니다. 이렇게 되면 Props Down, Event Up 방식만으로는 코드가 복잡해져서 현실성이 떨어집니다.

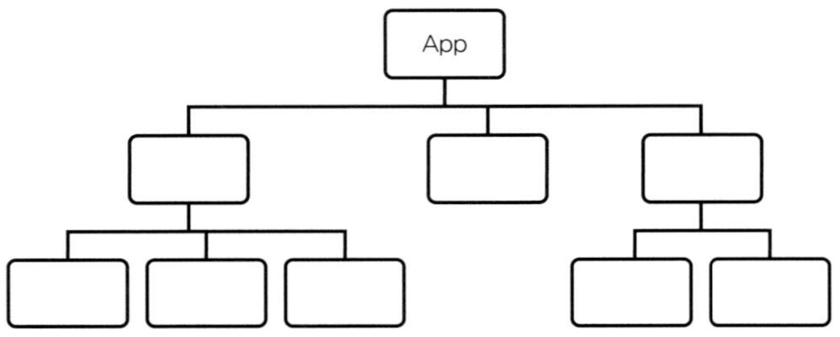

그림 8-26 문제가 발생하는 복잡한 컴포넌트 관계

그래서 등장한 것이 Provide와 Inject입니다. 구체적인 코드는 다음 절에서 살펴보겠지만 개념적으로는 'App.vue에서 애플리케이션 전체에서 참조되는 데이터를 제공(Provide)해두면 하위 컴포넌트에서는 아무리 계층이 깊어도 데이터 주입(Inject)이라는 방법을 이용할 수 있다'는 구조입니다(그림 8-27).

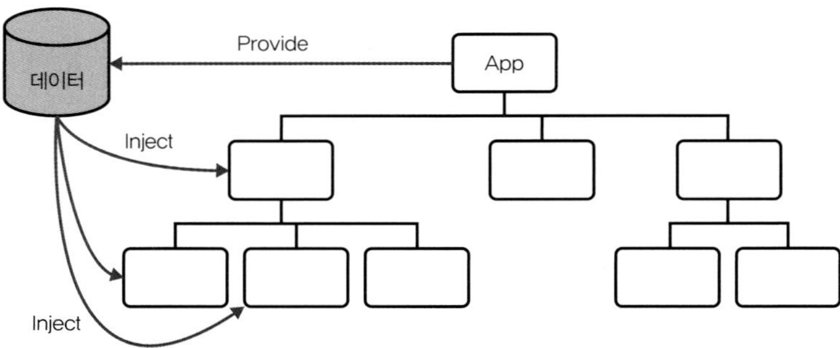

그림 8-27 Provide와 Inject의 구조

이 방식을 활용하면 Props와 Emit을 복잡하게 조합할 필요가 없습니다.

8.6.2 예제 프로젝트 만들기

그럼 구체적인 예제를 살펴보도록 하겠습니다. 먼저 components-provinje 프로젝트를 생성합니다. 이 프로젝트는 components-emit-model을 수정한 버전이지만 파일 구성을 다음과 같이 조금 더 복잡하게 만듭니다.

- 컴포넌트 계층을 깊게 하기 위해 App.vue와 OneMember.vue 사이에 BaseSection.vue 컴포넌트를 추가한다.

• 모든 컴포넌트에서 Member 인터페이스를 참조하므로 모듈화하여 interfaces.ts에 작성한다.

이러한 내용을 바탕으로 먼저 [코드 8-19]의 interfaces.ts를 src 폴더에 생성합니다. 참고로 인터페이스 내 코드는 기존 Member 인터페이스와 동일합니다.

코드 8-19 components-provinje/src/interfaces.ts

```
export interface Member {
    id: number;
    name: string;
    email: string;
    points: number;
    note?: string;
}
```

다음으로 src/components 폴더에 OneMember.vue를 생성하고 [코드 8-20]의 내용으로 작성합니다. components-emit-model과 동일한 코드는 생략했습니다.

코드 8-20 components-provinje/src/components/OneMember.vue

```
<script setup lang="ts">
import { computed, inject } from "vue";
import type { Member } from "../interfaces"; ──────── ❶

// Props 인터페이스 정의
interface Props {
    id: number;
}
// Props 객체 정의
const props = defineProps<Props>();
// 회원 정보 리스트를 inject
const memberList = inject("memberList") as Map<number, Member>; ──────── ❷
// 해당하는 회원 정보 취득
const member = computed( ──────── ❸
    (): Member => {
        return memberList.get(props.id) as Member; ──────── ❹
    }
);
// Props의 note를 가공하는 계산형 속성
const localNote = computed(
    (): string => {
        let localNote = member.value.note; ──────── ❺
```

```
        if (localNote == undefined) {
            localNote = "--";
        }
        return localNote;
    }
);
</script>

<template>
    <section class="box">
        <h4>{{ member.name }} 님의 정보</h4>
        <dl>
            <dt>ID</dt>
            <dd>{{ id }}</dd>
            <dt>메일 주소</dt>
            <dd>{{ member.email }}</dd>
            <dt>보유 포인트</dt>
            <dd>
                <input type="number" v-model.number="member.points">  ——— ❻
            </dd>
            <dt>비고</dt>
            <dd>{{ localNote }}</dd>
        </dl>
    </section>
</template>

<style scoped>
~ 생략 ~
</style>
```

NOTE

Member 인터페이스 가져오기

[코드 8-20]의 ❶에 대해 먼저 보충 설명하겠습니다. 7.2.2절에서 설명한 바와 같이 외부 모듈에서 정의된 타입을 가져오려면 import type을 사용합니다. 이번 components-provinje 프로젝트에서는 Member 인터페이스를 [코드 8-19]와 같이 독립적인 모듈로 설정했지만 Member 인터페이스는 바로 타입 정의입니다. 따라서 임포트할 때 ❶과 같이 import type을 사용해야 합니다. 이는 이후 생성하는 BaseSection.vue, App.vue에서도 마찬가지이므로 유의해야 합니다.

다음으로 src/components 폴더에 BaseSection.vue를 생성하고 [코드 8-21]의 내용으로 작성합니다. 참고로 이 컴포넌트는 components-emit-model 프로젝트의 App.vue를 기반으로 작성했습니다.

코드 8-21 components-provinje/src/components/BaseSection.vue

```
<script setup lang="ts">
import { computed, inject } from "vue";
import OneMember from "./OneMember.vue";
import type { Member } from "../interfaces";

// 회원 정보 리스트를 Inject
const memberList = inject("memberList") as Map<number, Member>;  ❶
// 보유 포인트 합계 계산형 속성
const totalPoints = computed(
    (): number => {
        let total = 0;
        for (const member of memberList.values()) {  ❷
            total += member.points;
        }
        return total;
    }
);
</script>

<template>
    <section>
        <h1>회원 리스트</h1>
        <p>모든 회원의 보유 포인트 합계: {{ totalPoints }}</p>
        <OneMember
         v-for="id in memberList.keys()"  ❸
         v-bind:key="id"
         v-bind:id="id" />  ❹
    </section>
</template>

<style scoped>
section {
    border: orange 1px dashed;
    margin: 10px;
}
</style>
```

마지막으로 src/App.vue를 [코드 8-22]의 내용으로 작성합니다.

코드 8-22 components-provinje/src/App.vue

```
<script setup lang="ts">
import { reactive, provide } from "vue";
import BaseSection from "./components/BaseSection.vue";
import type { Member } from "./interfaces";

// 회원 리스트
const memberList = new Map<number, Member>();
memberList.set(33456, { id: 33456, name: "영희", email: "bow@example.com",
points: 35, note: "신규 가입 특전" });                                        ❶
memberList.set(47783, { id: 47783, name: "철수", email: "mue@example.com",
points: 53 });
// 회원 리스트를 Provide
provide("memberList", reactive(memberList));                                  ❷
</script>

<template>
    <BaseSection />                                                           ❸
</template>
```

실행 결과는 [그림 8-28]과 같습니다. 8.5.3절의 components-emit-model 프로젝트와 비교할 때 전체를 둘러싸고 있는 점선 테두리가 추가된 부분만 변경되고 동작에는 차이가 없습니다. 또한 각 회원 정보 상자 내 보유 포인트 입력란의 값을 변경하면 그에 연동하여 전체 회원의 보유 포인트 합계도 변경됩니다.

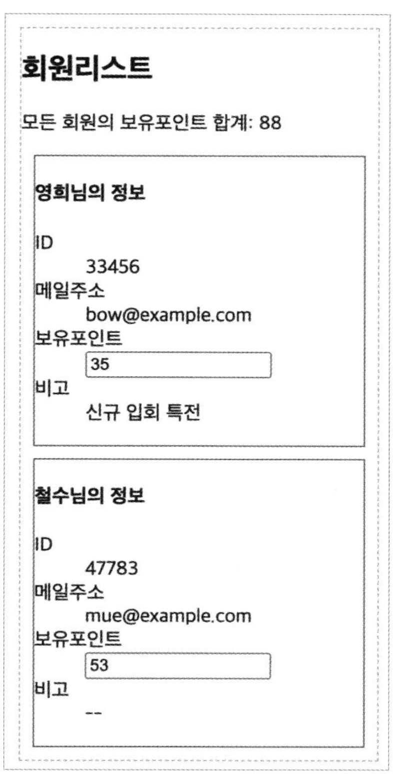

그림 8-28 components-provinje 프로젝트 표시 결과

components-provinje 프로젝트의 실행 결과는 8.5.3절의 components-emit-model 프로젝트와 크게 다르지 않지만 프로젝트의 구성이 상당히 다릅니다. 먼저 컴포넌트가 세 개로 늘어났습니다. 컴포넌트 간의 관계를 나타내면 [그림 8-29]와 같습니다.

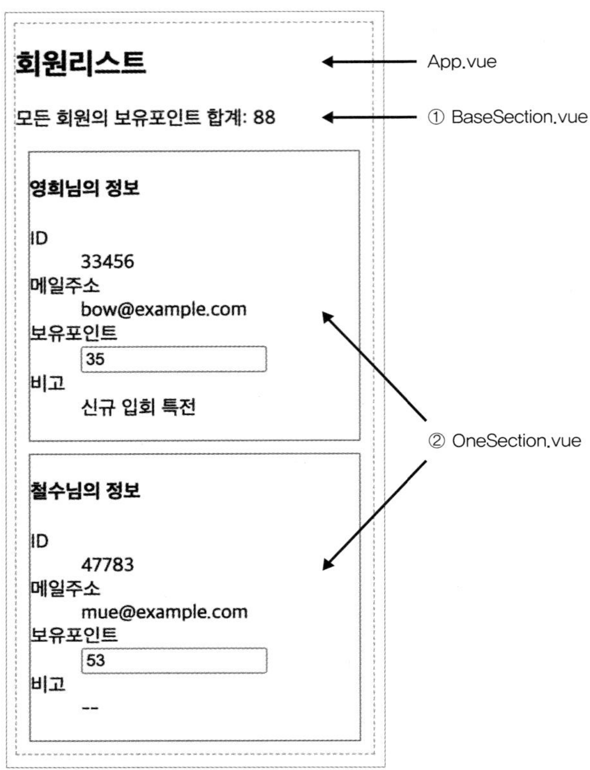

그림 8-29 components-provinje 프로젝트의 구성요소 간 관계

우선 큰 틀인 App.vue는 표시 측면에서는 아무것도 하지 않습니다. [코드 8-22]의 ❸과 같이 BaseSection 컴포넌트를 불러와서 표시하고 있을 뿐입니다. BaseSection 컴포넌트의 표시 영역이 [그림 8-29]의 ① 범위입니다. 8.5.3절의 components-emit-model에서 App 컴포넌트가 했던 것처럼 OneMember 컴포넌트를 v-for로 반복하면서 표시하고 있습니다. OneMember 컴포넌트의 표시 영역은 기존과 마찬가지로 [그림 8-29]의 ② 범위입니다.

8.6.3 Provide 사용 방법

그럼 App.vue에서는 무엇을 하는가 하면 오로지 프로젝트에 필요한 데이터를 준비하고 있습니다(그림 8-30).

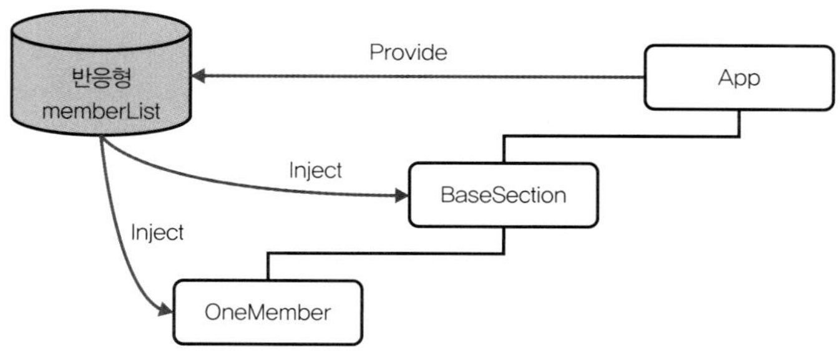

그림 8-30 components-provinje 프로젝트의 데이터 관계

App 컴포넌트 스크립트 블록에서는 회원 정보 리스트를 생성하여 제공하고 있습니다. 이후 BaseSection 컴포넌트와 OneMember 컴포넌트에서는 여기서 제공된 회원 정보 리스트를 Inject로 활용하고 있습니다. 구체적으로 Provide를 수행하는 것은 [코드 8-22]의 ❷ 부분입니다.

```
provide("memberList", reactive(memberList));
```

❶에서 회원 정보 리스트로 Map 객체의 memberList를 생성하고 있습니다. 이 코드는 지금까지 설명한 코드와 동일합니다. memberList를 ❷와 같이 provide() 함수에 전달하면 Provide가 수행되어 다른 컴포넌트에서 사용할 수 있습니다. provide() 함수의 구문은 다음과 같습니다.

provide() 함수

```
provide("Provide명", 값);
```

[코드 8-22]의 ❷에서는 변수명과 동일한 memberList를 Provide명으로 지정하고 있습니다. 이를 통해 다른 컴포넌트에서 memberList라는 이름으로 데이터를 Inject하여 사용할 수 있습니다. 한편 값으로는 단순히 memberList를 전달하는 것이 아니라 reactive() 함수를 이용하고 있어서 memberList는 전체 컴포넌트에서 반응형 변수로 사용할 수 있습니다. 이와 같이 일반적으로 Provide를 수행하는 provide() 함수는 reactive() 함수와 함께 사용하게 됩니다.

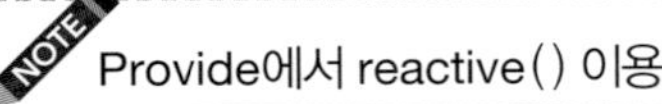

Provide에서 reactive() 이용

반응형 변수를 준비하는 함수에는 ref() 함수가 하나 더 있습니다. 지금까지 예제에서는 오로지 ref()를 사용해 왔지만 제공된 데이터를 반응형으로 만들 때 ref()는 사용하기 어려운 면이 있습니다. ref()를 사용한 반응형 변수 데이터에 접근하려면 지금까지 설명한 것처럼 .value를 사용합니다. 같은 컴포넌트 내에서는 이 방법으로도 별문제가 없지만 Inject한 데이터에 .value로 접근해보면 타입스크립트에서는 타입 에러가 발생합니다. 그래서 에러를 피하고자 reactive()를 사용합니다.

8.6.4 Inject 사용 방법

이제 App 컴포넌트에서 제공된 memberList에 데이터를 Inject하는 방법을 알아봅시다. BaseSection 컴포넌트인 [코드 8-21]의 ❶ 부분이 이에 해당합니다.

```
const memberList = inject("memberList") as Map<number, Member>;
```

Inject는 inject() 함수를 이용하면 간단하게 구현할 수 있습니다. 인자에는 Provide명을 전달합니다. 또한 inject()의 반환값은 알 수 없는 타입을 반환하기 때문에 이후 코드에서 타입스크립트의 컴파일 에러를 발생시킵니다. 따라서 as 키워드로 타입 변환을 수행하여 원래 데이터 타입으로 복원해둡니다.

unknown 타입

타입스크립트에는 데이터 타입을 따로 지정하지 않는 any와 unknown 두 가지가 있습니다. 두 변수의 차이점은 해당 변수의 속성과 메서드에 접근할 수 있느냐 없느냐입니다. any는 접근할 수 있지만 unknown은 할 수 없습니다. unknown은 [코드 8-21]의 ①과 같이 타입 표명을 통해 정식 타입으로 변환한 후 사용하는 것을 전제로 한 타입이며 변환한 후에 속성과 메서드에 접근할 수 있게 됩니다.

이처럼 Provide할 때 reactive()로 만든 반응형 데이터를 inject() 함수를 통해 주입하기만 하면 컴포넌트 내에서는 기존과 마찬가지로 반응형 변수로 취급할 수 있습니다. 실제로 [코드 8-21]에서는 ❶에서 Inject한 memberList를 그대로 템플릿 변수로 사용하고 ❸의 v-for로 반복하면서 OneMember 컴포넌트를 표시하고 있습니다.

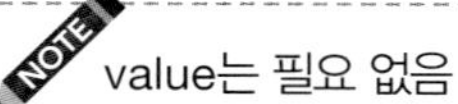

value는 필요 없음

[코드 8-21]의 ❷에서는 memberList를 반복하면서 전체 회원의 포인트 합계를 계산하고 있습니다. 지금까지 반복 코드를 작성할 때 오른쪽 부분은 다음과 같았습니다.

```
memberList.value.values()
```

하지만 이번 코드는 중간에 .value가 없습니다. 이는 Provide할 때 ref() 대신 reactive()를 사용하기 때문입니다.

8.6.5 손자 컴포넌트에서도 Inject는 같다

이전까지 예제에서는 OneMember 컴포넌트를 반복할 때 필요한 모든 데이터를 Props로 전달했지만 이번 예제에서는 id만 전달합니다([코드 8-21]의 ❹). 이는 OneMember 컴포넌트 내에서도 데이터를 Inject하여 활용하기 때문입니다.

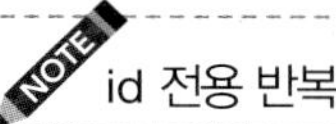

id 전용 반복

지금까지는 다음과 같이 v-for를 사용하여 memberList를 반복 처리했습니다.

```
v-for="[id, member] in memberList"
```

이는 각 member의 데이터를 Props로 활용하고 있었기 때문입니다. 반면 id만 있는 경우 Map 객체의 키만 반복 처리하면 충분합니다. 따라서 키를 가져오는 keys()를 이용하여 반복을 처리합니다([코드 8-21]의 ❸).

구체적으로 OneMember 컴포넌트 내의 코드를 살펴보겠습니다. [코드 8-20]의 ❷에서 memberList를 Inject하고 있습니다. 이는 앞 절의 내용과 동일합니다. 그런 다음 이렇게 해서 얻은 Map 객체 memberList에 get() 메서드를 이용하여 해당 회원 정보 객체(Member 객체)를 가져옵니다. 이때 Props로 전달받은 id를 활용하고 있습니다([코드 8-20]의 ❹).

```
memberList.get(props.id) as Member
```

이렇게 하면 부모 컴포넌트에서 필요한 모든 데이터를 Props에서 가져와야 하는 번거로움이 사라집니다.

Member에 대한 타입 표명

[코드 8-20]의 ❹에서는 획득한 Member 객체에 대해 타입 표명을 수행합니다. 타입 표명type assertion에 대해서는 6장 끝부분의 설명을 참고하세요.

단 이렇게 획득한 Member 객체는 OneMember 컴포넌트 내에서는 반응형 데이터가 되지 않습니다. 따라서 [코드 8-20] ❸의 다음 코드와 같이 계산형 속성으로 설정해야 합니다.

```
const member = computed(
    (): Member => {
        return memberList.get(props.id) as Member;
    }
);
```

이를 계산형 속성으로 사용하지 않고 memberList에서 get()으로 얻은 Member 객체를 직접 템플릿으로 표시하면 반응형 시스템이 작동하지 않으므로 주의해야 합니다. 또한 Member 객체를 계산형 속성으로 설정했기 때문에 localNote를 계산하는 함수 내에서는 [코드 8-20] ❺의 다음 부분과 같이 .value가 필요하다는 점에도 주의해야 합니다.

```
let localNote = member.value.note;
```

이 점만 주의하면 지금까지 컴포넌트 내에서 활용했던 각종 반응형 데이터와 동일하게 사용할 수 있습니다. 실제로 [코드 8-20]의 ❻에서는 v-model을 활용하여 points와 연동하고 있습니다. points도 반응형 변수이므로 값을 변경하면 Provide 원본 memberList도 변경되고 결과적으로 총 포인트 합계도 그에 맞게 변경됩니다.

9장

기본 편

자식 컴포넌트 활용

지난 장에서 여러 컴포넌트를 조합하는 방법을 소개했습니다. 이번 장에서는 그 연장선상에서 여러 컴포넌트를 활용할 수 있는 기능을 소개합니다. 구체적으로는 부모 컴포넌트가 자식 컴포넌트를 활용하는 방법의 변형으로 슬롯과 동적 컴포넌트에 관해 설명합니다.

9.1 자식 컴포넌트를 사용자 정의하는 슬롯

이번에 소개할 기능은 슬롯slot입니다. 먼저 Props에서 구현하기 어려운 처리에는 어떤 것들이 있는지 확인해보고 슬롯이 무엇인지 이야기하겠습니다.

9.1.1 슬롯이란?

부모 컴포넌트에서 자식 컴포넌트로 데이터를 전달할 때 8.3.1절에서 소개한 Props를 사용할 수 있습니다. 단 Props에서는 HTML 요소 자체를 전달할 수 없습니다. 예를 들어 부모 컴포넌트에서 다음과 같은 템플릿 변수 tag를 준비합니다.

```
const tag = ref("<p>연락이 되지 않습니다</p>");
```

변수 tag를 다음과 같이 Props를 경유하여 자식 컴포넌트에 전달했다고 가정해봅시다.

```
<OneSection v-bind:tag="tag"/>
```

자식 컴포넌트에서 이를 다음과 같이 머스태시 구문으로 표시하려고 하면 이스케이프 처리되어 HTML 요소로 인식되지 않고 태그 형식의 문자열로 표시됩니다(그림 9-1).

```
<section class="box">
    {{tag}}
</section>
```

<p>연락이 되지 않습니다</p>

그림 9-1 HTML 요소로 인식되지 않음

물론 5.2.1절에서 소개한 v-html 디렉티브를 이용하여 다음과 같이 작성하면 HTML 요소로 렌더링됩니다(그림 9-2).

```
<section class="box" v-html="tag">
</section>
```

연락이 되지 않습니다

그림 9-2 HTML 요소로 인식되는 v-html 디렉티브

하지만 이 방식은 5.2.1절에서 설명한 XSS 취약점을 포함하게 됩니다. 또한 v-html 디렉티브를 사용하더라도 Props에서 자식 컴포넌트에 전달할 수 있는 것은 기본적으로 정적 HTML입니다. 예를 들어 다음과 같이 v-for에 의해 동적으로 렌더링된 HTML 요소는 전달할 수 없습니다.

```
<ul>
    <li v-for="problem in problems" v-bind:key="problem">
        {{problem}}
    </li>
</ul>
```

이처럼 정적이든 동적이든 HTML 요소를 자식 컴포넌트에 전달하여 자식 컴포넌트에서 그대로 렌더링하게 하려면 부모 컴포넌트가 자식 컴포넌트의 렌더링 내용을 사용자 정의할customize 수 있는 또 다른 구조가 필요합니다. 이 구조가 바로 슬롯slot입니다.

9.1.2 슬롯의 기본 작성법

이제 구체적인 예제를 만들면서 슬롯의 기본적인 작성 방법을 살펴보겠습니다. slot-basic 프로젝트를 생성하고 src/components 폴더에 OneSection.vue를 생성하여 [코드 9-1]의 내용으로 작성합니다.

코드 9-1 slot-basic/src/components/OneSection.vue

```
<script setup lang="ts">
interface Props {
    name: string;
}
defineProps<Props>();
</script>

<template>
    <section class="box">
        <h1>{{ name }} 님의 상황</h1>
        <slot />  ──────────────── ❶
    </section>
</template>

<style>
.box {
    border: green 1px solid;
    margin: 10px;
}
</style>
```

그런 다음 src/App.vue를 [코드 9-2]의 내용으로 작성합니다.

코드 9-2 slot-basic/src/App.vue

```
<script setup lang="ts">
import { ref } from "vue";
import OneSection from "./components/OneSection.vue";

const yeonghee = ref("영희");
</script>

<template>
    <section>
        <h2>Slot 이용</h2>
        <OneSection v-bind:name="yeonghee">
            <p>연락이 되지 않습니다</p>  ──────────────── ❶
        </OneSection>
    </section>
</template>
```

실행 결과는 [그림 9-3]과 같습니다.

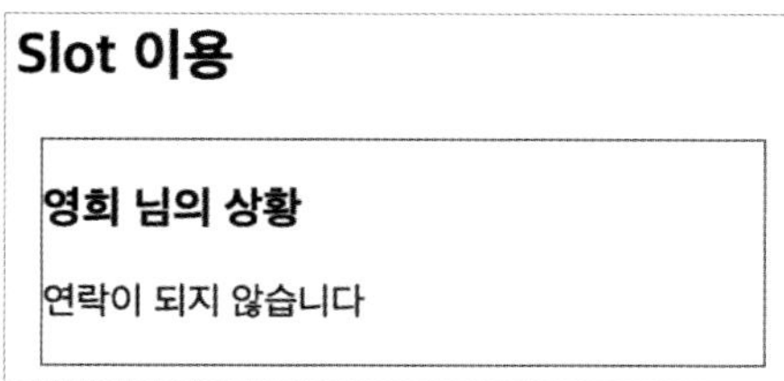
Slot 이용
영희 님의 상황
연락이 되지 않습니다

그림 9-3 부모로부터 전달받은 HTML 요소를 자식에서 표시

부모 컴포넌트에서 전달받은 HTML 요소를 자식 컴포넌트에서 슬롯을 이용하여 표시하려면 이름 그대로 slot 태그를 사용합니다([코드 9-1]의 ❶). slot 태그의 오른쪽이 />로 되어 있는 점에 주의합시다. slot 태그는 일반 HTML 태그와 달리 종료 태그를 생략할 수 없습니다. 이렇게 slot 태그를 작성하면 해당 위치에 부모 컴포넌트에서 전달받은 HTML 요소가 렌더링됩니다(그림 9-4).

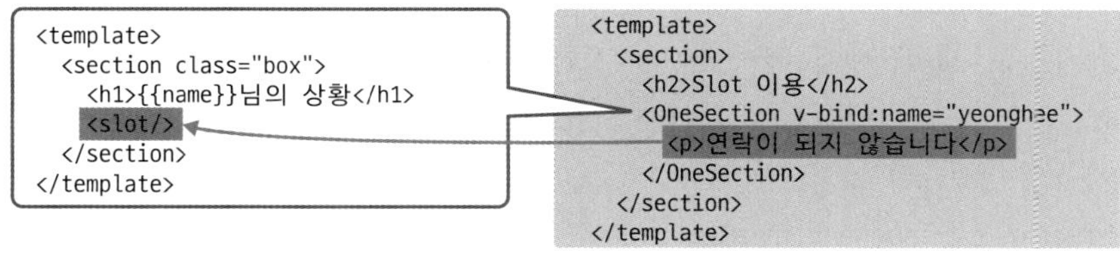
<template>
<section class="box">
<h1>{{name}}님의 상황</h1>
<slot/>
</section>
</template>
<template>
<section>
<h2>Slot 이용</h2>
<OneSection v-bind:name="yeonghee">
<p>연락이 되지 않습니다</p>
</OneSection>
</section>
</template>

그림 9-4 slot-basic 프로젝트의 슬롯 구조

자식 컴포넌트에 부모 컴포넌트로부터 HTML 요소를 전달하려면 부모 컴포넌트 측에서 자식 컴포넌트 태그의 요소로서 HTML을 작성합니다([코드 9-2]의 ❶). 지금까지의 예제에서 자식 컴포넌트는 다음과 같이 속성만 있는 태그를 작성했습니다.

```
<OneSection v-bind:name="name"/>
```

한편 슬롯을 이용하는 경우 [코드 9-2]와 같이 시작 태그와 종료 태그를 이용하고 그 사이에 자식 컴포넌트에 전달할 HTML 요소를 작성합니다. 렌더링 결과는 다음과 같습니다.

```
<section>
    <h2>Slot 이용</h2>
```

```
    <section class="box">
        <h1>영희 님의 상황</h1>
        <p>연락이 되지 않습니다</p>
    </section>
</section>
```

자식 컴포넌트인 OneSection의 slot 태그가 작성된 위치에 부모 컴포넌트에서 OneSection 태그 내에 작성한 p 태그가 렌더링된 것을 확인할 수 있습니다.

9.1.3 슬롯의 대체 콘텐츠

자식 컴포넌트 입장에서는 슬롯으로 부모 컴포넌트에서 반드시 HTML 요소가 전달된다는 보장은 없습니다. 그 때문에 HTML 요소가 전달되지 않는 경우를 대비하여 기본 HTML 요소를 설정합니다. 이를 폴백 콘텐츠fallback content라고 합니다.

구체적인 사례를 살펴보겠습니다. slot-fallback 프로젝트를 생성하고 src/components 폴더 내에 OneSection.vue를 생성하여 [코드 9-3]의 내용으로 작성합니다. 스크립트 블록과 스타일 블록은 [코드 9-1]과 동일하므로 생략했습니다.

코드 9-3 slot-fallback/src/components/OneSection.vue

```
<script setup lang="ts">
~ 생략([코드 9-1]과 같음) ~
</script>

<template>
    <section class="box">
        <h1>{{ name }} 님의 상황</h1>
        <slot>
            <p>문제없습니다</p>  ❶
        </slot>
    </section>
</template>

<style>
~ 생략([코드 9-1]과 같음) ~
</style>
```

그런 다음 src/App.vue를 [코드 9-4]의 내용으로 작성합니다.

코드 9-4 slot-fallback/src/App.vue

```
<script setup lang="ts">
import { ref } from "vue";
import OneSection from "./components/OneSection.vue";

const yeonghee = ref("영희");
const cheolsoo = ref("철수");
</script>

<template>
    <section>
        <h2>Slot 이용</h2>
        <OneSection v-bind:name="yeonghee">        ❶
            <p>연락이 되지 않습니다</p>
        </OneSection>
        <OneSection v-bind:name="cheolsoo" />      ❷
    </section>
</template>
```

실행 결과는 [그림 9-5]와 같습니다.

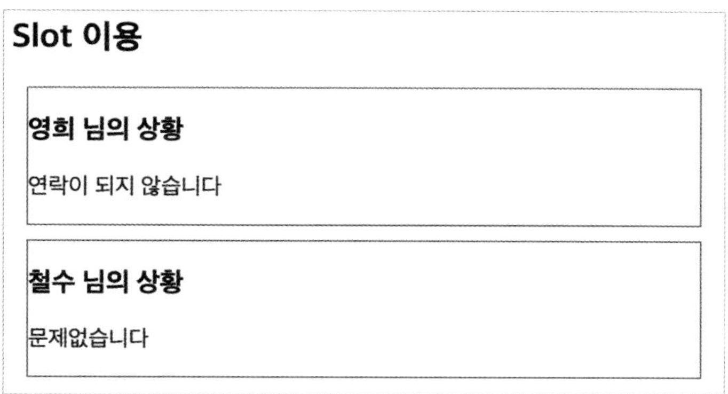

그림 9-5 폴백 콘텐츠 활용

렌더링 결과는 다음과 같습니다.

```
<section>
    <h2>Slot 이용</h2>
```

```
    <section class="box">
        <h1>영희 님의 상황</h1>
        <p>연락이 되지 않습니다</p>
    </section>
    <section class="box">
        <h1>철수 님의 상황</h1>
        <p>문제없습니다</p>
    </section>
</section>
```

[코드 9-4]에서는 ❶과 ❷에서 슬롯을 이용하여 자식 컴포넌트인 OneSection을 불러오고 있습니다. ❶의 코드는 [코드 9-2]와 동일합니다. 반면 ❷에는 슬롯으로 전달할 HTML 요소가 기재되어 있지 않습니다. 이런 경우를 대비해 자식 컴포넌트에 설정하는 것이 폴백 콘텐츠입니다([코드 9-3]의 ❶).

[코드 9-1]의 slot 태그는 요소가 없이 <slot/> 태그로 작성했습니다. 이때 slot 태그를 시작 태그와 종료 태그로 분리하고 그 사이에 HTML 요소를 작성하면 폴백 콘텐츠가 됩니다. 부모 컴포넌트에서 HTML 요소를 전달하지 않으면 폴백 콘텐츠인 HTML 요소가 기본 표시로 렌더링됩니다(그림 9-6).

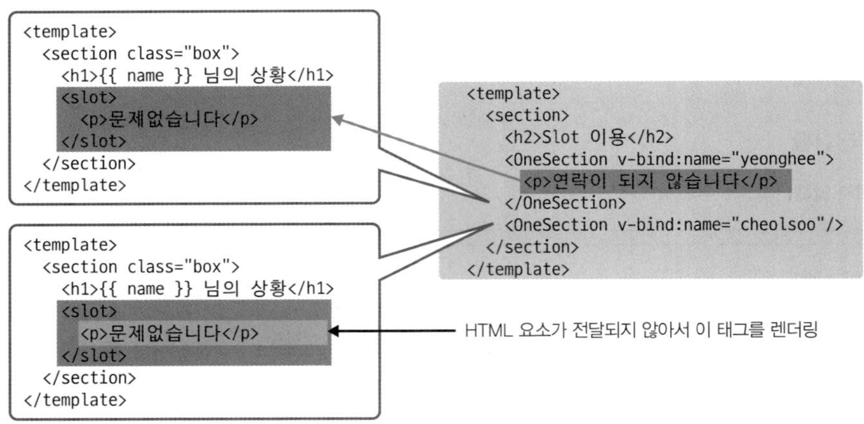

그림 9-6 폴백 콘텐츠 이용 구조

렌더링 결과에서도 이를 확인할 수 있습니다.

9.1.4 템플릿 변수의 소속

슬롯을 이용할 때 주의해야 할 점이 있습니다. 바로 템플릿 변수의 소속입니다. 부모 컴포넌트에서 자식 컴포넌트로 전달하는 HTML 요소 내에서 템플릿 변수를 이용하는 경우 해당 변수는 원칙적으로 부모 컴포넌트에서 준비해야 합니다.

구체적인 사례를 살펴보겠습니다. slot-datascope 프로젝트를 생성하고 src/components 폴더에 OneSection.vue를 생성하여 [코드 9-5]의 내용으로 작성합니다. [코드 9-3]과 다른 점은 굵게 표시된 ❶ 부분입니다.

코드 9-5 slot-datascope/src/components/OneSection.vue

```
<script setup lang="ts">
~ 생략([코드 9-3]과 같음) ~
</script>

<template>
    <section class="box">
        <h1>{{ name }} 님의 상황</h1>
        <slot>
            <p>{{ name }} 님은 문제없습니다. </p>  ❶
        </slot>
    </section>
</template>

<style>
~ 생략([코드 9-3]과 같음) ~
</style>
```

그런 다음 src/App.vue를 [코드 9-6]의 내용으로 다시 작성합니다. [코드 9-4]와 다른 점은 굵게 표시된 ❶부분입니다.

코드 9-6 slot-datascope/src/App.vue

```
<script setup lang="ts">
~ 생략([코드 9-4]와 같음) ~
</script>

<template>
    <section>
```

```
        <h2>Slot 이용</h2>
        <OneSection v-bind:name="yeonghee">
            <p>{{ yeonghee }} 님은 연락이 되지 않습니다</p>   ❶
        </OneSection>
        <OneSection v-bind:name="cheolsoo" />   ❷
    </section>
</template>
```

실행 결과는 [그림 9-7]과 같습니다.

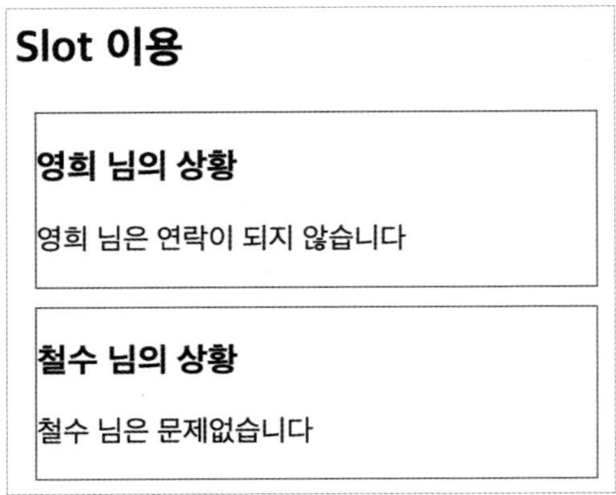
Slot 이용
영희 님의 상황
영희 님은 연락이 되지 않습니다
철수 님의 상황
철수 님은 문제없습니다

그림 9-7 슬롯의 HTML 요소에 템플릿 변수 활용

렌더링 결과는 다음과 같습니다.

```
<section>
    <h2>Slot 이용</h2>
    <section class="box">
        <h1>영희 님의 상황</h1>
        <p>영희 님은 연락이 되지 않습니다</p>
    </section>
    <section class="box">
        <h1>철수 님의 상황</h1>
        <p>철수 님은 문제없습니다</p>
    </section>
</section>
```

slot-datascope 프로젝트의 슬롯 코드에서 템플릿 변수의 관계를 나타내면 [그림 9-8]과 같습니다.

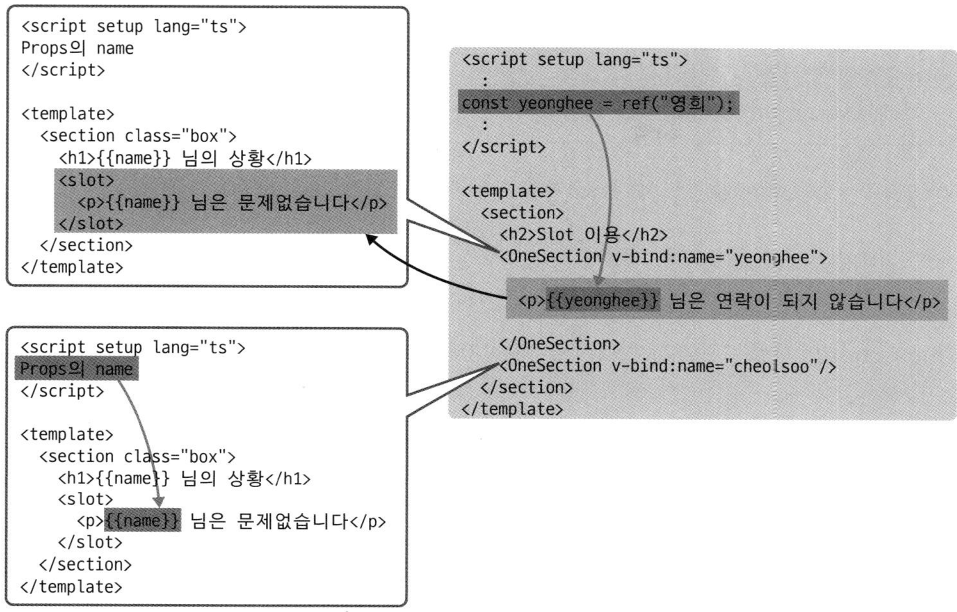

그림 9-8 슬롯 코드에서 템플릿 변수의 관계

[코드 9-6]에서는 영희의 정보를 렌더링하는 OneSection 태그 안에 슬롯 코드로서 HTML 요소를 작성하는 데 템플릿 변수 yeonghee를 이용합니다(❶). 이때 App 안에 준비한 템플릿 변숫값을 이용하여 다음과 같은 HTML 요소가 생성되어 OneSection으로 전달됩니다.

```
<p>영희 님은 연락이 되지 않습니다</p>
```

즉 OneSection에 HTML 요소가 전달된 시점에서 템플릿 변수의 전개가 끝난 상태입니다. 이것을 'OneSection에 전달되는 HTML 요소니까 OneSection 내의 템플릿 변수 name(Props의 name)을 사용할 수 있겠지'라고 가정하고 다음과 같은 코드를 작성하면 [그림 9-9]와 같은 에러 메시지가 표시됩니다.

```
<OneSection v-bind:name="yeonghee">
    <p>{{name}} 님은 연락이 되지 않습니다</p>
</OneSection>
```

그림 9-9 자식 컴포넌트의 템플릿 변수를 사용할 때 표시되는 에러

에러의 내용은 name 변수가 정의되지 않았다는 것입니다. 여기서 알 수 있듯이 슬롯 내의 HTML 요소에서 참조할 수 있는 것은 App 내의 템플릿 변수뿐입니다. 컴포넌트를 넘나드는 OneSection의 템플릿 변수는 참조할 수 없습니다(그림 9-10).

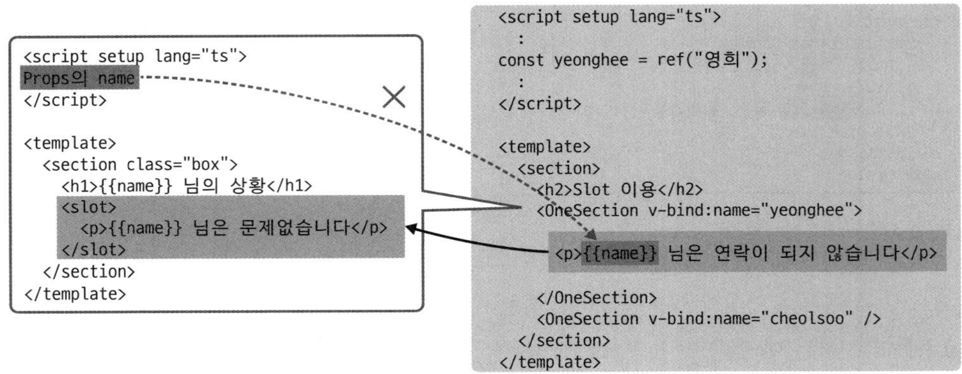

그림 9-10 App에서 OneSection의 템플릿 변수는 참조할 수 없음

마찬가지로 자식 컴포넌트인 OneSection에서 부모 컴포넌트인 App의 템플릿 변수도 참조할 수 없습니다. 예를 들어 [코드 9-5]의 ❶에서 OneSection의 폴백 콘텐츠가 표시된다고 가정하고 OneSection의 폴백 콘텐츠 내에 다음과 같이 작성하면 의도한 대로 동작하지 않습니다.

```
<slot>
    <p>{{ cheolsoo }} 님은 문제없습니다</p>
</slot>
```

부모 컴포넌트인 App의 템플릿 변수 cheolsoo를 활용하려고 하는데 이를 그림으로 표현하면 [그림 9-11]과 같습니다.

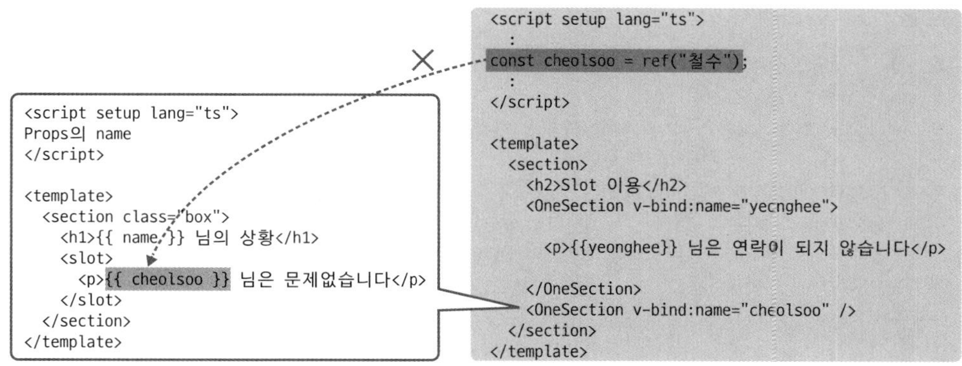

그림 9-11 OneSection에서 App의 템플릿 변수를 참조할 수 없음

실제로 이 코드에서는 VS Code에 [그림 9-12]와 같은 에러가 표시됩니다.

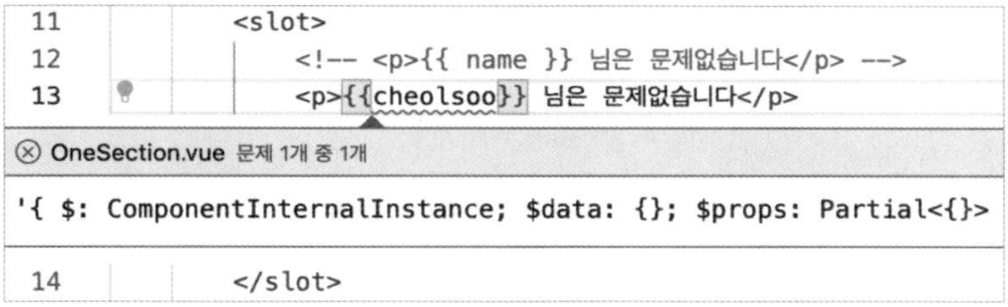

```
11          <slot>
12              <!-- <p>{{ name }} 님은 문제없습니다</p> -->
13              <p>{{cheolsoo}} 님은 문제없습니다</p>
ⓧ OneSection.vue 문제 1개 중 1개
'{ $: ComponentInternalInstance; $data: {}; $props: Partial<{}>
14          </slot>
```

그림 9-12 부모 컴포넌트의 템플릿 변수를 사용할 때 표시되는 에러

여기서 설명한 내용은 8.2절에서 다룬 컴포넌트 독립성에 관한 이야기를 반복한 것입니다. 컴포넌트 내의 데이터와 처리는 컴포넌트 내에서 완성됩니다. 슬롯에서도 예외가 아닙니다.

9.1.5 부모 렌더링 결과의 슬롯

지금까지 살펴본 내용을 바탕으로 9.1.1절 마지막에서 다룬 것처럼 부모 컴포넌트에서 동적으로 렌더링한 HTML 요소를 자식 컴포넌트에 전달할 수도 있습니다.

구체적으로 살펴보겠습니다. slot-dynamic 프로젝트를 생성하고 먼저 src/components 폴더 내에 OneSection.vue를 준비합니다. 단 이번 OneSection.vue는 [코드 9-3]의 slot-fallback 프로젝트와 동일하므로 파일을 그대로 복사하여 붙여 넣습니다. 그리고 src/App.vue를 [코드 9-7]의 내용으로 작성합니다.

코드 9-7 slot-dynamic/src/App.vue

```
<script setup lang="ts">
import { ref } from "vue";
import OneSection from "./components/OneSection.vue";

const yeongheeProblemsInit: string[] = ["통화가 되지 않습니다", "부재중입니다"];
const yeonghee = ref("영희");
const yeongheeProblems = ref(yeongheeProblemsInit);
const cheolsoo = ref("철수");
</script>

<template>
    <section>
        <OneSection v-bind:name="yeonghee">
            <ul>
                <li v-for="problem in yeongheeProblems" v-bind:key="problem">    ❶
                    {{ problem }}
                </li>
            </ul>
        </OneSection>
        <OneSection v-bind:name="cheolsoo" />
    </section>
</template>
```

실행 결과는 [그림 9-13]과 같습니다.

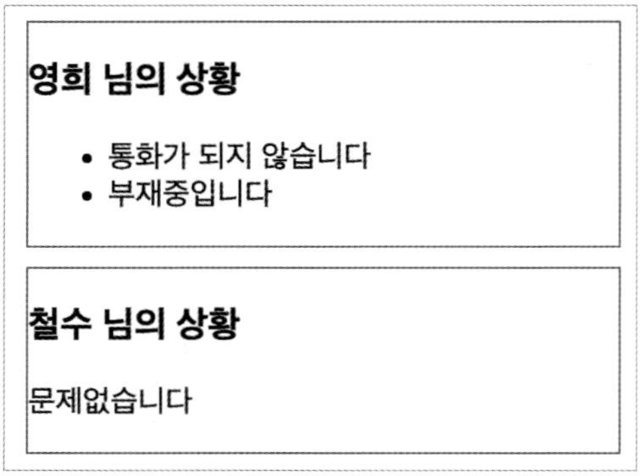

영희 님의 상황

- 통화가 되지 않습니다
- 부재중입니다

철수 님의 상황

문제없습니다

그림 9-13 동적으로 렌더링된 HTML 요소를 슬롯으로 이용

렌더링 결과는 다음과 같습니다.

```
<section>
    <section class="box">
        <h1>영희 님의 상황</h1>                          ①
        <ul>
            <li>통화가 되지 않습니다</li>
            <li>부재중입니다</li>
        </ul>
    </section>
    <section class="box">
        <h1>철수 님의 상황</h1>
        <p>문제없습니다</p>                               ②
    </section>
</section>
```

지금까지 예제에서 폴백 콘텐츠는 p 요소였고 슬롯에 넣는 HTML 요소도 p 요소였습니다. 한편 이번 프로젝트에서는 ①의 렌더링 결과에서 알 수 있듯이 영희의 정보로 슬롯에 삽입되는 HTML 요소는 ul 요소(목록 표시)이며 폴백 콘텐츠인 ②의 p 요소와는 전혀 다른 내용입니다. 게다가 목록의 내용도 v-for로 반복 처리하면서 생성하고 있습니다([코드 9-7]의 ❶). 렌더링의 처리 흐름을 나타내면 [그림 9-14]와 같습니다.

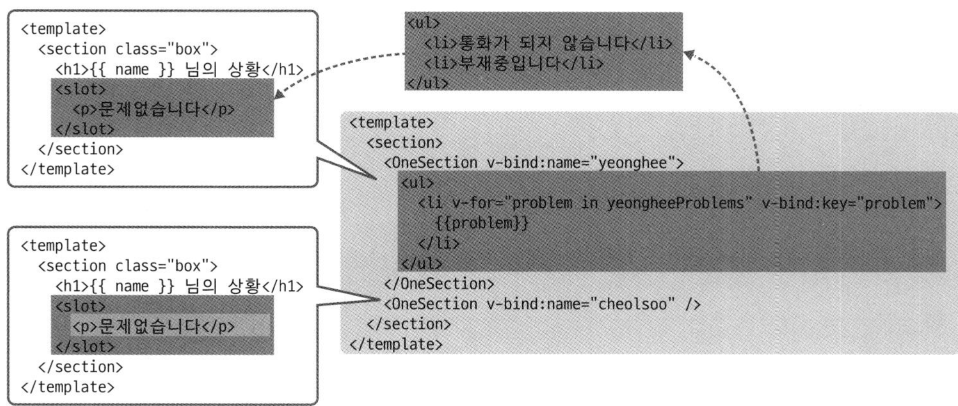

그림 9-14 동적으로 렌더링된 태그가 슬롯에 삽입되는 모습

부모 컴포넌트인 App 내에서 App 내의 템플릿 변수를 이용하여 자식 템플릿에 전달할 HTML 요소를 생성하고 이를 슬롯으로 전달하고 있습니다. 슬롯을 이용하면 이렇게 유연하게 화면 표시도 가능합니다.

COLUMN

slot 태그는 웹 표준

이 절에서 소개한 slot 태그는 Vue의 고유한 기능은 아닙니다. 사실은 웹의 표준 규격입니다. [그림 9-c1]은 MDN의 slot 해설 페이지입니다. Vue에서는 이러한 표준 slot 구조를 확장한 것이라 할 수 있습니다.

그림 9-c1 MDN의 slot 태그 해설 페이지

9.2 여러 개의 슬롯을 구현하는 명명된 슬롯

지난 절에서 슬롯의 기본을 소개했습니다. 이번 절에서는 이를 바탕으로 응용 기능을 소개합니다.

9.2.1 slot 태그 추가

앞 절에서 소개한 예제에서 자식 컴포넌트에 정의된 slot 태그는 단 한 개뿐이었습니다. 이를 늘려서 여러 개의 slot 태그를 작성하더라도 모두 동일한 HTML 요소가 삽입됩니다. 예를 들어 slot-basic 프로젝트의 OneSection 컴포넌트에 다음과 같이 slot 태그를 추가하면 [그림 9-15]와 같이 표시됩니다. slot 태그에 동일한 HTML 요소가 삽입된 것을 확인할 수 있습니다.

```
<section class="box">
    <h1>{{name}} 님의 상황</h1>
    <slot/>
    <slot/>
</section>
```

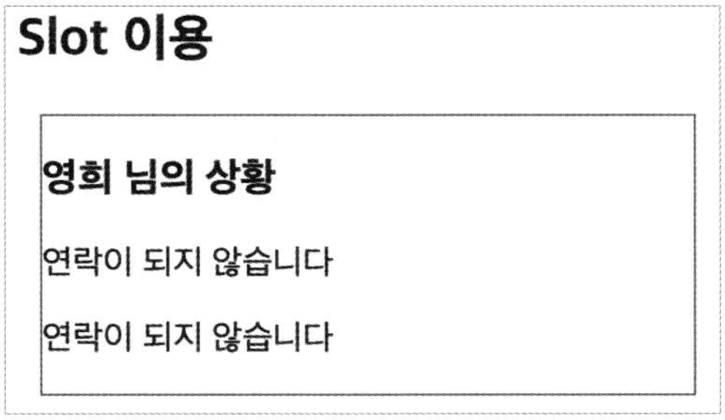

Slot 이용

영희 님의 상황

연락이 되지 않습니다

연락이 되지 않습니다

그림 9-15 동일한 HTML 요소가 삽입된 화면

9.2.2 명명된 슬롯

한 컴포넌트의 여러 곳에 서로 다른 HTML 요소를 삽입하고 싶다면 각각의 slot 태그에 이름을 붙여야 합니다. 이를 명명된 슬롯named slots이라고 합니다.

구체적인 사례를 살펴보겠습니다. slot-named 프로젝트를 생성하고 src/components 폴더 내에 OneSection.vue를 생성하여 [코드 9-8]의 내용으로 작성합니다. 스크립트 블록과 스타일 블록은 [코드 9-3]과 동일하므로 생략합니다.

코드 9-8 slot-named/src/components/OneSection.vue

```
<script setup lang="ts">
~ 생략([코드 9-3]과 같음) ~
</script>

<template>
    <section class="box">
        <h1>{{ name }} 님의 상황</h1>
        <slot>                          ❶
            <p>문제없습니다</p>
        </slot>
        <h4>상세 내용</h4>
        <slot name="detail">            ❷
            <p>특별히 없습니다</p>
        </slot>
    </section>
</template>

<style>
~ 생략([코드 9-3]과 같음) ~
</style>
```

그런 다음 src/App.vue를 [코드 9-9]의 내용으로 작성합니다. 스크립트 블록은 [코드 9-7]과 동일하므로 생략했습니다.

코드 9-9 slot-named/src/App.vue

```
<script setup lang="ts">
~ 생략([코드 9-7]과 같음) ~
</script>
```

```
<template>
    <section>
        <OneSection v-bind:name="yeonghee">
            <template v-slot:default>       ─┐
                <p>문제 발생</p>              ├─ ❶
            </template>                     ─┘
            <template v-slot:detail>        ─┐
                <ul>                         │
                    <li v-for="problem in yeongheeProblems" v-bind:key="problem">
                        {{ problem }}        ├─ ❷
                    </li>                    │
                </ul>                        │
            </template>                     ─┘
        </OneSection>
        <OneSection v-bind:name="cheolsoo" />  ── ❸
    </section>
</template>
```

실행 결과는 [그림 9-16]과 같습니다.

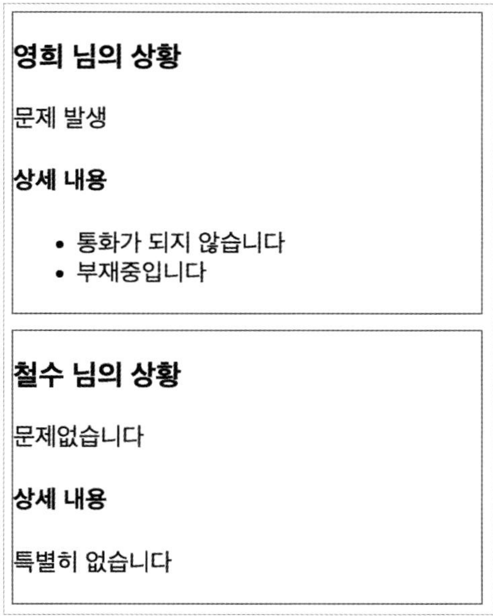

영희 님의 상황
문제 발생
상세 내용
• 통화가 되지 않습니다
• 부재중입니다
철수 님의 상황
문제없습니다
상세 내용
특별히 없습니다

그림 9-16 여러 HTML 요소를 삽입한 화면

렌더링 결과는 다음과 같습니다.

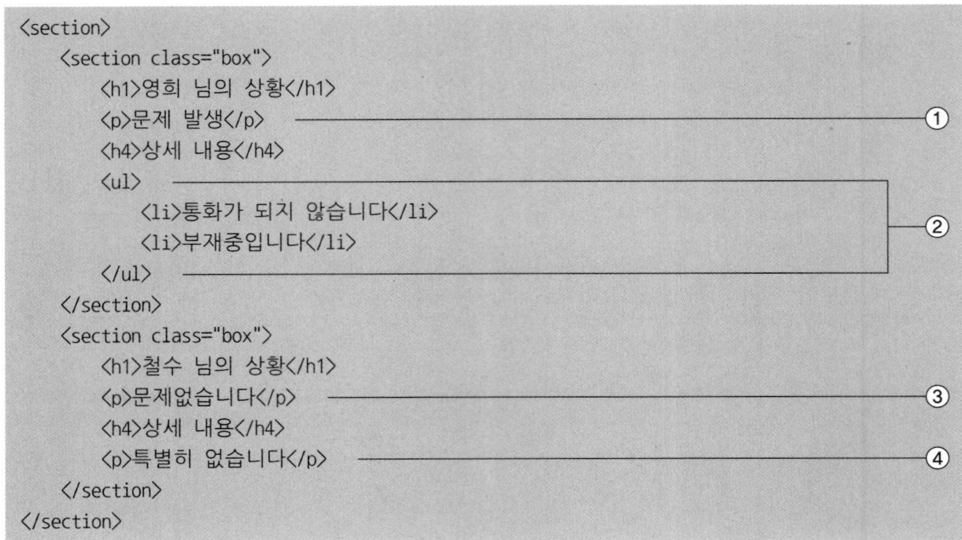

```
<section>
    <section class="box">
        <h1>영희 님의 상황</h1>
        <p>문제 발생</p>                  ①
        <h4>상세 내용</h4>
        <ul>
            <li>통화가 되지 않습니다</li>      ②
            <li>부재중입니다</li>
        </ul>
    </section>
    <section class="box">
        <h1>철수 님의 상황</h1>
        <p>문제없습니다</p>                ③
        <h4>상세 내용</h4>
        <p>특별히 없습니다</p>              ④
    </section>
</section>
```

[코드 9-8]의 ❶은 지금까지 설명한 일반적인 slot 태그입니다. 한편 ❷에는 name 속성으로 detail이 작성되어 있습니다. 이렇게 name 속성이 작성된 slot 태그가 명명된 슬롯입니다. [코드 9-8]에서는 명명된 슬롯이 한 곳만 있지만 단순히 name 속성을 추가하는 것이므로 name 속성이 다른 값이면 얼마든지 작성할 수 있습니다.

9.2.3 명명된 슬롯에 HTML 요소를 전달하는 v-slot

이러한 slot 태그에 HTML 요소를 전달하는 부모 컴포넌트에서는 [코드 9-9]의 ❶과 ❷ 같이 각각의 HTML 요소를 template 태그로 둘러싸고 그 위에 어떤 slot 태그에 삽입할 것인지 나타내는 v-slot 디렉티브를 작성합니다.

v-slot 디렉티브의 콜론(:) 오른쪽, 즉 인자에는 HTML 요소를 전달할 슬롯의 이름을 작성합니다. 이때 이름이 없는 슬롯은 v-slot:default로 설정합니다. [코드 9-9]에서 ❶의 HTML 요소는 이름 없는 slot 태그, ❷의 HTML 요소는 name 속성이 detail인 slot 태그의 위치로 렌더링됩니다(그림 9-17).

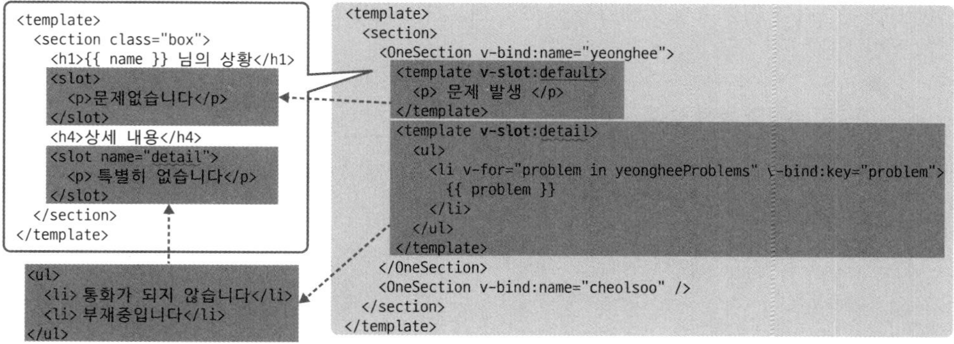

그림 9-17 명명된 슬롯의 구조

렌더링 결과에서도 확인할 수 있습니다. ①은 이름 없는(default) 슬롯, ②는 detail이라는 이름의 슬롯 렌더링 결과입니다.

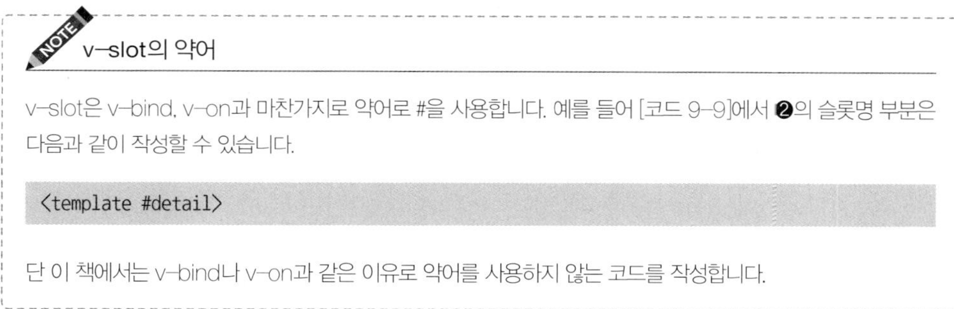
NOTE

v-slot의 약어

v-slot은 v-bind, v-on과 마찬가지로 약어로 #을 사용합니다. 예를 들어 [코드 9-9]에서 ❷의 슬롯명 부분은 다음과 같이 작성할 수 있습니다.

```
<template #detail>
```

단 이 책에서는 v-bind나 v-on과 같은 이유로 약어를 사용하지 않는 코드를 작성합니다.

[코드 9-9]의 ❸과 같이 슬롯을 작성하지 않은 컴포넌트 태그는 기존과 같이 각 slot 태그에 작성한 폴백 콘텐츠가 렌더링됩니다. 렌더링 결과 중 ③은 이름 없는(default) 슬롯의 폴백 콘텐츠, ④는 detail이라는 이름의 슬롯 폴백 콘텐츠가 렌더링된 결과입니다.

또한 모든 슬롯에 대해 자식 컴포넌트에 전달할 HTML 요소를 작성할 필요가 없습니다. 예를 들어 영희의 정보로 이름 없는(default) 슬롯에 넣을 HTML 요소만 자식 컴포넌트에 전달하고 싶다면 다음과 같이 v-slot:default의 template 태그만 작성할 수도 있습니다.

```
<OneSection v-bind:name="yeonghee">
    <template v-slot:default>
        <p>문제 발생</p>
    </template>
</OneSection>
```

이때 detail이라는 이름의 슬롯에서는 폴백 콘텐츠가 렌더링됩니다.

명명된 슬롯의 동적 설정

v-slot에 지정하는 삽입 대상 슬롯명으로 템플릿 변수를 사용할 수도 있습니다. 다음 예와 같이 v-slot:[템플릿 변수명]으로 작성합니다.

```
<OneSection v-bind:name="yeonghee">
    <template v-slot:[slotName]>
        <p>문제 발생</p>
    </template>
</OneSection>
```

이때 스크립트 블록에서 slotName 변수를 템플릿 변수로 준비해두면 해당 값에 맞는 슬롯에 p 태그 요소가 삽입됩니다.

9.3 데이터 전달을 역전시키는 범위가 지정된 슬롯

계속해서 슬롯을 응용하는 방법에 대해 알아보겠습니다. 이번 절에서는 범위가 지정된 슬롯 scoped slot을 소개합니다. 우선 범위가 지정된 슬롯이란 무엇인지부터 설명하겠습니다.

9.3.1 범위가 지정된 슬롯이란?

슬롯이 컴포넌트 템플릿의 재사용성을 늘려주기 위한 기능이라면 범위가 지정된 슬롯은 컴포넌트 데이터의 재사용성을 높여주는 기능입니다. 일반적으로 Vue에서는 Props 속성이나 이벤트 발생과 같은 컴포넌트 통신 방식을 제외하고는 다른 컴포넌트의 값을 참조할 수 없지만 범위가 지정된 슬롯은 하위 컴포넌트의 값을 상위 컴포넌트에서 접근하여 사용할 수 있습니다.

구체적인 사례를 살펴보겠습니다. slot-scoped 프로젝트를 생성하고 src/components 폴더에 OneSection.vue를 생성하여 [코드 9-10]의 내용으로 작성합니다.

코드 9-10 slot-scoped/src/components/OneSection.vue

```
<script setup lang="ts">
import { reactive } from "vue";

const memberInfo = reactive({          ❶
    name: "영희",
    state: "문제없습니다"
});
</script>

<template>
    <section>
        <slot v-bind:memberInfo="memberInfo">          ❷
            <h1>{{ memberInfo.name }} 님의 상황</h1>          ❸
            <p>{{ memberInfo.state }}</p>
        </slot>
```

```
    </section>
</template>
```

그런 다음 src/App.vue를 [코드 9-11]의 내용으로 작성합니다.

코드 9-11 slot-scoped/src/App.vue

```
<script setup lang="ts">
import OneSection from "./components/OneSection.vue";
</script>

<template>
    <section>
        <OneSection>
            <template v-slot="slotProps">                              ❶
                <dl>
                    <dt>이름</dt>
                    <dd>{{ slotProps.memberInfo.name }}</dd>           ❷
                    <dt>상황</dt>
                    <dd>{{ slotProps.memberInfo.state }}</dd>          ❸
                </dl>
            </template>
        </OneSection>
    </section>
</template>
```

실행 결과는 [그림 9-18]과 같습니다.

이름
　　영희
상황
　　문제없습니다

그림 9-18 자식으로부터 전달받은 데이터를 기반으로 슬롯 이용

범위가 지정된 슬롯과 기존 슬롯의 가장 큰 차이점은 [코드 9-10]의 ❶ 부분입니다. 지금까지의 예제에서는 표시할 데이터 자체는 부모 컴포넌트에서 준비하고 해당 데이터 전체 또는 일부가 자식 컴포넌트에 전달되었습니다. 데이터가 부모 → 자식 방향으로 전달됩니다. 그리고 슬

롯의 HTML 요소도 부모 → 자식 방향으로 전달됩니다. 이렇게 데이터와 HTML 요소의 전달 흐름이 일치합니다.

한편 컴포넌트 제작 방식에 따라 자식 컴포넌트에서 데이터를 준비하는 경우가 있습니다. 이때 HTML 요소는 부모 → 자식 방향으로 전달되는 반면, 데이터는 자식 → 부도 방향으로 전달되어 흐름이 역전됩니다. 이를 해결하는 것이 바로 범위가 지정된 슬롯입니다.

slot-scoped 프로젝트에서는 범위가 지정된 슬롯의 구조를 이용하여 [코드 9-10]의 ❶에서 준비한 데이터를 부모인 App 컴포넌트에 전달합니다. App에서는 이 데이터를 바탕으로 HTML 요소를 생성하고 이를 슬롯을 이용하여 다시 한번 OneSection으로 돌려보냅니다(그림 9-19).

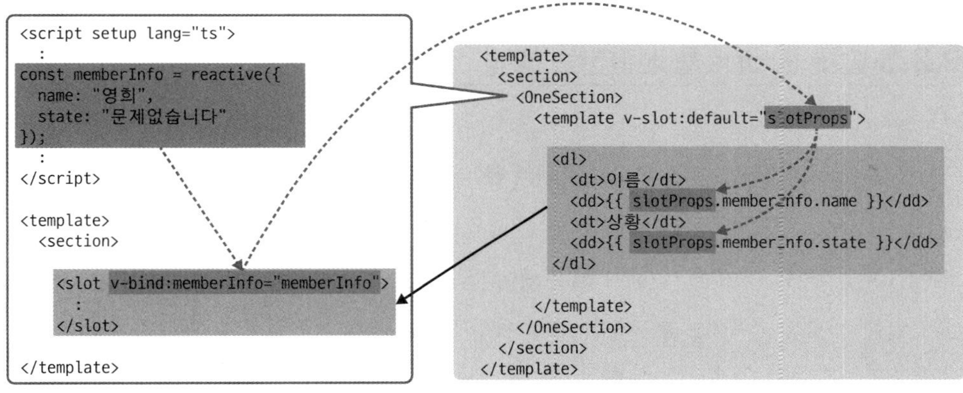

그림 9-19 범위가 있는 슬롯의 구조

9.3.2 자식에서 부모에게 데이터를 전달하는 슬롯 Props

이제 구체적인 코드를 살펴보면서 범위가 지정된 슬롯을 작성하는 방법을 확인해보겠습니다.

먼저 자식 컴포넌트에서 슬롯을 통해 부모 컴포넌트로 데이터를 전달하는 방법입니다. 이렇게 슬롯을 통해 부모 컴포넌트에 전달하는 데이터를 슬롯 Props라고 합니다. [코드 9-10]의 ❷ 부분이 이에 해당합니다. 구문은 다음과 같습니다.

슬롯 Props

```
<slot v-bind:슬롯 Prop명="해당 데이터의 템플릿 변수명">
```

[코드 9-10]에서는 데이터를 memberInfo 객체로 묶어 슬롯 Props로 사용했지만 이를 분리하여 각 데이터를 슬롯 Props로 사용해도 무방합니다. 이 경우 다음과 같이 여러 개의 v-bind 디렉티브를 작성합니다.

```
<slot
v-bind:memberName="memberInfo.name"
v-bind:memberState="memberInfo.state">
```

9.3.3 슬롯 Props를 전달받는 방법

부모 컴포넌트에서 자식 컴포넌트로부터 슬롯 Props로 전달된 데이터를 받으려면 v-slot 디렉티브 속성값을 활용합니다([코드 9-11]의 ❶).

여기서 포인트는 template 태그 활용입니다. 범위가 지정된 슬롯에서는 명명된 슬롯을 사용하지 않더라도, 즉 자식 컴포넌트에서 여러 개의 슬롯 태그를 사용하지 않더라도 항상 template 태그 안에 v-slot 디렉티브를 작성합니다. 예제와 같이 자식 컴포넌트에 이름 없는 slot 태그만 사용하는 경우 [코드 9-11]의 ❶과 같이 v-slot 디렉티브의 인자를 default로 설정합니다. 이는 앞 절에서 설명한 명명된 슬롯과 동일한 구조입니다.

NOTE

default만 있는 경우는 생략 가능

실제로 범위가 있는 슬롯에서 v-slot:default의 default 부분은 생략할 수 있으며 [코드 9-11]의 ❶은 다음과 같이 작성해도 작동합니다.

```
<template v-slot="slotProps">
```

다만 default를 생략할 수 있는 것은 기본 슬롯만 존재해야 가능하므로 생략하지 말고 작성해두는 편이 좋습니다.

명명된 슬롯과 다른 점은 v-slot 디렉티브에 속성값이 설정되어 있다는 점입니다. [코드 9-11]의 ❶에서는 속성값을 slotProps로 설정했지만 어떤 값도 상관없습니다.[1] 속성값으로 지정한 객체에 슬롯 Props의 모든 데이터가 포함됩니다.

slot-scoped 프로젝트에서 자식 컴포넌트로부터 전달되는 슬롯 Props는 memberInfo 하나뿐입니다. 그렇기 때문에 [코드 9-11]의 ❷와 ❸ 같이 slotProps.memberInfo 형태로 memberInfo 객체를 꺼내어 각각의 데이터를 추출하여 활용하고 있습니다.

> **NOTE 슬롯 Props 분할 대입**
>
> 자바스크립트/타입스크립트에는 분할 대입이라는 메커니즘이 있는데 슬롯 Props에도 활용할 수 있습니다. 예를 들어 [코드 9-11]의 ❶은 다음과 같이 작성할 수 있습니다.
>
> ```
> <template v-slot="{memberInfo}">
> ```
>
> 포인트는 중괄호 { }입니다. 이렇게 하면 객체의 지정된 속성(예제에서는 memberInfo)만을 수신할 수 있습니다. 이때 ❷와 ❸은 다음과 같습니다.
>
> ```
> <dt>이름</dt>
> <dd>{{memberInfo.name}}</dd>
> <dt>상황</dt>
> <dd>{{memberInfo.state}}</dd>
> ```

최종적으로 이러한 데이터를 활용하여 렌더링된 dl 요소는 다시 한번 자식 컴포넌트인 OneSection의 slot 태그 안에 삽입되어 표시됩니다. 이것이 범위가 지정된 슬롯의 처리 흐름입니다.

> **NOTE memberInfo가 서로 다른 슬롯 Props인 경우**
>
> 9.3.2절 끝부분에서 소개한 코드와 같이 memberInfo 객체의 데이터를 개별적인 슬롯 범위로 가정하면 [코드 9-11]의 ❷와 ❸에서는 다음과 같이 slotProps에서 직접 데이터를 가져옵니다.

1 관습적으로 slotProps를 많이 사용합니다.

```
<dt>이름</dt>
<dd>{{slotProps.memberName}}</dd>
<dt>상황</dt>
<dd>{{slotProps.memberState}}</dd>
```

앞서 소개한 분할 대입을 이용하면 다음과 같습니다. 이때 위의 dd 태그 내 머스태시 구문의 slotProps가 필요 없게 됩니다.

```
<template v-slot="{memberName, memberState}">
```

또한 범위가 지정된 슬롯에서도 폴백 콘텐츠는 그대로 사용할 수 있습니다([코드 9-10]의 ❸). App 컴포넌트 내에서 다음과 같이 요소가 없는 OneSection 태그를 작성하면 [그림 9-20]과 같이 폴백 콘텐츠가 표시됩니다.

```
<template>
    <section>
        <OneSection/>
    </section>
</template>
```

영희 님의 상황

문제없습니다

그림 9-20 범위가 지정된 슬롯에서 폴백 콘텐츠 활용

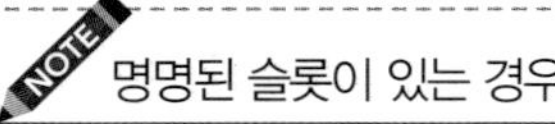

명명된 슬롯이 있는 경우

여기서 만든 slot-scoped 프로젝트에는 이름 없는 슬롯만 있었지만 물론 명명된 슬롯에서도 슬롯 Props를 사용할 수 있습니다. 예를 들어 다음과 같이 각 v-slot 디렉티브로 속성값을 작성하면 됩니다.

```
<template v-slot:default="slotProps">
 ⋮
</template>
<template v-slot:detail="detailSlotProps">
 ⋮
</template>
```

COLUMN

웹 컴포넌트

9.1절 마지막 칼럼에서 slot 태그가 웹 표준 규격임을 소개했습니다. MDN의 slot 태그 해설 페이지에는 '웹 컴포넌트'라는 용어가 보입니다. 또한 왼쪽 내비게이션에는 template 태그에 대한 링크도 볼 수 있습니다.

사실 template 태그도 웹 표준 규격으로 존재하며 slot 태그를 포함하여 웹 컴포넌트라는 구조의 하나로 포함되어 있습니다. 웹 컴포넌트에서 '컴포넌트'는 Vue의 컴포넌트와 비슷한 개념으로 웹 화면의 일부를 부품처럼 만든 것입니다. 게다가 웹 컴포넌트는 웹의 표준 규격입니다.

표준 웹 컴포넌트와 Vue 컴포넌트의 차이점은 Vue 공식 문서에서 확인할 수 있습니다.[2] 문서를 보면 반응형 시스템이 없는 등 웹 컴포넌트는 Vue만큼 기능이 뛰어나지 않고 Vue에 표준으로 포함된 기능까지 포함하여 코딩하는 것은 비효율적이라고 할 수 있습니다.

2 https://vuejs.org/guide/extras/web-components.html#web-components-vs-vue-components

9.4 동적 컴포넌트

지난 절까지 슬롯에 대해 알아봤습니다. 이번 절에서는 또 다른 주제인 동적 컴포넌트를 소개합니다.

9.4.1 동적 컴포넌트란?

지금까지 다룬 예제에서는 부모 컴포넌트에서 자식 컴포넌트를 불러올 때 컴포넌트명을 사용하여 태그를 작성했습니다. 말하자면 자식 컴포넌트의 이름을 지정하는 것과 같습니다. 한편 불러오는 컴포넌트를 템플릿 변수로 지정하여 동적으로 변경하는 구조가 동적 컴포넌트dynamic components입니다.

구체적인 사례를 살펴보겠습니다. components-dynamic 프로젝트를 생성합니다. 이번에는 여러 개의 자식 컴포넌트를 전환하는 예제이므로 세 개의 자식 컴포넌트를 생성합니다. 먼저 src/components 폴더에 Input.vue를 생성하고 [코드 9-12]의 내용으로 작성합니다.

코드 9-12 components-dynamic/src/components/Input.vue

```
<script setup lang="ts">
import { ref } from "vue";

const inputNameModel = ref("영희");
</script>

<template>
    <input type="text" v-model="inputNameModel">
    <p>{{ inputNameModel }}</p>
</template>
```

그런 다음 src/components 폴더에 Radio.vue를 생성하고 [코드 9-13]의 내용으로 작성합니다.

코드 9-13 components-dynamic/src/components/Radio.vue

```
<script setup lang="ts">
import { ref } from "vue";

const memberType = ref(1);
</script>

<template>
    <label>
        <input type="radio" name="memberType" value="1" v-model="memberType">
        일반회원
    </label>
    <label>
        <input type="radio" name="memberType" value="2" v-model="memberType">
        특별회원
    </label>
    <label>
        <input type="radio" name="memberType" value="3" v-model="memberType">
        우수회원
    </label>
    <br>
    <p>선택된 라디오 버튼: {{ memberType }}</p>
</template>
```

마찬가지로 src/components 폴더에 Select.vue를 생성하고 [코드 9-14]의 내용으로 작성합니다.

코드 9-14 components-dynamic/src/components/Select.vue

```
<script setup lang="ts">
import { ref } from "vue";

const memberTypeSelect = ref(1);
</script>

<template>
    <select v-model="memberTypeSelect">
        <option value="1">일반회원</option>
```

```
        <option value="2">특별회원</option>
        <option value="3">우수회원</option>
    </select>
    <br>
    <p>선택된 리스트: {{ memberTypeSelect }}</p>
</template>
```

마지막으로 src/App.vue를 [코드 9-15]의 내용으로 작성합니다.

코드 9-15 components-dynamic/src/App.vue

```
<script setup lang="ts">
import { ref } from "vue";
import Input from "./components/Input.vue";          ❶
import Radio from "./components/Radio.vue";
import Select from "./components/Select.vue";

// 현재 표시되는 컴포넌트를 나타내는 템플릿 변수
const currentComp = ref(Input);          ❷
//현재 표시되는 컴포넌트명을 나타내는 템플릿 변수
const currentCompName = ref("Input");          ❸
// 컴포넌트의 배열
const compList = [Input, Radio, Select];          ❹
const compNameList: string[] = ["Input", "Radio", "Select"];          ❺
// 현재 표시되는 컴포넌트에 해당하는 배열의 인덱스 번호
let currentCompIndex = 0;
// 컴포넌트를 교체하는 메서드
const switchComp = (): void => {          ❻
    // 인덱스 번호 증가
    currentCompIndex++;
    // 인덱스 번호가 3이상인 경우
    if (currentCompIndex >= 3) {
        // 0으로 리셋
        currentCompIndex = 0;
    }
    // 인덱스 번호에 해당하는 컴포넌트를 currentComp에 대입
    currentComp.value = compList[currentCompIndex];
    // 인덱스 번호에 해당하는 컴포넌트명을 currentCompName에 대입
    currentCompName.value = compNameList[currentCompIndex];
}
</script>
```

```
<template>
    <p>컴포넌트명: {{ currentCompName }}</p>
    <KeepAlive>                                              ❼
        <component v-bind:is="currentComp" />                ❽
    </KeepAlive>
    <button v-on:click="switchComp">바꾸기</button>
</template>
```

실행 결과는 [그림 9-21]과 같습니다. 처음에는 ①의 상태가 되고 [바꾸기] 버튼을 클릭할 때마다 ② → ③ → ①로 표시가 바뀝니다.

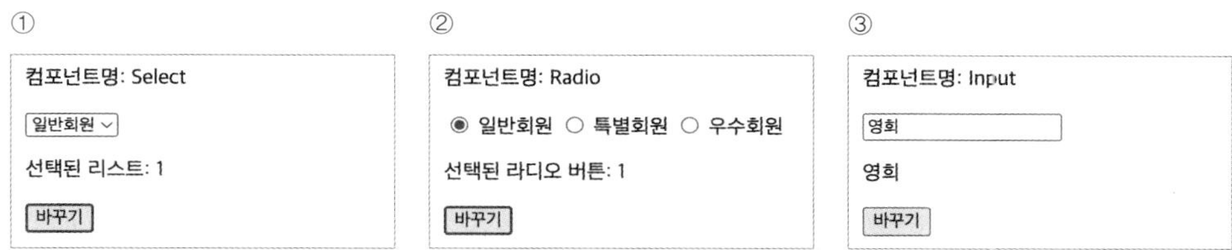

그림 9-21 버튼을 클릭할 때마다 다른 컴포넌트 불러오기

①은 [코드 9-12]의 Input 컴포넌트, ②는 [코드 9-13]의 Radio 컴포넌트, ③은 [코드 9-14]의 Select 컴포넌트가 표시된 상태입니다. [바꾸기] 버튼을 클릭할 때마다 표시되는 컴포넌트가 순서대로 전환되는 것을 확인할 수 있습니다. 이것이 바로 동적 컴포넌트입니다.

9.4.2 component 태그와 v-bind:is

그럼 동적 컴포넌트 구조를 구현하기 위해 어떤 코드를 작성하고 있는지 살펴보겠습니다. [코드 9-12]의 Input 컴포넌트, [코드 9-13]의 Radio 컴포넌트, [코드 9-14]의 Select 컴포넌트 코드에는 새로운 것이 없습니다. 동적 컴포넌트의 핵심은 [코드 9-15]의 ❽ 부분, 즉 App 컴포넌트입니다. 이 코드를 구문으로 정리하면 다음과 같습니다.

동적 컴포넌트

```
<component v-bind:is="컴포넌트를 저장한 템플릿 변수"/>
```

지금까지는 컴포넌트를 불러오는 부분에 컴포넌트명 자체의 태그를 작성했습니다. 동적 컴포넌트에서는 대신 component 태그를 사용하여 v-bind:is 디렉티브를 작성합니다. 디렉티브의 속성값은 불러올 컴포넌트 객체를 나타내는 템플릿 변수입니다. 이 변숫값에 해당하는 컴포넌트를 불러오는 구조이므로 변숫값을 변경하면 불러오는 컴포넌트가 동적으로 변경됩니다.

구체적으로 살펴보겠습니다. [코드 9-15]에서는 ❶에서 [코드 9-12]~[코드 9-14]에서 준비한 Input, Radio, Select 컴포넌트를 각각 가져오고 ❷에서 해당 컴포넌트 객체를 저장하는 템플릿 변수 currentComp를 준비하고 있습니다. 초깃값은 Input이므로 처음 화면을 표시할 때 Input 컴포넌트의 내용이 표시됩니다([그림 9-21]의 ①). 그리고 ❹에서는 각 컴포넌트 객체를 요소로 하는 배열을 준비합니다. 이 배열로부터 차례대로 컴포넌트를 꺼내면서 ❷의 템플릿 변수 currentComp에 저장하는 메서드가 ❻의 switchComp입니다. [바꾸기] 버튼을 클릭하면 switchComp 메서드가 실행되고 결과적으로 컴포넌트가 차례로 전환되는 구조로 되어 있습니다.

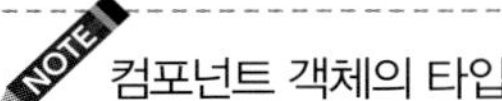

컴포넌트 객체의 타입

[코드 9-15]에서 ❹의 배열 compList에는 데이터 타입을 작성하지 않았습니다. vue 파일로 불러온 컴포넌트 객체는 데이터 타입이 복잡하므로 정확한 타입을 작성하는 것은 현실적이지 않습니다. 그래서 컴포넌트 객체의 배열에는 굳이 타입을 지정하지 않았습니다.

한편 ❺에서 준비한 컴포넌트명 배열 compNameList는 단순한 문자열 배열이므로 타입을 지정합니다.

[그림 9-21]을 보면 알 수 있듯이 예제에서는 컴포넌트명도 화면에 표시하고 있습니다. 따라서 [코드 9-15]에서는 ❷의 컴포넌트 객체를 저장하는 템플릿 변수와 별도로 ❸에서 컴포넌트명을 나타내는 템플릿 변수 currentCompName을 준비했습니다. 마찬가지로 ❹의 컴포넌트 객체 배열과 별도로 ❺에서 컴포넌트명 배열인 compNameList를 준비합니다. 그리고 ❻의 컴포넌트 전환 메서드에서는 컴포넌트 객체와 동시에 컴포넌트명도 전환하고 있습니다.

9.4.3 KeepAlive의 역할

이제 [코드 9-15]의 ❼ KeepAlive 태그에 관해 설명하겠습니다. 먼저 KeepAlive 태그 유무에 따른 동작의 차이를 확인합니다. [코드 9-15]의 상태, 즉 KeepAlive가 작성된 상태에서 예를 들어 화면에서 [그림 9-22]와 같이 변경했다고 가정해봅시다.

그림 9-22 각 컴포넌트 초기 표시에서 내용 변경

①에서는 초기 상태로 입력된 '영희'를 '철수'로, ②에서는 라디오 버튼의 선택을 3의 '우수회원'으로, ③에서는 드롭다운 리스트의 선택을 2의 '특별회원'으로 변경하고 있습니다. 이후 다시 [바꾸기] 버튼을 클릭하여 Input 컴포넌트를 표시하면 ①의 화면, 즉 '철수'가 입력된 상태가 됩니다. Radio, Select의 각 컴포넌트도 마찬가지이며 ②와 ③과 같이 앞서 선택한 상태가 유지됩니다. 당연한 이야기일지 모르지만 이것이 바로 KeepAlive 태그의 작동 원리입니다.

시험 삼아 KeepAlive 태그를 삭제하고 같은 순서대로 조작해보면 [그림 9-22]의 ③ 화면에서 [바꾸기] 버튼을 한 번 더 클릭할 경우 [그림 9-21]의 ①과 같은 초기 상태로 돌아갑니다. 따라서 component 태그를 KeepAlive 태그로 둘러싸야 동적으로 렌더링된 컴포넌트의 상태를 유지할 수 있습니다.

9.4.4 컴포넌트 대기

KeepAlive의 작동 원리를 조금 더 구체적으로 살펴보려면 7.2절에서 설명한 컴포넌트 라이프사이클을 이해해야 합니다. 일반 컴포넌트는 [그림 7-5]에서 설명한 라이프사이클을 갖지만 템플릿 블록에 KeepAlive 태그를 작성한 컴포넌트는 [그림 9-23]과 같은 라이프사이클을 가집니다. [그림 7-5]와 다른 점은 회색으로 표시된 부분으로 [표 7-1]의 라이프사이클 훅 중에서 설명을 생략한 activated와 deactivated가 등장하고 있습니다.

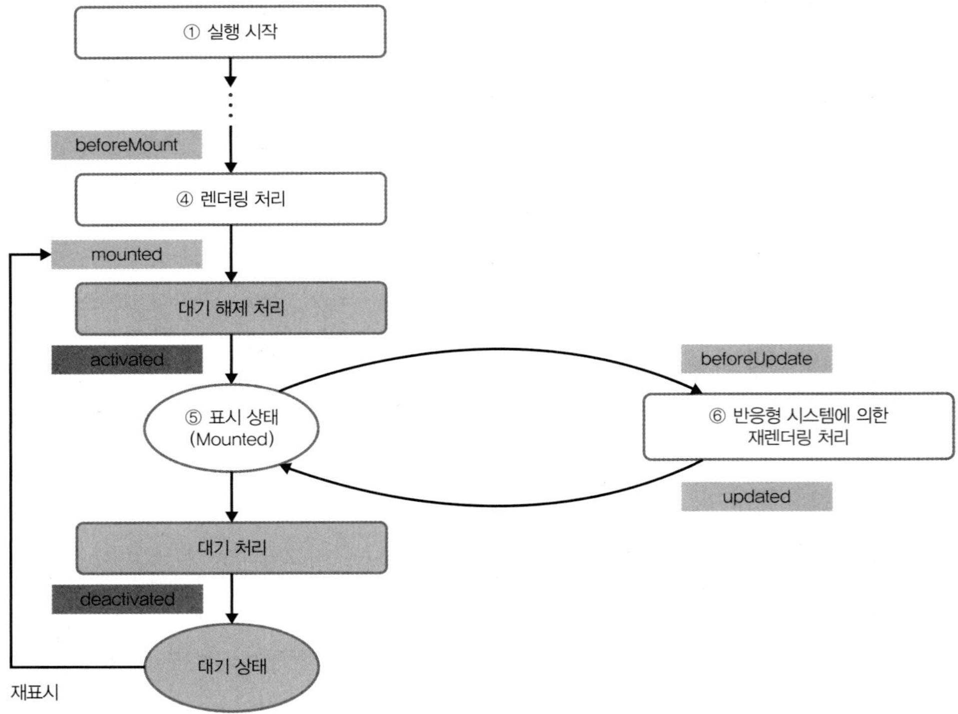

그림 9-23 KeepAlive가 작성된 컴포넌트의 라이프사이클

템플릿 블록에 KeepAlive가 작성된 컴포넌트는 더 이상 표시되지 않을 때 unmounted 상태가 아닌 대기 상태가 됩니다. 대기 상태이기 때문에 내부적으로 렌더링되지 않은 상태에서 DOM이 유지되며 입력 내용 등을 포함한 현재 상태가 유지됩니다. 대기 상태가 되었을 때 호출되는 것이 deactivated 훅입니다. 대기 상태의 컴포넌트를 다시 표시하려면 대기를 해제하면 됩니다. 이때 호출되는 것이 activated 훅입니다. 이 구조 덕분에 다시 표시할 때 이전에 입력한 내용이나 선택한 내용이 그대로 유지된 상태로 표시됩니다.

한편 KeepAlive 태그가 없는 컴포넌트는 더 이상 표시되지 않을 때 unmounted 상태가 되고 모든 데이터가 파기됩니다. 이런 구조를 생각하면 단순한 정적 콘텐츠처럼 입력값과 선택값 등을 보관할 필요가 없는 컴포넌트는 unmounted 상태가 되어도 문제가 없습니다. 따라서 KeepAlive 태그가 필요 없다는 것을 알 수 있습니다.

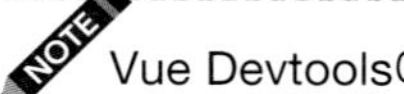

Vue Devtools에서 동적 컴포넌트 확인하기

이번 절에서 만든 components-dynamic 예제를 Vue Devtools에서 확인해봅시다. [그림 9-c2]는 9.4.3절 앞쪽과 마찬가지로 [그림 9-22]의 ① → ② → ③으로 표시하고 다시 ①로 돌아왔을 때의 Vue Devtools 화면입니다.

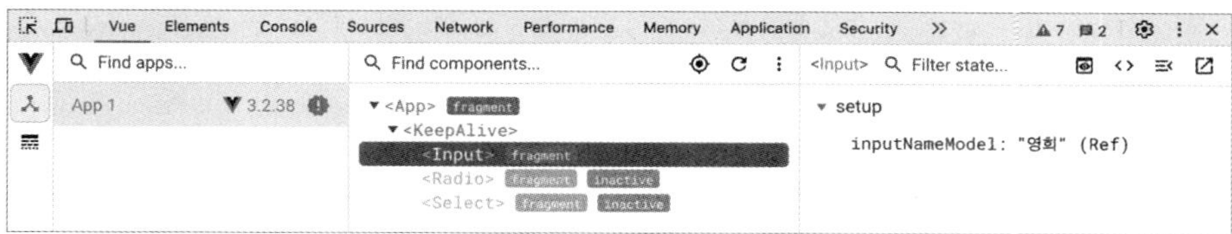

그림 9-c2 Vue Devtools에서 컴포넌트 대기 상태도 확인할 수 있다.

〈Radio〉 컴포넌트와 〈Select〉 컴포넌트에는 inactive라는 배지가 부여되어 대기 상태가 된 것을 확인할 수 있습니다.

이 상태에서 예를 들어 〈Radio〉 컴포넌트를 선택하면 [그림 9-c3]과 같이 내부 템플릿 변수 memberType의 값을 확인할 수 있으며 [그림 9-22]의 ②에서 선택한 값과 일치하는 것을 확인할 수 있습니다.

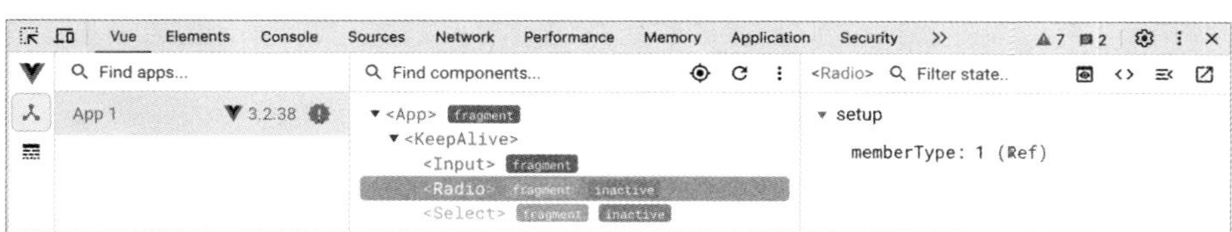

그림 9-c3 대기 상태의 컴포넌트 내 변숫값도 확인할 수 있다.

참고로 9.4.3절 뒤쪽과 마찬가지로 KeepAlive 태그를 삭제하고 실행했을 때 Vue Devtools를 확인하면 [그림 9-c4]와 같이 현재 표시된 컴포넌트만 표시됩니다.

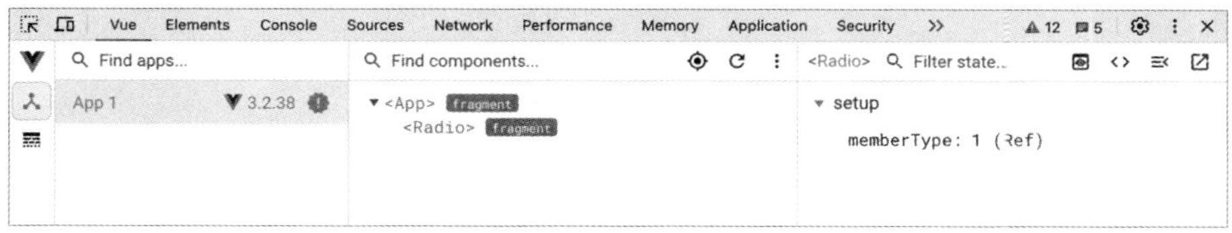

그림 9-c4 KeepAlive가 없으면 대기 상태가 되지 않는 것을 확인할 수 있다.

이를 통해 KeepAlive 태그가 없으면 컴포넌트가 매번 폐기된다는 것을 알 수 있습니다.

10장

기본 편

Vue 라우터

지난 장까지 Vue 본체에 대해 설명했습니다. 이번 장부터는 Vue 본체와 연동하여 편리한 기능을 제공하는 공식 라이브러리 몇 가지를 소개합니다. 가장 먼저 소개할 것은 Vue 라우터입니다. Vue 라우터를 이용하면 싱글 페이지 애플리케이션을 쉽게 만들 수 있습니다.

10.1 싱글 페이지 애플리케이션

Vue 라우터를 이용하면 싱글 페이지 애플리케이션을 쉽게 만들 수 있습니다. 먼저 이번 장에서 만들 예제를 주제로 싱글 페이지 애플리케이션이란 무엇인지부터 알아보겠습니다.

10.1.1 라우팅이란?

10장에서 작성하는 예제(router-basic 프로젝트)는 4개의 화면으로 구성되어 있으며 각 화면 전환을 나타내면 [그림 10-1]과 같습니다. 표시 등에 이용하는 데이터는 8장에서 사용했던 회원 정보 리스트를 이용합니다.

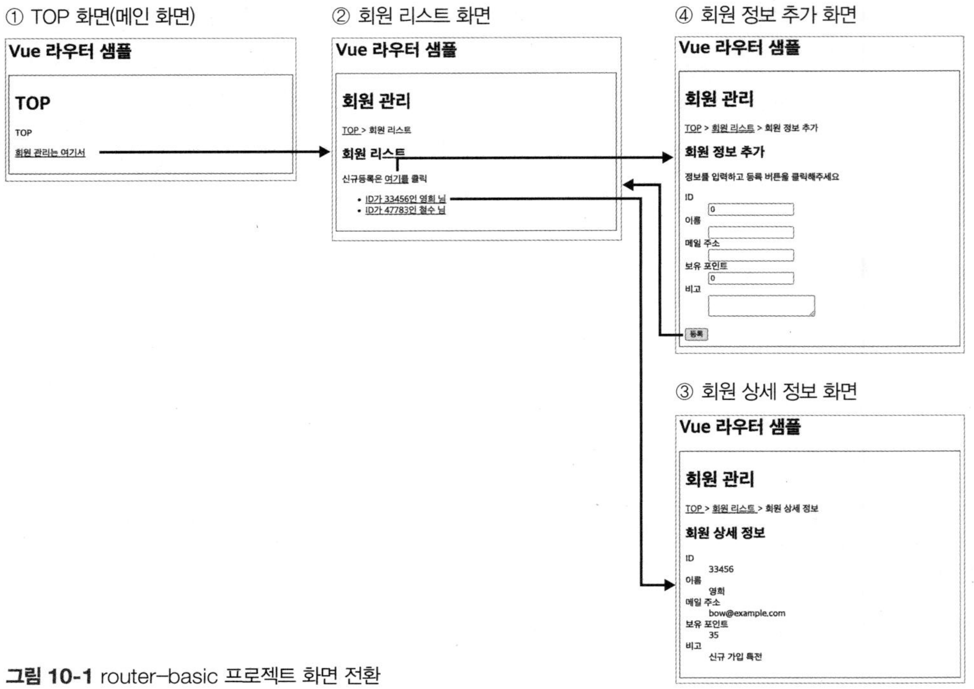

그림 10-1 router-basic 프로젝트 화면 전환

화면 번호와 화면명 및 해당 화면을 나타내는 경로(URL의 도메인 이후 부분)의 대응 관계는 [표 10-1]과 같습니다.

번호	화면명	경로
①	TOP 화면(메인 화면)	/
②	회원 리스트 화면	/member/memberList
③	회원 상세 정보 화면	/member/detail/33456
④	회원 정보 추가 화면	/member/add

표 10-1 router-basic 프로젝트 화면

애플리케이션을 실행하면 처음에는 '① TOP 화면(메인 화면)'이 표시됩니다. 따라서 TOP 화면의 경로는 /(루트)로 되어 있습니다. TOP 화면에서 [회원 관리는 여기서] 링크를 클릭하면 '② 회원 리스트 화면'으로 이동합니다. [표 10-1]에서 볼 수 있듯이 그때의 경로는 /member/memberList입니다.

'② 회원 리스트 화면'의 각 회원 정보는 링크로 되어 있으며 이를 클릭하면 '③ 회원 상세 정보 화면'이 표시됩니다. [표 10-1]에서는 경로가 /member/detail/33456이지만 경로 끝에 있는 33456은 클릭하는 회원에 따라 달라집니다. 이에 대해서는 10.3절에서 소개합니다.

한편 '② 회원 리스트 화면'의 '신규등록은 여기를 클릭' 링크를 클릭하면 '④ 회원 정보 추가 화면'이 표시됩니다. 이때의 경로는 /member/add입니다. 이 화면에 필요한 정보를 입력하고 [등록] 버튼을 누릅니다. 버튼을 클릭하면 입력한 회원 정보가 저장되어 '② 회원 리스트 화면'으로 돌아갑니다. 물론 이때 새로 저장된 회원 정보가 리스트에 추가됩니다.

이처럼 화면 전환을 수반하는 애플리케이션에서 표시할 화면과 경로를 연결하고 특정 경로에 대응하여 화면 표시를 처리하는 것을 라우팅이라고 합니다. 그리고 이 장에서 소개할 Vue 라우터는 Vue와 조합하여 라우팅을 처리하는 라이브러리입니다. 다음 절부터는 여기서 소개한 화면 전환의 흐름을 Vue 라우터로 구현해보겠습니다.

10.1.2 서버 측 웹 애플리케이션의 처리 과정

앞서 살펴본 화면이 전환되는 애플리케이션을 서버 측 웹 애플리케이션으로 만들면 [그림 10-2]와 같은 처리 과정이 이뤄집니다.

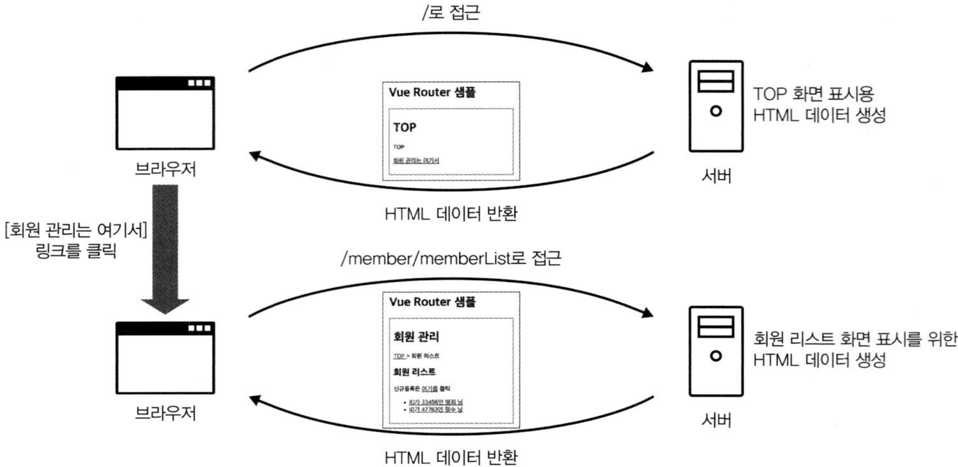

그림 10-2 서버 측 웹 애플리케이션의 처리 흐름

브라우저에서 TOP 화면을 표시할 경로인 루트(/)에 접속하면 웹 서버 측에서 처리하여 TOP 화면 표시에 필요한 HTML 데이터를 생성합니다. 이를 수신한 브라우저가 해당 데이터를 렌더링하여 TOP 화면을 표시합니다. 표시된 TOP 화면의 [회원 관리는 여기서] 링크를 클릭하면 회원 리스트 화면을 표시하는 경로인 /member/memberList로 이동합니다. 마찬가지로 웹 서버 측에서 처리하여 회원 리스트 화면 표시에 필요한 HTML 데이터를 생성합니다. 이를 받은 브라우저가 해당 데이터를 렌더링하여 회원 리스트 화면이 표시됩니다. 이후에도 이런 과정이 계속 반복됩니다.

이처럼 서버 측 웹 애플리케이션에서는 링크나 버튼이 클릭될 때마다 서버에 접속이 발생하고 서버에서 이를 처리하며 화면 표시를 위해 필요한 HTML 데이터는 원칙적으로 모두 서버 측에서 생성합니다. 서버 측에서 처리가 이루어지기 때문에 서버 측 웹 애플리케이션이라고 합니다.

10.1.3 싱글 페이지 애플리케이션이란?

한편 3.4.2절에서 설명한 바와 같이 Vue 프로젝트에서 처음 서버에서 불러오는 HTML 데이터는 index.html뿐입니다. 이때 index.html에 첨부된 자바스크립트 코드가 브라우저에서 실행되면서 다양한 화면 표시가 이루어집니다.

이는 Vue 라우터를 이용한 router-basic 프로젝트도 마찬가지이며 index.html이 표시된 후 자바스크립트에 의해 루트(/) 경로에 해당하는 TOP 화면이 렌더링됩니다. 이후 [회원 관리는 여기서] 링크를 클릭하면 /member/memberList 경로에 해당하는 회원 리스트 화면이 자바스크립트로 렌더링됩니다(그림 10-3).

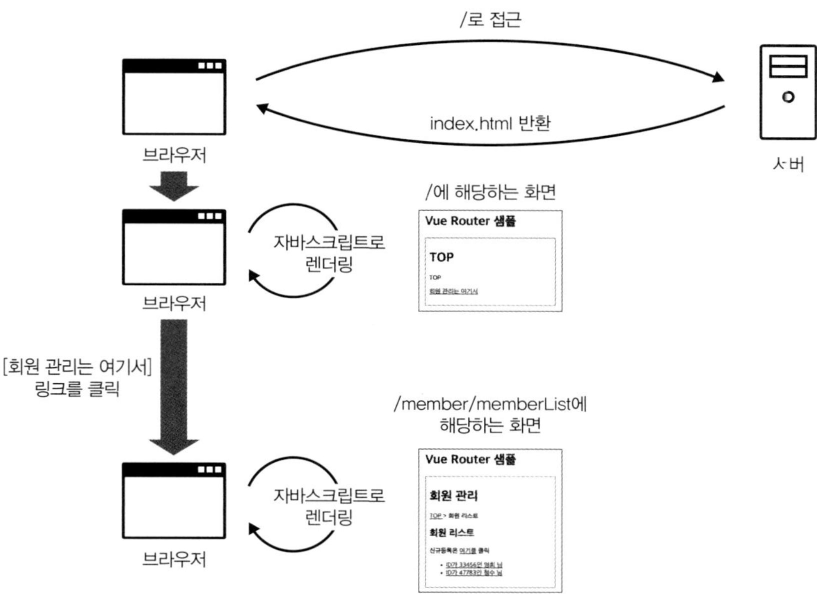

그림 10-3 싱글 페이지 애플리케이션의 처리 흐름

이처럼 서버에서 불러오는 HTML 데이터(페이지)가 하나밖에 없고(싱글) 이후 화면 표시를 브라우저 측 자바스크립트로 처리하는 애플리케이션을 싱글 페이지 애플리케이션single page application(SPA)이라고 합니다.

렌더링 중 서버 접근

각 화면을 렌더링할 때 서버에 있는 데이터가 필요한 경우에도 자바스크립트 코드를 통해 서버에 접근하여 수집한 데이터를 바탕으로 렌더링을 수행합니다. 이 방법은 12장에서 소개합니다.

10.2 Vue 라우터의 기본

설명은 여기까지 하고 실제로 router-basic 프로젝트를 만들어봅시다.

10.2.1 Vue 라우터 프로젝트

Vue 라우터를 이용하는 프로젝트에서는 프로젝트를 생성할 때 질문 4번 'Add Vue Router for Single Page Application development?'에 대해 'Yes'를 선택해야 합니다. 그 외에는 지금까지 프로젝트 생성 절차와 동일하게 router-basic 프로젝트를 생성합니다(그림 10-4).

```
Vue.js - The Progressive JavaScript Framework

✔ Project name: … router-basic
✔ Add TypeScript? … No / Yes
✔ Add JSX Support? … No / Yes
✔ Add Vue Router for Single Page Application development? … No / Yes
✔ Add Pinia for state management? … No / Yes
✔ Add Vitest for Unit Testing? … No / Yes
✔ Add an End-to-End Testing Solution? › No
✔ Add ESLint for code quality? … No / Yes
```

그림 10-4 Vue 프로젝트 생성 시 질문 4에서 'Yes'를 선택

프로젝트 생성이 완료되면 지금까지의 프로젝트와 달리 src 폴더 내에 router 폴더와 views 폴더가 추가됩니다(그림 10-5).

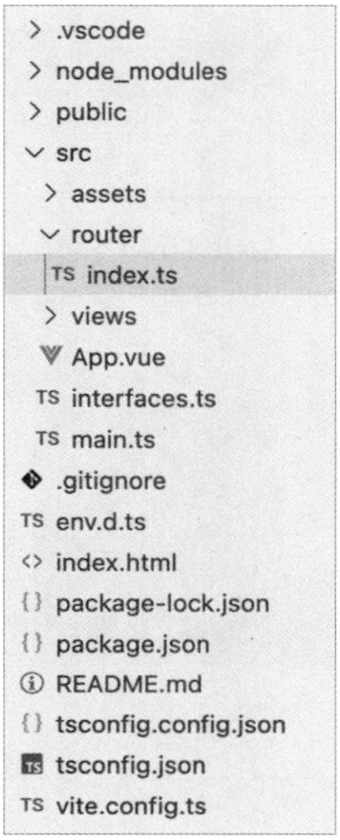

```
> .vscode
> node_modules
> public
∨ src
  > assets
  ∨ router
    TS index.ts
  > views
  App.vue
  TS interfaces.ts
  TS main.ts
.gitignore
TS env.d.ts
<> index.html
{} package-lock.json
{} package.json
ⓘ README.md
{} tsconfig.config.json
tsconfig.json
TS vite.config.ts
```

그림 10-5 Vue 라우터가 포함된 프로젝트의 폴더 구성

또한 router 폴더 내에는 index.ts 파일이 미리 생성되어 있으며 [코드 10-1]과 같은 코드가 미리 작성되어 있습니다.

코드 10-1 router-basic/src/router/index.ts

```
import { createRouter, createWebHistory } from 'vue-router'
import HomeView from '../views/HomeView.vue'

const router = createRouter({
    history: createWebHistory(import.meta.env.BASE_URL),
    routes: [
        {
         ⋮
        },
        {
         ⋮
        }
    ]
})
export default router
```

이 파일은 라우팅을 설정하는 파일입니다. 작성 방법은 뒤에서 설명합니다.

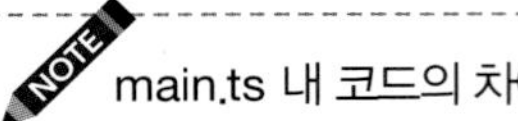

main.ts 내 코드의 차이점

프로젝트 생성 시 Vue 라우터 사용을 선택하면 앞서 설명한 바와 같이 src/router/index.ts 파일이 생성됩니다. 하지만 이것만으로는 라우팅이 제대로 작동하지 않습니다. 사실 src/main.ts에도 Vue 라우터가 동작할 수 있도록 추가로 작성된 부분이 있습니다.

```
import { createApp } from 'vue'
import App from './App.vue'
import router from './router'
const app = createApp(App)
app.use(router)
app.mount('#app')
```

Vue 라우터를 이용하기 위해서는 굵은 글씨로 표시한 use(router)가 필요합니다.

10.2.2 화면용 컴포넌트를 담는 views 폴더

views 폴더는 라우팅을 통해 생성되는 화면 컴포넌트를 저장하는 폴더입니다. 여기서 다시 한 번 [그림 10-1]의 ①~④ 각 화면을 살펴보겠습니다. 화면 전환에 따라 변하는 부분은 테두리 안쪽입니다. 많은 웹 애플리케이션에서 이렇게 화면 전환에 따라 변화하는 부분과 변화하지 않는 부분을 나눌 수 있습니다(그림 10-6).

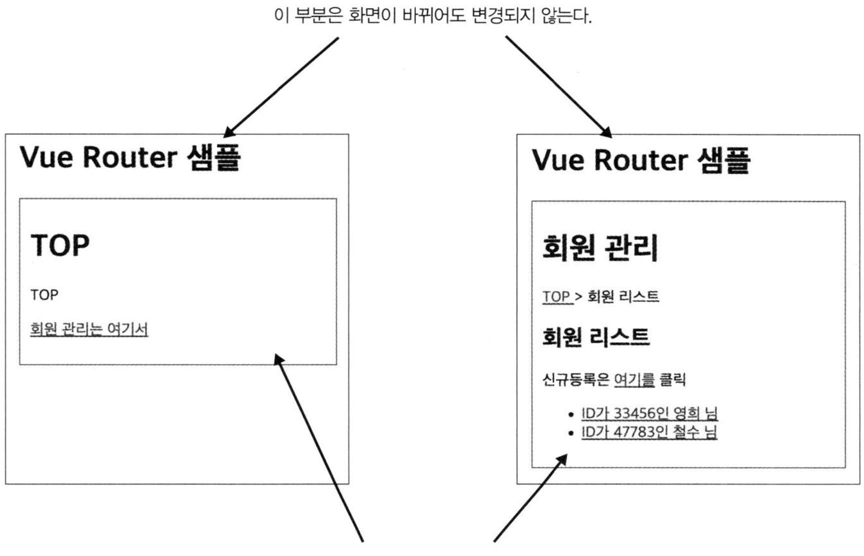

그림 10-6 화면 전환에 따라 변하는 부분과 변하지 않는 부분

싱글 페이지 애플리케이션에서는 이렇게 변화하는 부분만 자바스크립트를 통해 렌더링합니다. 즉 변화하는 부분이 라우팅 표시 영역이고 해당 표시 영역에 각 컴포넌트를 적용하면 화면이 전환되는 구조입니다.

예를 들어 router-basic 프로젝트에서는 화면 전환에 따라 변하지 않는 테두리 바깥쪽 부분을 App.vue에 작성합니다. 한편 화면 전환에 따라 변화하는 테두리 안쪽 부분을 라우팅 표시 영역으로 설정하고 여기에 표시할 컴포넌트로 [표 10-2]의 컴포넌트 파일을 각각 준비합니다(그림 10-7).

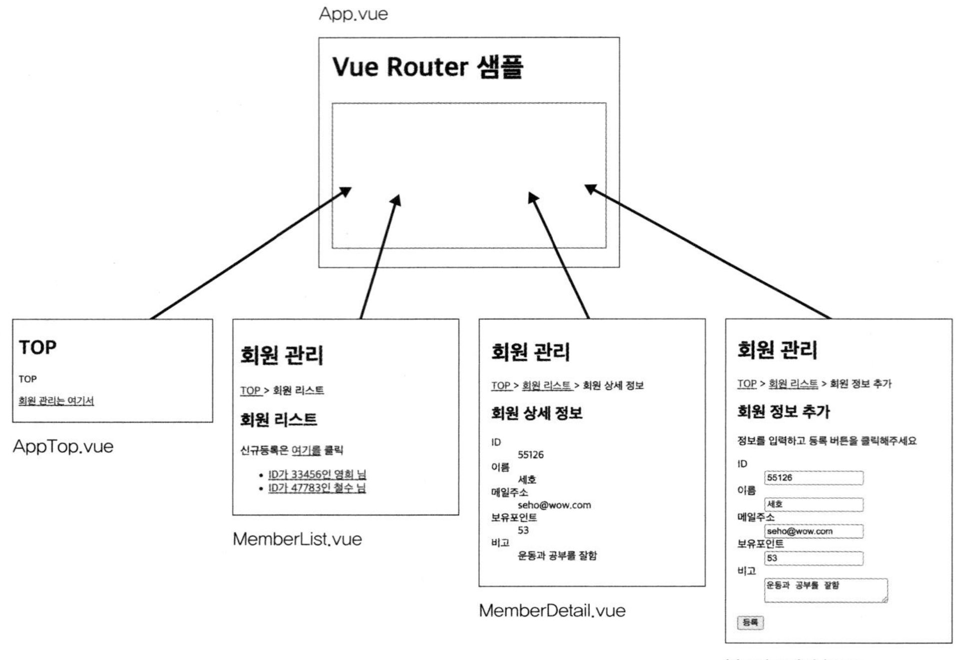

그림 10-7 화면 전환과 컴포넌트의 관계

번호	화면명	컴포넌트 파일명
①	TOP 화면	AppTop.vue
②	회원 리스트 화면	member/MemberList.vue
③	회원 상세 정보 화면	member/MemberDetail.vue
④	회원 정보 추가 화면	member/MemberAdd.vue

표 10-2 router-basic 프로젝트의 화면용 컴포넌트

이러한 라우팅 표시 영역에 렌더링할 컴포넌트, 즉 화면용 컴포넌트를 담는 폴더가 views 폴더입니다. 물론 views 폴더 내에 하위 폴더를 생성하여 용도별로 화면용 컴포넌트를 구분하여 보관할 수도 있습니다. 여기서도 [표 10-2]와 같이 ②~④는 회원 관리 관련 화면이므로 member 폴더에 모아두었습니다.

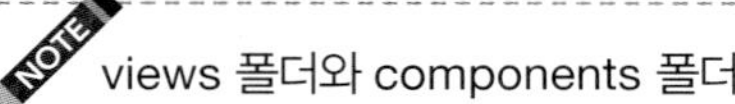

views 폴더와 components 폴더

지금까지 App.vue 이외의 컴포넌트 파일은 components 폴더에 저장되어 있었습니다. Vue 라우터를 사용하는 프로젝트에서도 components 폴더를 사용할 수 있습니다. views 폴더에 넣어두는 것은 어디까지나 라우팅 표시 영역에 렌더링하기 위한 컴포넌트입니다. 따라서 views 폴더 내의 컴포넌트 수는 원칙적으로 화면 수와 일치합니다.

한편 화면 표시용 컴포넌트에서 더 나아가 자식 컴포넌트로 사용하는 컴포넌트 등은 components 폴더에 넣습니다.

10.2.3 라우팅 표시 영역 설정

그러면 이제 ①의 TOP 화면을 표시하도록 코딩해보겠습니다. 먼저 src/App.vue를 [코드 10-2]의 내용으로 작성합니다. 또한 ❷의 임포트 문에서 알 수 있듯이 이번 프로젝트에서도 8장에서 사용한 Member 인터페이스를 활용합니다. components-provinje 프로젝트에서 생성한 [코드 8-19]의 interfaces.ts 파일을 src 폴더 바로 아래에 파일별로 미리 복사해둡니다.

코드 10-2 router-basic/src/App.vue

```
<script setup lang="ts">
import { reactive, provide } from "vue";
import { RouterView } from "vue-router"; ―――― ❶
import type { Member } from "@/interfaces"; ―――― ❷

const memberList = new Map<number, Member>(); ―――┐
memberList.set(33456, { id: 33456, name: "영희", email: "bow@example.com", points: 35,
note: "신규 가입 특전" }); ―――― ❸
memberList.set(47783, { id: 47783, name: "철수", email: "mue@example.com", points: 53 });
provide("memberList", reactive(memberList)); ―――┘
</script>

<template>
    <header> ―――┐
        <h1>Vue 라우터 샘플</h1> ―――― ❹
    </header> ―――┘
    <main> ―――― ❺
```

```
        <RouterView />  ⑥
    </main>
</template>

<style>
main {  ⑦
    border: blue 1px solid;
    padding: 10px;
}
#breadcrumbs ul li {  ⑧
    display: inline;
    list-style-type: none;
}
#breadcrumbs {
    margin-left: 0px;
}
#breadcrumbs ul {
    padding-left: 0px;
}
#breadcrumbs ul .current {
    color: red;
}
#breadcrumbs ul li:before {
    content: " > ";
}
#breadcrumbs ul li:first-child:before {
    content: none;
}
</style>
```

NOTE

import 문 경로 표기에 사용하는 @ 기호

[코드 10-2]의 ❷ import 문의 경로 표기에 익숙하지 않은 @ 기호가 등장합니다. @ 기호는 src 폴더를 나타내며 Vue 프로젝트 내에서 사용할 수 있습니다. 본격적인 Vue 프로젝트에서는 다양한 파일을 상호 참조하게 되므로 상대적인 경로로 작성하면 유지보수성이 떨어집니다. 이러한 문제를 개선하려면 src 폴더를 @로 표시하는 표기법이 효과적입니다. 이 책에서도 이후 장에서는 @ 기호를 사용합니다.

먼저 스크립트 블록과 스타일 블록에 대해 간단히 설명하겠습니다.

먼저 스크립트 블록 ❸은 [코드 8-22]의 ❶, ❷와 똑같은 코드입니다. Vue 라우터를 이용한 싱글 페이지 애플리케이션에서는 여러 컴포넌트에 걸쳐 데이터를 공유해야 하는 경우가 발생합니다. 8.6절에서 소개한 것처럼 이런 경우 Provide와 Inject를 이용하면 편리합니다. 여기서도 가장 중요한 출발점인 App.vue 컴포넌트에서 회원 리스트 데이터를 제공합니다. 각 컴포넌트 내에서는 Inject를 통해 필요한 데이터를 활용합니다.

다음은 스타일 블록입니다. 순서가 뒤바뀌지만 먼저 ❽에 대해 간단히 설명하겠습니다. [그림 10-7]의 각 화면에는 위쪽에 사이트 이동 경로(브레드크럼breadcrumb)[1]가 표시되어 있습니다. [코드 10-2]의 ❽은 사이트 이동 경로를 표시하기 위한 정형화된 스타일입니다.

다음으로 ❼은 main 태그에 테두리를 표시하는 설정입니다. 즉 템플릿 블록 내 ❺의 main 태그가 라우팅 표시 영역을 둘러싸고 있는 태그라는 뜻입니다. 실제로 그 바깥쪽의 ❹ header 태그 표시는 각 화면에서 변하지 않는 부분입니다.

라우팅 표시 영역을 설정하는 태그가 ❻의 RouterView 태그입니다. 이 태그를 작성한 부분에 Vue 라우터가 설정에 따라 컴포넌트를 렌더링합니다. 단 RouterView 태그를 사용하려면 ❶과 같이 vue-router 라이브러리에서 가져와야 합니다.

10.2.4 라우팅 설정의 기본 구문

이제 라우팅 표시 영역에 TOP 화면을 표시하기 위해 AppTop.vue를 생성하고 라우팅 설정 코드를 작성해보겠습니다. 먼저 AppTop.vue를 생성합니다. [표 10-2]와 같이 이 파일은 src/views 폴더 바로 아래에 생성합니다. 파일을 생성하고 [코드 10-3]의 내용으로 작성합니다.[2]

코드 10-3 router-basic/src/views/AppTop.vue

```
<template>
    <h1>TOP</h1>
    <nav id="breadcrumbs">
```

---

1 옮긴이_ 웹에서 현재 사용자가 어떤 위치에 있는지 알려주는 기법 중 하나입니다. breadcrumb이라는 말은 『헨젤과 그레텔』에서 집을 찾기 위해 남매가 빵 부스러기를 뿌리는 데서 유래했습니다.

2 components 폴더와 마찬가지로 src/views 폴더에도 AboutView.vue와 HomeView.vue 파일이 미리 만들어져 있습니다. 이러한 파일의 이름을 변경한 후 다시 작성해도 됩니다. 또는 별도의 파일을 만든 다음 AboutView.vue와 HomeView.vue를 삭제해도 됩니다.

```
        <ul>
            <li>TOP</li>
        </ul>
    </nav>
    <section>
        <p>
            회원 관리는 여기서
        </p>
    </section>
</template>
```

이 컴포넌트의 코드에 관해서는 특별히 언급할 만한 것이 없습니다. 지금 단계에서는 처리가 필요하지 않으므로 템플릿 블록만 있는 파일입니다.

다음으로 URL이 루트(/) 경로일 때 AppTop.vue가 라우팅 표시 영역에 표시되도록 라우팅 설정을 해봅시다. 라우팅 설정은 10.2.1절에서 간략하게 소개한 것처럼 router 폴더 내의 index.ts 파일에 작성합니다.

index.ts 파일에는 [코드 10-1]과 같은 내용이 미리 존재합니다. 이 형식을 그대로 수정할 수도 있지만 그렇게 하면 유지보수성이 조금 떨어질 뿐만 아니라 타입스크립트의 이점을 누리기 어렵습니다. 따라서 여기서는 [코드 10-4]의 형식을 사용하여 다시 작성합니다. 참고로 ❶, ❻, ❼, ❾는 처음 작성된 코드에서 변경하지 않았습니다. 형식의 차이는 ❽의 routes 속성에 직접 작성했던 배열을 ❹와 같이 routeSettings 변수로 분리한 것뿐입니다.

코드 10-4 router-basic/src/router/index.ts

```
import {createRouter, createWebHistory} from "vue-router";  ❶
import type {RouteRecordRaw} from "vue-router";  ❷
import AppTop from "@/views/AppTop.vue";  ❸

const routeSettings: RouteRecordRaw[] = [  ❹
    {
        path: "/",
        name: "AppTop",
        component: AppTop
    },  ❺
];

const router = createRouter({  ❻
```

```
    history: createWebHistory(import.meta.env.BASE_URL), ——— ❼
    routes: routeSettings ——— ❽
});

export default router; ——— ❾
```

Vue 라우터에서 라우팅을 설정하는 코드의 핵심은 ❺입니다. 먼저 ❹와 같이 RouteRecord Raw 타입의 배열 변수 routeSettings를 준비합니다. RouteRecordRaw는 미리 ❷와 같이 임포트해둡니다. routeSettings 배열에는 하나의 라우팅에 대해 하나의 객체 리터럴을 작성합니다. 각 객체 내에는 반드시 path 속성을 기술하고 name과 component 속성을 기술하는 것을 원칙으로 합니다.

path 속성은 말 그대로 라우팅의 경로 문자열입니다. name 속성은 라우팅의 이름을 나타내는 문자열입니다. 이 속성의 사용법은 뒤에서 설명하겠습니다. component 속성에는 라우팅으로 표시할 화면용 컴포넌트를 설정합니다. [코드 10-4]에서는 ❸에서 AppTop 컴포넌트를 미리 가져와서 설정해두었습니다. 지금까지의 내용을 구문으로 정리하면 다음과 같습니다.

라우팅 등록

```
const routeSettings: RouteRecordRaw[] = [
    {
        path: "경로 문자열",
        name: "라우팅명",
        component: 표시할 화면용 컴포넌트
    },
    ⋮
];
```

여기까지 코드를 작성했다면 TOP 화면을 표시해봅시다. [그림 10-8]과 같은 화면이 표시됩니다.

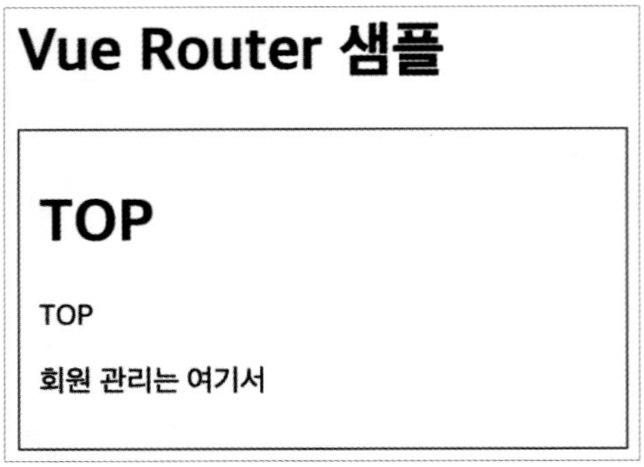

Vue Router 샘플

TOP

TOP

회원 관리는 여기서

그림 10-8 표시된 TOP 화면

단 [그림 10-5]의 ①과 달리 [회원 관리는 여기서] 문자열에 링크가 설정되어 있지 않습니다. 이 부분은 다음 절에서 설정합니다. 그 전에 [코드 10-4]의 index.ts에 미리 작성된 코드에 관해 설명하겠습니다.

Vue 라우터에서 라우팅 설정을 할 때 ❹의 배열 변수 routeSettings를 작성하는 것만으로는 부족합니다. 가장 중요한 것은 ❻의 createRouter() 함수를 실행하고 결과를 ❾와 같이 export하는 것입니다. createRouter()의 인자에는 라우팅 관련 설정을 객체로 전달합니다. 그중 ❹에서 생성한 라우팅 정보 배열을 지정하는 속성인 routes가 있습니다. 그것이 ❽입니다. [코드 10-1]에서는 routes 속성값으로 라우팅 정보 배열을 직접 작성하는 형식으로 되어 있었습니다. [코드 10-4]에서는 이를 별도의 변수 routeSettings로 분리하여 가독성을 높였습니다. ❼에 대해서도 설명하자면 history 속성은 말 그대로 history의 설정을 나타냅니다. 이 설정에는 history 모드와 hash 모드 두 가지가 있으며 각각 다음과 같이 URL이 달라집니다.

- history 모드 : http://localhost:3000/member/memberList
- hash 모드 : http://localhost:3000/#/member/memberList

URL을 보면 알 수 있듯이 history 모드가 더 자연스러운 URL이므로 보통은 history 모드로 설정하는 경우가 많습니다. 이때 ❼과 같이 createWebHistory()를 지정합니다. 한편 hash 모드의 경우 createWebHashHistory()를 지정하여 ❼의 코드를 다음과 같이 작성합니다.

```
history: createWebHashHistory()
```

NOTE createWebHistory()의 인자

createWebHistory() 함수의 인자는 라우팅 경로의 기본 부분(베이스 경로)을 나타냅니다. 예를 들어 다음 코드처럼 '/app/'을 인자로 전달했다고 가정해봅시다.

```
history: createWebHistory("/app/")
```

그러면 다음과 같이 모든 URL 앞에 app이 추가됩니다.

- TOP 화면 : http://localhost:3000/app/
- 회원 리스트 화면 : http://localhost:3000/app/member/memberList

인자를 생략하면 /가 적용되어 아무것도 추가되지 않은 일반 URL이 됩니다. createWebHistory() 함수의 인자로서 [코드 10-4]의 ❼과 같이 다음 코드가 미리 작성되어 있습니다.

```
import.meta.env.BASE_URL
```

import.meta는 ES2020에서 도입된 구조로 모듈의 메타 정보를 가져올 수 있습니다. 이 구조를 이용하여 Vite에서는 환경 변수를 얻을 수 있습니다. 그것이 바로 import.meta.env입니다. 환경 변수는 여기서 생성된 Vue 프로젝트 전체에 대해 제공되는 변수입니다. 이러한 변수는 프로젝트 바로 아래 vite.config.ts의 설정 정보를 기반으로 합니다. 단 프로젝트 생성 시 기본 vite.config.ts에는 BASE_URL에 대한 설정이 없습니다. 따라서 BASE_URL에 미리 설정된 기본값인 /가 채택된 상태입니다.

10.2.5 컴포넌트 동적 임포트 설정

이제 Top 컴포넌트 내 p 태그의 [회원 관리는 여기서]에 링크를 설정해보겠습니다. 먼저 링크의 라우팅 정보를 등록해야 합니다. 따라서 router/index.ts에 [코드 10-5]의 굵게 표시된 부분을 추가합니다.

코드 10-5 router-basic/src/router/index.ts

```
~ 생략 ~
const routeSettings: RouteRecordRaw[] = [
    {
        path: "/",
        name: "AppTop",
        component: AppTop
    },
```

```
    {
        path: "/member/memberList",  ❶
        name: "MemberList",  ❷
        component: () => {  ❸
            return import("@/views/member/MemberList.vue");
        }
    },
~ 생략 ~
```

[표 10-1]과 [그림 10-1]에서 볼 수 있듯이 [회원 관리는 여기서]에 링크된 화면은 '② 회원 리스트 화면'이며 경로는 /member/memberList입니다. 또한 [표 10-2]에서 확인할 수 있듯이 회원 리스트 화면의 컴포넌트 파일은 member/MemberList.vue입니다. 이러한 정보를 바탕으로 앞 절에서 소개한 라우팅 설정 구문에 따라 추가한 라우팅 설정 객체가 [코드 10-5]에 굵게 표시된 부분입니다.

구체적으로 ❶의 path 속성값은 경로를 나타내는 /member/memberList이고 ❷의 name 속성은 컴포넌트명과 동일한 MemberList로 설정합니다. 한편 새롭게 등장한 부분이 ❸의 component 속성값입니다. AppTop 라우팅 설정에서는 component 속성으로 미리 가져온 AppTop 컴포넌트를 지정하고 있습니다. 이렇게 하면 Vue 프로젝트를 빌드할 때 해당 컴포넌트를 가져옵니다. AppTop 컴포넌트처럼 반드시 표시해야 하는 화면용 컴포넌트라면 이렇게 해도 문제가 없습니다. 하지만 다른 화면용 컴포넌트의 경우 애초에 표시가 필요한지 여부도 알 수 없는 경우가 있습니다. 그래서 표시가 필요해질 때 사용할 화면용 컴포넌트를 가져오는 구조로 되어 있습니다. 이를 동적 임포트dynamic imports라고 하며 [코드 10-5]에서 ❸의 코드가 이에 해당합니다.

동적 임포트는 import() 함수의 인자로 임포트할 화면용 컴포넌트 파일 경로를 작성하고 이를 반환하는 화살표 함수를 작성하면 됩니다. 구문은 다음과 같습니다.

화면용 컴포넌트의 동적 임포트

```
component: () => {
    return import("임포트할 화면용 컨포넌트 파일 경로");
}
```

[코드 10-5]와 같이 루트 경로로 표시할 화면 컴포넌트(예제에서는 AppTop.vue)를 제외하고는 원칙적으로 동적 임포트를 이용합니다.

10.2.6 라우팅 링크 설정

다음으로 '② 회원 리스트 화면'을 위한 컴포넌트 파일을 생성합니다. src/views 폴더에 member 폴더를 생성하고 그 안에 [코드 10-6]의 내용으로 MemberList.vue를 생성합니다. 원래 MemberList.vue의 표시 결과는 [그림 10-1]의 ②와 같지만 여기서는 회원 리스트 화면용 컴포넌트를 표시하는 것을 목적으로 하며 [코드 10-6]에는 필요한 최소한의 코드만 작성하였습니다. 따라서 표시 내용은 [그림 10-9]와 같습니다. 다음 절에서 이 컴포넌트에 코드를 추가하여 [그림 10-1]의 ② 화면을 완성합니다.

Vue Router 샘플

회원 관리

회원 리스트

그림 10-9 필요한 최소한의 코드가 포함된 MemberList를 표시한 화면

코드 10-6 router-basic/src/views/member/MemberList.vue

```
<template>
    <h1>회원 관리</h1>
    <section>
        <h2>회원 리스트</h2>
    </section>
</template>
```

여기까지의 코딩으로 모든 준비가 끝났습니다. 드디어 AppTop 컴포넌트에 링크를 설정합니다. 이는 Vue 라우터에 의해 제어되는 링크이므로 일반적인 a 태그는 사용할 수 없습니다. 이

때는 전용 태그 RouterLink를 사용합니다. AppTop.vue에 [코드 10-7]의 굵게 표시된 부분을 추가합니다.

코드 10-7 router-basic/src/views/AppTop.vue

```
<script setup lang="ts">
import { RouterLink } from "vue-router";    ❶
</script>

<template>
~ 생략 ~
        <p>
            <RouterLink v-bind:to="{ name: 'MemberList' }">    ❷
                회원 관리는 여기서
            </RouterLink>
        </p>
    </section>
</template>
```

모든 코딩이 완료되면 TOP 화면을 새로고침합니다. [그림 10-1]의 ①과 같이 링크가 설정되어 있으며 해당 링크를 클릭하면 [그림 10-9]와 같은 화면이 나타납니다.

Vue 라우터에 의해 제어되는 링크를 설정하려면 [코드 10-7]의 ❶과 같이 RouterLink를 미리 가져온 후 ❷와 같이 RouterLink 태그를 작성하고 v-bind:to 디렉티브를 활용합니다. 지정하는 속성값은 객체 리터럴 타입이며 전환할 라우팅명을 name 속성에 작성합니다. 라우팅명이란 router/index.ts에 라우팅 설정으로 작성한 각 라우팅 정보 객체의 name 속성값을 의미합니다. 여기서는 회원 리스트 화면으로 전환하고 싶으므로 [코드 10-7]의 ❷에서 MemberList를 지정하고 있습니다. 단 이 값은 문자열이어야 하며 속성값 안에 작성해야 하므로 작은따옴표로 묶어야 합니다. 이 내용을 구문으로 정리하면 다음과 같습니다.

라우팅 링크 설정

```
<RouterLink v-bind:to="{name: '라우팅명'}">
 ⋮
</RouterLink>
```

라우팅명을 사용하지 않는 방법

[코드 10-7]에 작성된 라우팅 링크 설정 태그는 실제로 다음 코드로도 작동합니다.

```
<RouterLink to="/member/memberList">
```

v-bind 디렉티브를 사용하지 않고 직접 to 속성으로 라우팅 경로를 명시하는 것이 포인트입니다. 언뜻 보기에 이렇게 작성하는 것이 더 간단하고 좋을 것 같지만 유지보수성이 떨어집니다. 즉 경로를 변경하고 싶다면 이 링크가 작성된 모든 RouterLink 태그를 수정해야 합니다. 이는 번거롭고 실수를 유발하기 쉽습니다.

한편 앞의 구문과 같이 라우팅명을 이용하여 작성한 경우 router/index.ts 내의 설정 코드를 변경하기만 하면 모든 설정에 변경 사항이 반영됩니다. 따라서 to 속성을 이용한 직접 라우팅 경로 지정은 피하는 것이 좋습니다.

10.3 경로 파라미터

지난 절에서 Vue 라우터를 이용한 라우팅의 기본적인 코드를 살펴봤습니다. 이제부터 응용하는 방법을 알아보겠습니다.

10.3.1 경로 파라미터 설정

우선 현재 필요한 최소한의 표시만 하는 회원 리스트 화면을 완성형에 가깝게 만들어 나가겠습니다. 여기서는 사이트 이동 경로와 회원 리스트 표시 부분을 추가하겠습니다. 사이트 이동 경로에는 '① TOP 화면'으로 돌아갈 수 있는 링크가 있으며 이 부분에는 10.2.6절에서 소개한 RouterLink 태그 구문을 사용할 수 있습니다.

한편 회원 리스트의 각 링크에는 조금 새로운 코드를 추가해야 합니다. 즉 각 링크를 클릭하여 표시되는 '③ 회원 상세 정보 화면'에서는 어떤 회원의 정보를 표시할 것인지 구체적으로 결정하는 데 필요한 데이터를 수신해야 합니다. 이 데이터로는 회원 id가 가장 적합합니다. 따라서 [표 10-1]과 같이 회원 상세 정보 화면을 표시하는 각 경로의 마지막 부분은 고정된 문자열이 아닌 회원 id 값을 포함하도록 합니다. 이렇게 경로의 끝에 해당 화면을 표시하기 위한 데이터를 파라미터로 삽입하는 것을 경로 파라미터[params]라고 합니다.

실제로 코딩을 해보겠습니다. 먼저 MemberList.vue에 [코드 10-8]의 굵게 표시된 부분을 추가합니다.

코드 10-8 router-basic/src/views/member/MemberList.vue

```
<script setup lang="ts">
import { inject } from "vue";
import { RouterLink } from "vue-router";
import type { Member } from "@/interfaces";
```

```
const memberList = inject("memberList") as Map<number, Member>;
</script>

<template>
    <h1>회원 관리</h1>
    <nav id="breadcrumbs">
        <ul>
            <li>
                <RouterLink v-bind:to="{ name: 'AppTop' }">    ❶
                    TOP
                </RouterLink>
            </li>
            <li>회원 리스트</li>
        </ul>
    </nav>
    <section>
        <h2>회원 리스트</h2>
        <section>
            <ul>
                <liv-for="[id, member] in memberList" v-bind:key="id">
                    <RouterLink v-bind:to="{ name: 'MemberDetail', params: { id: id } }"> ❷
                        ID가 {{ id }}인 {{ member.name }} 님
                    </RouterLink>
                </li>
            </ul>
        </section>
    </section>
</template>
```

다음으로 '③ 회원 상세 정보 화면'용 컴포넌트 파일을 작성합니다. src/views/member 폴더에 [코드 10-9]와 같이 MemberDetail.vue를 작성합니다. 참고로 앞 절에서 작성한 [코드 10-6]의 MemberList.vue와 마찬가지로 여기에도 표시에 필요한 최소한의 코드만 작성합니다.

코드 10-9 router-basic/src/views/member/MemberDetail.vue

```
<template>
    <h1>회원 관리</h1>
    <nav id="breadcrumbs">
        <ul>
            <li>
```

```
            <RouterLink v-bind:to="{ name: 'AppTop' }">      ─┐
                TOP                                            ├─❶
            </RouterLink>                                     ─┘
        </li>
        <li>
            <RouterLink v-bind:to="{ name: 'MemberList' }">   ─┐
                회원 리스트                                     ├─❷
            </RouterLink>                                     ─┘
        </li>
        <li>회원 상세 정보</li>
    </ul>
  </nav>
  <section>
    <h2>회원 상세 정보</h2>
  </section>
</template>
```

마지막으로 '③ 회원 상세 정보 화면'을 표시할 라우팅 정보를 등록합니다. router/index.ts에 [코드 10-10]에 굵게 표시한 부분을 추가합니다.

코드 10-10 router-basic/src/router/index.ts

```
~ 생략 ~
const routeSettings: RouteRecordRaw[] = [
  ~ 생략 ~
  {
    path: "/member/detail/:id",  ────────────❶
    name: "MemberDetail",
    component: () => {
      return import("@/views/member/MemberDetail.vue");
    },
  },
];
~ 생략 ~
```

여기까지 코딩이 완료되면 회원 리스트 화면을 새로고침합니다. 그러면 [그림 10-10]의 ② 화면이 표시됩니다. 해당 화면에서 회원 리스트의 각 링크를 클릭하면 ③의 화면이 표시됩니다.

② 회원 리스트 화면

Vue Router 샘플

회원 관리

TOP > 회원 리스트

회원 리스트

신규등록은 여기를 클릭

- ID가 33456인 영희 님
- ID가 47783인 철수 님

③ 회원 상세 정보 화면

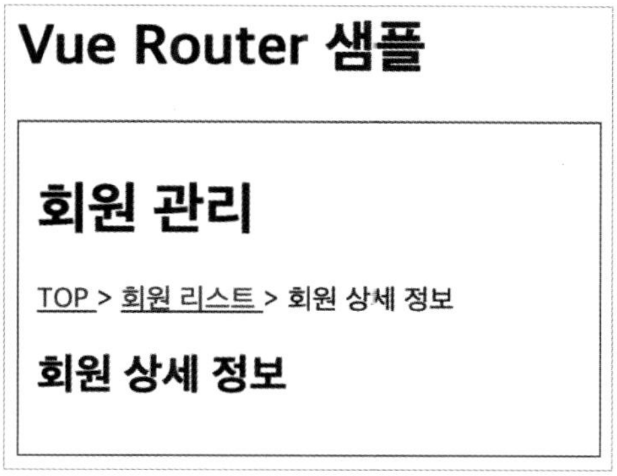

Vue Router 샘플

회원 관리

TOP > 회원 리스트 > 회원 상세 정보

회원 상세 정보

그림 10-10 회원 리스트와 해당 링크가 추가된 화면

[그림 10-10]을 보면 알 수 있듯이 '② 회원 리스트 화면'과 '③ 회원 상세 정보 화면' 모두 상단에 사이트 이동 경로가 추가되어 있으며 각 링크를 클릭하면 해당 화면으로 이동합니다. [코드 10-8]의 ❶과 [코드 10-9]의 ❶, ❷가 바로 이 링크를 설정한 것입니다. 이러한 링크는 [코드 10-4]와 [코드 10-5]에서 router/index.ts에 이미 작성한 것을 이용합니다.

한편 [코드 10-10]에서는 router/index.ts에 라우팅 등록 코드를 새롭게 추가하고 있습니다. ❶에서는 path 속성 끝부분에 :id라고 작성된 부분이 추가되었습니다. 이러한 경로 중 콜론으로 시작하는 부분은 고정된 경로 문자열이 아닌 경로 파라미터로 취급됩니다. 예를 들어 다음 URL의 경우 :id에 해당하는 33456 값이 경로 파라미터로 저장되며 전환 대상 MemberDetail.vue에서는 id라는 변수명으로 조회할 수 있게 됩니다(그림 10-11).

```
http://localhost:3000/member/detail/33456
```

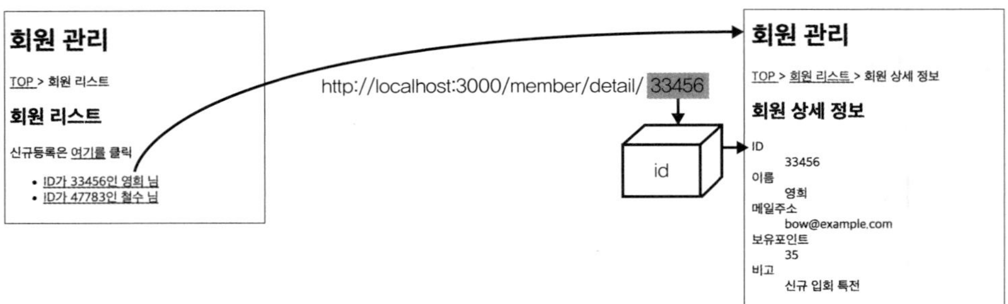

그림 10-11 경로의 일부를 변수로 추출할 수 있다.

마지막으로 경로 파라미터를 이용한 라우팅 등록을 구문으로 정리해보겠습니다.

경로 파라미터가 포함된 라우팅 등록

```
const routeSettings: RouteRecordRaw[] = [
    {
        path: "/…/:경로 파라미터명",
        ⋮
    },
    ⋮
];
```

10.3.2 경로 파라미터 임베딩

앞 절의 router/index.ts에 내용을 추가하여 경로 파라미터를 이용한 라우팅 등록이 끝났습니다. 그런 다음 각 링크에서 경로 파라미터에 값을 임베딩해야 합니다. 이것이 [코드 10-8]에서 다음과 같은 ❷ 태그 작성입니다.

```
<RouterLink v-bind:to="{name: 'MemberDetail', params: {id: id}}">
```

v-bind:to의 속성값 객체에 params 속성이 추가되었습니다. 구문은 다음과 같습니다.

경로 파라미터에 대한 값 임베딩 속성

```
v-bind:to="{
    name: '라우팅명',
    params: {
        경로 파라미터명 : 값,
        ⋮
    }
}"
```

[코드 10-8]의 ❷에서는 경로 파라미터명과 값이 모두 id로 표기되어 있어 조금 헷갈릴 수 있습니다. 콜론의 왼쪽은 경로 파라미터명을 나타내는 id입니다. 한편 콜론의 오른쪽은 값을 나타내는 id이며 이는 v-for에서 반복하는 별칭으로 설정한 변수명인 id입니다(그림 10-12).

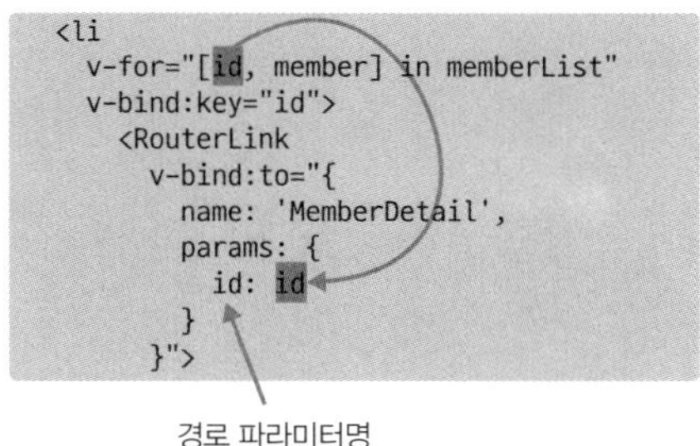

그림 10-12 [코드 10-8] ❷의 params 구조

이런 구조에 의한 실제 렌더링 결과는 다음과 같습니다.

```
<ul>
    <li><a href="/member/detail/33456"> ID가 33456인 영희 님 </a></li>
    <li><a href="/member/detail/47783"> ID가 47783인 철수 님 </a></li>
</ul>
```

각 링크의 끝에 회원 id가 삽입된 것을 확인할 수 있습니다. router-basic 프로젝트에서는 하나의 경로 파라미터만 설정했지만 여러 개의 파라미터를 다양한 형태로 설정할 수도 있습니다. 이에 대해서는 10.5.2절에서 정리하여 소개합니다.

10.3.3 경로 파라미터를 Props로 가져오기

앞 절까지 경로 파라미터를 전달할 준비가 완료되었습니다. 그러나 현재 전환 대상인 MemberDetail 컴포넌트에는 해당 경로 파라미터를 받는 코드가 전혀 기재되어 있지 않습니다. 이제 MemberDetail 컴포넌트에 경로 파라미터를 받는 코드를 작성해보겠습니다. MemberDetail.vue에 [코드 10-11]의 굵게 표시된 부분을 추가합니다.

코드 10-11 router-basic/src/views/member/MemberDetail.vue

```
<script setup lang="ts">
import { inject, computed } from "vue";
import { RouterLink } from "vue-router";
import type { Member } from "@/interfaces";

interface Props {
    id: number;
}
const props = defineProps<Props>();
const memberList = inject("memberList") as Map<number, Member>;
const member = computed(
    (): Member => {
        return memberList.get(props.id) as Member;
    }
);
const localNote = computed(
    (): string => {
        let localNote = "--";
        if (member.value.note != undefined) {
            localNote = member.value.note;
        }
        return localNote;
    }
);
</script>

<template>
    <h1>회원 관리</h1>
    <nav id="breadcrumbs">
    ~ 생략 ~
    </nav>
    <section>
```

❶

```
        <h2>회원 상세 정보</h2>
        <dl>
            <dt>ID</dt>
            <dd>{{ member.id }}</dd>
            <dt>이름</dt>
            <dd>{{ member.name }}</dd>
            <dt>메일주소</dt>
            <dd>{{ member.email }}</dd>
            <dt>보유 포인트</dt>
            <dd>{{ member.points }}</dd>
            <dt>비고</dt>
            <dd>{{ localNote }}</dd>
        </dl>
    </section>
</template>
```

추가된 코드를 보면 특별히 새로운 코드는 없습니다. 사실 경로 파라미터를 받았을 때 스크립트 블록에서 해당 값을 추출하여 사용할 수도 있습니다.[3] 하지만 가장 간단한 방법은 Props를 이용하는 방법입니다. 수신 측 컴포넌트에서 [코드 10-11]의 ❶과 같이 Props 정의만 입력하면 해당 Props에 자동으로 경로 파라미터가 저장됩니다.

단 이 방법의 경우 Props로 전달할 설정 코드를 router/index.ts에 작성해야 합니다. [코드 10-12]에 굵게 표시된 부분을 추가합니다.

코드 10-12 router-basic/src/router/index.ts

```
    ~ 생략 ~
    const routeSettings: RouteRecordRaw[] = [
    ~ 생략 ~
        {
            path: "/member/detail/:id",
                ~ 생략 ~
                props: (routes) => {  ❶
                    const idNum = Number(routes.params.id);  ❷
                    return {  ❸
                    id: idNum  ❹
                };
            }
        },
```

3 스크립트 블록에서 경로 파라미터를 비롯한 다양한 라우팅 관련 정보를 얻는 방법은 10.5.1절에서 소개합니다.

```
    ];
    ~ 생략 ~
```

추가가 완료되면 회원 리스트 화면의 링크를 클릭해봅니다. 원래의 회원 상세 정보 화면인 [그림 10-1]의 ③ 화면이 표시됩니다. 경로 파라미터를 Props로 전달할 때의 설정 구문은 다음과 같습니다.

경로 파라미터의 Props 전달

```
const routeSettings: RouteRecordRaw[] = [
    {
        path: "/…/: 경로 파라미터명",
         ⋮
        props: true
    },
     ⋮
];
```

원래는 구문과 같이 props 속성을 추가하고 값으로 true를 설정하면 됩니다. 단 이때는 경로 파라미터명과 같은 이름의 Prop에 대해 문자열(string 타입)로 값이 저장됩니다. [코드 10-11]의 ❶과 같이 Prop이 숫자 타입인 경우 전달하는 측에서 숫자로 변환해야 합니다.

이처럼 경로 파라미터값을 가공하여 Props로 전달할 경우 [코드 10-12]의 ❶과 같이 props 속성값으로 화살표 함수를 작성합니다. 인자 routes는 라우팅에 대한 정보가 저장된 객체입니다. 이 객체의 params 속성, 즉 routes.params에 경로 파라미터가 저장되어 있습니다. 화살표 함수 처리 블록에서는 이 값을 이용하여 Props로 전달할 값을 생성합니다. [코드 10-12]의 ❷에서는 경로 파라미터 id인 routes.params.id를 숫자 타입으로 변환하는 코드를 작성하고 이를 변수 idNum으로 설정합니다. 마지막으로 생성된 값을 ❹에서 경로 파라미터명을 속성명으로 하는 객체로 정리하여 ❸에서 반환합니다.

이러한 흐름을 구문으로 정리하면 다음과 같습니다.

가공한 경로 파라미터의 Props 전달

```
const routeSettings: RouteRecordRaw[] = [
    {
        path: "/…/:경로 파라미터명",
        ⋮
        props: (routes) => {
            routes.params를 이용한 가공 처리
            ⋮
            return {
                경로 파라미터명 : 가공된 값
                ⋮
            };
        }
    },
    :
];
```

10.4 스크립트 블록을 통한 라우팅 제어

router-basic 프로젝트도 이제 막바지에 이르렀습니다. 나머지는 '④ 회원 정보 추가 화면'입니다. 추가 화면의 처리를 설명하면서 스크립트 블록으로 라우팅을 제어하는 방법을 소개합니다.

10.4.1 회원 정보 추가 화면 생성

스크립트 블록에서 라우팅을 제어하는 코드를 소개하기 전에 '④ 회원 정보 추가 화면'을 표시하는 코드를 작성해봅시다. 앞선 내용을 복습할 수 있습니다. 먼저 '② 회원 리스트 화면'에 '신규등록은 여기를 클릭' 문구를 추가하고 링크를 만들어봅시다. MemberList.vue에 [코드 10-13]의 굵게 표시된 부분을 추가합니다.

코드 10-13 router-basic/src/views/member/MemberList.vue

```
<script setup lang="ts">
~ 생략 ~
</script>

<template>
~ 생략 ~
    <section>
        <h2>회원 리스트</h2>
        <p>
            신규등록은 <router-link v-bind:to="{ name: 'MemberAdd' }">여기를</router-link>
            클릭
        </p>
        <section>
            ~ 생략 ~
        </section>
    </section>
</template>
```

다음으로 [코드 10-13]에서 추가한 '신규등록은 여기를 클릭'에서 [여기를]에 설정한 링크에 해당하는 라우팅명 MemberAdd의 라우팅 정보를 등록합니다. router/index.ts에 [코드 10-14] 의 굵게 표시된 부분을 추가합니다.

코드 10-14 router-basic/src/router/index.ts

```
~ 생략 ~
const routeSettings: RouteRecordRaw[] = [
~ 생략 ~
    {
        path: "/member/add",
        name: "MemberAdd",
        component: () => {
            return import("@/views/member/MemberAdd.vue");
        }
    }
];
~ 생략 ~
```

마지막으로 라우팅에 사용할 MemberAdd 컴포넌트를 추가합니다. src/views/member 폴더에 [코드 10-15]의 MemberAdd.vue를 생성합니다. 참고로 사이트 이동 경로 내 TOP과 회원 리스트로 연결되는 링크 코드는 [코드 10-11]과 동일하므로 생략했습니다.

[코드 10-15] ❶의 코드에서 Inject한 memberList는 현재 사용하지 않고 있습니다. 이후에 사용할 코드를 ❸에 추가합니다. ❸도 현재로서는 member 객체를 콘솔로 출력하는 코드만 작성하고 있습니다. 이 부분도 함께 수정해나가겠습니다.

코드 10-15 router-basic/src/views/member/MemberAdd.vue

```
<script setup lang="ts">
import { inject, reactive } from "vue";
import { RouterLink } from "vue-router";
import type { Member } from "@/interfaces";

const memberList = inject("memberList") as Map<number, Member>;   ❶
const member: Member = reactive(                                   ┐
    {                                                              │
        id: 0,                                                     │
        name: "",                                                  ├─❷
        email: "",                                                 │
        points: 0,                                                 │
```

```
        note: ""
    }
);
const onAdd = (): void => {
    console.log(member);
};                                                        ❸
</script>
<template>
    <h1>회원 관리</h1>
    <nav id="breadcrumbs">
        <ul>
            ~ 생략([코드 10-11]과 같음) ~
            <li>회원 정보 추가</li>
        </ul>
    </nav>
    <section>
        <h2>회원 정보 추가</h2>
        <p>
            정보를 입력하고 등록 버튼을 클릭해주세요
        </p>
        <form v-on:submit.prevent="onAdd">
            <dl>
                <dt>
                    <label for="addId">ID </label>
                </dt>
                <dd>
                    <input type="number" id="addId" v-model.number="member.id" required>
                </dd>
                <dt>
                    <label for="addName">이름 </label>
                </dt>
                <dd>
                    <input type="text" id="addName" v-model="member.name" required>  ❹ ❺
                </dd>
                <dt>
                    <label for="addEmail">메일 주소 </label>
                </dt>
                <dd>
                    <input type="email" id="addEmail" v-model="member.email" required>
                </dd>
                <dt>
                    <label for="addPoints">보유 포인트 </label>
                </dt>
                <dd>
```

```
                    <input type="number" id="addPoints" v-model.number="member.points"
                    required>
                </dd>
                <dt>
                    <label for="addNote">비고</label>
                </dt>
                <dd>
                    <textarea id="addNote" v-model="member.note"></textarea>
                </dd>
            </dl>
            <button type="submit">등록</button>
        </form>
    </section>
</template>
```

여기까지 코딩이 끝나면 회원 리스트 화면을 새로고침합니다. [그림 10-1]의 '② 회원 리스트 화면'이 나타나며 '신규등록은 여기를 클릭' 문자열이 표시됩니다. 또한 [여기를]의 링크를 클릭하면 [그림 10-1]의 '④ 회원 정보 추가 화면'이 표시됩니다. 이제 입력란에 구언가를 입력하고 [그림 10-13]의 [등록] 버튼을 클릭해봅시다.

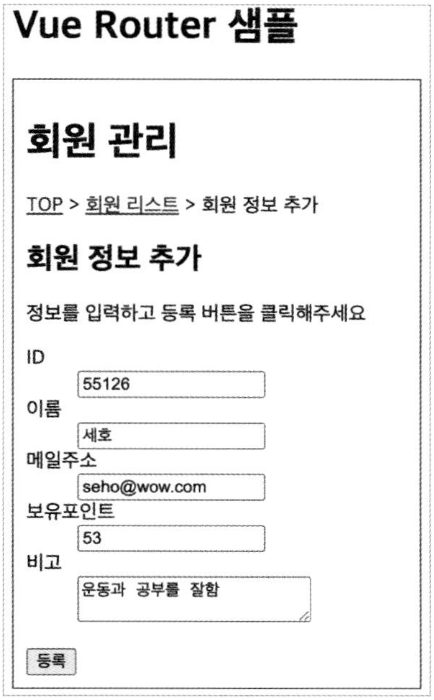

Vue Router 샘플

회원 관리

TOP > 회원 리스트 > 회원 정보 추가

회원 정보 추가

정보를 입력하고 등록 버튼을 클릭해주세요

ID

55126

이름

세호

메일주소

seho@wow.com

보유포인트

53

비고

운동과 공부를 잘함

등록

그림 10-13 회원 정보 추가 화면에 데이터를 입력한 상태

그러면 콘솔에 해당 내용이 표시됩니다(그림 10-14).

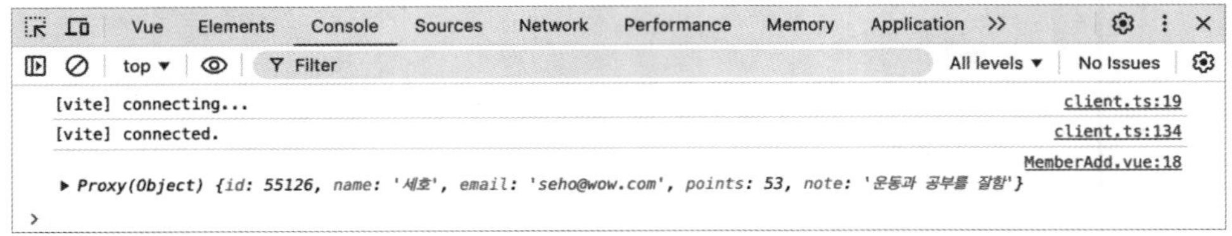

그림 10-14 회원 정보 추가 화면의 입력 내용이 표시된 콘솔

다시 한번 구조에 대해 설명하겠습니다. [코드 10-15]의 ❷에서 반응형 Member 객체를 준비했습니다. 이 객체는 reactive() 함수로 반응형 데이터로 만든 객체입니다. 각 속성과 입력 컨트롤은 ❺의 각 태그에서 볼 수 있듯이 v-model로 동기화되어 있습니다. 따라서 member 변수는 입력 데이터를 그대로 나타내며 ❸에서 콘솔에 입력 내용을 그대로 표시하고 있습니다.

또한 ID와 보유 포인트의 v-model은 .number 수식어를 부여하여 숫자로 변환하고 있습니다. .number 수식어는 5.1.5절에서 설명했습니다.

마찬가지로 ❹의 v-on:submit 디렉티브에서 .prevent 수식어를 활용하고 있습니다. ❺와 같이 버튼을 submit 버튼으로 설정하고 이벤트 처리를 버튼이 아닌 form 태그에 설정합니다. 이로써 form 전체 입력이 완료된 후 일괄적으로 데이터를 처리할 수 있을 뿐만 아니라 각 입력 컨트롤에 부여한 required 속성에 의한 입력 검사나 input 요소의 number 타입, email 타입에 대한 입력 검사도 활성화되어 스크립트 블록에서 별도의 입력 검사를 작성하지 않아도 됩니다. 단 이때 4.2.6절에서 설명한 것처럼 form 본연의 submit 처리를 취소해야 합니다. prevent 수식어는 이를 위해 작성한 것입니다.

10.4.2 라우팅을 제어하는 라우터 객체

앞에서 작성한 MemberAdd.vue의 [등록] 버튼 처리, 즉 [코드 10-15]의 onAdd 메서드 내 코드는 당연히 원래 예상했던 처리 방식이 아닙니다. onAdd 메서드에서 본래 수행해야 할 작업은 다음 두 가지입니다.

1 입력 데이터를 회원 리스트 데이터에 추가하기

2 리스트 화면으로 전환하기

이 처리가 이루어지도록 MemberAdd.vue를 수정해봅시다. [코드 10-16]의 굵게 표시된 부분을 추가합니다.

코드 10-16 router-basic/src/views/member/MemberAdd.vue

```
<script setup lang="ts">
import { inject, reactive } from "vue";
import { RouterLink, useRouter } from "vue-router";  ❶
import type { Member } from "@/interfaces";

const router = useRouter();  ❷
const memberList = inject("memberList") as Map<number, Member>;  ❸
const member: Member = reactive(
~ 생략 ~
);
const onAdd = (): void => {
    console.log(member);
    memberList.set(member.id, member);  ❹
    router.push({ name: "MemberList" });  ❺
};
</script>

<template>
    ~ 생략 ~
</template>
```

코딩이 끝나면 동작을 확인합니다. [그림 10-13]과 같은 데이터를 입력하고 [등록] 버튼을 클릭하면 회원 리스트 화면으로 이동하여 입력한 회원 정보가 리스트에 추가됩니다(그림 10-15).

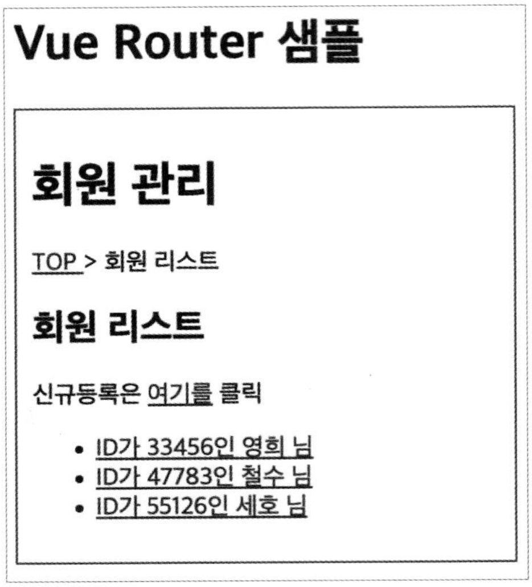

Vue Router 샘플

회원 관리

TOP > 회원 리스트

회원 리스트

신규등록은 여기를 클릭

- ID가 33456인 영희 님
- ID가 47783인 철수 님
- ID가 55126인 세호 님

그림 10-15 회원 리스트에 1명을 추가한 회원 리스트 화면

[코드 10-16]의 ❹와 ❺ 두 행이 바로 앞서 언급한 두 가지 처리에 해당합니다. 차례대로 설명하겠습니다.

1. 입력 데이터를 회원 리스트 데이터에 추가하기

[코드 10-16]의 ❹에 해당합니다. 이 코드에는 특별히 새로운 것이 없습니다. 미리 ❸에서 Inject한 Map 객체인 memberList에 set() 메서드를 사용하여 Member 객체를 추가하기만 하면 됩니다. 애초에 memberList는 제공될 때 [코드 10-2]의 ❸에서 reactive() 함수를 이용하여 반응형으로 되어 있기 때문에 이후 데이터의 추가, 삭제, 수정이 그대로 반영되게 되어 있습니다.

2. 리스트 화면으로 전환하기

[코드 10-16]의 ❺에 해당합니다. 이 부분이 이번 절의 주제입니다. Vue 라우터에서는 스크립트 블록 내에서 라우팅을 제어하기 위한 객체로 라우터 객체를 제공합니다. 라우터 객체를 가져오는 함수가 [코드 10-16]의 ❷ useRouter()입니다. 참고로 이 함수를 사용하려면 미리 임포트를 해두어야 합니다(❶). 라우터 객체의 push() 메서드를 사용하면 인자로 전달한 경로로 화면 표시가 전환됩니다.

인자는 RouterLink 태그의 v-bind:to 디렉티브의 속성값과 동일한 값을 지정합니다. [코드 10-16]의 ❺에서는 다음과 같이 지정되어 있으므로 라우팅명이 MemberList인 경로로 이동합니다.

```
{name: "MemberList"}
```

물론 다음과 같이 직접 경로를 작성해도 동작하지만 10.2.6절의 NOTE에서 소개한 것과 같은 이유로 권장하지 않습니다.

```
router.push("/member/memberList");
```

또한 전환할 때 다음 코드와 같이 경로 파라미터를 삽입할 수도 있습니다.

```
router.push({name: "MemberDetail", params: {id: member.id}});
```

[코드 10-16]의 ❺ 부분을 앞선 코드로 대체하면 [등록] 버튼을 클릭한 후 [그림 10-16]의 회원 상세 정보 화면으로 이동하여 방금 등록한 회원 정보가 표시됩니다.

Vue Router 샘플

회원 관리

TOP > 회원 리스트 > 회원 상세 정보

회원 상세 정보

ID
55126
이름
세호
메일주소
seho@wow.com
보유포인트
53
비고
운동과 공부를 잘함

그림 10-16 회원 가입 후 회원 상세 정보 화면으로 전환된 화면

이것으로 router-basic 프로젝트가 모두 완료되었습니다.

10.4.3 라우터 객체의 다른 메서드

라우터 객체에는 push() 외에도 다양한 메서드가 있습니다. 주요 메서드를 [표 10-3]에 정리했습니다.

메서드	내용
push()	지정된 경로로 전환하기
replace()	현재 경로 바꾸기
back()	이력상 앞의 화면으로 돌아가기
forward()	이력상 뒤의 화면으로 이동하기
go()	이력상 지정된 화면으로 이동하기

표 10-3 라우터 객체의 주요 메서드

조금 덧붙여 설명하겠습니다. replace() 메서드는 현재 표시 화면을 대체합니다. 인자의 형식은 push()와 동일하며 외형적인 동작도 push()와 동일합니다. 둘의 차이점은 기록을 남기는지 여부입니다. push()의 경우 화면 전환이 브라우저에 히스토리로 기록되며 브라우저의 뒤로가기 버튼으로 돌아갈 수 있습니다. 반면 replace()의 경우 히스토리에 남지 않기 때문에 브라우저의 뒤로가기 버튼으로 돌아갈 수 없습니다.

브라우저 히스토리를 오가는 메서드가 back(), forward(), go()입니다. back()과 forward()는 [표 10-3]과 같이 히스토리를 뒤로 이동하거나 앞으로 이동하는 메서드이며 go()는 몇 화면만큼 히스토리를 이동할지 인자로 지정합니다. 예를 들어 go(-2)를 입력하면 2 화면 전으로 돌아갑니다. 즉 back()은 go(-1)과 같고 forward()는 go(1)과 같습니다.

Vue Devtools에서 라우팅 확인

Vue 라우터를 이용하면 Vue Devtools의 표시 내용도 늘어납니다. router-basic을 Vue Devtools에서 확인하면 [그림 10-n1]과 같습니다.

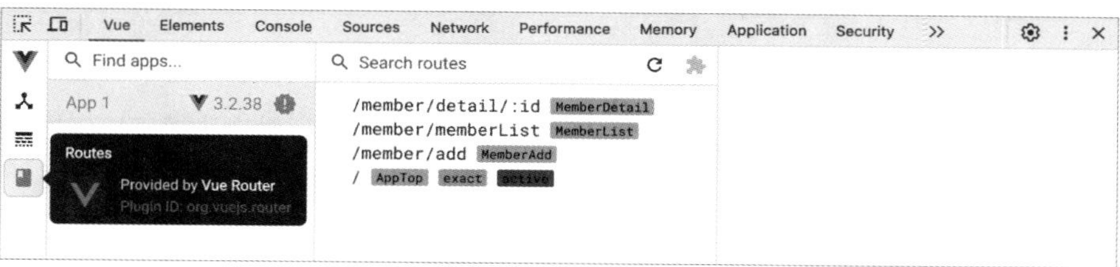

그림 10-n1 Vue Devtools에서 라우팅도 확인할 수 있다.

Routes 탭이 늘어났으며 [그림 10-n1]과 같이 라우팅 정보가 표시되는 것을 볼 수 있습니다. 또한 현재 표시되는 화면이 어떤 라우팅인지 알 수 있도록 active 마크가 붙어 있습니다. [그림 10-n1]은 경로가 /인 TOP 화면에서 AppTop 컴포넌트가 표시되는 것을 확인할 수 있습니다. 이를 회원 상세 정보 화면까지 전환하면 [그림 10-n2]와 같이 됩니다. 이때 active 마크가 이동하는 것을 볼 수 있습니다.

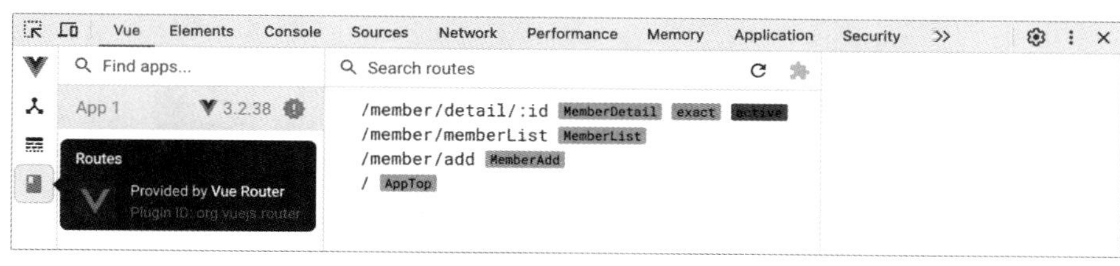

그림 10-n2 현재 표시되는 경로에 붙는 active 마크

10.5 Vue 라우터의 다른 기능

지난 절까지 Vue 라우터를 이용하는 데 필요한 주요 기능에 대해 알아보았습니다. 이번 절에서는 지금까지 소개하지 못한 기능을 조금 더 살펴보겠습니다.

10.5.1 스크립트 블록에서 라우팅 정보 가져오기

10.3.3절에서는 경로 파라미터를 Props에 자동 저장하는 메커니즘을 활용했습니다. 경로 파라미터를 스크립트 블록으로 얻고 싶다면 다음 코드와 같이 useRoute() 함수로 얻은 객체를 사용합니다.

```
import {useRoute} from "vue-router";
:
const route = useRoute();
const idNo = route.params.id;
```

이렇게 얻은 route 객체는 정확히는 RouteLocationNormalized 타입이며 주요 속성은 [표 10-4]와 같습니다. 이를 통해 현재 라우팅에 대해 다양한 정보를 얻을 수 있습니다.

속성	내용	예
name	라우팅명	MemberDetail
fullPath	path, hash, query 전부가 포함된 경로 문자열	/member/detail/47783#section?name=cheolsoo
path	라우팅 경로 문자열	/member/detail/47783
hash	해시(# 이후의 문자열)	#section
query	쿼리 정보(? 이후의 정보)	{name: cheolsoo}
params	경로 파라미터	{id: 47783}

표 10-4 RouteLocationNormalized 객체의 주요 속성

10.5.2 다양한 경로 파라미터

10.3.2절에서 예고한 바와 같이 경로 파라미터를 설정하는 다양한 방법을 소개합니다.

다중 파라미터

router-basic 프로젝트에서는 경로 파라미터를 하나만 설정했지만 여러 개로 작성할 수도 있습니다. 예를 들어 다음과 같이 경로를 설정할 수 있습니다.

```
path: "/member/search/:name/:points"
```

이때 다음 URL로 접속했다고 가정해봅시다.

```
http://localhost:3000/member/search/yeonghee/45
```

그러면 route.parameters의 name 속성에는 'yeonghee'가, points 속성에는 '45'가 저장됩니다.

생략할 수 있는 파라미터

경로 파라미터를 생략할 수 있게 하려면 ?를 작성합니다. 예를 들면 다음과 같습니다.

```
path: "/member/show/:name/:points?"
```

이 경우 points 파라미터는 생략할 수 있으며 URL은 다음 두 가지 경우 중 하나를 선택할 수 있습니다.

```
http://localhost:3000/member/show/yeonghee/45
http://localhost:3000/member/show/cheolsoo
```

전자의 경우 앞의 다중 파라미터 패턴과 마찬가지로 route.parameters의 name 속성에는 'yeonghee'가, points 속성에는 '45'가 저장됩니다. 후자의 경우 name 속성에 'cheolsoo'가 저장될 뿐입니다.

가변 길이 파라미터

경로 파라미터의 개수를 제한하지 않는 가변 길이 파라미터도 설정할 수 있습니다. 이 경우 * 또는 +를 기재합니다. 예를 들어 다음과 같이 경로를 설정할 수 있습니다.

```
path: "/member/call/:id*"
path: "/member/tell/:id+"
```

*의 경우 경로 파라미터가 전혀 없는 상태도 허용합니다. 예를 들어 다음 두 URL 모두 작동합니다.

```
http://localhost:3000/member/call
http://localhost:3000/member/call/14/25/65
```

한편 +의 경우 경로 파라미터를 반드시 하나 이상 작성해야 합니다. 즉 다음과 같은 경우 두 번째 줄의 URL은 문제없이 작동하지만 첫 번째 줄의 URL은 에러가 발생합니다.

```
http://localhost:3000/member/tell
http://localhost:3000/member/tell/14/25/65
```

*와 + 모두 route.params.id에는 [14, 25, 65]와 같이 배열로 값이 저장됩니다.

값 검사

경로 파라미터에 대해 정규 표현식을 사용하여 값을 검사할 수 있습니다. 예를 들어 다음과 같이 경로를 설정할 수 있습니다.

```
path: "/member/pull/:id(\\d{5})"
```

경로 파라미터 :id 다음에 ( ) 안에 정규식을 작성하면 해당 정규식에 맞는 값일 때만 정상적으로 작동하게 됩니다. ( ) 안에 작성한 \d{5}는 5자리 숫자를 의미합니다.

> **NOTE \의 이스케이프**
>
> 문자열 리터럴 내에서는 \를 그대로 사용할 수 없습니다. \\와 같이 \를 추가하여 이스케이프해야 합니다.

이때 다음 첫 번째 줄의 URL은 문제없이 작동하지만 두 번째 줄의 URL은 숫자 자릿수가 부족하여 에러가 발생합니다.

```
http://localhost:3000/member/pull/98765
http://localhost:3000/member/pull/1234
```

물론 다음과 같이 문자열을 입력해도 에러가 발생합니다.

```
http://localhost:3000/member/pull/hello
```

404 Not Found

지금까지 소개한 라우팅 파라미터의 구조를 이용하면 존재하지 않는 URL이 접속했을 때 특정 화면을 표시하는 라우팅 설정, 즉 '404 Not Found'를 구현할 수 있습니다. 이때 라우팅 설정은 다음과 같습니다.

```
path: "/:pathMatch(.*)*",
name: "NotFound",
component: () => {
    return import("@/views/NotFound.vue");
}
```

라우팅명과 표시 컴포넌트 모두 NotFound로 설정되어 있는데 이름은 임의로 지정할 수 있습니다. 이 라우팅 설정의 핵심은 라우팅 경로입니다. 루트인 / 이후는 모두 경로 파라미터가 됩니다. 파라미터명은 pathMatch로 되어 있지만 역시 임의의 문자열로 지정할 수 있습니다. 경로 파라미터에 대해 정규식 검사로 .*(임의의 문자를 임의 횟수 반복)을 적용하고 *(애스터리스크)를 추가하여 가변 길이 파라미터로 설정합니다. 이렇게 설정하면 존재하는 라우팅 정보 이외의 모든 URL을 받게 됩니다.

10.5.3 중첩 라우팅

라우팅은 중첩[nest]할 수 있습니다. 예를 들어 router-basic 프로젝트에서는 '회원 리스트 화면'에서 각 회원 리스트를 클릭하면 '회원 상세 정보 화면'으로 전환되었습니다. 이를 [그림 10-

17]과 같이 리스트 화면 하단에 표시 영역을 마련하여 '회원 상세 정보 화면'과 '회원 정보 추가 화면'을 표시할 수도 있습니다.

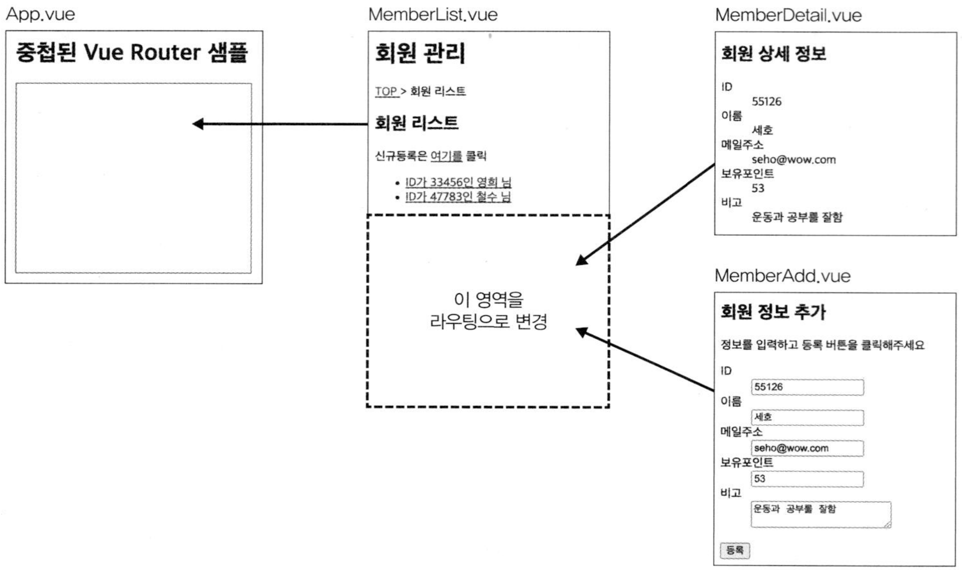

그림 10-17 중첩 라우팅에 따라 달라지는 부분

이렇게 하려면 [코드 10-17]에 굵게 표시된 부분과 같이 화면 표시용 컴포넌트인 MemberList 컴포넌트의 템플릿 블록에 RouterView 태그를 작성하기만 하면 됩니다.

코드 10-17 router-nested/src/views/member/MemberList.vue

```
<template>
    :
    <section>
        <section>
            <h2>회원 리스트</h2>
              :
        </section>
        <RouterView/>
    </section>
</template>
```

그리고 RouterView 태그 내에 라우팅에 따라 달라지도록 라우팅 등록 정보를 다음과 같이 작성합니다.

코드 10-18 router-nested/src/router/index.ts

```
{
    path: "/member/memberList",
    :
    children: [
        {
            path: "detail/:id",
            name: "MemberDetail",
              :
        },
        {
            path: "add",
            name: "MemberAdd",
            :
        }
    ]
}
```

굵게 표시된 부분과 같이 children 속성이 늘어났습니다. 속성값으로 배열을 작성하고 각 요소로 지금까지와 동일한 라우팅 설정을 작성합니다. 단 path 속성값은 /로 시작해서는 안 됩니다. /로 시작하지 않음으로써 예를 들어 회원 상세 정보 화면을 표시하는 URL은 다음과 같이 됩니다. 부모 컴포넌트의 경로 문자열에 자식 컴포넌트의 경로 문자열을 결합한 형태입니다.

```
http://localhost:3000/member/memberList/detail/33456
```

NOTE

경로 파라미터만 변경되는 경우

위 예제에서 리스트를 클릭하여 회원 상세 정보 화면을 표시한 후 '신규등록은 여기를 클릭'의 [여기를] 링크를 클릭하여 회원 정보 추가 화면을 표시하는 경우 문제없이 작동합니다. 한편 각 리스트를 각각 클릭해서 회원 상세 정보 화면 사이를 오가는 라우팅의 경우 URL은 다음과 같이 경로 파라미터 부분만 변화합니다.

```
http://localhost:3000/member/memberList/detail/33456
http://localhost:3000/member/memberList/detail/47783
```

이 경우 MemberDetail 컴포넌트가 재사용되어 그대로는 제대로 변경되지 않습니다. 이때 7.1절에서 소개한 감시자를 이용하여 MemberDetail 컴포넌트의 스크립트 블록에 다음 코드를 작성합니다.

```
let id = Number(route.params.id);
const member = ref(memberList.get(id) as Member);
watchEffect(
    () => {
        id = Number(route.params.id);
        member.value = memberList.get(id) as Member;
    }
);
```

중요한 부분은 경로 파라미터인 route.params.id를 모니터링 대상으로 설정하는 것입니다. 또는 나중에 다룰 내비게이션 가드의 onBeforeRouteUpdate() 함수를 이용하는 방법도 있습니다. 이 내용은 10.5.5절을 참고하세요.

10.5.4 멀티 뷰

중첩 라우팅과 비슷한 것으로 멀티 뷰가 있습니다. 멀티 뷰는 부모와 자식 관계가 아니라 여러 개의 RouterView 태그를 병렬로 작성하여 각 컴포넌트를 표시하는 방식입니다. 먼저 [코드 10-19]의 ❷와 같이 RouterView 태그에 name 속성을 작성하여 표시 영역의 이름을 지정합니다.

코드 10-19 router-multiple/src/App.vue

```
<template>
    <header>
        <h1>멀티 뷰 샘플</h1>
    </header>
    <main>
        <RouterView />                          ❶
    </main>
    <section id="sub">
        <RouterView name="sub" />               ❷
    </section>
</template>
```

그런 다음 [코드 10-20]과 같이 라우팅 등록 정보를 작성합니다.

코드 10-20 router-multiple/src/router/index.ts

```
    {
        path: "/",
        name: "AppTop",
        components: {
            default: AppTop,   ❶
            sub: Sub   ❷
        }
    }
```

컴포넌트를 등록하는 속성이 components라는 복수형이 됩니다. 값으로는 각 RouterView 부분에 표시할 컴포넌트를 객체로 작성합니다.

여기서 [코드 10-19]의 ❶과 같이 name 속성이 없는 RouterView 태그에 렌더링할 컴포넌트는 [코드 10-20]의 ❶과 같이 default라는 속성으로 지정합니다. 한편 [코드 10-19]의 ❷와 같이 name 속성이 있는 RouterView 태그에 대해서는 [코드 10-20]의 ❷와 같이 해당 name 속성으로 지정합니다. 이 컴포넌트를 표시한 화면은 [그림 10-18]과 같습니다.

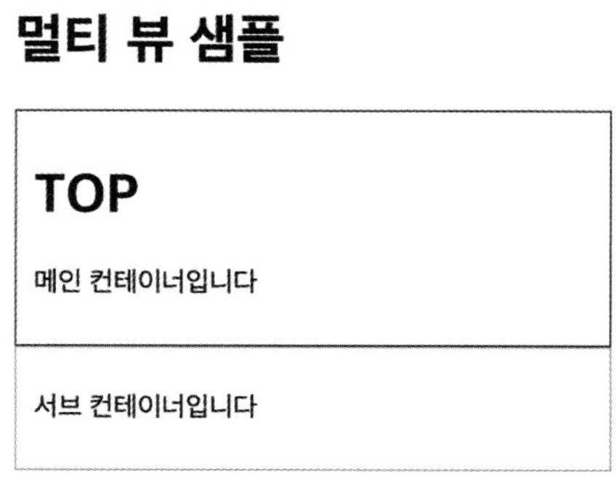

그림 10-18 멀티 뷰를 이용한 표시

10.5.5 내비게이션 가드

Vue 라우터에서는 화면 전환이 발생하기 전후에 처리를 끼워 넣을 수 있습니다. 이를 내비게이션 가드navigation guard라고 합니다. 내비게이션 가드에는 [표 10-5]와 같은 것들이 있습니다. 카테고리 '글로벌'은 모든 라우팅에 적용되는 가드이며 '라우팅별', '컴포넌트별'은 이름에서 알 수 있듯이 각 라우팅 또는 컴포넌트별로만 적용되는 가드입니다.

카테고리	가드 메서드	작성처
글로벌	beforeEach	router/index.ts
	beforeResolve	
	afterEach	
라우팅별	beforeEnter	
컴포넌트별	beforeRouteEnter	각 컴포넌트 내
	beforeRouteUpdate	
	beforeRouteLeave	

표 10-5 라우터 객체의 가드 메서드

이들 가드의 호출 순서는 [그림 10-19]와 같습니다.

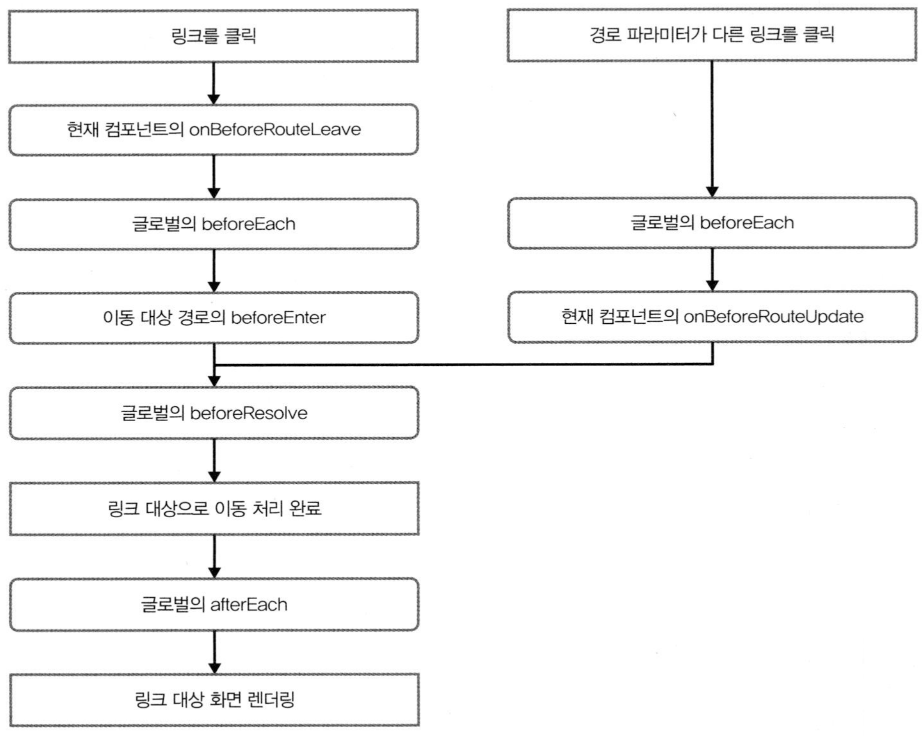

그림 10-19 내비게이션 가드 호출 순서

조금 덧붙여 설명하면 [그림 10-19]의 왼쪽에 '링크를 클릭'으로 시작하는 흐름이 완전히 화면을 전환하는 경우의 흐름입니다. 예를 들어 다음 두 개의 링크를 오가는 경우입니다.

```
http://localhost:3000/member/memberList
http://localhost:3000/member/detail/33456
```

한편 다음 두 개의 링크와 같이 경로 파라미터가 다른 링크를 오가는 경우는 [그림 10-19]의 오른쪽 '경로 파라미터가 다른 링크를 클릭'으로 시작하는 흐름입니다.

```
http://localhost:3000/member/detail/33456
http://localhost:3000/member/detail/47783
```

후자의 경우 화면 표시용 컴포넌트를 재사용하기 때문에 전자와는 호출되는 가드가 다릅니다. 내비게이션 가드 메서드를 정의하는 방법을 알아보겠습니다. 글로벌 가드는 router/index.ts 내에서 createRouter()로 router 객체를 가져온 후 해당 router 객체를 export할 때까지 router 객체의 각 메서드를 실행하는 형태로 설정합니다(다음 코드의 굵게 표시된 부분).

```
const router = createRouter({
    ⋮
});
router.beforeEach(
    (to, from) => {
    ⋮
    }
);
⋮
export default router
```

한편 라우팅별 가드는 다음 코드와 같이 각 라우팅 설정 정보에 beforeEnter 속성으로 설정합니다.

```
{
    path: "/",
    ⋮
    beforeEnter: (to, from) => {
    ⋮
    }
}
```

컴포넌트별 가드는 다음 코드와 같이 스크립트 블록 안에서 onBeforeRouteLeave() 함수와 onBeforeRouteUpdate() 함수를 이용해서 설정합니다. 이 함수들은 사전에 임포트해두어야 합니다.

```
<script setup lang="ts">
import {onBeforeRouteLeave, onBeforeRouteUpdate} from "vue-router";
 ⋮
onBeforeRouteLeave(
    (to, from) => {
     ⋮
    }
);
onBeforeRouteUpdate(
    (to, from) => {
     ⋮
    }
);
```

글로벌, 라우팅별, 컴포넌트별 가드 모두 인자나 속성값으로 전달되는 것은 동일합니다. 구문으로 표현하면 다음과 같은 화살표 함수가 됩니다.

내비게이션 가드 설정 인자

```
(to, from) => {
    삽입하고 싶은 처리
}
```

인자의 to와 from은 모두 RouteLocationNormalized 객체이며 10.5.1절에서 소개한 라우팅 정보가 저장된 객체입니다. to는 앞으로 전환할 대상의 정보이고 from은 현재 정보입니다. 이들 객체의 fullPath 속성, params 속성 등을 참조하면 각종 데이터를 추출할 수 있습니다. 이를 이용하여 화면 전환 전후의 적절한 타이밍에 수행하고자 하는 처리를 작성합니다.

NOTE

경로 파라미터만 변하는 경우 onBeforeRouteUpdate로 대응

10.5.3절에서 예고한 바와 같이 경로 파라미터만 변하는 경우 라우팅은 onBeforeRouteUpdate() 함수를 이용해서 대응할 수도 있습니다. 이때 다음 코드를 MemberDetail 컴포넌트의 스크립트 블록 안에 작성합니다.

```
let id = Number(route.params.id);
    const member = ref(memberList.get(id) as Member);
    onBeforeRouteUpdate(
        (to, from) => {
            id = Number(to.params.id);
            member.value = memberList.get(id) as Member;
        }
);
```

포인트는 굵게 표시된 부분으로 인자 to에서 새로운 경로 파라미터를 가져오는 것입니다.

10.5.6 리다이렉트

마지막으로 리다이렉트를 소개합니다. 단순히 특정 경로로 리다이렉트를 원한다면 라우팅 설정 코드를 다음과 같이 작성합니다.

```
{
    path: "/member/go",
    name: "Go",
    redirect: {
        name: "MemberCall"
    }
}
```

포인트는 굵게 표시된 부분으로, redirect 속성의 value 객체에 name 속성값으로 리다이렉트 대상 라우팅명을 적으면 됩니다. 한편 리다이렉트 대상을 동적으로 제어하고 싶다면 다음과 같이 redirect 속성값으로 화살표 함수를 작성합니다.

```
{
    path: "/member/goDynamic/:id",
    name: "GoDynamic",
    redirect: (to) => {
        return {
            name: "MemberCall",
            params: {id: to.params.id}
        }
```

```
    }
}
```

화살표 함수의 인자인 to는 현재 라우팅 정보가 저장된 RouteLocationNormalized 객체입니다. 해당 데이터를 활용하면서 최종적으로 RouterLink 태그의 v-bind:to 디렉티브의 속성값과 동일한 형식의 객체를 반환합니다.

COLUMN

Nuxt

Vue.js를 중심으로 Vue 라우터 등 편리한 라이브러리를 하나의 패키지로 묶은 프레임워크로 Nuxt라는 것이 있습니다. Nuxt를 이용하면 이 장에서 소개한 라우팅 정보 등록이 자동화되어 폴더 구성을 그대로 경로로 사용할 수 있습니다. 이외에도 HTML 렌더링을 브라우저에서 하지 않고 서버에서 하는 서버 사이드 렌더링server side rendering(SSR)을 쉽게 할 수 있습니다. 이 책으로 Vue를 어느 정도 익혔다면 Nuxt 3에 도전해 보는 것도 추천합니다.

11장

기본 편

Pinia

이 장에서 소개할 주제는 Pinia(피니아)입니다. 앞 장에서 소개한 Vue 라우터를 이용하면 싱글 페이지 애플리케이션을 쉽게 만들 수 있지만 이때 컴포넌트 사이에 데이터 교환이 필요합니다. 데이터를 주고받을 때 앞에서 사용한 Provide/Inject로는 문제가 되는 경우가 있습니다. 이런 문제를 해결하는 것이 Pinia입니다. Vue + Vue 라우터 + Pinia를 조합하면 싱글 페이지 애플리케이션의 토대를 마련할 수 있습니다.

11.1 Pinia의 기본

Pinia는 컴포넌트 간 데이터를 주고받을 때 Provide/Inject만으로는 구현하기 어려운 상황에서 문제를 해결해줍니다. 먼저 Provide/Inject에 어떤 문제가 있는지부터 알아보겠습니다.

11.1.1 Provide/Inject의 문제점과 Pinia

앞 장에서 생성한 router-basic 프로젝트의 데이터 교환을 그림으로 나타내면 [그림 11-1]과 같습니다.

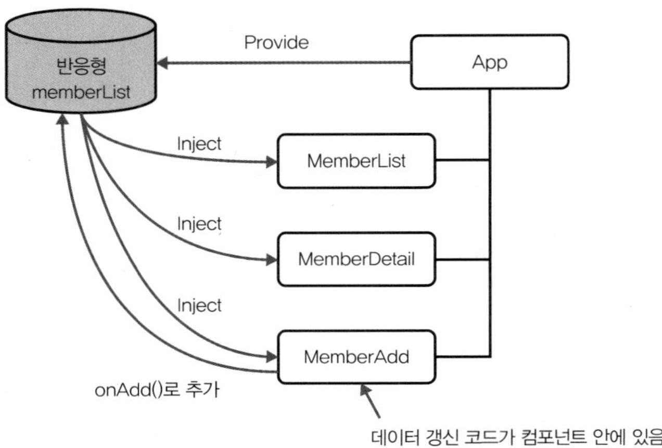

그림 11-1 router-basic 프로젝트에서 데이터 주고받기

먼저 App 컴포넌트에서 memberList를 Provide해 둡니다. 그 다음 Vue 라우터에 의해 해당 App 컴포넌트의 자식 컴포넌트로 삽입되는 MemberList, MemberDetail, MemberAdd 컴포넌트에서는 제공된 memberList를 Inject하여 사용하고 있습니다. MemberAdd 컴포넌트에서는 Inject뿐만 아니라 Inject한 memberList 데이터를 변경(요소 추가)하는 작업도 수행합니다.

이처럼 단순히 Inject한 데이터를 표시하는 것뿐만 아니라 데이터에 변경을 가할 경우 데이터 변경 처리가 각 컴포넌트 내에 존재하게 됩니다. 이 상태에서 애플리케이션이 커지면 어떤 컴포넌트에서 어떤 변경 처리가 이루어지는지 관리할 수 없게 됩니다. 또한 비슷한 변경 처리가 여러 개의 컴포넌트에 작성된 상황도 발생할 수 있습니다. 이렇게 되면 애플리케이션 유지보수성이 떨어지게 됩니다.

문제의 원인은 데이터 처리 코드가 흩어져 있기 때문이며 해결 방법은 한곳으로 모으는 것입니다. 예를 들어 dataaccess.ts와 같은 파일을 생성하고 그 안에 데이터 처리 코드를 정리하는 방법도 생각해볼 수 있습니다. 하지만 반응형 시스템과의 관계상 데이터 변경과 가공 처리 정도만 정리할 수 있을 뿐, 데이터 자체는 여전히 Provide/Inject에 의존해야 합니다. 이런 문제를 모두 해결하는 것이 바로 Pinia입니다.

Pinia는 스토어store 라이브러리라고 불리며 컴포넌트와 페이지를 넘나들며 상태state를 공유하고 관리하기 위한 라이브러리입니다. 상태를 관리한다는 것은 애플리케이션에서 사용하는 데이터 본체뿐만 아니라 데이터 변경과 가공 처리까지 일괄적으로 관리한다는 의미입니다. 물론 Pinia에서 준비한 데이터는 반응형 시스템 대상입니다. 각 컴포넌트별로 데이터를 표시하고 싶다면 스토어에서 준비한 데이터 본체를 참조합니다. 또한 데이터를 변경하거나 가공한 데이터를 이용하고 싶다면 마찬가지로 스토어에서 준비한 전용 함수를 호출합니다(그림 11-2).

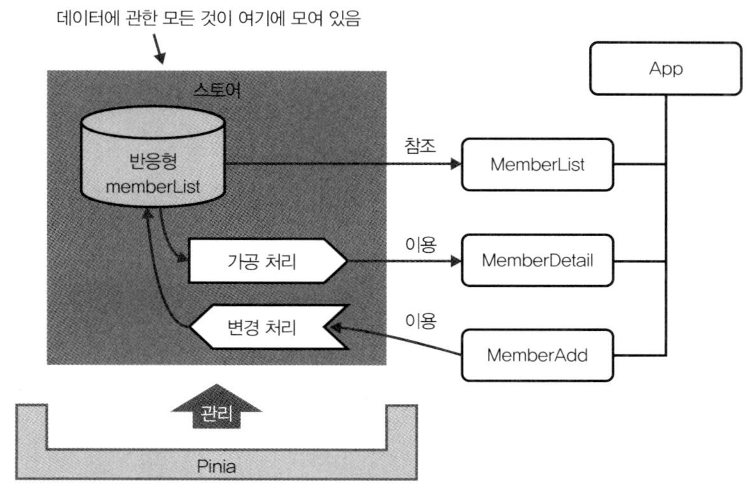

그림 11-2 스토어를 제공하는 Pinia

Vuex

Vue 프로젝트로 Vue CLI를 사용하는 것이 기본이었던 시절, Vue와 연동되는 스토어 라이브러리는 Vuex였습니다. 현재 Vuex는 유지보수 모드로 전환되어 더 이상 새로운 기능이 추가되지 않는 상태입니다. 이제 Vuex대신 Pinia를 사용합니다.

11.1.2 Pinia 프로젝트 만들기

실제로 Pinia를 활용해봅시다. 먼저 이번 절에서는 간단한 예제를 만들어 Pinia의 구조와 기본적인 사용법을 살펴봅니다. 이후 다음 절에서 router-basic 프로젝트와 동일한 동작을 하는 애플리케이션을 Pinia를 이용하여 만들어보겠습니다.

그럼 간단한 예제로 pinia-basic 프로젝트를 만들겠습니다. 이 프로젝트에서는 Vue 라우터를 사용하지 않으므로 Vue 프로젝트 생성 시 질문 4는 'No'를 선택합니다. 한편 Pinia가 포함된 프로젝트여야 하므로 질문 5. Add Pinia for state management?에서 'Yes'를 선택합니다. 그 외에는 지금까지의 프로젝트와 동일하게 답변하여 pinia-basic 프로젝트를 생성합니다(그림 11-3).

```
Vue.js - The Progressive JavaScript Framework

✔ Project name: … pinia-basic
✔ Add TypeScript? … No / Yes
✔ Add JSX Support? … No / Yes
✔ Add Vue Router for Single Page Application development? … No / Yes
✔ Add Pinia for state management? … No / Yes
✔ Add Vitest for Unit Testing? … No / Yes
✔ Add an End-to-End Testing Solution? › No
✔ Add ESLint for code quality? … No / Yes
✔ Add Vue DevTools 7 extension for debugging? (experimental) … No / Yes
```

그림 11-3 Vue 프로젝트 생성 시 질문 5에서 'Yes'를 선택

프로젝트 생성이 완료되면 src 폴더 내에 stores 폴더가 추가됩니다(그림 11-4).

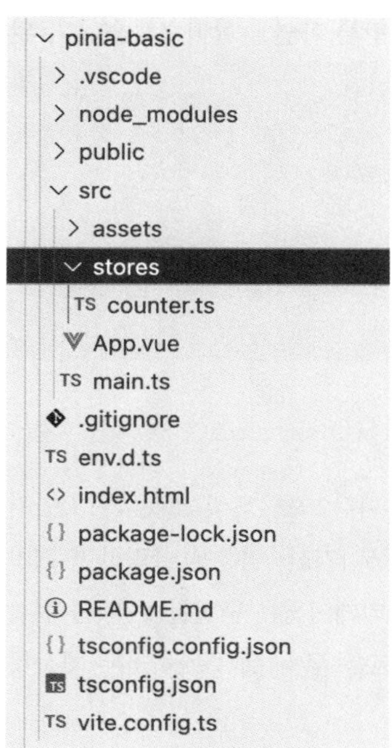

그림 11-4 Pinia가 포함된 프로젝트의 폴더 구성

또한 stores 폴더 안에는 counter.ts 파일이 미리 준비되어 있습니다. 이 파일에 애플리케이션에서 사용하는 데이터와 해당 데이터의 가공 처리, 변경 처리를 작성함으로써 각 컴포넌트에서 사용할 수 있게 됩니다.

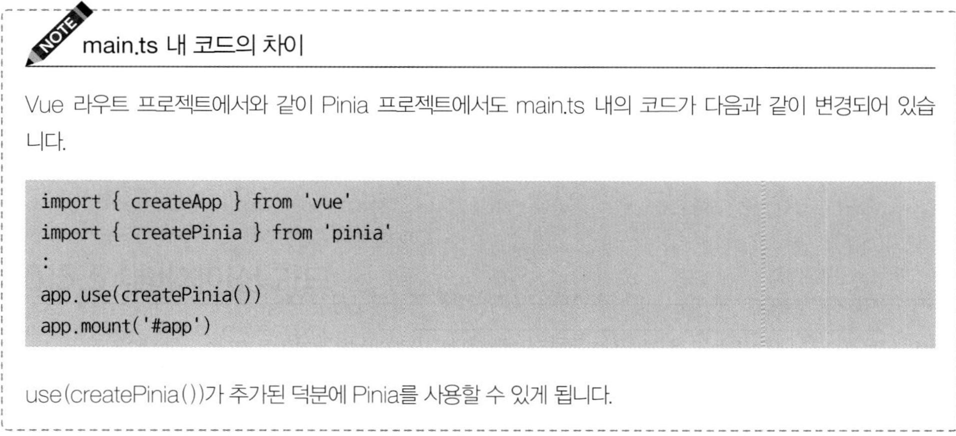

NOTE main.ts 내 코드의 차이

Vue 라우트 프로젝트에서와 같이 Pinia 프로젝트에서도 main.ts 내의 코드가 다음과 같이 변경되어 있습니다.

```
import { createApp } from 'vue'
import { createPinia } from 'pinia'
:
app.use(createPinia())
app.mount('#app')
```

use(createPinia())가 추가된 덕분에 Pinia를 사용할 수 있게 됩니다.

구체적인 작성 방법은 나중에 설명하기로 하고 우선 지금부터 만들 화면을 살펴보겠습니다. 완성된 프로젝트를 실행하면 [그림 11-5]와 같은 화면이 표시됩니다.

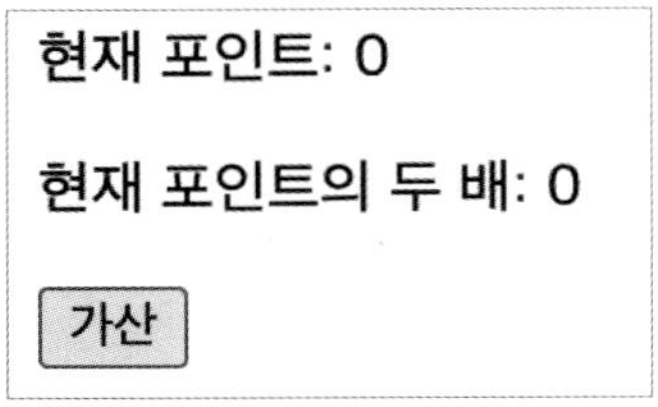

현재 포인트: 0

현재 포인트의 두 배: 0

가산

그림 11-5 pinia-basic 프로젝트 화면

포인트 값과 포인트를 두 배로 늘린 값이 표시되게 되어 있습니다. 포인트의 초깃값이 0이기 때문에 그림에서는 두 배도 0으로 표시되어 있습니다. 여기에서 [가산] 버튼을 클릭하면 포인트 값이 증가합니다. 지금까지 소개한 내용으로도 이러한 애플리케이션은 구현할 수 있습니다. App.vue에 다음과 같이 반응형 템플릿 변수를 만들고 포인트를 두 배로 증가시키는 계산형 속성과 포인트를 증가시키는 메서드를 준비하면 됩니다.

```
const points = ref(0);
```

이번에는 Pinia를 통해 이를 구현해보겠습니다.

11.1.3 스토어 파일 작성의 기본 구조

stores/counter.ts 파일을 살펴보면 [코드 11-1]과 같습니다.

코드 11-1 pinia-basic/src/stores/counter.ts

```
import {defineStore} from "pinia";

interface State {
    counter: number;
}

export const useCounterStore = defineStore({
    id: "counter",
```

```
    state: (): State => {
        return {
            counter: 0
        };
    },
    getters: {
        doubleCount: (state): number => {
            return state.counter * 2;
        }
    },
    actions: {
        incrementCount(): void {
            this.counter++;
        }
    }
});
```

router/index.ts와 마찬가지로 예시 코드가 작성되어 있습니다. ❶에서 pinia에서 defineStore() 함수를 가져오고 ❷에서 해당 함수를 실행한 결과를 useCounterStore로 export하고 있습니다. defineStore() 함수의 인자 객체는 ❸의 id, ❹의 state, ❺의 getters, ❻의 actions의 각 속성으로 구성됩니다.

❸의 id는 스토어를 식별하기 위한 이름이며 애플리케이션 내에서 고유하게 명명합니다. 일반적으로 파일에서 관리하는 데이터셋이 어떤 데이터셋인지 알 수 있는 이름을 지정합니다. 관리하기 쉽도록 파일명과 동일하게 하는 것이 좋으므로 여기서는 counter로 설정했습니다.

또한 11.1.1절에서 설명한 바와 같이 스토어에는 데이터 본체, 데이터 가공 처리, 데이터 변경 처리를 한꺼번에 담을 수 있습니다. 구체적으로 데이터 본체는 ❹의 state 속성에, 데이터 가공 처리는 ❺의 getters 속성에, 데이터 변경 처리는 ❻의 actions 속성에 작성합니다. 실제 작성 방법은 이후에 설명합니다.

마지막으로 이렇게 인자를 정의한 defineStore() 함수의 반환값에 이름을 지정하여 export 합니다. 이때 반환값, 즉 내보내는 내용은 스토어 생성 함수가 됩니다. 따라서 반환값의 명칭은 보통 'use + 스토어명 + Store'와 같은 캐멀 표기법을 사용합니다. ❶도 이에 따라 useCounterStore로 설정되어 있습니다(그림 11-6).

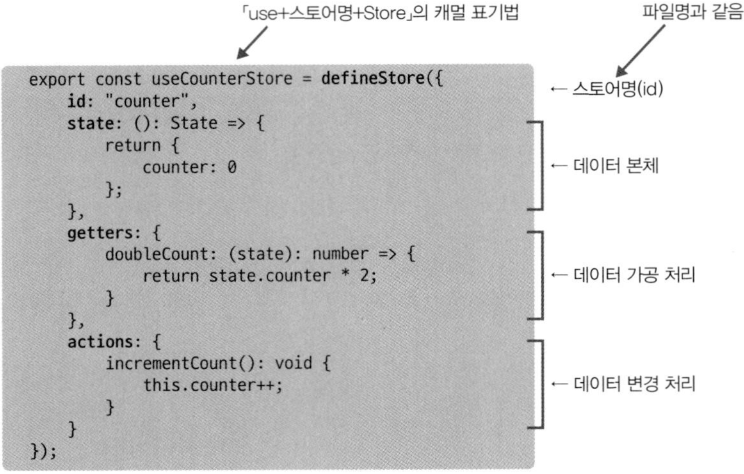
「use+스토어명+Store」의 캐멀 표기법
파일명과 같음
← 스토어명(id)
← 데이터 본체
← 데이터 가공 처리
← 데이터 변경 처리
export const useCounterStore = defineStore({
id: "counter",
state: (): State => {
return {
counter: 0
};
},
getters: {
doubleCount: (state): number => {
return state.counter * 2;
}
},
actions: {
incrementCount(): void {
this.counter++;
}
}
});

그림 11-6 스토어 파일 작성의 기본 구조

11.1.4 상태와 인터페이스

다음으로 상태state, 게터getters, 액션actions 작성 방법을 소개합니다. 단 [코드 11-1]은 화살표 함수 약어가 사용되어 지금까지의 설명 방식과는 조금 다릅니다. 지금부터 이 책에서 사용하는 방식으로 변경한 [코드 11-2]를 참고합시다. 좀 더 타입스크립트다운 작성 방식을 채택하고 속성명 등을 알기 쉽게 변경하여 더 이해하기 쉽도록 변경했습니다.

코드 11-2 pinia-basic/src/stores/counter.ts

```
import {defineStore} from "pinia";

interface State {                                  ─┐
    counter: number;                                ├─❶
}                                                  ─┘

export const useCounterStore = defineStore({
    id: "counter",
    state: (): State => {                          ─┐
        return {                                    │
            counter: 0                      ─❸      ├─❷
        };                                          │
    },                                             ─┘
```

```
    getters: {
        doubleCount: (state): number => {          ❺
            return state.counter * 2;              ❻  ❹
        }
    },
    actions: {
        incrementCount(): void {                   ❽
            this.counter++;                        ❾  ❼
        }
    }
});
```

데이터 본체인 상태는 [코드 11-2]의 ❷와 같이 state 속성에 객체를 반환값으로 하는 화살표 함수를 작성합니다. 반환값 객체에서는 속성명에 데이터명을, 값에 초깃값을 작성합니다(❸). 나중에 설명하겠지만 컴포넌트 내에서 여기 작성한 속성명으로 데이터를 사용할 수 있습니다. 단 상태가 어떤 구조가 될 것인지를 인터페이스 형태로 미리 정의해두어야 합니다. 이것이 ❶의 State 인터페이스입니다. 또한 State 인터페이스를 ❷에서 상태 함수의 반환값 타입으로 작성해두면 안전하게 상태를 정의할 수 있습니다.

11.1.5 게터와 액션

상태의 가공 처리인 게터로서 [코드 11-2]의 ❹와 같이 getters 속성에 객체를 작성합니다. 객체의 속성명이 게터명이 됩니다. ❺에서는 doubleCount로 표기하고 있습니다. 역시 나중에 설명하겠지만 컴포넌트 내에서 여기 작성한 게터명으로 가공 데이터를 사용할 수 있습니다. 해당 속성값에는 상태의 가공 처리를 화살표 함수로 작성합니다. 이때 인자로 상태 객체를 통째로 받을 수 있습니다. ❺에서는 state로 설정했습니다. 이 state의 counter, 즉 ❸의 값을 두 배로 늘린 값을 반환하는 코드가 ❻입니다.

마지막으로 상태 값을 변경하는 액션은 [코드 11-2]의 ❼과 같이 actions 속성의 객체에 함수를 작성합니다. ❽에서는 incrementCount()로 설정했습니다. 이 액션 함수 내에서는 ❾와 같이 단순히 this.으로 상태에 접근할 수 있으므로 이를 이용하여 상태 값을 변경합니다. ❾에서는 상태의 counter를 증가시키고 있습니다.

[코드 11-2]에서는 상태, 게터, 액션을 각각 한 개씩만 정의했지만 여러 개를 정의할 수도 있습니다. 지금까지 내용을 구문으로 정리해보겠습니다.

스토어 내 정의

```
interface State {
    상태 데이터명: 데이터 타입;
    ⋮
}

export const use스토어명Store = defineStore({
    id: 스토어명,
    state: (): State => {
        return {
            데이터명: 초깃값,
            ⋮
        };
    },
    getters: {
        게터명: (state): 가공 데이터 타입 => {
            상태를 바탕으로 가공한 데이터를 준비하는 처리
            return 가공 데이터;
        },
        ⋮
    },
    actions: {
        액션 함수명(): void {
            상태의 변경 처리
        },
        ⋮
    }
});
```

11.1.6 컴포넌트에서 스토어 이용하기

이제 스토어 준비가 완료되었습니다. 다음은 컴포넌트에서 스토어를 이용하는 방법을 소개합니다. src/App.vue를 [코드 11-3]의 내용으로 작성합니다.

코드 11-3 pinia-basic/src/App.vue

```
<script setup lang="ts">
import { computed } from "vue";
import { useCounterStore } from "@/stores/counter";  ❶

const counterStore = useCounterStore();  ❷
const count = computed(  ❸
    (): number => {
        return counterStore.counter;  ❹
    }
);
const doubleCount = computed(  ❺
    (): number => {
        return counterStore.doubleCount;  ❻
    }
);
const onIncrementClick = () => {  ❼
    counterStore.incrementCount();  ❽
};
</script>

<template>
    <p>현재 포인트: {{ count }}</p>
    <p>현재 포인트의 두 배: {{ doubleCount }}</p>
    <button v-on:click="onIncrementClick">가산</button>
</template>
```

여기까지 코딩이 완료되면 프로젝트를 실행해봅시다. [그림 11-5]와 같은 화면이 표시되고 [가산] 버튼을 클릭하면 화면의 값이 변하는 것을 확인할 수 있습니다(그림 11-7).

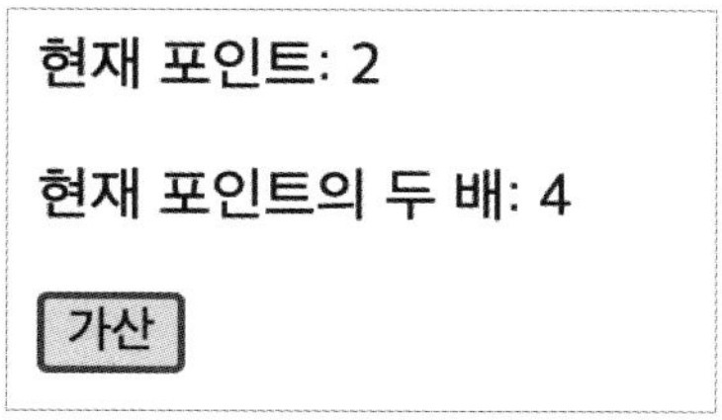

현재 포인트: 2

현재 포인트의 두 배: 4

가산

그림 11-7 [가산] 버튼을 2회 클릭한 화면

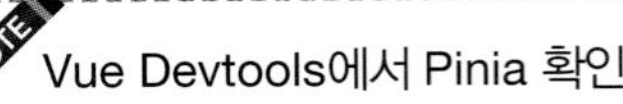

Vue Devtools에서 Pinia 확인

Pinia의 상태는 Vue Devtools에서 확인할 수 있습니다. [그림 11-7]과 같은 상태에서 Vue Devtools를 표시하면 Pinia 탭이 있는데 이를 클릭하면 스토어 내 다양한 정보를 확인할 수 있습니다(그림 11-n1).

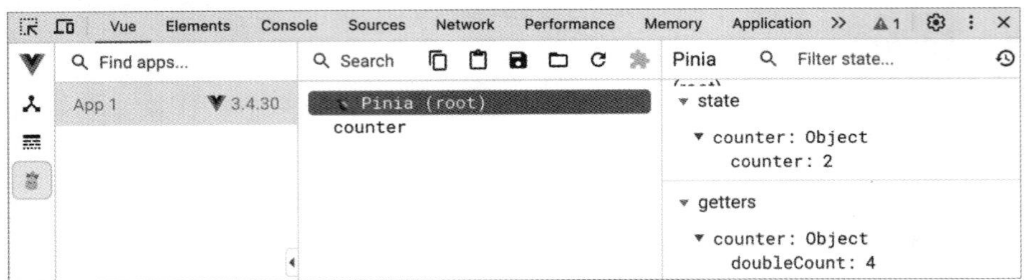

그림 11-n1 Vue Devtools에서 스토어 내 정보 확인하기

[그림 11-n1]은 [가산] 버튼을 두 번 클릭한 후의 모습입니다. state counter가 2로 설정되어 있고 게터의 doubleCount가 4인 것을 확인할 수 있습니다.

컴포넌트에서 스토어를 사용하려면 먼저 스토어 파일에서 익스포트된 defineStore() 결과를 가져와야 합니다. [코드 11-2]의 counter.ts에서는 useCounterStore라는 이름으로 내보냈으므로 [코드 11-3]에서 ❶과 같이 임포트합니다. 그리고 임포트한 useCounterStore를 ❷와 같이 함수로 실행하여 결과를 변수로 저장합니다. 이 변수가 스토어 객체 자체가 됩니다.

따라서 변수명은 ❷에서도 counterStore로 되어 있는 것처럼 use를 제거한 이름으로 지정하는 것이 이해하기 쉽습니다. 스토어 객체를 취득했다면 스토어 객체의 각종 속성과 메서드로 스토어를 이용합니다.

11.1.7 컴포넌트에서 상태와 게터 활용하기

상태는 ❹와 같이 스토어 객체(counterStore)에 대해 사용하고자 하는 상태명을 작성하면 해당 값을 사용할 수 있습니다. 마찬가지로 게터는 ❻과 같이 사용하고자 하는 게터명을 작성하면 해당 값을 사용할 수 있습니다. 단 둘 다 다음과 같이 직접 템플릿 변수로는 사용할 수 없습니다. 반응형 시스템이 동작하지 않게 됩니다.

```
const count = counterStore.counter;
```

따라서 [코드 11-3]의 ❸과 ❺ 같이 computed() 함수를 이용하여 계산형 속성으로 만들어두어야 합니다. 구문으로 각각 정리하면 다음과 같습니다.

컴포넌트로부터 상태 활용

```
const 변수명 = computed(
    (): 데이터 타입 => {
        return 스토어 객체.상태명;
    }
);
```

컴포넌트로부터 게터 활용

```
const 변수명 = computed(
    (): 데이터 타입 => {
        return 스토어 객체.게터명;
    }
);
```

11.1.8 컴포넌트에서 액션 활용하기

컴포넌트에서 스토어 액션 사용은 상태나 게터보다 간단합니다. 상태 객체로부터 직접 액션 함수를 호출하면 됩니다. [코드 11-3]에서 [가산] 버튼을 클릭했을 때 호출되는 메서드는 ❼의 onIncrementClick입니다. 해당 함수 내에서 ❽과 같이 스토어 객체인 counterStore에 대해 incrementCount()를 호출하기만 하면 됩니다. 그 결과 상태가 증가하게 되고 반응형 시스템 덕분에 상태의 counter에 관한 모든 값이 연동되어 변화하게 됩니다. 구문으로 정리하면 다음과 같습니다.

액션 실행

```
상태 객체명.액션 함수명();
```

NOTE

상태 리셋

상태값을 초깃값으로 되돌리려면 $reset()을 사용합니다. 예를 들어 counterStore 객체에 대해 다음 코드를 작성하면 상태 counter 값은 초깃값인 0으로 돌아갑니다.

```
counterStore.$reset();
```

11.2 인자를 사용한 Pinia 이용 방법

지난 절에서는 간단한 예제를 통해 Pinia의 기본적인 사용법을 소개했습니다. 이번 절에서는 예고한 대로 router-basic 프로젝트의 Pinia 버전인 pinia-fundamental 프로젝트를 생성하면서 인자를 사용하는 한 단계 발전한 게터와 액션 사용법을 소개합니다.

11.2.1 프로젝트 생성과 파일 복제

우선 router-basic 프로젝트를 복제하는 것부터 시작하겠습니다. 먼저 pinia-fundamental 프로젝트를 생성합니다. 이때 Vue 프로젝트 생성 시 질문 4와 질문 5, 즉 Vue 라우터와 Pinia 이용에 관한 질문은 모두 'Yes'를 선택합니다(그림 11-8).

```
Vue.js - The Progressive JavaScript Framework

✔ Project name: … pinia-fundamental
✔ Add TypeScript? … No / Yes
✔ Add JSX Support? … No / Yes
✔ Add Vue Router for Single Page Application development? … No / Yes
✔ Add Pinia for state management? … No / Yes
✔ Add Vitest for Unit Testing? … No / Yes
✔ Add an End-to-End Testing Solution? › No
✔ Add ESLint for code quality? … No / Yes
✔ Add Vue DevTools 7 extension for debugging? (experimental) … No / Yes
```

그림 11-8 Vue 프로젝트 생성 시 질문 4와 5에서 'Yes'를 선택

프로젝트가 생성되면 router-basic 프로젝트에서 다음 파일을 가져와 덮어씁니다. 참고로 src/router/index.ts와 src/App.vue는 프로젝트 생성 시점에 이미 파일이 존재하므로 주의해야 합니다.

- src/interfaces.ts
- src/router/index.ts
- src/App.vue

- src/views/AppTop.vue
- src/views/member/MemberList.vue
- src/views/member/MemberDetail.vue
- src/views/member/MemberAdd.vue

프로젝트 생성과 복제가 완료되면 한 번 동작을 확인합니다. router-basic 프로젝트와 동일한 동작이 확인되면 프로젝트 복제는 끝입니다. 여기에서 Provide/Inject로 작성된 데이터 처리 코드는 스토어를 이용하는 처리 코드로 변경합니다.

11.2.2 Provide 대신 초기 리스트 준비하기

현재 회원 정보 리스트 데이터는 App.vue 내에서 생성하여 제공하고 있습니다. 우선 이를 스토어를 이용하는 다음과 같은 형태로 변경합니다.

1. 상태로서 회원 정보 리스트 데이터를 나타내는 memberList를 정의한다.
2. memberList의 초기 데이터를 생성하는 함수 initList()를 액션에 정의한다.
3. App.vue에서 initList()를 실행한다.

이제 실제로 코드를 작성해봅시다. 가장 먼저 해야 할 일은 스토어 파일을 만드는 것입니다. pinia-basic 프로젝트에서 살펴본 것처럼 생성한 프로젝트에는 미리 counter.ts가 템플릿으로 생성되어 있습니다. 11.1.3절에서 설명한 바와 같이 이 파일명은 스토어명과 일치합니다. 그리고 스토어명은 해당 스토어에서 관리하는 데이터셋이 무엇인지 알 수 있는 이름으로 지정합니다. pinia-fundamental 프로젝트에서는 [표 11-1]과 같이 이름을 지정하고 있습니다.

스토어명(id)	members
파일명	members.ts
익스포트명	useMembersStore

표 11-1 pinia-fundamental 프로젝트의 스토어 정보

[표 11-1]의 내용에 따라 stores 폴더 내에 members.ts를 생성하고 [코드 11-4]의 내용으로 작성합니다. 이때 counter.ts는 삭제해도 무방합니다.

코드 11-4 pinia-fundamental/src/stores/members.ts

```
import { defineStore } from "pinia";
import type { Member } from "@/interfaces";

interface State {                                          ❶
    memberList: Map<number, Member>;
}

export const useMembersStore = defineStore({
    id: "members",
    state: (): State => {
        return {
            memberList: new Map<number, Member>()          ❷
        };
    },
    getters: {
    },
    actions: {
        initList(): void {                                 ❸
            this.memberList.set(33456, { id: 33456, name: "영희", email:
            "bow@example.com", points: 35, note: "신규 가입 특전" });
            this.memberList.set(47783, { id: 47783, name: "철수", email:
            "mue@example.com", points: 53 });
        },
    }
});
```

다음으로 App.vue를 변경합니다. [코드 11-5]의 내용으로 수정합니다. 참고로 [코드 11-5]의 ❹는 애플리케이션 동작에는 영향을 미치지 않지만 Pinia 예제인데 'Vue 라우터 샘플'을 그대로 쓰는 것은 이상하기 때문에 'Pinia 샘플'로 변경하였습니다.

코드 11-5 pinia-fundamental/src/App.vue

```
<script setup lang="ts">
import { RouterView } from "vue-router";
import { useMembersStore } from "@/stores/members";    ❶

const membersStore = useMembersStore();               ❷
membersStore.initList();                              ❸
</script>

<template>
```

```
    <header>
        <h1>Pinia 샘플</h1>  ❹
    </header>
    <main>
        <RouterView />
    </main>
</template>

<style>
~ 생략 ~
</style>
```

다음과 같이 3단계에 따라 소스 코드를 설명하겠습니다.

1. 상태로서 회원 정보 리스트 데이터를 나타내는 memberList를 정의한다

[코드 11-4]의 ❷에 해당합니다(앞서 상태를 나타내는 인터페이스를 ❶로 정의함). 이 코드를 통해 상태명은 memberList, 초깃값은 비어 있는 Map으로 정의됩니다.

2. memberList의 초기 데이터를 생성하는 함수 initList()를 액션에 정의한다

[코드 11-4]의 ❸에 해당합니다. initList() 함수 내의 this.memberList는 Map 객체이므로 해당 set() 메서드를 사용하여 데이터를 등록하고 있습니다.

3. App.vue에서 initList()를 실행한다

[코드 11-5]의 ❸에 해당합니다. 11.1.8절의 구문대로 스토어 객체에 대해 액션 함수를 실행하는 것뿐입니다. 단 사전에 ❶과 같이 스토어 파일에서 내보낸 스토어 생성 함수를 가져오고 ❷와 같이 실행하여 스토어 객체를 준비해두어야 합니다.

이제 router-basic 프로젝트에서 Provide한 회원 정보 리스트 데이터를 스토어에서 제공할 수 있게 되었습니다.

11.2.3 Inject 대신 스토어에서 리스트 데이터 가져오기

다음으로 회원 정보를 나열하는 MemberList.vue를 수정합니다. 현재 이 컴포넌트에서는 제공된 memberList를 Inject하여 표시하고 있습니다. 이를 스토어에서 가져오도록 변경하겠습니다. [코드 11-6]에 굵게 표시된 부분을 변경합니다.

코드 **11-6** pinia-fundamental/src/views/member/MemberList.vue

```
<script setup lang="ts">
import { computed } from "vue";
import { RouterLink } from "vue-router";
import type { Member } from "@/interfaces";
import { useMembersStore } from "@/stores/members";

const membersStore = useMembersStore();

const memberList = computed(                                   ❶
    (): Map<number, Member> => {
        return membersStore.memberList;                        ❷
    }
);
</script>

<template>
~ 생략 ~
</template>
```

router-basic 프로젝트에서는 Inject한 memberList를 그대로 템플릿 변수로 사용했습니다. 이를 스토어에서 가져오도록 변경한 부분이 [코드 11-6]의 ❶ 계산형 속성이며 이는 11.1.7절 구문과 동일합니다. ❷에서 스토어 객체의 memberList를 반환하고 있습니다. 이를 통해 스토어에서 제공한 회원 정보 리스트 데이터가 리스트로 표시됩니다.

11.2.4 인자가 있는 게터 사용하기

다음으로 MemberDetail.vue를 수정합니다. 이 컴포넌트에서는 Props로 받은 회원 ID를 기반으로 회원 정보 리스트 데이터에서 한 명의 회원 데이터를 가져와서 표시합니다. 현재

Provide된 memberList를 Inject한 후 Map 객체의 get() 메서드를 이용하여 한 명의 회원 데이터를 가져옵니다.

이를 스토어에서 가져올 때는 게터를 이용하여 스토어 내 검색을 통해 한 명의 회원 데이터를 가져옵니다. 그렇게 하려면 게터 함수에 Props의 회원 ID를 전달해야 합니다. 이때 Pinia에서 게터 함수에 인자를 전달하는 구조를 이용하여 변경해나가겠습니다. [코드 11-7]에 굵게 표시된 부분을 변경합니다.

코드 11-7 pinia-fundamental/src/views/member/MemberDetail.vue

```
<script setup lang="ts">
import { computed } from "vue";
import { RouterLink } from "vue-router";
import type { Member } from "@/interfaces";
import { useMembersStore } from "@/stores/members";

interface Props {
    id: number;
}
const props = defineProps<Props>();

const membersStore = useMembersStore();
const member = computed(
    (): Member => {
        return membersStore.getById(props.id);   ❶
    }
);
const localNote = computed(
    (): string => {
        let localNote = "--";
        if (member.value.note != undefined) {
            localNote = member.value.note;
        }
        return localNote;
    }
);
</script>

<template>
    ~ 생략 ~
</template>
```

[코드 11-7]의 ❶은 스토어의 게터를 이용하는 부분입니다. 게터명은 getById입니다. 11.1.7 절에서는 다음과 같은 코드에서 게터를 사용했습니다.

```
return membersStore.getById;
```

이 게터명 뒤에는 ( )가 없습니다. 한편 게터에 인자를 전달할 때는 [코드 11-7]의 ❶과 같이 ( )를 명시하여 함수를 호출합니다.

컴포넌트에서 인자가 있는 게터 사용

```
const 변수명 = computed(
    (): 데이터 타입 => {
        return 스토어 객체.게터명(인자);
    }
);
```

11.2.5 인자가 있는 게터 정의하기

다음으로 getById를 스토어에 인자가 있는 게터로 정의합시다. stores/members.ts에 [코드 11-8]에 굵게 표시된 부분을 추가합니다.

코드 11-8 pinia-fundamental/src/stores/members.ts

```
~ 생략 ~
export const useMembersStore = defineStore({
    ~ 생략 ~
    getters: {
        getById: (state) => {
            return (id: number): Member => {          ❶
                const member = state.memberList.get(id) as Member;
                return member;
            };
        }
    },
~ 생략 ~
});
```

[코드 11-1]의 ❺ 게터 함수와 비교해봅시다. [코드 11-1]의 ❺ 게터 함수의 반환값은 단순한 값입니다. 반면 인자가 있는 게터는 [코드 11-8]의 ❶과 같이 함수를 반환값으로 삼습니다. 해당 함수에 인자를 설정하면 컴포넌트에서 인자를 전달할 수 있습니다. 구문으로 정리해두겠습니다.

인자가 있는 게터 정의

```
getters: {
    게터명: (state) => {
        return (인자: 인자의 타입): 반환값 타입 => {
            상태를 바탕으로 가공한 데이터를 준비하는 처리
            return 가공 데이터;
        };
    },
    ⋮
}
```

이제 회원 리스트 화면에서 각 회원 링크를 클릭하면 회원 상세 정보 화면이 표시됩니다.

11.2.6 인자가 있는 액션 사용하기

게터와 마찬가지로 액션에도 인자를 전달할 수 있습니다. 이쪽은 게터에 비해 직관적이라 이해하기 쉽습니다. 바로 MemberAdd.vue를 변경해봅시다. 지금은 입력된 회원 정보를 나타내는 Member 객체를 Inject로 받은 memberList에 추가하는 방식입니다. 이 처리를 스토어 액션을 이용한 처리로 변경합니다. [코드 11-9]에 굵게 표시된 부분을 변경합니다.

코드 11-9 pinia-fundamental/src/views/member/MemberAdd.vue

```
<script setup lang="ts">
import { reactive } from "vue";
import { RouterLink, useRouter } from "vue-router";
import type { Member } from "@/interfaces";
import { useMembersStore } from "@/stores/members";

const router = useRouter();
const membersStore = useMembersStore();
const member: Member = reactive({
```

```
    ~ 생략 ~
});
const onAdd = (): void => {
    membersStore.addMember(member);  ❶
    router.push({ name: "MemberList" });
};
</script>

<template>
     ~ 생략 ~
</template>
```

[코드 11-9]의 ❶과 같이 액션 함수에 인자를 전달하기만 하면 됩니다. 이제 인자를 받을 수 있도록 액션 함수 addMember를 정의해봅시다. stores/members.ts에 [코드 11-10]에 굵게 표시된 부분을 추가합니다.

코드 11-10 pinia-fundamental/src/stores/members.ts

```
~ 생략 ~
export const useMembersStore = defineStore({
    ~ 생략 ~
    actions: {
        initList(): void {
            ~ 생략 ~
        },
        addMember(member: Member): void {  ❶
            this.memberList.set(member.id, member);  ❷
        }
    }
});
```

인자가 있는 액션 함수를 정의할 때는 [코드 11-10]의 ❶과 같이 일반 함수의 인자로 정의합니다. 이 인자로 받은 Member 객체를 ❷에서 상태의 memberList에 추가하고 있습니다. 이와 같은 변경을 통해 Pinia를 이용하여 router-basic 프로젝트와 동일한 동작을 구현할 수 있게 되었습니다.

NOTE

여러 스토어 이용

11.1.3절에서 설명한 바와 같이 Pinia는 관리하는 데이터셋을 기반으로 스토어명과 파일명, 익스포트명을 결정합니다. 즉 데이터셋이 다른 경우 여러 개의 파일을 준비해야 한다는 뜻입니다.

예를 들면 pinia-fundamental 프로젝트에서는 회원 정보를 관리하는 데이터셋으로 members를 준비했습니다. 여기에 더해 주문 정보를 관리하는 데이터셋을 다루는 경우 orders라는 이름으로 stores 폴더에 orders.ts를 작성하면 문제없이 여러 스토어를 이용할 수 있습니다. 물론 컴포넌트 내에서는 필요한 스토어 파일로부터 스토어 생성 함수를 임포트하여 사용합니다.

COLUMN

Nuxt에서 상태 관리

10장 마지막 부분에서 Nuxt를 소개했습니다. Nuxt 3에는 Vue 라우터가 포함되어 있지만 Pinia는 포함되어 있지 않습니다. 왜냐하면 Nuxt 3에는 고유한 상태 관리 메커니즘이 포함되어 있기 때문입니다.

한편 Nuxt의 독립적인 상태 관리와 Pinia는 동시에 사용할 수 있습니다. Pinia는 여러 스토어를 사용할 수 있는 등 더욱 정교한 상태 관리가 가능하다는 장점이 있어 만드는 앱의 규모에 따라 Nuxt의 상태 관리를 사용할지 Pinia를 통합할지 선택할 수 있습니다.

11.3 액션의 응용

지난 절에서 router-basic 프로젝트와 동일한 동작을 하는 Pinia 프로젝트로 pinia-fundamental 프로젝트를 생성하고 Pinia의 기본적인 사용법을 익혔습니다. 여기서는 액션을 좀 더 응용하는 방법을 소개합니다.

11.3.1 외부 연계도 액션의 역할

지금까지의 예제에서 데이터 처리에 주목해보면 애플리케이션 내에서 준비된 데이터를 표시하거나 변경하는 등의 처리가 이루어졌습니다. 반면 실제 애플리케이션에서는 내부에서 데이터를 완성하는 경우가 거의 없고 웹 API나 브라우저 스토리지 등 외부 데이터 제공 서비스와 연동하는 것이 일반적입니다.

이렇게 되면 예를 들어 회원 리스트를 표시할 때도 단순히 애플리케이션 내에서 준비된 리스트 데이터를 표시하는 것이 아니라 외부 서비스에서 미리 데이터를 가져와서 표시하는 과정이 필요합니다. 이러한 처리를 스토어 내에 작성할 때 액션을 유용하게 활용할 수 있습니다(그림 11-9).

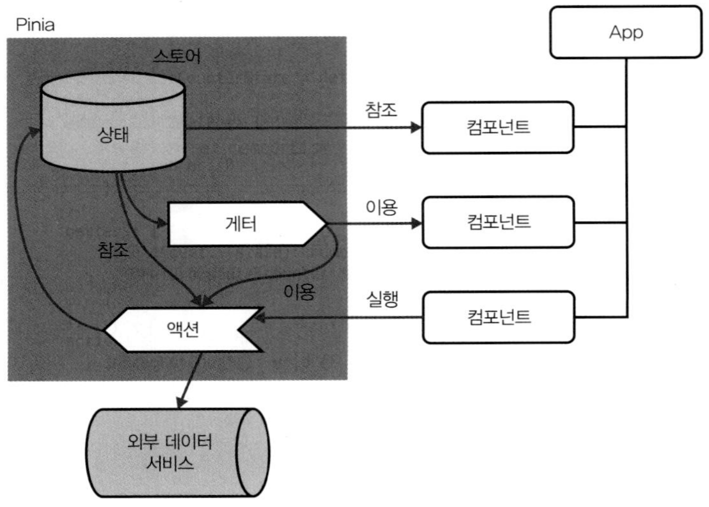

그림 11-9 외부 데이터 서비스와의 연계도 액션의 역할

대략적인 설명은 여기까지 하고 이제 외부 데이터 서비스와 연계한 애플리케이션을 구현해보겠습니다. 여기서는 외부 데이터 서비스로 브라우저의 세션 스토리지를 이용합니다.

NOTE

로컬 스토리지와 세션 스토리지

브라우저에는 데이터를 저장할 수 있는 구조로 로컬 스토리지local storage와 세션 스토리지session storage가 있습니다. 둘 다 키를 지정하여 문자열을 저장할 수 있게 되어 있습니다. 차이점은 브라우저 창을 닫을 때 세션 스토리지는 데이터가 지워지고 로컬 스토리지는 데이터가 남아 있다는 점입니다. 이러한 구조 때문에 개인정보와 같이 보안이 중요한 데이터는 로컬 스토리지에 남기지 않도록 합니다.

로컬 스토리지의 일반적인 사용 패턴은 어떤 키 데이터를 저장해두고 해당 키 데이터로 서버 측 데이터와 연결하여 사용하는 방식입니다. 이때 중요한 데이터는 서버 측에 있기 때문에 로컬 스토리지로부터 유출 걱정을 줄일 수 있습니다. 한편 같은 키 데이터라도 예를 들어 키 데이터가 로그인을 나타내는 값이며 게다가 브라우저를 닫을 때 자동으로 로그아웃을 시켜야 한다면 세션 스토리지를 이용합니다. 참고로 여기서 다룰 예제에서는 샘플 데이터이므로 브라우저를 닫을 때 데이터가 삭제되는 세션 스토리지를 이용합니다.

그런데 로컬 스토리지와 세션 스토리지 모두 저장할 수 있는 데이터는 키에 연결된 문자열뿐입니다. 복잡한 데이터를 브라우저 내에서 관리하려면 IndexedDB라는 구조를 이용합니다. IndexedDB는 12장에서 소개합니다.

여기에서도 예제 프로젝트로 앞 절에서 만든 pinia-fundamental 프로젝트를 기반으로 합니다. 프로젝트명은 pinia-storage로 하고 동작을 조금 변경합니다. 기존에는 회원 리스트 화면을 띄우면 두 개의 리스트가 표시되었으나 이를 처음에는 데이터가 없는 상태, 즉 [그림 11-10]의 화면처럼 표시합니다.

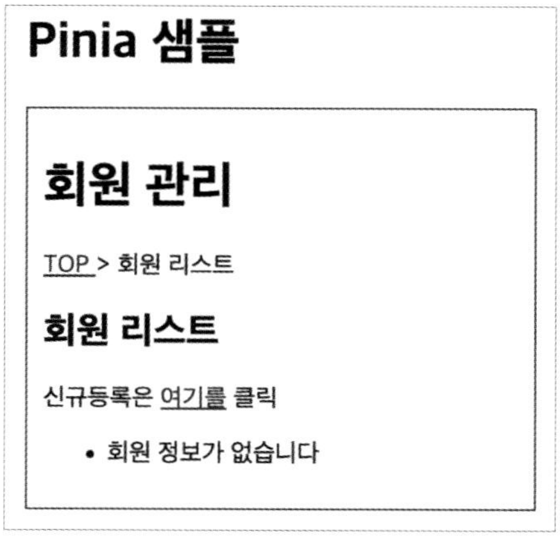

그림 11-10 회원 데이터가 없는 상태의 회원 리스트 화면

이후 회원 정보 추가 화면에서 데이터를 등록하면 [그림 11-11]과 같이 리스트가 표시됩니다.

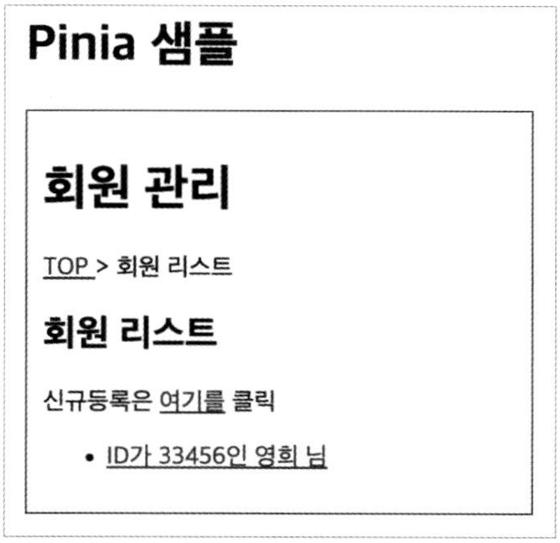

그림 11-11 회원 데이터가 추가된 회원 리스트 화면

그럼 먼저 pinia-storage 프로젝트로 Vue 라우터와 Pinia가 포함된 프로젝트를 생성하고 pinia-fundamental 프로젝트에서 다음 파일을 복사합니다.

- src/interfaces.ts
- src/router/index.ts
- src/stores/members.ts
- src/App.vue
- src/views/AppTop.vue
- src/views/member/MemberList.vue
- src/views/member/MemberDetail.vue
- src/views/member/MemberAdd.vue

> **NOTE 프로젝트 복제**
>
> 이 책에서는 신규 프로젝트 생성 → 파일 복사 & 붙여넣기 순서로 프로젝트를 복제했지만 때에 따라서는 '프로젝트 폴더마다 복제해 폴더명을 변경하는 것이 빠르지 않을까?'라고 생각할 수도 있습니다. 물론 그 방법으로도 프로젝트 복제는 가능합니다. 하지만 프로젝트 내에는 create-vue에 의해 자동 생성된 각종 파일에 프로젝트명이 기술되어 있기 때문에, 폴더별로 복제한 경우 파일 내에 프로젝트명이 기술되어 있는 부분을 수동으로 변경해야 합니다.
>
> 원고 집필 시점에서는 다음과 같은 파일에 프로젝트명이 기술되어 있는 것을 확인할 수 있습니다.
>
> - package.json
> - package-lock.json
> - README.md
>
> 이들은 향후 변경될 가능성이 있습니다. 이 파일들은 폴더 내에서 검색하면 확인할 수 있지만 이 책에서는 프로젝트를 그대로 복제할 수 있도록, 굳이 파일을 하나하나 복사 & 붙여넣기 하는 방식을 채택했습니다.

프로젝트 복제가 완료되면 App.vue를 변경해놓습니다. 앞서 언급했듯이 pinia-storage 프로젝트에서는 초기 리스트 데이터를 준비할 필요가 없기 때문입니다. 따라서 [코드 11-11]과 같이 script 태그를 통째로 삭제합니다.

코드 11-11 pinia-storage/src/App.vue

```
<template>
  ~ 생략 ~
</template>

<style>
~ 생략 ~
</style>
```

11.3.2 세션 스토리지에서 데이터 가져오기

프로젝트가 준비되었으니 이제 세션 스토리지에서 데이터를 가져오는 코드를 작성해보겠습니다. stores/members.ts의 actions 속성 내용을 [코드 11-12]의 굵게 표시된 부분과 같이 변경합니다.

코드 11-12 pinia-storage/src/stores/members.ts

```
~ 생략 ~
export const useMembersStore = defineStore({
    ~ 생략 ~
    actions: {
        prepareMemberList(): void {                                         ❶
            // 빈 memberList 준비
            let memberList = new Map<number, Member>();
            // 세션 스토리지로부터 데이터 획득
            const memberListJSONStr = sessionStorage.getItem("memberList");  ❷
            // 세션 스토리지의 데이터가 비어 있지 않다면
            if (memberListJSONStr != undefined) {
                // JSON 문자열을 JSON 객체로 변환
                const memberListJSON = JSON.parse(memberListJSONStr);       ❸
                // JSON 객체를 기반으로 memberList 생성
                memberList = new Map<number, Member>(memberListJSON);       ❹
            }
            // 상태에 memberList 저장
            this.memberList = memberList;                                   ❺
        },
    }
});
```

세션 스토리지의 데이터 조작을 설명하기에 앞서 액션의 변경 부분을 간략히 살펴보겠습니다. 앞서 설명한 바와 같이 pinia-storage 프로젝트에서는 초기 리스트를 준비할 필요가 없습니다. 따라서 pinia-fundamental 프로젝트에 정의되어 있던 액션 함수 initList()는 필요 없습니다. 대신 스토리지로부터 데이터를 가져와 상태를 갱신하는 액션 함수 prepareMemberList()를 준비합니다(❶). 마찬가지로 회원 정보를 등록하는 액션 함수로 pinia-fundamental 프로젝트에 정의되어 있던 addMember()도 삭제했습니다. 회원 정보 등록은 11.3.5절에서 별도의 함수로 추가합니다.

11.3.3 세션 스토리지를 조작하는 sessionStorage 객체

이제 액션 함수 prepareMemberList() 내의 코드를 살펴보겠습니다. 먼저 [코드 11-12]의 ❷ 부분이 세션 스토리지를 이용하는 코드입니다. 세션 스토리지를 이용하려면 자바스크립트 내장 객체인 sessionStorage[1]를 사용해야 합니다.

메서드	내용
setItem("키 문자열", "값 문자열")	데이터를 키 이름으로 저장
getItem("키 문자열")	키에 해당하는 데이터 획득
removeItem("키 문자열")	키에 해당하는 데이터 삭제

표 11-2 sessionStorage의 메서드

[코드 11-12]의 ❷에서는 getItem() 메서드를 사용하여 memberList라는 키로 회원 정보 리스트 데이터를 가져옵니다. 나중에 설명하겠지만 가져온 데이터는 JSON 형식의 문자열 데이터로 저장됩니다. 따라서 데이터가 존재한다면 ❸과 같이 JSON 객체로 변환합니다. 이때 JSON.parse() 메서드를 사용합니다. 그리고 변환된 회원 정보 리스트인 JSON 객체를 기반으로 Map 객체를 생성합니다. 이때는 ❹와 같이 JSON 객체를 인자로 Map 클래스를 new로 생성하면 됩니다.

단 이 방법을 이용하려면 JSON 문자열 데이터를 Map 객체로 복원할 수 있는 형식으로 변환하여 저장해야 합니다. 이에 대해서는 11.3.5절에서 다시 한번 소개하겠습니다. 이렇게 세션 스토리지에서 가져온 데이터를 상태인 memberList에 저장하는 것이 ❺ 부분입니다.

11.3.4 MemberList.vue 변경하기

[코드 11-12]에서 액션을 변경했으므로 이에 맞춰 MemberList.vue를 변경해봅시다. [코드 11-13]에 굵게 표시된 부분을 추가합니다.

1 정확하게는 Windows.sessionStorage, 즉 Windows 객체의 sessionStorage 속성입니다.

코드 11-13 pinia-storage/src/views/member/MemberList.vue

```
<script setup lang="ts">
import { computed } from "vue";
import { RouterLink } from "vue-router";
import type { Member } from "@/interfaces";
import { useMembersStore } from "@/stores/members";

const membersStore = useMembersStore();
membersStore.prepareMemberList(); ──────── ❶

const memberList = computed(
    (): Map<number, Member> => {
        return membersStore.memberList;
    }
);
const isEmptyList = computed( ────────┐
    (): boolean => {                  │
        return membersStore.isMemberListEmpty; ├── ❷
    }                                 │
); ───────────────────────────────────┘
</script>

<template>
    ~ 생략 ~
    <section>
        ~ 생략 ~
        <section>
            <ul>
                <li v-if="isEmptyList">회원 정보가 없습니다</li> ──────── ❸
                <li v-for="[id, member] in memberList" v-bind:key="id">
                    <RouterLink v-bind:to="{ name: 'MemberDetail', params: { id: id } }">
                    ~ 생략 ~
                </li>
            </ul>
        </section>
    </section>
</template>
```

MemberList 컴포넌트를 표시할 때는 혹시 비어 있더라도 회원 정보 리스트 데이터를 준비해 두어야 합니다. 이를 위해 액션 함수 prepareMemberList()를 실행합니다(❶). 이 코드는 세션 스토리지에서 데이터를 가져와 상태에 저장하는 코드입니다. 그리고 가져온 리스트 데이터를 이용하여 회원 정보 리스트를 표시합니다.

만약 데이터가 없으면 빈 Map이 상태에 저장됩니다. 물론 처음 표시할 때는 비어 있습니다. 이때는 리스트 표시 대신 '회원 정보가 없습니다'라고 표시됩니다(❸). 여기서는 v-if 디렉티브를 이용해 isEmptyList 값에 따라 표시와 숨기기를 전환하고 있습니다.

isEmptyList는 스크립트 블록의 ❷에서 준비한 계산형 속성이며 내부 코드에서 알 수 있듯이 스토어에서 데이터를 가져오게 되어 있습니다. 여기서 사용되는 isMemberListEmpty를 스토어 내에 준비해야 하므로 게터로 추가합시다. stores/members.ts의 getters 속성에 [코드 11-14]에 굵게 표시된 부분을 추가합니다.

코드 11-14 pinia-storage/src/stores/members.ts

```
~ 생략 ~
export const useMembersStore = defineStore({
    ~ 생략 ~
    getters: {
        getById: (state) => {
            ~ 생략 ~
        },
        isMemberListEmpty: (state): boolean => {
            return state.memberList.size == 0;
        }
    },
    ~ 생략 ~
});
```

여기까지 코딩이 완료되면 회원 리스트 화면을 표시해봅시다. 처음 표시되므로 회원 정보 리스트 데이터는 비어 있습니다. 따라서 [그림 11-10]과 같은 화면이 표시됩니다.

11.3.5 Map 객체를 세션 스토리지에 저장하는 법

지금까지는 비어 있다고는 해도 세션 스토리지에서 데이터를 가져와 회원 리스트 화면을 표시할 수 있게 되었습니다. 이제 회원 정보 추가에 대한 처리를 세션 스토리지와 액션을 이용한 처리로 변경하여 pinia-storage 프로젝트를 완성해봅시다.

먼저 액션을 추가합니다. stores/members.ts의 actions 속성 내에 [코드 11-15]에 굵게 표시된 부분을 추가합니다.

코드 11-15 pinia–storage/src/stores/members.ts

```
~ 생략 ~
export const useMembersStore = defineStore({
    ~ 생략 ~
    actions: {
        prepareMemberList(): void {
            ~ 생략 ~
        },
        insertMember(member: Member): void {                                    ❶
            // 상태의 memberList에 인자 회원 정보를 추가
            this.memberList.set(member.id, member);                             ❷
            // 상태의 memberList를 JSON 문자열로 변환
            const memberListJSONStr = JSON.stringify([...this.memberList]);     ❸
            // 세션 스토리지에 저장
            sessionStorage.setItem("memberList", memberListJSONStr);            ❹
        }
    }
});
```

[코드 11–15]에서는 회원 정보를 등록하는 액션 함수를 insertMember로 준비합니다(❶). 이때 회원 정보를 나타내는 Member 객체를 받아야 하므로 인자로 정의합니다. insertMember() 함수 내에서 이 인자를 상태와 세션 스토리지에 등록하는 과정을 살펴봅시다.

먼저 상태에 추가합니다(❷). 이는 [코드 11–10]의 액션 함수 addMember() 안에 있는 코드와 동일합니다. 그런 다음 세션 스토리지에 저장합니다. 단 세션 스토리지에는 개별적으로 회원 정보를 추가할 방법이 없습니다. 따라서 회원 정보가 추가된 상태의 memberList(this.memberList)를 통째로 JSON 문자열로 변환하여 세션 스토리지의 데이터를 덮어씁니다.

memberList를 JSON 문자열로 변환하는 코드가 ❸입니다. 객체를 JSON 문자열로 변환하려면 JSON.stringify() 메서드를 사용합니다. 일반 객체의 경우 인자에 직접 전달해도 문제가 없지만 Map 객체일 때는 그대로는 안 됩니다. 11.3.3절에서 소개한 것처럼 JSON 문자열을 Map 객체로 복원해야 할 필요가 있기 때문입니다. 따라서 사용하는 기법이 바로 ❸의 다음과 같은 부분입니다.

```
[...this.memberList]
```

이러한 처리를 통해 Map 객체는 배열 중첩 객체로 변환됩니다. 변환의 흐름을 그림으로 나타내면 [그림 11-12]와 같습니다.

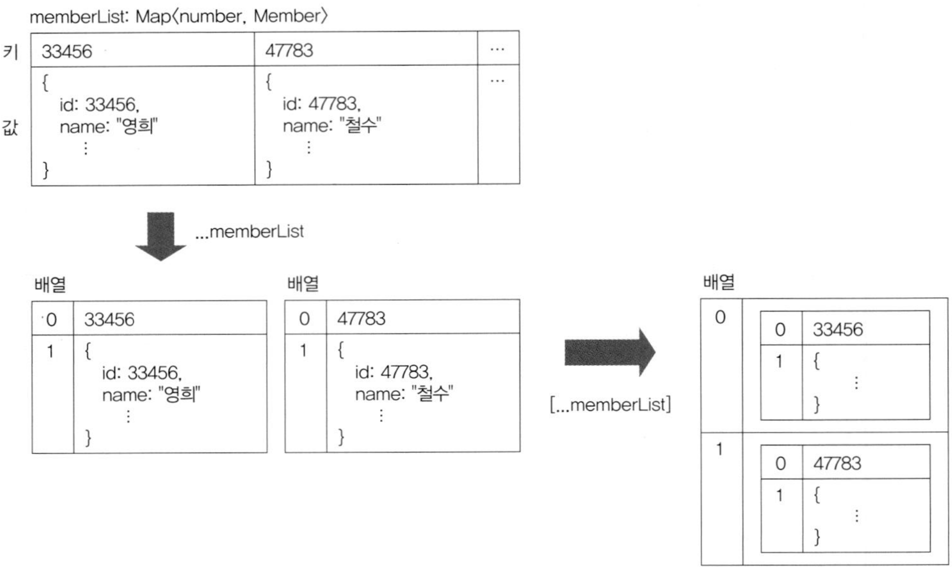

그림 11-12 Map에서 배열로 변환하는 구조

먼저 memberList에 스프레드 연산자(...)를 적용하면 Map 객체의 각 요소가 배열로 펼쳐집니다. 이때 인덱스 0에는 키, 1에는 값 객체가 저장됩니다. 이후 각 요소에 해당하는 배열을 상위 배열에 저장함으로써 Map 객체의 데이터는 배열 중첩으로 변환됩니다. 이 배열의 중첩된 객체를 인자로 Map을 new로 생성하면 원래의 Map 객체를 복원할 수 있습니다([코드 11-12]의 ❹). 이렇게 Map을 배열 중첩으로 변환한 것을 다시 JSON 문자열로 변환한 것이 [코드 11-15] ❸의 memberListJSONStr입니다. 이제 세션 스토리지에 데이터를 저장할 준비가 완료되었습니다.

최종적으로 이 JSON 문자열을 세션 객체에 저장하는 코드가 [코드 11-15]의 ❹입니다. 여기서는 [표 11-2]에 있던 setItem() 메서드를 사용합니다. setItem() 메서드는 해당 키에 대한 데이터가 없을 때는 신규로 등록하고 데이터가 있을 때는 자동으로 덮어쓰는 방식입니다.

다음으로 MemberAdd.vue를 액션 함수 insertMember()를 이용하여 변경해봅시다. [코드 11-16]에 굵게 표시된 부분을 변경합니다.

코드 11-16 pinia-storage/src/views/member/MemberAdd.vue

```
<script setup lang="ts">
~ 생략 ~
const onAdd = (): void => {
    membersStore.insertMember(member);
    router.push({ name: "MemberList" });
};
</script>
~ 생략 ~
```

스토어 객체에서 호출하는 액션 함수를 addMember()에서 insertMember()로 변경하기만 하면 됩니다. 여기까지 코딩이 완료되면 동작을 확인합니다. 회원 정보 추가 화면에서 데이터를 등록하면 [그림 11-11]과 같이 리스트에 표시됩니다.

또한 이러한 데이터는 세션 스토리지에 저장되기 때문에 브라우저 탭을 닫지 않는 한 유지됩니다. 세션 스토리지의 내용은 브라우저의 개발자 모드에서 확인할 수 있습니다. [그림 11-13]은 크롬 개발자 모드에서 애플리케이션 탭의 내용입니다.

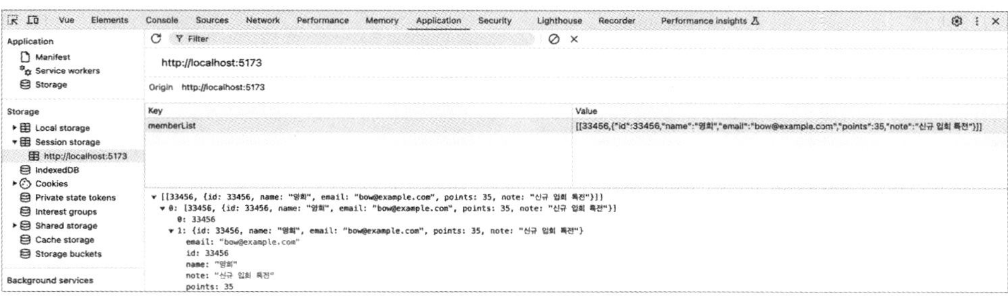

그림 11-13 세션 스토리지 내용

왼쪽에 [Session storage]를 선택하는 부분이 있고 그중 해당 도메인(예에서는 http://localhost:5173)을 클릭하면 사용 중인 세션 스토리지 내용을 확인할 수 있습니다.

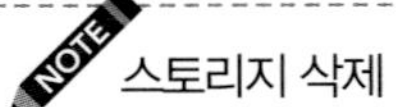

스토리지 삭제

11.3.1절에서 설명한 바와 같이 세션 스토리지는 브라우저의 창이나 탭을 닫으면 자동으로 삭제되지만 수동으로 삭제하는 몇 가지 방법이 있습니다. 먼저 첫 번째 방법으로 [그림 11-13]의 Session storage에서 해당 오리진origin[2]을 마우스 우클릭합니다. 그러면 [그림 11-n2]와 같이 [Clear] 버튼이 표시되고 이를 누르면 모든 데이터가 삭제됩니다.

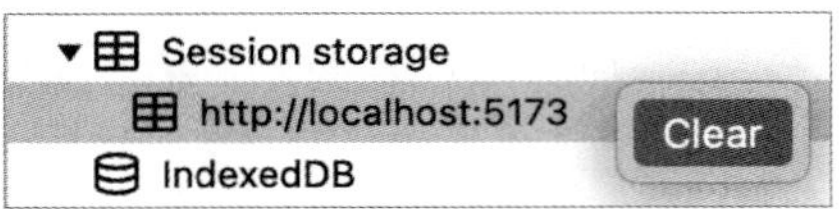

그림 11-n2 오리진을 마우스 우클릭하면 표시되는 [Clear] 버튼

개별 데이터를 삭제하고 싶다면 [그림 11-n3]과 같이 해당 데이터를 우클릭하여 표시되는 메뉴에서 [Delete]를 선택합니다.

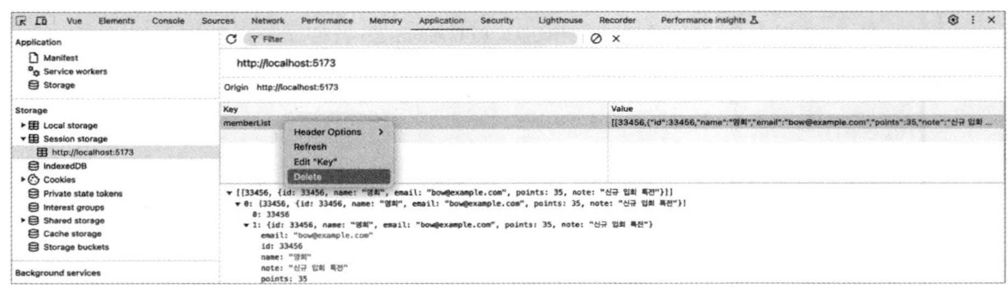

그림 11-n3 삭제하고 싶은 데이터를 우클릭하여 표시된 메뉴

로컬 스토리지도 같은 방법으로 제거할 수 있습니다. 로컬 스토리지야말로 브라우저 창과 탭을 닫아도 데이터가 남아 있기 때문에 프로그램으로 삭제하거나 수동으로 삭제해야 합니다. 다음 장에서 다룰 IndexedDB도 로컬 스토리지와 같이 데이터가 남는 구조이기 때문에 때에 따라서는 여기서 소개하는 방법으로 수동 삭제해야 합니다.

먼저 [그림 11-n4]와 같이 [IndexedDB]를 클릭하면 표시되는 데이터베이스명을 클릭합니다.

---

2 URL 스키마와 호스트, 포트를 결합한 것을 오리진이라고합니다. 예를 들어 http://localhost:3000인 경우에는 http가 스키마, localhost가 호스트, 3000이 포트입니다.

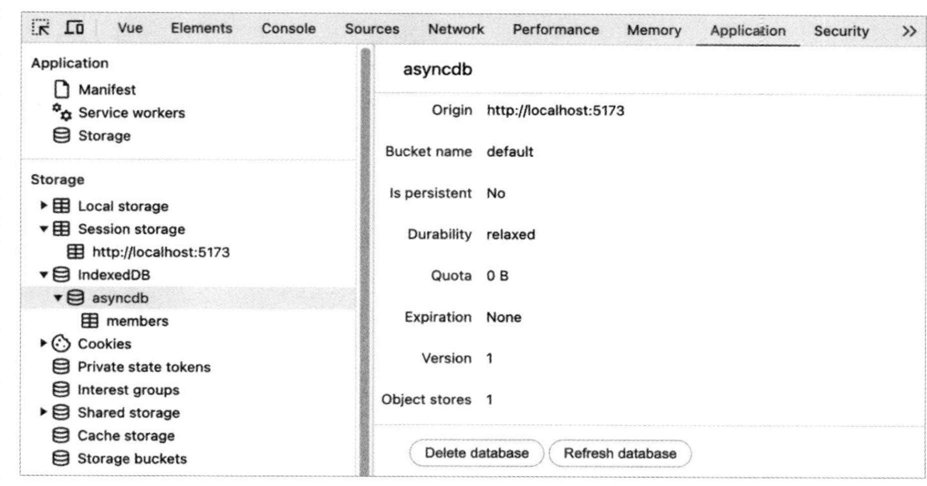

그림 11-n4 IndexedDB를 펼쳐서 표시된 데이터베이스명을 클릭

다음 장에서 asyncdb라는 데이터베이스를 작성하기 때문에 해당 데이터베이스가 표시되고 있습니다. 클릭하면 오른쪽에 [Delete database] 버튼이 표시됩니다. IndexedDB의 모든 데이터를 삭제하려면 이 버튼을 클릭합니다.

12장

응용 편

비동기 처리

앞 장에서 소개한 Pinia까지 싱글 페이지 애플리케이션의 기초를 완성했습니다. 이제 기본 편이 끝났다고 할 수 있습니다. 이어서 응용 기술을 소개합니다. 이번 장에서는 지금까지 완성한 Vue + Vue 라우터 + Pinia에 비동기 처리를 도입해보겠습니다.

12.1 비동기 처리의 기본

지난 장의 마지막에 만든 pinia-storage는 세션 스토리지를 외부 데이터 서비스로 활용했습니다. 여기서는 브라우저에 미리 탑재된 데이터베이스인 IndexedDB를 외부 데이터 서비스로 활용하는 응용 예제를 만들어보겠습니다.

12.1.1 IndexedDB와 비동기 처리

11.3.5절의 [그림 11-13]을 보면 세션 스토리지 아래에 [IndexedDB]라는 선택지가 있습니다. 이를 통해 알 수 있듯이 IndexedDB는 브라우저에 미리 탑재된 기능이며 이름 그대로 데이터베이스의 일종입니다.

pinia-storage 예제에서 스토리지와 주고받는 코드를 보면 알 수 있듯이 스토리지는 [그림 12-1]과 같은 간단한 구조이며 키와 값은 문자열만 저장할 수 있습니다. 따라서 객체를 저장하려면 pinia-storage 예제에서처럼 일단 JSON 문자열로 변환해야 했습니다.

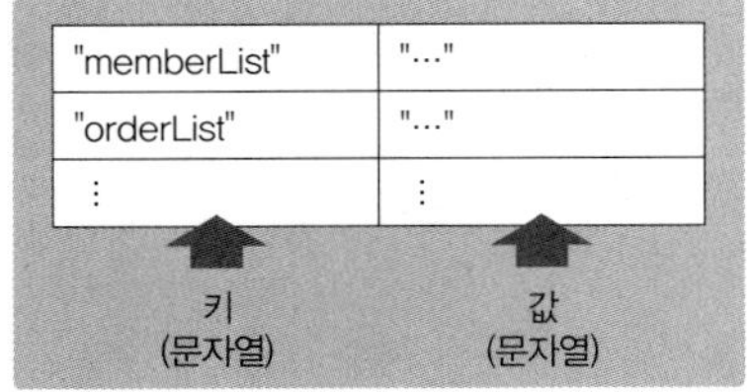

그림 12-1 간단한 문자열만 저장 가능한 스토리지

반면 IndexedDB는 객체를 키에 해당하는 값으로 그대로 저장할 수 있습니다(그림 12-2).

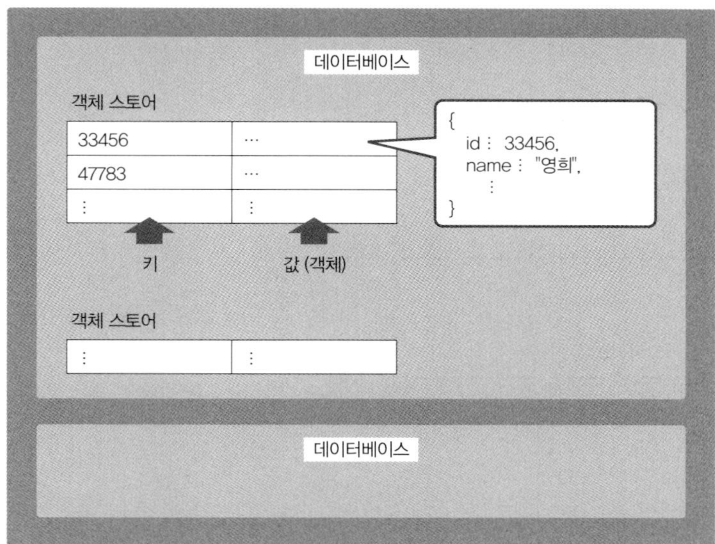

그림 12-2 객체를 그대로 저장할 수 있는 IndexedDB

이렇게 데이터를 저장하는 그릇을 객체 스토어object store라고 합니다. 소위 관계형 데이터베이스에서 말하는 테이블에 해당합니다. 저장하고자 하는 데이터의 종류에 따라 객체 스토어는 얼마든지 생성할 수 있습니다. 또한 이러한 객체 스토어를 모아놓은 것이 데이터베이스이며 데이터베이스도 여러 개 생성할 수 있습니다. 물론 각 객체 스토어에 데이터를 추가하거나 삭제하는 것도 자유롭게 할 수 있습니다. IndexedDB를 이용하려면 크게 다음 두 가지 절차가 필요합니다.

1 데이터베이스 객체 가져오기

2 가져온 데이터베이스 객체를 통한 데이터 처리

또한 각 단계는 세부적으로 나뉘어져 있으며 모든 작업은 비동기 처리로 수행해야 합니다.

12.1.2 동기 처리와 비동기 처리의 기본

IndexedDB를 활용하는 예제를 작성하기 전에 비동기 처리의 기본부터 소개합니다. 비동기 처리를 자세히 설명하려면 책 한 권이 나올 정도로 분량이 많으므로 여기서는 중요한 부분만 간략하게 소개하겠습니다.

먼저 비동기 처리의 반대인 동기화 처리와 관련하여 도대체 무엇을 동기화하고 있는지 확인해야 합니다. [그림 12-3]을 살펴봅시다.

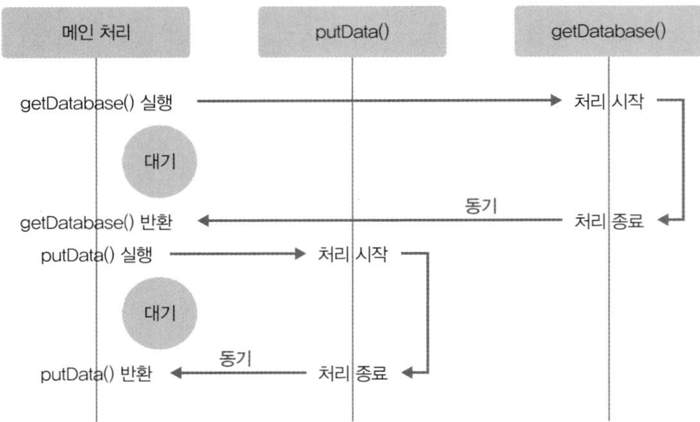

그림 12-3 동기화 처리 흐름

[그림 12-3]은 메인 처리에서 getDatabase() 함수와 putData() 함수를 차례로 호출하는 모습을 도식화한 것입니다. 메인 처리 측은 getDatabase() 함수를 호출한 후 해당 함수 내의 처리가 완료되어 제어권이 돌아올 때까지 대기 상태입니다. putData() 함수 역시 마찬가지입니다. 이와 같이 요청을 보낸 후 응답을 받아야 다음 동작이 진행되는 방식을 동기화 처리라고 합니다.

반대가 비동기 처리입니다. 즉 요청을 보낸 후 응답을 기다리지 않고 동작이 진행됩니다. [그림 12-4]는 getDatabase() 함수를 비동기 처리했을 때 처리 흐름을 나타냅니다. getDatabase() 함수의 처리 반환을 기다리지 않고 바로 다음 putData() 함수를 호출할 수 있기 때문에 메인 처리를 계속 진행할 수 있습니다.

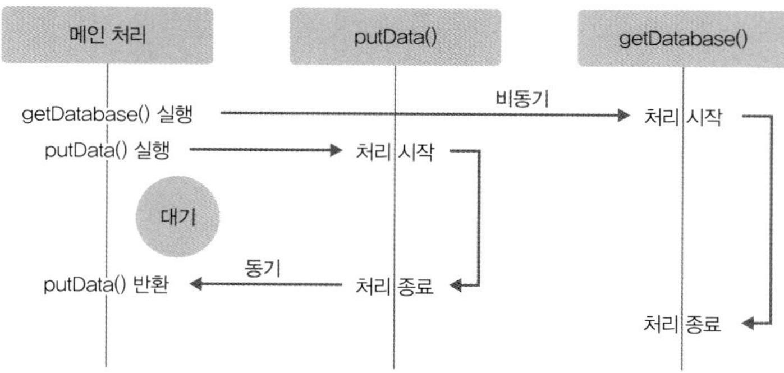

그림 12-4 getDatabase() 함수를 비동기 처리한 경우의 흐름

12.1.3 비동기 처리의 기본이 되는 async와 Promise

자바스크립트/타입스크립트의 함수나 메서드 호출은 원칙적으로 동기화 처리입니다. 따라서 비동기 처리를 할 때는 전용 작성 방법을 사용합니다. 먼저 비동기 처리 코드를 하나의 함수(또는 메서드)로 정리하고 해당 함수에 async 키워드를 부여합니다. 예를 들어 [그림 12-4]와 같이 getDatabase() 함수를 비동기 처리한다고 가정하면 다음과 같은 형식이 됩니다.

```
async function getDatabase() {
 ⋮
}
```

이제 getDatabase() 함수 내의 처리는 비동기 처리로 간주하여 함수를 호출한 측은 [그림 12-4]와 같이 함수 내의 처리가 완료될 때까지 기다리지 않고 다음 처리로 넘어가게 됩니다.

이제 async가 부여된 함수(async 함수)의 반환값은 반드시 Promise 객체가 됩니다. 예를 들어 다음과 같은 코드를 작성했다고 가정해봅시다. IDBDatabase 타입의 database 변수를 준비하고 내부 처리에서 database를 생성(또는 취득)하여 반환하는 함수입니다.

```
async function getDatabase() {
    let database: IDBDatabase = …;
    ⋮
    return database;
}
```

getDatabase() 함수의 반환값을 db 변수로 받았다고 가정하면 코드는 예를 들어 다음과 같습니다.

```
const db = getDatabase();
```

이때 일반적인 함수라면 db는 IDBDatabase 객체가 되어야 합니다. 하지만 async 함수일 때는 IDBDatabase가 포함된 Promise 객체가 됩니다. 따라서 getDatabase() 함수의 반환값 타입은 다음과 같이 작성합니다.

```
async function getDatabase(): Promise<IDBDatabase> {
    let database: IDBDatabase = …;
     ⋮
    return database;
}
```

반환값인 Promise 객체의 사용법은 나중에 설명하기로 하고 우선 계속해서 이야기를 진행하겠습니다.

12.1.4 async 함수에서 Promise를 new로 생성하고 반환하는 문법

앞 절과 같이 async 함수 내의 반환값이 자동으로 Promise 객체가 되는 것을 이용하는 것은 단순화한 표기법입니다. 함수 내에서 Promise 객체를 생성하여 반환값으로 삼는 것이 공식적인 표기법입니다. 즉 다음과 같은 코드가 됩니다.

```
async function getDatabase(): Promise<IDBDatabase> {
    const promise = new Promise<IDBDatabase>();
    return promise;
}
```

단 이때 Promise 객체는 신규 생성 시 비동기적으로 수행하고자 하는 처리를 작성한 콜백 함수를 인자로 전달하게 되어 있습니다. 즉 다음과 같은 코드가 됩니다.

```
async function getDatabase(): Promise<IDBDatabase> {
    const promise = new Promise<IDBDatabase>(
        (resolve, reject): void => {
            let database: IDBDatabase = …;
            :
        }
    );
    return promise;
}
```

여기서 문제가 되는 것은 생성한 database를 어떻게 반환값으로 할 것인가 하는 점입니다. 여기서 활약하는 것이 콜백 함수의 인자인 resolve와 reject입니다. resolve와 reject는 모두 함수입니다. 콜백 함수 내 처리에 성공하면 반환값을 인자로 전달하고 resolve를 실행합니다. 처리에 실패하면 reject를 실행하는데 이때 보통 에러 메시지를 포함한 Error 객체를 인자로 전달합니다. 즉 다음과 같은 코드가 됩니다.

```
async function getDatabase(): Promise<IDBDatabase> {
    const promise = new Promise<IDBDatabase>(
        (resolve, reject): void => {
            let database: IDBDatabase = …;
            :
            if(성공) {
                resolve(database);
            }
            else {
                reject(new Error("실패했습니다"));
            }
        }
    );
    return promise;
}
```

이것이 비동기 처리에 따른 async 함수와 Promise 사용의 기본 사항입니다. 지금까지 내용을 구문으로 정리하면 다음과 같습니다.

async 함수와 Promise

```
async function 함수명(): Promise<반환값 타입> {
    const promise = new Promise<반환값 타입>(
        (resolve, reject): void => {
            비동기 처리
            if(처리 성공) {
                resolve(반환값);
            } else{
                reject(new Error("에러 메시지"));
            }
        }
    );
    return promise;
}
```

12.2 IndexedDB

이제 프로젝트를 생성하고 앞서 소개한 비동기 처리 기본 구문을 활용하여 실제로 IndexedDB를 이용하는 코드를 작성해보겠습니다.

12.2.1 IndexedDB를 이용한 프로젝트 준비

async-db 프로젝트로 Vue 라우터와 Pinia가 포함된 프로젝트를 생성합니다. 그런 다음 지난 장에서 생성한 pinia-storage 프로젝트에서 다음 파일을 복사합니다.

- src/interfaces.ts
- src/router/index.ts
- src/stores/members.ts
- src/App.vue
- src/views/AppTop.vue
- src/views/member/MemberList.vue
- src/views/member/MemberDetail.vue
- src/views/member/MemberAdd.vue

복사가 완료되면 현재 세션 스토리지를 이용한 처리로 되어 있는 부분을 IndexedDB를 이용한 처리로 변경합니다. IndexedDB의 사용법을 자세히 설명하면 내용이 매우 길어지므로 여기서는 간략하게 설명하겠습니다.

12.2.2 데이터베이스 객체 획득 처리

이제 stores/members.ts에 빠른 데이터베이스 검색 처리 코드를 추가해놓시다. [코드 12-1]

의 getDatabase() 함수를 추가합니다. 참고로 getDatabase() 함수의 코드는 아직 불완전한 상태이며 이대로는 제대로 동작하지 않습니다.

코드 12-1 async-db/src/stores/members.ts

```
async function getDatabase(): Promise<IDBDatabase> {
    const promise = new Promise<IDBDatabase>(
        (resolve, reject): void => {
            const request = window.indexedDB.open("asyncdb", 1);        ❶
            request.onsuccess = (event) => {                            ❷
                const target = event.target as IDBRequest;              ❸
                const database = target.result as IDBDatabase;
                resolve(_database);                                     ❹
            };
            request.onerror = (event) => {                              ❺
                console.log("ERROR: DB를 열 수 없습니다", event);       ❻
                reject(new Error("ERROR: DB를 열 수 없습니다"));        ❼
            };
        }
    );
    return promise;
}

export const useMembersStore = defineStore({
    ~ 생략 ~
});
```

전체적으로 12.1.4절에서 소개한 async + Promise 구조로 되어 있습니다. 데이터베이스 객체를 가져오는 기본적인 코드는 콜백 함수에 작성하고 있습니다. 거의 정형화된 코드라고 할 수 있습니다.

사실 12.1.3절에 등장한 IDBDatabase는 IndexedDB의 데이터베이스 객체를 나타냅니다. IDBDatabase 객체를 가져오려면 [코드 12-1]의 ❶과 같이 window.indexedDB의 open() 메서드를 실행합니다. 이때 첫 번째 인자로 데이터베이스명을 나타내는 문자열, 두 번째 인자로 데이터베이스 버전 번호를 전달합니다. open() 메서드를 실행하면 첫 번째 인자로 지정한 이름의 데이터베이스가 존재하면 해당 데이터베이스 객체를 가져오고 존재하지 않으면 생성합니다.

참고로 두 번째 인자에 대해 간략히 보충 설명하자면 IndexedDB는 생성한 데이터베이스를 버전 번호와 함께 관리합니다. 그리고 open() 메서드가 실행될 때 인자로 전달된 번호가 내부 번호보다 크다면 나중에 설명할 onupgradeneeded의 콜백 함수가 실행되는 구조로 되어 있습니다. 이를 통해 브라우저 내 데이터베이스 마이그레이션(변경)이 가능합니다. 버전 번호를 지정하는 두 번째 인자는 생략할 수 있으며 이때는 자동으로 1이 채택됩니다.

이제 [코드 12-1]에서는 데이터베이스명으로 asyncdb, 버전 번호로 1을 전달하고 있습니다. 이렇게 실행한 open() 메서드의 반환값은 IDBDatabase 객체가 아닌 IDBOpenDBRequest 객체가 됩니다. [코드 12-1]의 ❶에서는 이를 변수 request로 표현하고 있습니다.

request 객체에는 open() 메서드 실행 결과인 다양한 패턴에 대응할 수 있는 구조가 포함되어 있습니다. 이 중 onsuccess 속성은 오픈 처리에 성공했을 때 실행되는 속성이고 실패했을 때 실행되는 속성은 onerror 속성입니다. 이러한 속성에 콜백 함수를 대입하여 성공과 실패 시 각각 다른 처리를 할 수 있도록 합니다. 콜백 함수의 인자는 두 경우 모두 event입니다. [코드 12-1]에서는 성공했을 때의 함수를 ❷에서, 실패했을 때의 함수를 ❺에서 대입하고 있습니다.

성공 시 함수 내에서, 즉 onsuccess에 대입한 함수 내에서 최종적으로 인자 event를 통해 IDBDatabase 객체를 가져올 수 있습니다. 만약 이것이 자바스크립트라면 다음과 같은 코드가 됩니다.

```
event.target.result
```

타입스크립트의 경우 event.target을 IDBRequest로 타입 변환하지 않으면 결과를 얻을 수 없습니다. [코드 12-1]의 ❸ 부분이 두 줄인 것은 그 때문입니다. 이 정형 코드를 통해 데이터베이스 오픈에 성공하면 IDBDatabase 객체를 얻게 됩니다. 원래 함수 getDatabase()의 목적인 데이터베이스 연결 객체 획득에 성공한 것이므로 이때 ❹와 같이 획득한 IDBDatabase 객체를 인자로 지정하여 resolve를 실행합니다. IDBDatabase 객체의 변수명에 _database와 같이 접두어로 밑줄underbar을 붙인 이유에 대해서는 12.2.5절에서 설명합니다.

이것으로 onsuccess 처리가 완료되었습니다. 다른 onerror에 대입한 함수는 오픈에 실패했을 때 처리이므로 ❼에서는 reject()를 실행합니다. 단 콘솔에서 실패 원인을 확인할 수 있도록 ❻의 코드도 함께 작성해둡니다.

12.2.3 객체 스토어 생성 처리

앞 절에서 데이터베이스 획득 코드에 대한 설명을 마쳤습니다. getDatabase() 함수는 아직 실행할 수 없지만 실행하면 브라우저에 데이터베이스가 생성됩니다. 이는 브라우저 개발자 도구의 애플리케이션 탭에서 확인할 수 있습니다(그림 12-5).

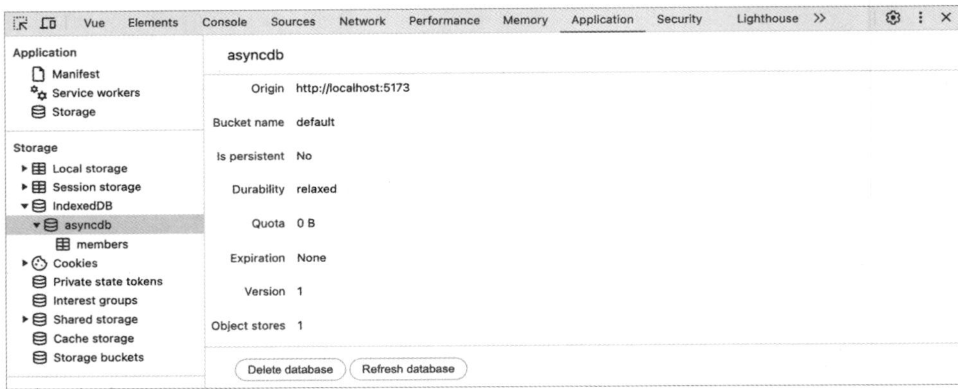

그림 12-5 asyncdb 데이터베이스가 생성된 상태의 브라우저

IndexedDB에서는 데이터베이스를 생성하는 것만으로 데이터를 저장할 수 있는 것은 아닙니다. [그림 12-2]와 같이 데이터를 저장하려면 객체 스토어가 필요합니다. 여기서는 회원 정보를 저장하기 위한 members 객체 스토어를 생성하므로 해당 코드를 getDatabase() 함수에 추가해야 합니다. [코드 12-2]에 굵게 표시된 부분을 추가합니다.

코드 12-2 async-db/src/stores/members.ts

```
async function getDatabase(): Promise<IDBDatabase> {
    const promise = new Promise<IDBDatabase>(
        (resolve, reject): void => {
                const request = window.indexedDB.open("asyncdb", 1);
                request.onupgradeneeded = (event) => {    ❶
```

```
            const target = event.target as IDBRequest;  ──┐
            const database = target.result as IDBDatabase; ┘── ❷
            database.createObjectStore("members", { keyPath: "id" }); ── ❸
        };
        request.onsuccess = (event) => {
            ~ 생략 ~
        };
    }
  );
  return promise;
}
~ 생략 ~
```

객체 스토어를 생성하는 코드는 [코드 12-2]의 ❸과 같습니다. IDBDatabase의 createObjectStore() 메서드를 실행하기만 하면 됩니다. 두 개의 인자가 있으며 첫 번째 인자는 객체 스토어명, 두 번째 인자는 선택 사항입니다. ❸에서는 첫 번째 인자로 members를 객체 스토어명으로 전달하고 있습니다. 두 번째 인자는 객체로 전달되는 옵션으로 [표 12-1]의 두 가지 속성 중 적어도 하나 이상을 작성해야 합니다.

속성	내용
keyPath	저장하는 객체의 어떤 속성을 키로 사용할지 지정
autoIncrement	키를 자동 증가하는 값으로 할지 여부를 true/false로 지정

표 12-1 createObjectStore( )의 두 번째 인자인 객체 속성

조금 보충 설명하겠습니다. [코드 12-2]의 ❸에서는 id 속성을 keyPath로 지정하고 있습니다. members 객체 스토어에 저장하는 데이터는 Member 객체를 가정하고 있습니다. 그리고 Member 객체에는 id 속성이 키값으로 포함되어 있습니다. 이를 객체 스토어의 키로 자동 채택하는 것이 ❸의 keyPath 지정입니다. 이렇게 하면 객체 스토어에 객체를 저장할 때 키값을 일일이 지정할 필요가 없습니다.

12.2.4 onupgradeneeded 속성의 역할

createObjectStore() 메서드를 실행할 때 한 가지 주의할 점이 있습니다. 바로 onupgradeneeded의 콜백 함수 내에서 실행해야 한다는 점입니다.

12.2.2절에서는 설명하지 않았지만 onupgradeneeded는 데이터베이스를 열었을 때 반환값인 IDBOpenDBRequest 객체의 속성 중 하나입니다. 그리고 onsuccess 속성 및 onerror 속성과 마찬가지로 콜백 함수를 대입합니다. 인자는 동일하게 event입니다. [코드 12-2]에서는 ❶의 코드에 해당합니다.

onupgradeneeded에 대입한 콜백 함수 내의 코드는 12.2.2절에서 설명한 것처럼 open()의 두 번째 인자인 버전 번호가 브라우저 내부 버전 번호보다 큰 경우 실행됩니다. 또한 데이터베이스가 존재하지 않는 경우에도 실행됩니다. 인자 event는 onsuccess 속성에 대입한 콜백 함수 인자와 동일하므로 [코드 12-2]에서 ❷의 두 줄의 코드로 IDBDatabase 객체를 가져올 수 있습니다. 마지막으로 IDBDatabase 객체의 createObjectStore() 메서드를 실행하면 객체 스토어가 생성됩니다.

이 단계에서는 아직 확인할 수 없지만 [코드 12-2]가 추가 완료된 getDatabase() 함수를 실행하면 브라우저 개발자 도구의 애플리케이션 탭이 [그림 12-6]과 같이 표시됩니다.

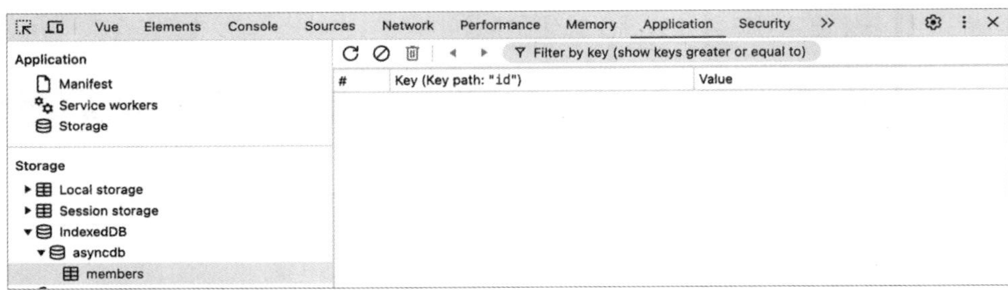

그림 12-6 members 데이터 스토어가 생성된 브라우저

이제 회원 정보를 저장할 수 있습니다.

12.2.5 데이터베이스 객체 재사용

지금까지 코딩한 getDatabase() 함수로 데이터베이스 객체를 가져오는 코드가 어느 정도 완성되었습니다. 이대로도 문제없이 작동하지만 한 단계 더 진화한 코드로 변경해보겠습니다.

getDatabase() 함수는 실행될 때마다 데이터베이스를 열고 데이터베이스 객체를 가져옵니다. 하지만 데이터에 접근할 때마다 이 과정을 거치는 것은 낭비입니다. 따라서 획득한 데이터베이스 객체를 재사용할 수 있도록 합니다. stores/members.ts에 [코드 12-3]에 굵게 표시된 부분을 추가하고 변경합니다.

코드 12-3 async-db/src/stores/members.ts

```
~ 생략 ~
let _database: IDBDatabase; ―――――――――――――――――――――――――――― ❶
async function getDatabase(): Promise<IDBDatabase> {
    const promise = new Promise<IDBDatabase>(
        (resolve, reject): void => {
            if (_database != undefined) { ―――――――――――――――――
                resolve(_database); ―――――――――――――――――――――― ❷
            } ―――――――――――――――――――――――――――――――――――――――
            else {
                const request = window.indexedDB.open("asyncdb", 1);
                request.onupgradeneeded = (event) => {
                    ~ 생략 ~
                };
                request.onsuccess = (event) => {
                    const target = event.target as IDBRequest;
                    _database = target.result as IDBDatabase; ―――――― ❸
                    resolve(_database);
                };
                request.onerror = (event) => {
                    ~ 생략 ~
                };
            }
        }
    );
    return promise;
}
~ 생략 ~
```

[코드 12-3]에 추가한 코드는 그리 어렵지 않은 코드입니다. ❶에서 미리 데이터베이스 객체를 준비하는데, 이때 함수 내 변수 database와 중복되지 않도록 접두어로 밑줄을 붙여 _database로 작성하여 데이터베이스 객체를 미리 준비해둡니다. [코드 12-1]의 ❸에서 IDBDatabase의 변수명이 _database로 되어 있는 것은 이 때문입니다.

참고로 [코드 12-3]에서는 함수 외부의 _database를 이용하기 위해 ❸의 const 선언을 삭제했습니다. 그리고 ❷에서 만약 데이터베이스 객체가 이미 존재한다면 데이터베이스 객체를 가져오지 않고 _database를 그대로 resolve()의 인자로 전달하고 있습니다. 존재하지 않을 때만 획득 처리를 수행하기 때문에 지금까지의 코드가 그대로 else 블록에 작성되어 있습니다.

12.2.6 '데이터 취득 중' 표시 추가

데이터베이스 객체를 가져오는 부분의 코드가 완성되었으니 이제 데이터 취득 처리와 추가 처리, 즉 데이터 처리 코드를 작성하겠습니다. 하지만 그 전에 회원 리스트 화면에 한 가지를 더 추가해봅시다. [그림 12-7]을 참고합니다.[1]

IndexedDB 샘플

회원 관리

TOP > 회원 리스트

회원 리스트

신규등록은 여기를 클릭

데이터 취득 중...

그림 12-7 '데이터 취득 중...'이라고 표시된 회원 리스트 화면

비동기식으로 데이터를 취득하는 경우 때에 따라 시간이 오래 걸려서 리스트 데이터를 바로 표시하지 못할 수 있습니다. 이에 대응하기 위해 일단 [그림 12-7]과 같은 화면을 표시하고 데이터를 획득한 후 11.3절의 [그림 11-10]이나 [그림 11-11]과 같은 리스트 데이터를 표시하도록 합니다.

이를 위해서는 stores/members.ts와 MemberList.vue를 변경합니다. 먼저 stores/members.ts에 [코드 12-4]의 굵게 표시된 부분을 추가합니다.

1 [그림 12-7]에서는 App.vue의 h1 태그를 미리 'IndexedDB 샘플'로 변경했습니다.

코드 **12-4** async-db/src/stores/members.ts

```
~ 생략 ~
nterface State {
    memberList: Map<number, Member>;
    isLoading: boolean;  ❶
}
~ 생략 ~
export const useMembersStore = defineStore({
    id: "members",
    state: (): State => {
        return {
            memberList: new Map<number, Member>(),
            isLoading: true  ❷
        };
    },
~ 생략 ~
});
```

먼저 '데이터 취득 중'을 나타내는 상태로 isLoading을 초깃값 true로 설정합니다([코드 12-4]의 ❷). 이에 따라 ❶과 같이 상태 인터페이스에도 추가합니다.

stores/members.ts를 수정한 후 MemberList.vue를 수정합니다. [코드 12-5]에 굵게 표시된 부분을 추가합니다.

코드 **12-5** async-db/src/views/member/MemberList.vue

```
<script setup lang="ts">
~ 생략 ~
const isLoading = computed(
    (): boolean => {
        return membersStore.isLoading;  ❶
    }
);
</script>

<template>
 ~ 생략 ~
    <section>
        ~ 생략 ~
        <p>
            신규등록은 <router-link v-bind:to="{ name: 'MemberAdd' }">여기를</router-link>
            클릭
```

```
        </p>
        <p v-if="isLoading">  ─────────────────────┐
            데이터 취득 중...                          ├─❷
        </p>  ─────────────────────────────────┘
        <section v-else>  ──────────────────────────❸
            <ul>
                <li v-if="isEmptyList">회원 정보가 없습니다</li>
                ~ 생략 ~
            </ul>
        </section>
    </section>
</template>
```

추가한 부분은 별 문제없이 이해할 수 있습니다. 상태로 준비한 isLoading을 ❶에서 템플릿 변수로 사용하고 있습니다. 이 값이 true인 경우 ❷의 p 태그가 표시되고 false인 경우 기존과 같이 ❸의 section 태그가 표시됩니다. 이 상태에서 회원 리스트 화면을 표시하면 [그림 12-7]과 같은 화면을 볼 수 있습니다. 이는 isLoading 상태가 초깃값인 true로 설정되어 있고 이를 false로 변경하는 코드가 작성되어 있지 않기 때문입니다.

12.2.7 비동기를 동기처럼 처리하는 await

이제 액션 함수 prepareMemberList()에 members 객체 스토어에서 리스트 데이터를 가져오는 코드를 작성합니다. 구체적인 절차는 다음과 같습니다.

1 데이터베이스 객체에서 트랜잭션 객체 가져오기
2 트랜잭션 객체에서 객체 스토어 가져오기
3 객체 스토어에서 데이터 가져오기
4 트랜잭션 종료하기

실제로 코딩을 해봅시다. 액션 함수 prepareMemberList()를 [코드 12-6]의 내용으로 다시 작성합니다.

코드 12-6 async-db/src/stores/members.ts

```
 ~ 생략 ~
export const useMembersStore = defineStore({
~ 생략 ~
    actions: {
        async prepareMemberList(): Promise<boolean> {  ❶
            // 데이터베이스 객체 취득
            const database = await getDatabase();  ❷
            const promise = new Promise<boolean>(
                (resolve, reject) => {
                    // 트랜잭션 객체 취득
                    const transaction = database.transaction("members", "readonly");  ❸
                    // members 객체 취득
                    const objectStore = transaction.objectStore("members");  ❹
                    // 빈 memberList 생성
                    const memberList = new Map<number, Member>();
                    // members 객체 스토어의 모든 데이터 취득
                    const request = objectStore.openCursor();  ❺
                    // 데이터 취득이 성공한 경우의 처리를 등록
                    request.onsuccess = (event) => {  ❻
                        // 커서 객체 취득
                        const target = event.target as IDBRequest;  ❼
                        const cursor = target.result as IDBCursorWithValue;
                        // 커서가 존재하면
                        if (cursor) {  ❽
                            // 커서부터 키 데이터 취득
                            const id = cursor.key as number;  ❾
                            // 커서부터 값 객체 취득
                            const member = cursor.value as Member;  ❿
                            // memberList에 저장
                            memberList.set(id, member);
                            // 다음 데이터에 같은 처리를 실행
                            cursor.continue();  ⓫
                        }
                    };
                    // 트랜잭션이 성공한 경우의 처리
                    transaction.oncomplete = () => {  ⓬
                        // 상태에 memberList 저장
                        this.memberList = memberList;
                        // 상태의 isLoading을 false로 변경
                        this.isLoading = false;
                        // 비동기 처리 성공 Promise 안의 반환값을 true로
                        resolve(true);
                    };
```

```
                // 트랜잭션이 실패한 경우의 처리를 등록
                transaction.onerror = (event) => {
                    // 비동기처리 실패 에러 메시지를 저장
                    console.log("ERROR: 데이터 취득에 실패", event);
                    reject(new Error("ERROR: 데이터 취득에 실패"));
                };
            }
        );
        return promise;
    },
    async insertMember(member: Member): void {
    ~ 생략 ~
    }
  }
});
```

⓭

이 상태에서 한번 회원 리스트 화면을 표시해봅시다. [그림 12-8]과 같은 화면이 표시됩니다. 아직 리스트 데이터가 존재하지 않기 때문입니다.

IndexedDB 샘플

회원 관리

TOP > 회원 리스트

회원 리스트

신규등록은 여기를 클릭

- 회원 정보가 없습니다

그림 12-8 '회원 정보가 없습니다'라고 표시된 회원 리스트 화면

또한 브라우저 개발자 도구의 애플리케이션 탭에서 [그림 12-6]과 같이 members 객체 스토어가 생성된 것을 확인할 수 있습니다.

이제 앞서 설명한 절차에 따라 [코드 12-6]의 코드를 설명하겠습니다. 그 전에 ❶과 ❷를 먼저 살펴보고 갑시다.

먼저 데이터베이스 객체 획득 처리와 마찬가지로 데이터 획득 처리는 비동기식 처리입니다. 따라서 ❶에서는 액션 함수 prepareMemberList()에 대해 async를 작성하고 있습니다. 또한 반환값 타입은 Promise 타입이지만 Promise에서 처리가 성공했을 때 반환되는 원래의 반환값 타입은 boolean으로 설정하고 있습니다. 액션 함수 자체는 내부적으로 상태를 변경하기 위한 함수이며 어떤 값을 반환할 필요가 없기 때문입니다. 그래서 여기서는 전체 처리의 성공 여부를 나타내는 boolean을 반환값으로 사용합니다. 이 값을 실제 컴포넌트에 이용할지는 별개의 문제입니다.

다음으로 ❷에서 실행하는 getDatabase()는 12.2.5절에서 완성한 getDatabase() 함수입니다. 반환값을 database로 하고 있지만 함수 자체는 async를 부여한 비동기 처리 함수로 표기합니다. 비동기 처리 함수를 실행한 경우 [그림 12-4]와 같이 처리 완료를 기다리지 않고 다음 처리로 넘어가기 때문에 반환값을 저장한 변수 database를 이용하는 ❸단계에서는 아직 내용이 비어 있을 수 있습니다.

이 문제를 해결하기 위한 키워드가 await입니다. async 함수를 실행할 때 await 키워드를 부여하면 비동기 처리가 완료될 때까지 다음 처리로 넘어가지 않습니다. 즉, 비동기 처리를 동기 처리처럼 취급할 수 있습니다(그림 12-9).

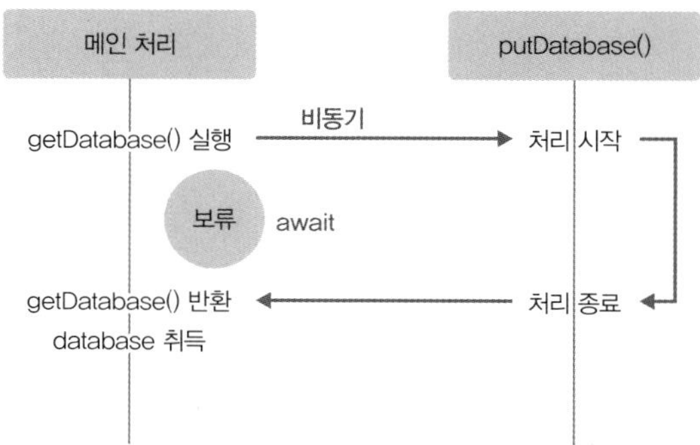

그림 12-9 async 함수 실행에 await를 부여하면 처리 완료를 기다린다.

또한 이때 반환값을 저장하는 database에는 Promise 객체가 아닌 내부에 저장된 원래의 반환값이 전달됩니다. 이 구조로 인해 ❸에서 database 변수를 이용하는 단계에서 database는 반드시 IDBDatabase 객체를 나타내게 됩니다.

12.2.8 IndexedDB에서 데이터를 가져오는 처리

이렇게 취득한 IDBDatabase를 이용한 데이터 취득 처리 코드를 앞서 소개한 절차에 따라 설명하겠습니다.

1. 데이터베이스 객체에서 트랜잭션 객체 취득하기

[코드 12-6]에서 ❸의 코드가 이에 해당합니다. IDBDatabase 객체의 transaction() 메서드를 실행하면 IDBTransaction 객체를 얻을 수 있습니다. 메서드의 인자는 두 개입니다. 첫 번째 인자는 대상 객체 스토어명이며 ❸에서는 members로 설정했습니다. 두 번째 인자에는 모드를 나타내는 문자열을 지정합니다. 객체 스토어에 읽기 전용으로 접근하려면 readonly, 쓰기도 할 예정으로 접근하려면 readwrite를 작성합니다. 참고로 IndexedDB에서는 IDBTransaction 객체를 통해 데이터를 처리하기 때문에 이 절차는 필수입니다.

트랜잭션

트랜잭션은 여러 개의 데이터 처리를 한 세트로 묶는 개념입니다. 예를 들어 은행에서 A가 B에게 3만 원을 송금하는 경우 데이터 처리를 간단히 설명하자면 다음 두 가지 처리로 이루어져 있습니다.

- A의 잔고를 3만 원 감액한다.
- B의 잔고를 3만 원 증액한다.

그리고 이 두 가지가 모두 이루어져야만 송금이 완료됩니다. 한쪽만으로는 안 됩니다. 한쪽만으로는 데이터의 무결성을 유지할 수 없기 때문입니다. 이처럼 데이터의 무결성을 유지하기 위해 여러 데이터 처리를 '모두 성공 또는 모두 실패'하도록 통합해서 처리하도록 설정하는 것을 트랜잭션이라고 합니다.

2. 트랜잭션 객체에서 객체 스토어 가져오기

[코드 12-6]의 ❹가 이에 해당합니다. 구체적으로 IDBTransaction 객체의 objectStore() 메서드를 실행합니다. 인자는 가져올 객체 스토어명이며 ❹에서는 members를 지정하고 있습니다. 반환값은 IDBObjectStore 객체입니다. IDBObjectStore에는 데이터 처리를 위한 메서드가 준비되어 있습니다. 주요 메서드를 [표 12-2]에 정리했습니다.

메서드	내용
add()	인자 데이터 등록
put()	인자 데이터가 객체 스토어에 없으면 등록, 있으면 갱신
delete()	지정 데이터 삭제
clear()	모든 데이터 삭제
get()	1건의 지정 데이터 취득
getAll()	인자의 조건에 부합하는 모든 데이터 취득
openCursor()	커서 객체 취득

표 12-2 IDBObjectStore의 데이터 처리 메서드

지면 관계상 생략하지만 delete()와 getAll()은 인자에 조건을 지정하여 다양한 데이터를 삭제하거나 조회할 수 있습니다.

3. 객체 스토어에서 데이터 취득하기

[코드 12-6]의 ❺~⓫이 이에 해당합니다. [표 12-2]에서도 알 수 있듯이 2단계에서 획득한 IDBObjectStore의 openCursor() 메서드를 이용하면 커서 객체를 획득할 수 있습니다. 물론 getAll() 메서드로도 데이터를 가져올 수 있지만 해당 데이터를 일괄적으로 배열 형태로 가져옵니다. 반면 커서 객체를 이용하면 한 건씩 데이터를 꺼내면서 처리를 실행할 수 있습니다.

그러나 openCursor()의 반환값은 커서 객체 자체가 아니라 request 객체입니다. 즉 데이터베이스의 open() 반환값과 비슷한 코드 작성이 필요합니다(❻). 여기서는 onerror는 생략하고 onsuccess의 처리 함수만 설명합니다. 에러의 경우는 나중에 설명할 트랜잭션의 실패 처리로 정리할 수 있기 때문입니다.

onsuccess 처리 함수의 인자 event에서 커서 객체를 가져옵니다(❼). 획득한 커서(IDBCursorWithValue) 객체의 사용법은 다음과 같습니다.

커서에서 데이터 취득

```
if(cursor) {
    const key = cursor.key as 키의 데이터 타입;
    const value = cursor.value as 값의 데이터 타입;
    key와 value를 사용해 데이터 처리
    cursor.continue();
}
```

[코드 12-6]에서는 먼저 ❽의 if(cursor)에서 커서가 존재하는지 확인하고 ❾와 같이 cursor의 key 속성에서 키 데이터를 가져옵니다. 구문에서는 변수명을 key로 설정했지만 ❾에서는 데이터 내용을 나타내는 id라는 이름으로 설정했습니다. 마찬가지로 ❿과 같이 value 속성에서 값 데이터를 가져옵니다. 이 역시 구문과 별개의 변수로 설정되어 있습니다. [코드 12-6]에서는 이러한 결과를 memberList에 저장하고 이렇게 얻은 값을 사용하여 데이터 처리를 수행합니다.

데이터 수집 후 ⓫과 같이 cursor의 continue() 메서드를 실행합니다. 그러면 if 블록 내에서 continue()가 호출되기 전까지의 코드와 동일한 처리를 다음 데이터에 대해 자동으로 실행합니다. 이를 통해 객체 스토어에서 가져온 모든 데이터에 대해 동일한 처리를 반복적으로 수행합니다.

4. 트랜잭션 종료하기

[코드 12-6]의 ⓬와 ⓭이 이에 해당합니다. 여기서는 1단계에서 취득한 트랜잭션 객체의 oncomplete 속성에 트랜잭션이 성공했을 때 처리할 함수를 대입합니다. 마찬가지로 onerror 속성에는 실패했을 때 처리할 함수를 대입합니다.

[코드 12-6]의 ⓬는 트랜잭션이 성공했을 때 처리 함수입니다. 이 경우에만 memberList 데이터를 상태에 저장하고 상태 isLoading을 false로 변경합니다. 또한 인자로 true를 지정하여 resolve()를 실행하고 처리가 성공했을 때 최종적으로 얻는 반환값으로 설정합니다.

⓭은 트랜잭션이 실패한 경우의 함수입니다. 이 함수는 에러 내용이 담긴 event 객체를 인자로 받아 콘솔에 표시한 후 reject()를 실행하고 있습니다.

NOTE **다중 데이터 처리 수행**

트랜잭션은 본질적으로 여러 데이터 처리를 한 세트로 묶은 것입니다. [코드 12-6]의 액션 함수 prepareMemberList() 안에는 데이터 획득 처리만 작성되어 있지만 데이터를 가져와서 업데이트하는 등 여러 처리를 작성할 수도 있습니다. 이 경우 2단계의 객체 스토어 취득과 4단계의 트랜잭션 종료 사이에 작성하여 하나의 트랜잭션으로 취급합니다.

12.2.9 IndexedDB에 데이터 등록 처리

IndexedDB에 데이터를 등록하는 과정은 앞 절에서 소개한 데이터 취득 과정의 4단계 중 3단계만 바꾸면 됩니다. 그리고 이미 [표 12-2]에서 방법을 소개한 바 있습니다. 이를 통해 회원 정보를 등록하는 액션 함수 insertMember()를 변경해봅시다. [코드 12-7]의 내용을 그대로 작성합니다.

코드 12-7 async-db/src/stores/members.ts

```
~ 생략 ~
export const useMembersStore = defineStore({
~ 생략 ~
actions: {
        async prepareMemberList(): Promise<boolean> {
        ~ 생략 ~
        },
        async insertMember(member: Member): Promise<boolean> {
            // member 객체 생성
            const memberAdd: Member = {                          ❶
                ...member
            };
            // 데이터베이스 객체 취득
            const database = await getDatabase();
            const promise = new Promise<boolean>(
                (resolve, reject) => {
                    // 트랜잭션 객체 취득
                    const transaction = database.transaction("members", "readwrite");   ❷
                    // members 객체 스토어 취득
                    const objectStore = transaction.objectStore("members");
                    // 데이터 등록
                    objectStore.put(memberAdd);                  ❸
                    // 트랜잭션이 성공한 경우의 처리를 등록
                    transaction.oncomplete = () => {
                        // 비동기 처리 성공, Promise 내의 반환값을 true
                        resolve(true);
                    };
                    // 트랜잭션이 실패한 경우의 처리를 등록
                    transaction.onerror = (event) => {
                        // 비동기 처리 실패, 에러 메시지를 저장
                        console.log("ERROR: 데이터 등록 실패", event);
                        reject(new Error("ERROR: 데이터 등록 실패"));
                    };
```

```
                }
            );
            return promise;
        }
    }
});
```

[코드 12-7]과 관련하여 [코드 12-6]의 prepareMemberList()와 다른 점만 설명하자면 먼저 ❷에서는 데이터 등록을 수행하기 때문에 트랜잭션 객체를 가져오는 모드는 readwrite가 됩니다. ❸에서 데이터를 등록하는 메서드는 add()이지만 여기서는 put()을 사용하고 있습니다. put()이 등록과 갱신을 모두 처리할 수 있어 편리합니다.

여기서 ❶에 대해 한 가지 덧붙이겠습니다. 액션 함수의 인자로 컴포넌트에서 등록 대상의 Member 객체가 전달됩니다. 이 객체를 그대로 ❸의 put() 인자로 사용할 수 있을 것 같지만 에러가 발생합니다. 왜냐하면 컴포넌트에서 생성된 Member 객체는 반응형 시스템의 대상이어야 해서 순수한 Member 객체로 되어 있지는 않습니다. 그래서 ❶과 같이 새로운 Member 객체를 생성하고 인자로 받은 Member 객체의 내용만 스프레드 연산자(...)를 이용하여 전개하고 있습니다. 작은 부분이지만 매우 중요한 단계이므로 주의해야 합니다.

12.2.10 컴포넌트에서 async 액션 함수 사용

이것으로 stores/members.ts의 변경은 끝났습니다. 마지막으로 MemberAdd.vue를 수정해둡시다. MemberAdd.vue는 그대로도 동작하지만 모처럼 액션 함수의 insertMember() 함수가 boolean 반환값을 Promise로 반환하도록 했으므로 이를 활용하도록 변경합니다. 사실 액션 함수를 async 함수로 정의한 경우 컴포넌트에서 해당 함수를 호출할 때도 반환값을 Promise 객체로 받을 수 있습니다. 여기서는 그 구조를 이용합니다. MemberAdd.vue의 onAdd 메서드를 [코드 12-8]의 내용으로 변경합니다.

코드 12-8 async-db/src/views/member/MemberAdd.vue

```
<script setup lang="ts">
~ 생략 ~
const onAdd = (): void => {
```

```
    const promise = membersStore.insertMember(member);   ❶
    promise.then(                                        ❷
        (result: boolean) => {                           ❸
            if (result) {                                ❹
                router.push({ name: "MemberList" });
            }
        }
    );
    promise.catch(                                       ❺
        (error) => {                                     ❻
            console.log("데이터 등록 실패", error);
        }
    );
};
</script>
~ 생략 ~
```

[코드 12-8]의 ❶은 액션 함수 insertMember()를 호출하는 부분입니다. 반환값을 promise 변수로 받고 있습니다. 앞서 언급했듯이 insertMember() 함수는 async 함수이므로 반환값 promise는 Promise 객체입니다. 그리고 Promise 객체를 처리할 때의 구문은 다음과 같습니다.

Promise 객체의 처리

```
const promise = …;
promise.then(
    (result: Promise에서 처리가 성공하면 반환되는 원래 반환값의 데이터 타입) => {
        비동기 처리가 성공한 경우의 처리
    }
);
promise.catch(
    (error) => {
        비동기 처리가 실패한 경우의 처리
    }
);
promise.finally(
    () => {
        비동기 처리의 성공, 실패에 상관없이 처리
    }
);
```

취득한 Promise 객체에 대해 then() 메서드를 실행하고 비동기 처리가 성공했을 경우의 처리를 콜백 함수로 전달합니다. 콜백 함수의 인자는 Promise에서 처리가 성공했을 때 반환되는 원래의 반환값입니다. 즉 then() 콜백 함수 내에서만 원래의 반환값을 얻을 수 있는 구조입니다.

[코드 12-8]에서는 ❷에서 then()을 실행하고 ❸에서 콜백 함수를 작성하고 있습니다. 콜백 함수의 인자 result는 boolean으로 설정되어 있습니다. 즉 result가 원래의 반환값이며 액션 함수 insertMember()가 성공하면 true가 전달됩니다. 이를 이용하여 ❹에서 true인 경우에만 화면이 전환되도록 하고 있습니다.

한편 비동기 처리에 실패한 경우의 처리는 Promise 객체의 catch() 메서드 인자로 전달하는 콜백 함수에 작성합니다. 콜백 함수의 인자 error는 에러 내용이 저장된 객체입니다. [코드 12-8]에서는 ❺에서 catch()를 실행하고 ❻에서 콜백 함수를 작성하고 있습니다. 함수 내 처리는 콘솔 출력만 처리합니다. 이렇게 작성함으로써 비동기 처리가 성공한 경우에만 화면이 전환되도록 하고 있습니다.

[코드 12-8]에는 작성하지 않았지만 Promise의 처리 구문으로는 finally() 메서드도 있습니다. 이 메서드에 인자로 전달하는 콜백 함수 내의 처리는 비동기 처리가 성공하든 실패하든 항상 실행됩니다.

NOTE

Promise의 메서드 체인

[코드 12-8]에서는 반환값 promise에 대해 then()과 catch()를 따로 실행하고 있습니다. 이는 가독성을 중시한 코딩입니다. 왜냐하면 then()의 반환값도, catch()의 반환값도 자기 자신이기 때문에 앞의 구문은 다음과 같이 메서드를 이어서 작성할 수도 있습니다. 이렇게 메서드 실행에 이어 다른 메서드를 실행하는 것을 메서드 체인이라고 합니다.

```
promise.then(
 ⋮
).catch(
 ⋮
).finally(
 ⋮
);
```

이것으로 모든 변경이 완료되었습니다. 회원 정보 추가 화면에서 데이터를 등록해봅시다. 회원 리스트 화면에서 리스트가 늘어나는 것을 확인할 수 있습니다. 또한 브라우저의 개발자 도구에서 IndexedDB 정보를 다시 불러오면 [그림 12-10]과 같이 데이터 등록이 완료된 것을 확인할 수 있습니다.

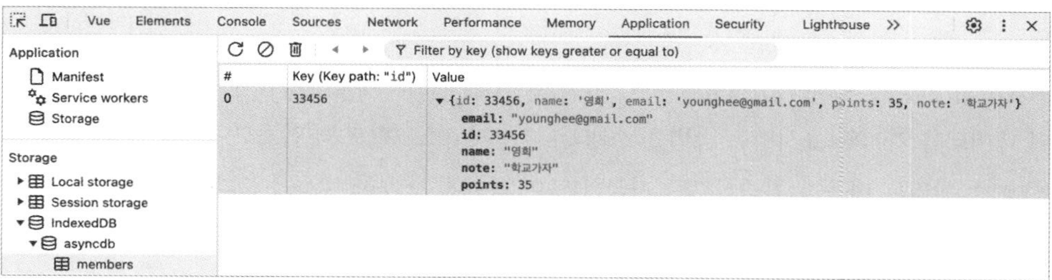

그림 12-10 members 객체 스토어에 등록된 회원 정보

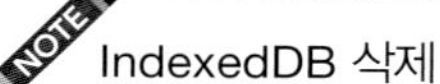

IndexedDB 삭제

여기서 만든 예제에는 포함되지 않았지만 프로그램에서 객체 스토어를 제거하려면 [코드 12-2]에서 소개한 onupgradeneeded의 콜백 함수 내에서 IDBDatabase의 deleteObjectStore() 메서드를 실행합니다.

데이터베이스 자체를 삭제하려면 window.indexedDB의 deleteDatabase() 메서드를 실행합니다. 이때 데이터베이스명을 나타내는 문자열을 인자로 전달합니다. 단 이 메서드의 반환값은 open() 메서드처럼 IDBOpenDBRequest 객체로 되어 있으므로 [코드 12-1]과 마찬가지로 onsuccess 속성과 onerror 속성에 콜백 함수를 대입해야 합니다.

12.3 웹 접속

지금까지 비동기 처리를 소개했습니다. 이번 절에서는 Vue 애플리케이션 내에서 웹에 접속하여 데이터를 가져와 표시하는 방법을 소개합니다. 자바스크립트/타입스크립트를 통한 웹 접속 web access 처리는 비동기 처리이므로 지금까지 이 장에서 소개한 내용을 그대로 활용할 수 있습니다.

12.3.1 예제 프로젝트와 웹 API 준비

실제 코딩에 들어가기 전에 앞으로 작성할 예제 프로젝트인 async-web 프로젝트를 간략히 살펴보겠습니다. 이 프로젝트는 [그림 12-11]과 같이 두 개의 화면으로 구성되어 있습니다.

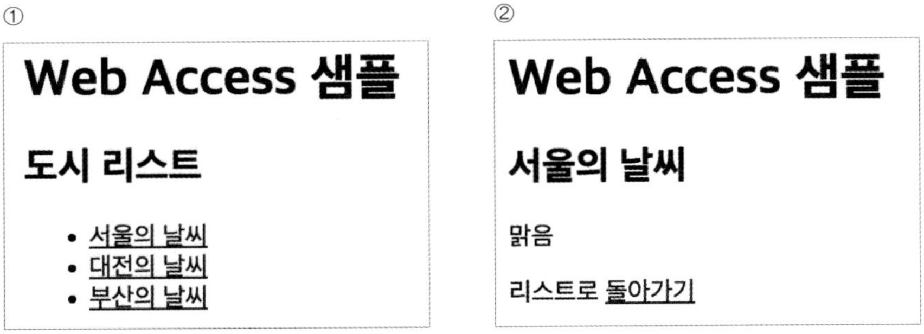

①

Web Access 샘플

도시 리스트

- 서울의 날씨
- 대전의 날씨
- 부산의 날씨

②

Web Access 샘플

서울의 날씨

맑음

리스트로 돌아가기

그림 12-11 async-web 프로젝트 화면

초기 화면은 ①이며 도시 리스트가 표시되어 있습니다. 리스트를 클릭하면 ②와 같이 클릭한 도시 이름과 현재 날씨 정보가 표시됩니다. 이때 웹상에서 날씨 정보를 공개하는 웹 API 서비스에서 정보를 가져와서 표시합니다. 예제에서 사용하는 웹 API 서비스는 OpenWeather라는 서비스입니다. URL은 다음과 같습니다.

- https://openweathermap.org/

URL에 접속하면 [그림 12-12]와 같은 화면이 표시됩니다.

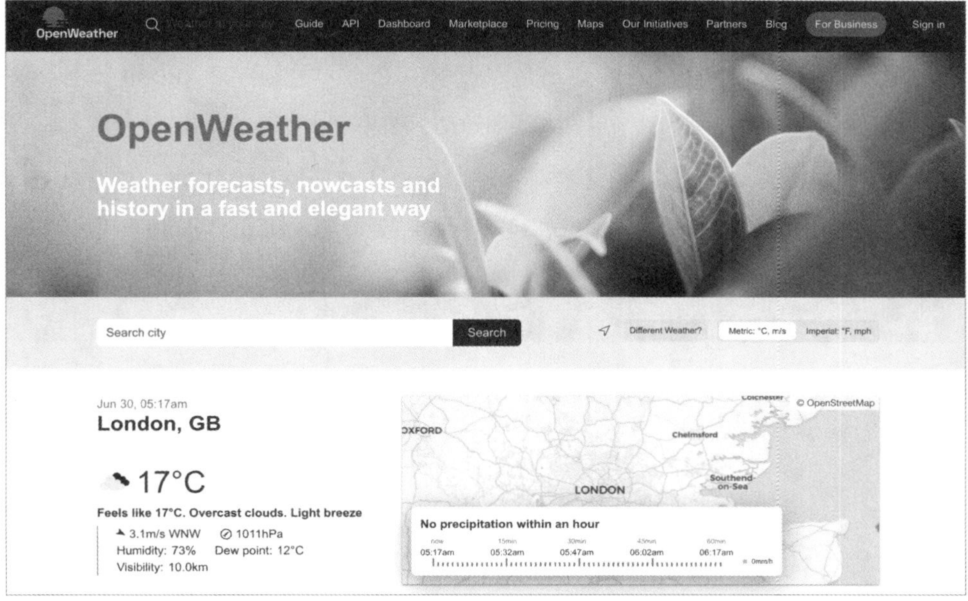

그림 12-12 OpenWeather 홈페이지

이 사이트에서는 전 세계의 다양한 날씨 정보를 이용할 수 있습니다. 상단 내비게이션의 [API]를 클릭하면 어떤 API 서비스를 이용할 수 있는지를 나타내는 [그림 12-13]의 페이지가 표시됩니다.

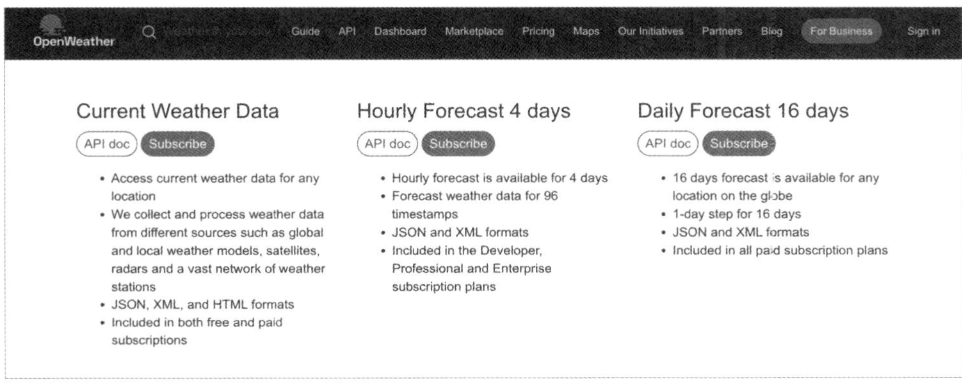

그림 12-13 OpenWeather의 API 소개 페이지

이러한 API 서비스를 본격적으로 이용하려면 유료 플랜을 신청해야 합니다. 하지만 무료로도 어느 정도 이용할 수 있습니다. 실제로 이번 절에서 작성하는 async-web 프로젝트에서 사용하는 데이터는 [그림 12-13] 왼쪽에 있는 Current Weather Data입니다. 이 책의 예제를 사용해보는 정도라면 무료 서비스로도 문제없이 개발할 수 있습니다. 단 무료 API 서비스를 이용하더라도 사용자 등록 후 계정에 할당된 API 키를 발급받아야 합니다.

API 키를 얻으려면 먼저 사용자 등록을 해야 합니다. 상단 메뉴 오른쪽 [Sing in]을 클릭합니다. [그림 12-14]의 로그인 창이 나타나면 아래쪽 [Create an Account] 링크를 클릭합니다.

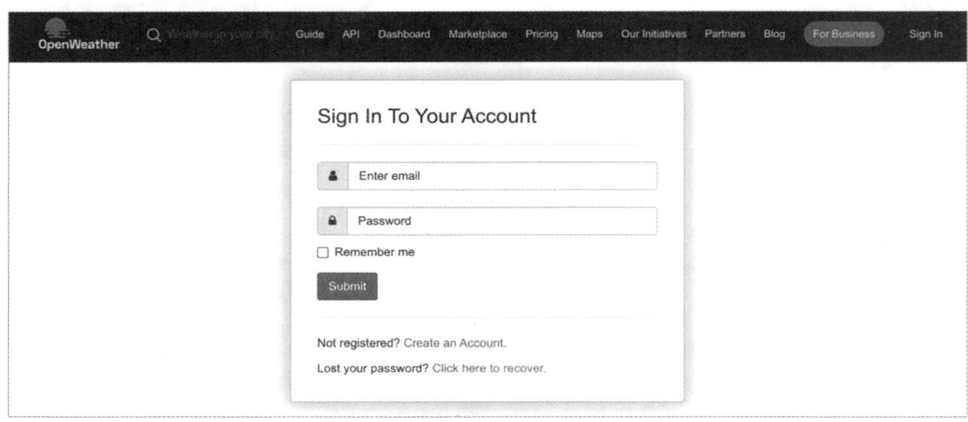

그림 12-14 OpenWeather 로그인 화면

그러면 [그림 12-15]와 같은 계정 생성 창이 나타납니다. 화면에 필요한 사항을 입력한 후 [Create Account]를 클릭합니다.

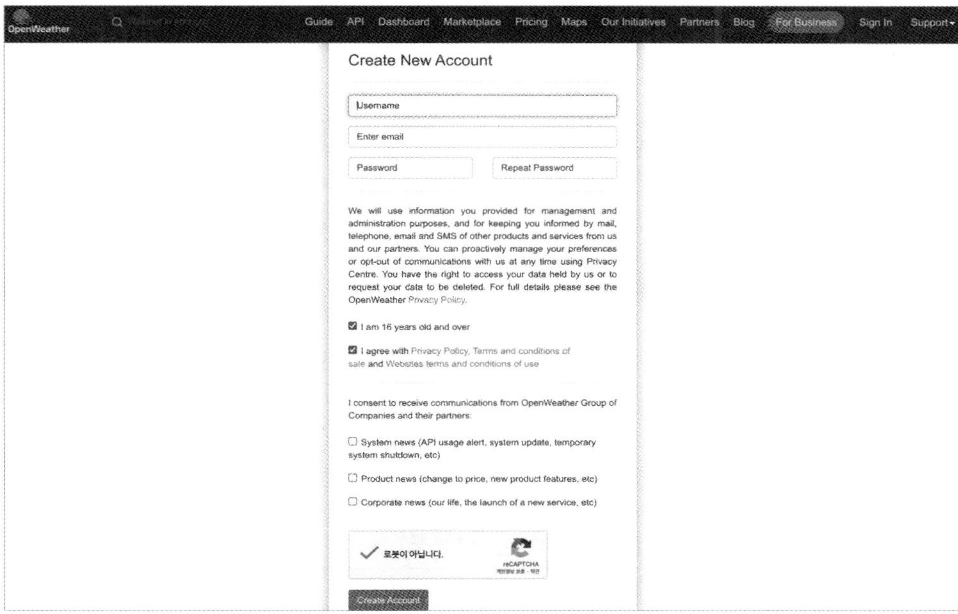

그림 12-15 OpenWeather 계정 생성 화면

이후 발송된 이메일의 안내에 따라 인증을 완료하면 됩니다. 계정이 성공적으로 생성되면 [그림 12-16]과 같은 메일이 발송됩니다. 그 안에 API 키가 적혀 있습니다.

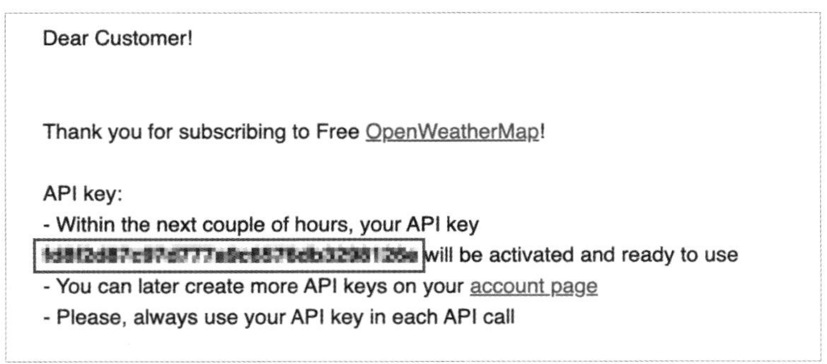

그림 12-16 API 키가 기재된 이메일 본문

발급받은 API 키는 OpenWeather 사이트 로그인 후 [My API keys] 메뉴에서도 확인할 수 있습니다(그림 12-17).

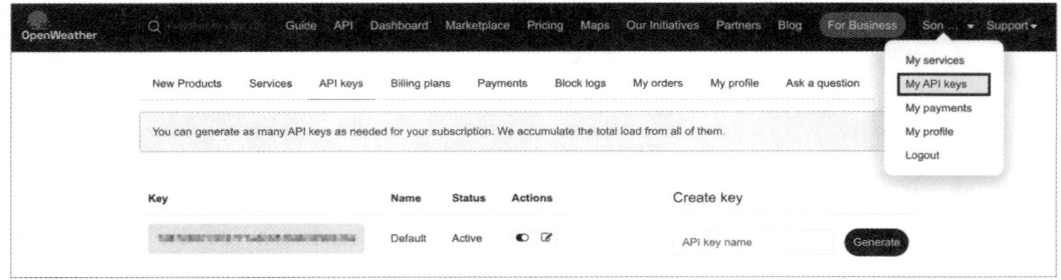

그림 12-17 API 키를 확인할 수 있는 화면

async-web 프로젝트에서는 각자 획득한 자신의 API 키 문자열을 소스 코드에 복사하여 사용합니다.

12.3.2 Current Weather Data 활용법

API 키를 얻었으니 이제 Current Weather Data의 활용 방법을 살펴보겠습니다. 자세한 내용은 [그림 12-13] 화면의 Current Weather Data 섹션에 있는 [API doc] 링크 페이지에 나와 있습니다. async-web 프로젝트에서는 예를 들어 다음 URL로 접속하여 얻을 수 있는 정보를 활용합니다.

- http://api.openweathermap.org/data/2.5/weather?lang=kr&q=Seoul&appId=xxxxxx

이 URL에서 현재 서울의 날씨 정보를 얻을 수 있습니다(예시이기 때문에 접속되지는 않습니다). URL에서 ? 이후 작성된 쿼리 파라미터에 따라 취득할 데이터를 세분화합니다. 이 URL에는 다음 세 가지 쿼리 파라미터가 포함되어 있습니다.

lang

날씨 정보를 얻을 언어를 지정합니다. 앞의 URL과 같이 kr을 지정하면 한국어로 취득할 수 있습니다.

q

날씨 정보를 얻을 도시를 지정합니다. 앞의 URL과 같이 Seoul을 입력하면 서울시의 날씨 정보가 나옵니다. async-web 프로젝트에서는 [그림 12-11]의 ① 리스트 표시에서 알 수 있듯이 q 값을 Seoul 외에 Daejeon, Busan으로 전환하여 각 도시의 날씨 정보를 얻을 수 있도록 합니다. 물론 세 개 도시 이외의 다른 도시도 지정할 수 있습니다. 예를 들어 Daegu라고 하면 대구시의 날씨를 얻을 수 있습니다.

appId

앞에서 얻은 API 키를 지정합니다. 앞서 언급했듯이 API 키 값은 계정마다 다르기 때문에 앞의 URL에서는 xxxxxx로 표기하고 있습니다. 이대로 입력하지 않도록 주의합시다.

쿼리 파라미터의 내용을 이해했다면 이제 각자의 API 키를 입력하고 브라우저를 통해 접속해 봅시다. 다음과 같은 내용이 표시됩니다.


```
{"coord":{"lon":126.9778,"lat":37.5683},"weather":[{"id":800,"main":"Clear","description":
"맑음","icon":"01n"}],"base":"stations","main":{"temp":282.81,"feels_like":282.81,"temp_
min":282.81,"temp_max":285.84,"pressure":1020,"humidity":57,"sea_level":1020,"grnd_level":101
3},"visibility":10000,"wind":{"speed":1.26,"deg":254,"gust":2.15},"clouds":{"all":100},"dt":1
731334197,"sys":{"type":1,"id":5509,"country":"KR","sunrise":1731276456,"sunset":1731313485},
"timezone":32400,"id":1835848,"name":"Seoul","cod":200}
```


날씨 정보가 저장된 JSON 데이터입니다. JSON 데이터를 정형화하면 다음과 같습니다. 필요한 부분 외에는 생략했습니다.

코드 12-9 날씨 정보가 저장된 JSON 데이터

```
{
   "coord":{
      "lon":126.9778,
      "lat":37.5683
   },
   "weather":[
      {
         "id":800,
         "main":"Clear",
         "description":"맑음",        ❶
         "icon":"01n"
      }
   ],
~ 생략 ~
   "timezone":32400,
   "id":1835848,
```

```
    "name":"Seoul",  ❷
    "cod":200
}
```

[코드 12-9]의 ❷에서 도시명을 확인할 수 있습니다. 또한 ❶에서 현재 날씨를 확인할 수 있습니다. 물론 데이터는 테스트하는 시점에 따라 달라질 수 있습니다. [그림 12-11]에서 ② 화면의 날씨 정보는 ❶의 데이터를 가져와서 표시하고 있습니다.

> **NOTE JSON 표시를 위한 확장 기능**
>
> 브라우저에서는 JSON 데이터가 비정형 상태로 표시됩니다. 이는 원본 데이터가 정형화되지 않았기 때문에 당연한 결과입니다. 하지만 실제로 데이터를 확인할 때는 [코드 12-9]와 같이 정형화된 데이터로 확인하는 것이 더 편합니다. 때문에 브라우저에는 확장 기능이 있습니다. 예를 들어 크롬에는 JSON Formatter라는 확장 프로그램이 있는데 크롬 웹스토어에서 검색하면 바로 찾을 수 있습니다. 이러한 확장 기능을 설치하면 JSON 데이터를 확인할 때 유용하게 사용할 수 있습니다.

12.3.3 프로젝트 첫 화면 만들기

이제 실제로 코딩해보겠습니다. 이 절에서는 프로젝트와 첫 번째 화면([그림 12-11]의 ①)을 생성합니다. 먼저 async-web 프로젝트로 Vue 라우터와 Pinia가 포함된 프로젝트를 생성합니다. 그런 다음 App.vue를 [코드 12-10]의 내용으로 변경합니다.

코드 12-10 async-web/src/App.vue

```
<template>
    <header>
        <h1>Web Access 샘플</h1>
    </header>
    <main>
        <RouterView />  ❶
    </main>
</template>
```

앞서 만든 예제와 마찬가지로 [코드 12-10]의 ❶ RouterView 태그 안에 Vue 라우터의 기능을 사용하여 컴포넌트를 표시합니다. 라우팅 정보는 [표 12-3]과 같습니다.

화면	컴포넌트명	경로	라우팅명
[그림 12-11]의 ①	CityList	/	CityList
[그림 12-11]의 ②	WeatherInfo	/weatherInfo/:id	WeatherInfo

표 12-3 async-web 프로젝트 라우팅 정보

CityList 화면에서는 [그림 12-11]의 ①과 같이 도시 리스트를 표시합니다. 도시 리스트는 스토어에서 준비하여 사용합니다. 그래서 가장 먼저 해야 할 일은 스토어 만들기입니다. 스토어 정보는 [표 12-4]와 같습니다.

스토어명(id)	weather
파일명	weather.ts
익스포트명	useWeatherStore

표 12-4 async-web 프로젝트의 스토어 정보

[표 12-4]의 내용에 따라 stores 폴더 내에 weather.ts를 생성하고 [코드 12-11]의 내용으로 작성합니다.

코드 12-11 async-web/src/stores/weather.ts

```
import { defineStore } from "pinia";

export interface City {            ❶
    name: string;
    q: string;
}

interface State {
    cityList: Map<string, City>;   ❷
}

export const useWeatherStore = defineStore({
    id: "weather",
```

```
    state: (): State => {
        return {
            cityList: new Map<string, City>(),
        };
    },
    getters: {
    },
    actions: {
        prepareCityList() {
            this.cityList.set("Seoul",
                {
                    name: "서울",
                    q: "Seoul"
                });
            this.cityList.set("Daejeon",
                {
                    name: "대전",
                    q: "Daejeon"
                });
            this.cityList.set("Busan",
                {
                    name: "부산",
                    q: "Busan"
                });
        },
    }
});
```

특별히 새로운 내용은 없지만 [코드 12-11] 내용을 간단히 설명하겠습니다. 먼저 앞 절에서 설명한 것처럼 OpenWeather의 Current Weather Data를 가져오려면 쿼리 파라미터로 도시를 나타내는 q가 필요합니다. q에 해당하는 문자열과 도시명을 하나의 도시 데이터로 설정하고 인터페이스 City를 정의한 것이 ❶입니다. 그리고 City를 값으로 하는 Map 객체를 리스트 데이터로 하여 상태로 만들기 위한 타입 정의로 정의한 것이 ❷입니다. id는 q와 같은 도시를 나타내는 알파벳 문자열로 설정합니다. 따라서 데이터 타입은 string으로 설정되어 있습니다. 타입 정의에 맞춰 실제 상태를 정의하는 것이 ❸이고 실제 데이터를 생성하는 액션 함수로 prepareCityList()를 정의한 것이 ❹입니다.

❹에서는 [그림 12-11]의 ①과 같이 서울, 대전, 부산 3개 도시만 작성하고 있습니다. 리스트에 선호하는 다른 도시를 추가하면 화면에 표시될 것입니다. 이제 방금 만든 스토어를 이용할

CityList 컴포넌트를 추가해보겠습니다. views 폴더에 CityList.vue를 생성하고 [코드 12-12]의 내용으로 작성합니다.

코드 12-12 async-web/src/views/CityList.vue

```
<script setup lang="ts">
import { computed } from "vue";
import { RouterLink } from "vue-router";
import { useWeatherStore } from "@/stores/weather";
import type { City } from "@/stores/weather";

const weatherStore = useWeatherStore();
weatherStore.prepareCityList();  ❶

const cityList = computed(  ❷
    (): Map<string, City> => {
        return weatherStore.cityList;
    }
);
</script>

<template>
    <section>
        <h2>도시 리스트</h2>
        <ul>
            <li  ❸
                v-for="[id, city] in cityList"
                v-bind:key="id">
                <RouterLink v-bind:to="{ name: 'WeatherInfo', params: { id: id } }">  ❹
                    {{ city.name }}의 날씨
                </RouterLink>
            </li>
        </ul>
    </section>
</template>
```

[코드 12-12]도 특별히 새로운 것은 아닙니다. ❶에서 [코드 12-11]의 ❹에서 정의한 스토어 액션 함수 prepareCityList()를 실행하여 도시 리스트 데이터를 생성하고 있습니다. 그 상태의 리스트 데이터를 템플릿 변수로 사용하는 것이 ❷입니다. 또한 해당 도시 리스트 데이터를 v-for로 반복하여 리스트 표시를 생성하는 것이 ❸입니다. 각 리스트는 ❹와 같이

WeatherInfo 화면으로 연결되는 링크를 생성합니다. 여기서 경로 파라미터로 id를 삽입하고 있습니다.

마지막으로 라우팅 정보를 등록합니다. WeatherInfo.vue 파일이 없으면 에러가 발생하므로 먼저 views 폴더에 WeatherInfo.vue를 생성해두고 안의 코드는 비워둡니다. 파일을 생성하고 나서 [표 12-4]의 라우팅 정보를 등록합니다. router/index.ts를 [코드 12-13]의 내용으로 변경합니다.

코드 12-13 async-web/src/router/index.ts

```
import {createRouter, createWebHistory} from "vue-router";
import type {RouteRecordRaw} from "vue-router";
import CityList from "@/views/CityList.vue";

const routeSettings: RouteRecordRaw[] = [
    {
        path: "/",
        name: "CityList",
        component: CityList
    },                                          ❶
    {
        path: "/weatherInfo/:id",
        name: "WeatherInfo",
        component: () => {
            return import("@/views/WeatherInfo.vue");
        },                                      ❷
        props: true                             ❸
    },
]

const router = createRouter({
    history: createWebHistory(import.meta.env.BASE_URL),
    routes: routeSettings
})

export default router
```

[코드 12-13]의 ❶은 첫 번째 화면인 CityList를 표시하는 라우팅 정보, ❷는 두 번째 화면인 WeatherInfo를 표시하는 라우팅 정보입니다. 경로 파라미터로 id를 이용하고 있으며 이를 Props로 WeatherInfo 컴포넌트에 전달하도록 하고 있습니다.

단 해당 값인 id는 [코드 12-11]의 ❸에서 정의한 도시 리스트 상태에서 알 수 있듯이 문자열입니다. 따라서 10.3.3절에서와 같이 숫자로 변환해야 하며 [코드 12-13]의 ❸과 같이 props 속성을 true로 설정하면 문제없이 동작합니다. 이제 첫 번째 화면인 CityList를 표시할 수 있습니다. 실제로 표시해보았을 때 [그림 12-11]의 ①과 같은 화면이 나오면 성공입니다.

12.3.4 웹 접속 이외의 코드 작성

다음으로 웹 접속을 하는 부분 외의 코드를 작성하여 두 번째 화면인 WeatherInfo의 날씨 정보 외 부분을 표시하는 데까지 작성해봅시다. 이 애플리케이션은 CityList 화면의 리스트를 클릭하여 WeatherInfo 화면을 표시할 때 OpenWeather에 접속하여 날씨 정보를 가져옵니다. 즉 여기서 비동기 처리가 발생하게 됩니다.

따라서 WeatherInfo 화면에서는 12.2.6절에서 소개한 방법과 마찬가지로 처음에는 [그림 12-18]과 같이 '데이터 취득 중'이라고 표시하도록 합니다. 이어서 데이터 취득이 완료되면 [그림 12-11]의 ②와 같은 화면으로 전환되도록 합니다.

Web Access 샘플

데이터 취득 중...

리스트로 돌아가기

그림 12-18 '데이터 취득 중...'이라고 표시된 WeatherInfo 화면

지금까지 내용을 바탕으로 먼저 스토어 파일인 stores/weather.ts를 수정합니다. [코드 12-14]에 굵게 표시된 부분을 추가합니다.

코드 12-14 async-web/src/stores/weather.ts

```
interface State {
    cityList: Map<string, City>;
    selectedCity: City; ❶
    isLoading: boolean; ❷
    weatherDescription: string; ❸
}
```

```
export const useWeatherStore = defineStore({
    id: "weather",
    state: (): State => {
        return {
            cityList: new Map<string, City>(),
            selectedCity: {  ──────────────────────┐
                name: "",                           │
                q: ""                               │
            },                                      ├─❹
            isLoading: true,                        │
            weatherDescription: "" ─────────────────┘
        };
    },
    getters: {
    },
    actions: {
        prepareCityList() {
            ~ 생략 ~
        },
        async recieveWeatherInfo(id: string) { ─────────── ❺
            this.selectedCity = this.cityList.get(id) as City; ──── ❻
            // 여기에 Web 접속 코드를 작성 ──────────────── ❼
        }
    }
});
```

먼저 상태에 세 개의 데이터를 추가합니다. 타입 정의가 ❶~❸이고 초깃값 등록이 ❹입니다. ❶은 선택된 도시 데이터입니다. CityList 화면에서 클릭한 리스트에 해당하는 도시 id가 Props로 전달되므로 이를 기반으로 WeatherInfo 화면에 표시할 도시 데이터를 저장하는 상태가 ❶의 selectedCity입니다. 초깃값은 name, q 모두 빈 문자로 설정되어 있습니다. ❷는 12.2.6절에서 소개한 isLoading과 동일합니다. 초깃값을 true로 설정했습니다. ❸은 JSON 데이터에서 가져온 실제 날씨 데이터입니다. 초깃값은 공백으로 설정되어 있습니다.

또한 WeatherInfo 화면을 표시할 때 호출되는 액션 함수로 receiveWeatherInfo()를 정의한 것이 ❺입니다. 이 함수는 도시 id를 인자로 받습니다. 먼저 해당 id를 기반으로 상태의 cityList에서 선택한 도시 정보를 가져와 상태의 selectedCity에 저장하는 것이 ❻입니다. 원래는 이후 ❼의 주석 위치에 웹에 접속하여 날씨 정보를 얻는 코드가 이어집니다. 이 부분은 다음 절에서 설명할 예정이므로 [코드 12-14]에는 주석을 달아두었습니다. 나중에 설명하겠지만 웹 접속 코드는 비동기 처리입니다. 따라서 액션 함수 receiveWeatherInfo()에는 ❺와 같이 async 키워드가 부여되어 있습니다.

이제 [코드 12-14]에 추가한 코드를 사용하는 WeatherInfo.vue를 만들어봅시다. 앞 절에서 생성한 빈 파일에 [코드 12-15]의 내용을 작성합니다.

코드 12-15 async-web/src/views/WeatherInfo.vue

```
<script setup lang="ts">
import { computed } from "vue";
import { RouterLink } from "vue-router";
import { useWeatherStore } from "@/stores/weather";
import type { City } from "@/stores/weather";

interface Props {
    id: string;
}                                                          ❶
const props = defineProps<Props>();

const weatherStore = useWeatherStore();
weatherStore.recieveWeatherInfo(props.id);                 ❷
const isLoading = computed(
    (): boolean => {
        return weatherStore.isLoading;
    }
);
const selectedCity = computed(
    (): City => {
        return weatherStore.selectedCity;                  ❸
    }
);
const weatherDescription = computed(
    (): string => {
        return weatherStore.weatherDescription;
    }
);
</script>

<template>
    <p v-if="isLoading">데이터 취득 중...</p>             ❹
```

```
    <section v-else>
        <h2>{{ selectedCity.name }}의 날씨</h2>
        <p>{{ weatherDescription }}</p>
    </section>
    <p>리스트로 <RouterLink v-bind:to="{ name: 'CityList' }">돌아가기</RouterLink>
    </p>
</template>
```

[코드 12-14]의 스토어에 대한 추가 정보를 이해할 수 있다면 [코드 12-15]도 어렵지 않게 이해할 수 있을 것입니다. ❶은 Props의 정의입니다. [코드 12-13]에서 ❸을 작성한 덕분에 도시 id가 Props의 id로 저장됩니다. 그 값을 인자로 받아 액션 함수 receiveWeatherInfo()를 호출하는 것이 ❷입니다. 이제 이 함수의 내용을 구현하면 각 상태에 값이 저장됩니다.

이렇게 저장된 값을 템플릿 변수로 사용하는 것이 ❸이며 템플릿 블록에서는 이를 기반으로 화면을 표시합니다. 구체적으로는 ❹에서 isLoading이 true인 경우 '데이터 취득 중'이라고 표시하고 false인 경우 ❺에서 선택한 도시의 날씨 정보를 표시합니다. 하지만 [코드 12-14]를 보면 알 수 있듯이 현재 isLoading은 항상 true입니다. 따라서 CityList 화면에서 리스트를 클릭하여 표시한 화면은 모두 [그림 12-18]과 같이 '데이터 취득 중'으로 표시됩니다. 코딩이 끝나면 실제로 확인해보기 바랍니다.

12.3.5 웹 접속 코드 작성

이제 [코드 12-14]의 ❼ 부분에 실제로 웹 접속 코드를 작성해봅시다. stores/weather.ts에 [코드 12-16]의 굵게 표시된 부분을 추가합니다.

코드 12-16 async-web/src/stores/weather.ts

```
~ 생략 ~
export const useWeatherStore = defineStore({
~ 생략 ~
    actions: {
        prepareCityList() {
            ~ 생략 ~
        },
        async recieveWeatherInfo(id: string) {
```

```
            this.selectedCity = this.cityList.get(id) as City;
            // 접속 URL의 기본 부분 변수 준비
            const weatherInfoUrl = "http://api.openweathermap.org/data/2.5/weather";  ❶
            // 쿼리 파라미터의 원 데이터가 되는 객체 리터럴을 준비
            const params: {
                lang: string,
                q: string,                                                          ❷
                appId: string
            } =
            {
                // 언어 설정의 쿼리 파라미터
                lang: "ko",
                // 도시를 나타내는 쿼리 파라미터
                q: this.selectedCity.q,                                             ❸
                // 앞서 발급받은 자신의 API 키를 입력
                appId: "xxxxxxxxx"
            }
            // 쿼리 파라미터 생성
            const queryParams = new URLSearchParams(params);                        ❹
            // 실제 접속할 URL 생성
            const urlFull = `${weatherInfoUrl}?${queryParams}`;                     ❺
            // URL에 비동기로 접속하여 데이터 취득
            const response = await fetch(urlFull);                                  ❻
            // console.log(response);
            // 취득한 데이터를 비동기로 JSON으로 변환
            const weatherInfoJSON = await response.json();                          ❼
            // console.log(weatherInfoJSON);
            // 날씨 정보 JSON으로부터 날씨 데이터를 취득하여 저장
            const weatherArray = weatherInfoJSON.weather;
            const weather = weatherArray[0];                                        ❽
            this.weatherDescription = weather.description;
            // isLoading을 false로 변환
            this.isLoading = false;                                                 ❾
        }
    }
});
```

코드 추가가 완료되면 동작을 확인합니다. CityList 화면의 리스트를 클릭하면 이번에는 [그림 12-11]의 ②와 같이 날씨 정보가 표시됩니다.

추가한 코드 중 ❶~❺는 실제로 접속하기 위한 URL 문자열을 생성하는 코드입니다. ❶에서는 URL의 기본이 되는 부분, 즉 쿼리 파라미터 이외의 부분을 weatherInfoUrl로 정의하고 있

습니다. 12.3.2절에서 설명한 것처럼 weatherInfoUrl에 lang, q, appId의 쿼리 파라미터를 각각 추가해야 합니다. 이때 활약하는 것이 ❹의 URLSearchParams 클래스입니다. 클래스를 new로 생성할 때 쿼리 문자열의 원본 데이터가 될 객체 리터럴을 인자로 전달하면 쿼리 문자열이 자동으로 생성됩니다. 여기서는 이를 변수 queryParams로 정의하고 있습니다.

쿼리 파라미터의 원래 데이터인 객체 리터럴을 정의하는 것이 ❷와 ❸입니다. ❷는 객체 리터럴의 데이터 타입을, ❸은 실제 데이터를 정의하고 있습니다. 또한 주석에도 작성했듯이 ❸에서 appId의 xxxxxx는 각자의 API 키로 대체해야 합니다. 마지막으로 URL의 기본 부분인 weatherInfoUrl과 URLSearchParams에 의해 생성된 쿼리 문자열인 queryParams를 ?로 결합한 것이 ❺이며 urlFull 변수가 완성된 URL 문자열이 됩니다.

12.3.6 웹 접속의 기본은 fetch() 함수

URL 문자열을 지정하여 실제로 웹 접속을 수행하는 것은 자바스크립트에 표준으로 제공되는 fetch() 함수입니다. fetch() 함수에서는 GET 요청 메서드에서 단순히 URL에 접속하려면 [코드 12-16]의 ❻과 같이 URL 문자열을 인자로 전달하면 됩니다.

async-web 프로젝트에서는 이 방법으로도 충분하지만 POST 등 다른 웹 접속 방법을 사용하려면 두 번째 인자에 객체 리터럴 타입으로 옵션을 전달합니다. 예를 들어 다음과 같습니다.

```
fetch(urlFull, {method: "POST"});
```

주요 옵션을 [표 12-5]에 정리했습니다.

속성	내용
method	요청 메서드를 문자열로 지정 (기본값은 GET)
headers	요청 헤더를 객체 리터럴로 지정
body	요청 바디를 지정 (데이터 타입은 Content-Type 헤더와 일치해야 함)

표 12-5 fetch() 함수의 두 번째 인자 옵션 객체 리터럴

12.3.7 fetch() 함수는 async 함수

fetch() 함수를 사용할 때 주의할 점은 비동기 처리이기 때문에 async 함수라는 점입니다. 즉 반환값은 12.1.3절에서 설명한 것처럼 Promise 객체가 됩니다. 한편 실제 반환값, 즉 웹에 접속한 결과로 얻은 응답 데이터는 Response 객체에 저장됩니다. 그러므로 반환값의 데이터 타입은 Promise〈Response〉가 됩니다. 따라서 실제 응답 데이터를 얻고 싶다면 12.2.10절의 구문과 같이 Promise 객체를 적절히 처리하거나 12.2.7절에서 설명한 것처럼 await를 부여하고 처리가 완료될 때까지 기다렸다가 실제 Response 객체를 획득하거나 둘 중 하나의 대응이 필요합니다.

[코드 12-16]의 ❻에서는 후자를 채택하고 있습니다. 따라서 반환값을 저장한 response는 Response 객체입니다. Response 객체에는 [표 12-6]과 같은 속성이 제공되며 실제 웹 접속이 성공했는지 여부 등의 정보를 얻을 수 있습니다.

속성	내용
ok	응답이 성공했는지 여부를 나타내는 true/false 값
redirected	응답이 리다이렉트 결과인지를 나타내는 true/false 값
status	응답의 상태 코드
statusText	응답의 상태 코드에 대응하는 메시지
type	응답 유형을 나타내는 문자열
url	응답의 URL 문자열

표 12-6 Response 객체의 속성

12.3.8 응답 데이터 수집은 Response 메서드를 이용

[표 12-6]에는 응답 데이터 자체, 즉 응답 본문을 가져오는 속성이 없습니다. Response 객체에 저장된 응답 본문을 가져오는 것은 본문의 데이터 형식에 따라 [표 12-7]의 전용 메서드가 준비되어 있기 때문입니다.

메서드	취득하는 데이터 형식
text()	텍스트
json()	JSON
blob()	바이너리
formData()	폼

표 12-7 응답 본문을 가져오는 Response 객체의 메서드

주의할 점은 이 메서드들이 또 다시 async 함수로 되어 있다는 점입니다. 즉 fetch() 함수와 마찬가지로 Promise 객체를 처리하거나 await를 부여해야 합니다. async-web 프로젝트에서는 응답 데이터가 JSON 데이터이므로 json() 메서드를 사용하는데 여기에서도 await를 부여하기로 합니다([코드 12-16]의 ❼). 이 반환값을 저장한 변수 weatherInfoJSON은 [코드 12-9]의 내용이 저장된 JSON 객체입니다.

여기까지 데이터 수집이 완료되면 이제부터는 JSON 객체의 각 속성을 이용하여 필요한 데이터를 가져오기만 하면 됩니다. async-web 프로젝트에서는 [코드 12-9]의 ❶을 얻는 것이 최종 목표이므로 [코드 12-16]의 ❽과 같이 먼저 weather 속성에서 배열 객체를 가져와 weatherArray로 설정합니다. 그런 다음 인덱스 0의 객체를 가져와서 weather로 설정합니다. 마지막으로 weather의 description 속성값을 상태의 weatherDescription에 저장합니다.

여기까지 과정이 무사히 완료되면 상태에 올바른 날씨 데이터가 저장되었으므로 상태의 isLoading을 false로 변경하여 화면에 표시되도록 합니다(❾).

12.3.9 fetch()를 사용하기 쉽게 만든 라이브러리 Axios

마지막으로 fetch() 함수를 사용하기 쉽게 만든 웹 접속 라이브러리로서 Axios[2]를 소개합니다. Axios는 외부 라이브러리이므로 사용하려면 프로젝트에 추가해야 합니다. 프로젝트의 루트 폴더에서 다음 명령을 실행하기만 하면 됩니다.

```
npm install axios
```

2 https://axios-http.com/

사실 Axios를 도입하더라도 async-web 프로젝트의 코드는 거의 변경하지 않아도 됩니다. stores/weather.ts의 일부 코드만 변경하면 됩니다. 따라서 async-web 프로젝트에서 앞선 명령어를 실행하여 Axios를 도입해도 되고 새로운 프로젝트를 생성하고 async-web 프로젝트의 파일들을 복사하여 붙여 넣고 코드를 수정해도 됩니다.

참고로 여기서는 모든 예제 파일을 제공해야 하므로 async-web-axios라는 별도의 프로젝트를 생성하여 파일 일체를 복사해서 진행한다고 가정합니다. 바로 stores/weather.ts를 Axios를 이용한 코드로 변경해봅시다. [코드 12-17]에 굵게 표시된 부분만 변경하면 됩니다.

코드 12-17 async-web-axios/src/stores/weather.ts

```
import { defineStore } from "pinia";
import axios from "axios"; ❶
~ 생략 ~
export const useWeatherStore = defineStore({
    ~ 생략 ~
    actions: {
        prepareCityList() {
            ~ 생략 ~
        },
        async recieveWeatherInfo(id: string) {
            this.selectedCity = this.cityList.get(id) as City;
            ~ 생략 ~
            const urlFull = `${weatherInfoUrl}?${queryParams}`;
            const response = await axios.get(urlFull); ❷
            const weatherInfoJSON = response.data; ❸
            console.log(weatherInfoJSON);
            const weatherArray = weatherInfoJSON.weather;
            const weather = weatherArray[0];
            this.weatherDescription = weather.description;
            this.isLoading = false;
        }
    }
})
```

코드 수정이 완료되면 프로젝트를 실행하여 동작을 확인합니다. async-web 프로젝트와 동일하게 표시되면 성공입니다.

Axios를 사용하는 경우 [코드 12-17]의 ❶과 같이 axios 객체를 가져옵니다. axios는 디폴트 익스포트로 설정되어 있습니다. 3.1.5절에서 설명한 것처럼 디폴트 익스포트를 임포트할 때는 임포트명에 {}가 없는 점에 유의해야 합니다.

다음으로 가져온 axios 객체 메서드를 이용하여 웹 접속을 수행합니다. axios 객체 메서드는 get(), post(), put() 등 요청 메서드와 같은 이름으로 되어 있어 쉽게 이해할 수 있습니다. 메서드의 인자는 첫 번째 인자로 URL 문자열은 필수이며 두 번째 인자 이후부터는 생략할 수 있습니다. 단 두 번째 인자부터는 get(), delete() 등 요청 데이터 전송이 필요 없는 메서드와 post(), put() 등 요청 데이터 전송이 필요한 메서드로 나뉩니다. get()과 post()를 각각 대표로 하여 구문으로 정리해보면 다음과 같습니다.

요청 데이터 전송이 필요 없는 Axios의 메서드

```
get("URL 문자열", {옵션을 나타내는 객체})
```

요청 데이터 전송이 필요한 Axios의 메서드

```
post("URL 문자열", {전송 데이터를 나타내는 객체}, {옵션을 나타내는 객체})
```

주요 옵션을 [표 12-8]에 정리했습니다.

속성	내용
headers	요청 헤더를 객체 리터럴로 지정
timeout	요청을 타임아웃시키는 시간을 밀리초로 지정 (기본값은 0으로 타임아웃 없음)
responseType	응답 데이터 타입을 arraybuffer, document, json, text, stream, blob 중에서 지정 (기본값은 json)
auth	Basic 인증 데이터를 객체 리터럴로 지정
proxy	프록시 설정을 객체 리터럴로 지정

표 12-8 Axios 메서드 옵션 객체 리터럴

axios()

사실은 요청 메서드와 같은 이름의 Axios 메서드는 별칭입니다. 원래는 다음 코드와 같이 axios()를 실행하고 해당 인자 객체에 URL이나 요청 메서드를 지정합니다.

```
axios({
    url: urlFull,
    method: "get"
});
```

하지만 get(), post() 메서드는 직관적이고 이해하기 쉽습니다.

OpenWeather에 대한 접근은 GET 접근이므로 [코드 12-17]의 ❷와 같이 get() 메서드를 이용하며 특별한 옵션을 지정하지 않습니다. 그리고 fetch()와 마찬가지로 Axios의 메서드는 async 메서드입니다. 따라서 [코드 12-17]의 ❷와 같이 await를 부여하여 원래의 반환값인 response 객체를 얻습니다.

하지만 Axios의 응답 객체, 즉 [코드 12-17]에서 ❷의 변수 response는 fetch()의 반환값과 달리 다루기 쉬운 변수입니다. Axios의 응답 객체에는 [표 12-9]의 속성이 포함되어 있으며 이 중 data 속성에서 직접 응답 데이터를 가져올 수 있습니다. [코드 12-17]의 ❸에서는 변수를 weatherInfoJSON으로 설정했습니다. 이후 과정은 async-web 프로젝트와 동일합니다.

속성	내용
data	응답 데이터
status	응답 상태 코드
statusText	응답 상태 코드에 대응하는 메시지
headers	응답 헤더가 저장된 객체

표 12-9 Axios 응답 객체의 속성

13장

응용 편

단위 테스트

Vue를 이용한 애플리케이션 제작을 소개하는 이 책의 마지막 장입니다. 지금까지는 애플리케이션을 만드는 방법을 소개했습니다. 이번 장에서는 조금 주제를 바꿔 만드는 것이 아니라 만든 것을 검증하는 것, 즉 테스트에 대해 다룹니다. 테스트에도 여러 종류가 있지만 여기서는 특히 단위 테스트 방법을 소개합니다.

13.1 단위 테스트와 Vitest

테스트에는 다양한 기법이 있는데 앞으로 소개할 단위 테스트unit test도 그중 하나입니다. 먼저 단위 테스트가 무엇인지부터 이야기를 시작하겠습니다. 참고로 이 장에서 소개하는 Vue 애플리케이션의 단위 테스트만 해도 세세한 내용까지 포함하면 책 한 권 분량이 될 정도로 많은 내용이라 여기서는 간략하게 살펴보겠습니다.

13.1.1 단위 테스트란?

단위 테스트가 무엇인지 이해하기 위해 한 가지 예를 들어보겠습니다. utest-basic이라는 프로젝트로 구성된 애플리케이션이 있다고 가정해봅시다(이 프로젝트는 나중에 실제로 만들어봅니다). 그 안에 함수를 정리한 파일 functions.ts가 있고 그 안에 [코드 13-1]의 divideTwoNums()라는 함수가 있다고 가정해봅시다.

코드 13-1 utest-basic/src/functions.ts

```
export function divideTwoNums(num1: number, num2: number): number {
    return num1 / num2;
}
```

두 개의 숫자를 인자로 받아 해당 인자로 나눗셈을 수행한 결과를 반환하는 간단한 함수입니다. 여기서는 단순한 처리를 예로 들어 설명하지만 이해를 도우려고 단순하게 만든 것일 뿐입니다. 실제 애플리케이션에서 사용하는 것과 같은 복잡한 함수에서도 똑같이 생각할 수 있습니다.

divideTwoNums() 함수는 애플리케이션 내에서 사용됩니다. 예를 들어 Vue 애플리케이션에서는 하나의 컴포넌트뿐만 아니라 다양한 컴포넌트를 조합하여 화면을 구성하는데 이 함수는 이러한 컴포넌트에서 활용됩니다. 또한 하나의 화면이 완성되기까지 컴포넌트의 라우팅 제어를 담당하는 Vue 라우터, 데이터 처리를 담당하는 Pinia, 외부 스토리지 및 웹 API 등 다양한 것들이 결합되어 있습니다.

테스트는 어떤가 하면 지금까지는 애플리케이션을 실행하고 화면 조작을 통해 동작을 확인했습니다. 이 과정에서 사용하는 함수(예를 들어 divideTwoNums() 함수)의 동작도 결과적으로 함께 테스트가 되었습니다(그림 13-1). 이러한 테스트 기법을 통합 테스트라고 합니다.

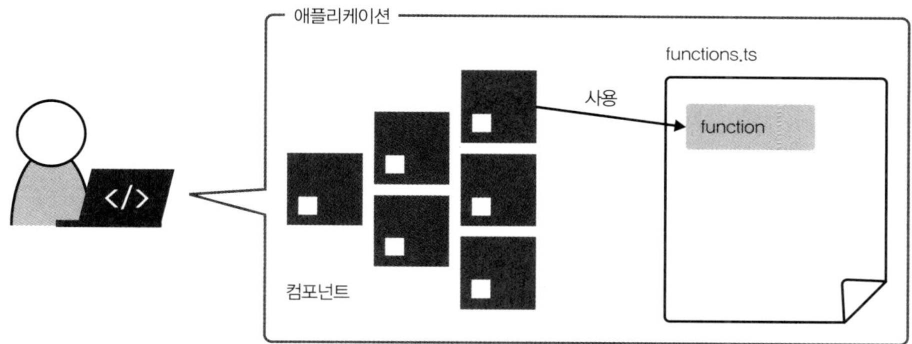

그림 13-1 화면 조작을 통한 동작 확인은 통합 테스트

이 책에서 예제로 소개한 규모의 작은 애플리케이션이라면 통합 테스트로 해도 문제없습니다. 하지만 애플리케이션의 규모가 커지면 다양한 구성요소가 복잡하게 얽혀 있어 하나의 버그가 발생해도 어느 요소에서 발생한 것인지 판단하기 어려운 경우가 생기게 됩니다. 이러한 문제를 피하려면 컴포넌트를 하나씩 테스트하는 것이 바람직하다고 할 수 있습니다.

예를 들어 앞의 divideTwoNums() 함수라면 이 함수만 테스트하고 함수 자체에 버그가 없다는 것을 보장하면 통합 테스트를 할 때도 안심할 수 있습니다. 이렇게 컴포넌트 하나하나를 테스트하는 것을 단위 테스트 혹은 유닛 테스트라고 합니다.

13.1.2 단위 테스트 대응 프로젝트와 Vitest

단위 테스트는 전용 도구를 사용하지 않으면 쉽게 수행할 수 없습니다. Vite에서 동작하는 도구로는 Vitest[1]가 있습니다. 이는 create-vue에서 Vue 프로젝트를 생성할 때 프로젝트에 포

1 https://vitest.dev/

함할 수 있습니다.

그럼 실제로 단위 테스트에 대응하는 프로젝트로 utest-basic 프로젝트를 만들어봅시다. 이 프로젝트에서는 Vue 라우터와 Pinia를 사용하지 않기 때문에 Vue 프로젝트 생성 시 질문 4와 5는 'No'를 선택합니다. 한편 Vitest가 포함된 프로젝트여야 하므로 6번 질문 'Add Vitest for Unit Testing?'에서는 'Yes'를 선택해야 합니다. 그 외에는 지금까지의 프로젝트 생성 절차와 동일합니다(그림 13-2).

```
● son@Hawaii chap13 % npm init vue@latest
  Need to install the following packages:
  create-vue@3.10.4
  Ok to proceed? (y) y

  Vue.js - The Progressive JavaScript Framework

  ✔ Project name: … utest-basic
  ✔ Add TypeScript? … No / Yes
  ✔ Add JSX Support? … No / Yes
  ✔ Add Vue Router for Single Page Application development? … No / Yes
  ✔ Add Pinia for state management? … No / Yes
  ✔ Add Vitest for Unit Testing? … No / Yes
  ✔ Add an End-to-End Testing Solution? › No
  ✔ Add ESLint for code quality? … No / Yes
  ✔ Add Vue DevTools 7 extension for debugging? (experimental) … No / Yes

  Scaffolding project in /Users/son/Workdir/HanbitVue/chap13/utest-basic...

  Done. Now run:

    cd utest-basic
    npm install
    npm run dev
```

그림 13-2 Vue 프로젝트 생성 시 질문 6에서 'Yes'를 선택

프로젝트 생성이 완료되면 src/components 폴더 내에 __tests__ 폴더가 추가됩니다(그림 13-3). 그리고 __tests__ 폴더 안에는 단위 테스트 예제 파일 HelloWorld.spec.ts가 생성되어 있습니다.

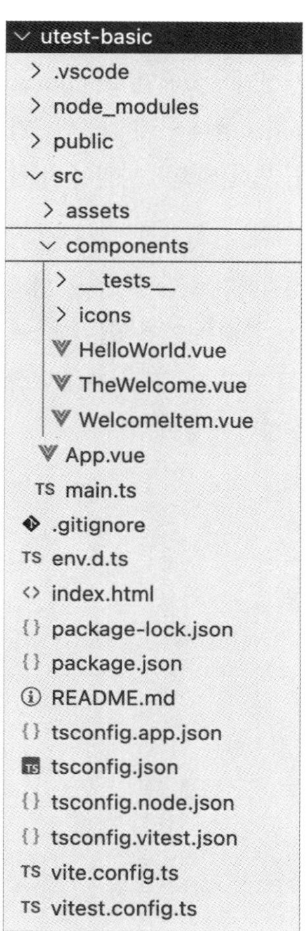

그림 13-3 단위 테스트가 포함된 프로젝트의 폴더 구성

Vue 프로젝트의 단위 테스트를 할 때는 테스트 파일을 저장할 __tests__ 폴더를 src 폴더 내 임의의 위치에 생성하고 그 안에 확장자가 spec.ts인 테스트 파일을 생성합니다.

13.1.3 단위 테스트 작성과 실행

실제로 코드를 작성해봅시다. 먼저 src 폴더 바로 아래에 [코드 13-1]의 내용으로 functions.ts 파일을 생성합니다.

이제 functions.ts 내의 divideTwoNums() 함수를 테스트하는 코드를 작성할 텐데 그 전에 테스트 폴더를 생성합니다. src/components/__tests__는 이미 생성되어 있지만 functions.ts는 컴포넌트가 아닙니다. 따라서 컴포넌트를 저장하는 components 폴더 안에 컴포넌트가 아닌 functions.ts 테스트 파일을 넣는 것은 앞뒤가 맞지 않습니다. 또한 테스트 파일이 각 폴더 내에 흩어져 있는 것도 관리할 때 문제가 될 수 있습니다.

그래서 src 바로 아래에 __tests__ 폴더를 만들어 테스트 파일을 정리하기로 합니다. src 바로 아래에 __tests__ 폴더를 생성하고 기존의 components/__tests__ 폴더는 안에 있는 테스트 파일을 모두 삭제해야 합니다(components 폴더 내의 각 컴포넌트 파일 자체도 삭제해도 상관없습니다). 그러면 utest-basic 프로젝트는 [그림 13-4]와 같은 폴더 구성이 됩니다.

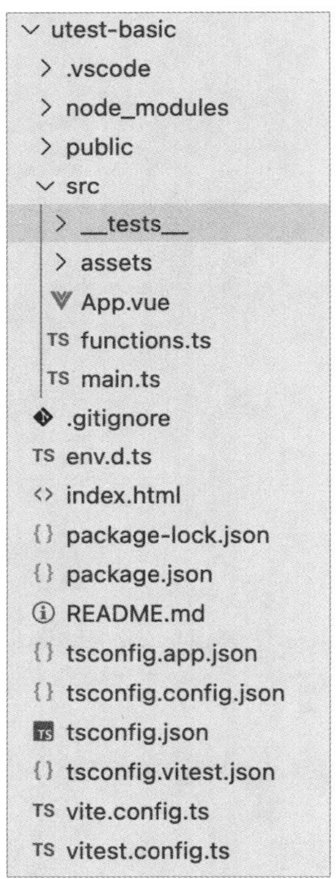

그림 13-4 src/__tests__를 생성한 utest-basic 프로젝트의 폴더 구조

src/__tests__ 폴더를 만들었다면 그 안에 functions.spec.ts 파일을 생성하고 [코드 13-2]의 내용으로 작성합니다. 파일명에 대해 보충 설명하자면 앞 절에서 소개한 대로 확장자는

spec.ts로 하고 여기서 만든 파일처럼 테스트 대상 파일과 같은 이름을 사용해야 합니다. 이렇게 하면 어떤 파일의 테스트 코드가 어떤 테스트 파일인지 한눈에 파악할 수 있기 때문입니다.

코드 13-2 utest-basic/src/__tests__/functions.spec.ts

```
import { describe, test, expect } from "vitest"; ──────── ❶
import { divideTwoNums } from "@/functions"; ──────── ❷

describe( ──────── ❸
    "functions.ts의 divideTwoNums() 함수 테스트", ──────── ❹
    () => { ──────── ❺
        test( ──────── ❻
            "단순한 나눗셈 테스트", ──────── ❼
            () => { ──────── ❽
                const num1 = 6; ──────── ❾
                const num2 = 3; ────────┘
                const actual = divideTwoNums(num1, num2); ──────── ❿
                const expected = 2; ──────── ⓫
                expect(actual).toBe(expected); ──────── ⓬
            }
        );
    }
);
```

코드를 작성하고 나면 실제로 테스트를 실행해봅시다. 테스트는 다음 명령어로 실행합니다.

단위 테스트 실행 명령어

```
npx vitest run
```

npx

보통 npm으로 관리하는 라이브러리를 실행할 때 npm run 명령을 사용합니다. 다만 이 명령어는 package.json에 해당 명령어가 등록된 경우에만 유효합니다. package.json에 등록되지 않은 명령어를 직접 실행하기 위한 명령어가 구문에서 사용한 npx입니다.

테스트가 성공적으로 실행되면 콘솔에 [그림 13-5]와 같이 표시됩니다.

```
● son@Hawaii utest-basic % npx vitest run

 RUN  v0.21.1 /Users/son/Workdir/HanbitVue/chap13/utest-basic

 ✓ src/__tests__/functions.spec.ts (1) ——————————————————————— ①

Test Files  1 passed (1) ——————————————————————————————— ②
     Tests  1 passed (1) ——————————————————————————————— ③
  Start at  23:40:00 ——————————————————————————————————— ④
  Duration  632ms (setup 1ms, collect 12ms, tests 1ms) ——————— ⑤
```

그림 13-5 테스트 성공 결과가 표시된 콘솔

콘솔에 표시된 내용을 간단히 살펴보겠습니다.

① ✓ src/__tests__/functions.spec.ts (1)

실행한 테스트 파일과 테스트 성공 여부를 나타냅니다. 여러 개의 테스트 파일을 동시에 실행하는 경우 맨 오른쪽 숫자 (1)이 (2), (3)과 같이 바뀝니다.

② Test Files 1 passed (1)

얼마나 많은 테스트 파일을 수행했는지 그중 몇 개가 성공했는지를 나타냅니다.

③ Tests 1 passed (1)

얼마나 많은 테스트를 수행했는지 그중 몇 개가 성공했는지를 나타냅니다. Vitest에서는 하나의 테스트 파일 안에 여러 개의 테스트를 작성할 수 있기 때문에 이렇게 표기하고 있습니다. 이런 하나하나의 테스트를 테스트 케이스라고 합니다.

④ Start at 23:40:00

테스트 시작 시각입니다.

⑤ Duration 632ms

테스트에 걸린 총시간입니다.

지금까지 설명한 [그림 13-5]의 내용은 테스트에 성공한 경우입니다. 만약 테스트에 실패하면 [그림 13-6]과 같이 표시됩니다. 여기서는 함수의 내용을 나눗셈이 아닌 곱셈으로 다시 작성하고 일부러 실패하게 했습니다.

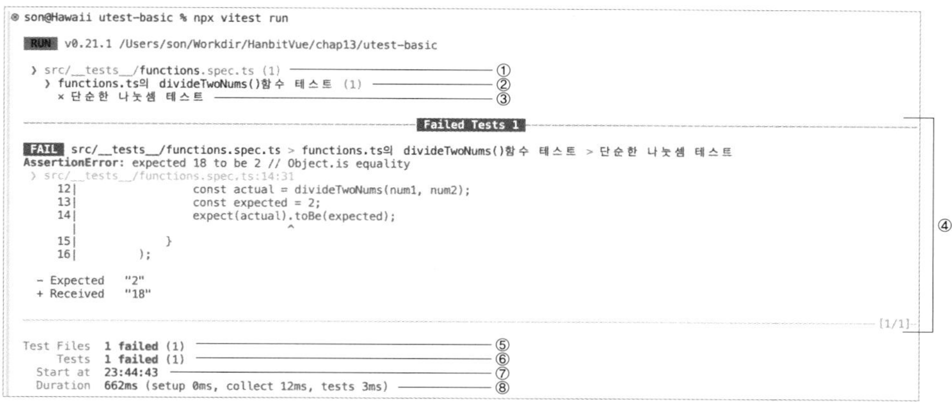

son@Hawaii utest-basic % npx vitest run
RUN v0.21.1 /Users/son/Workdir/HanbitVue/chap13/utest-basic
❯ src/__tests__/functions.spec.ts (1)
❯ functions.ts의 divideTwoNums()함수 테스트 (1)
× 단순한 나눗셈 테스트
Failed Tests 1
FAIL src/__tests__/functions.spec.ts > functions.ts의 divideTwoNums()함수 테스트 > 단순한 나눗셈 테스트
AssertionError: expected 18 to be 2 // Object.is equality
❯ src/__tests__/functions.spec.ts:14:31
12| const actual = divideTwoNums(num1, num2);
13| const expected = 2;
14| expect(actual).toBe(expected);
15| }
16|);
- Expected "2"
+ Received "18"
[1/1]
Test Files 1 failed (1)
Tests 1 failed (1)
Start at 23:44:43
Duration 662ms (setup 0ms, collect 12ms, tests 3ms)
①
②
③
④
⑤
⑥
⑦
⑧

그림 13-6 테스트 실패 결과가 표시된 콘솔

[그림 13-5]와 마찬가지로 콘솔에 표시된 내용을 간략하게 살펴보겠습니다.

① src/__tests__/functions.spec.ts (1)

실행한 테스트 파일을 나타냅니다. 성공 시 표시되던 '✓' 표시가 없는 것으로 보아 실패임을 알 수 있습니다.

② functions.ts의 divideTwoNums() 함수 테스트 (1)

실패한 테스트의 테스트 스위트명이 표시됩니다. Vitest에서는 여러 테스트 케이스를 그룹화할 수 있습니다. 이를 테스트 스위트test suite라고 합니다.

③ × 단순한 나눗셈 테스트

실패한 테스트 케이스명이 표시됩니다. Vitest에서는 각 테스트 케이스에 이름을 붙일 수 있습니다. 테스트에 실패한 테스트 케이스에 대해서는 이렇게 이름과 함께 앞에 '×' 마크가 표시됩니다.

④ Failed Tests 1

실패한 테스트 케이스별로 실패한 내용이 구체적으로 표시됩니다. 이렇게 표시된 내용을 바탕으로 테스트 대상의 코드 또는 테스트 코드를 수정합니다.

⑤ Test Files 1 failed (1)

얼마나 많은 테스트 파일을 수행했는지 그중 몇 개가 실패했는지를 나타냅니다.

⑥ Tests 1 failed (1)

⑤와 마찬가지로 몇 개의 테스트 케이스를 수행했는지 그중 몇 개가 실패했는지를 나타냅니다. 실패와 성공이 섞여 있다면 '3 failed | 1 passed (4)'와 같이 표시됩니다.

⑦ Start at 23:44:43

테스트 시작 시각입니다.

⑧ Duration 662ms

테스트에 걸린 총시간입니다.

또한 테스트 실행 명령은 특정 테스트 파일만 실행할 수도 있습니다. 다음과 같이 명령어 다음에 대상 파일의 프로젝트 폴더로부터 상대 경로를 작성합니다.

```
npx vitest run src/__tests__/functions.spec.ts
```

13.1.4 테스트 스위트와 테스트 케이스 정의

이제 [코드 13-2]의 테스트 코드를 설명하겠습니다. 먼저 ❶에서 Vitest에서 필요한 함수들을 미리 가져옵니다. 또한 ❷와 같이 테스트 대상 모듈도 가져옵니다. ❸ 이후 설명이 필요한 부분을 다시 정리하면 다음과 같습니다.

```
describe(  ───────────────────────────── ❸
    "functions.ts의 divideTwoNums() 함수 테스트",  ─────── ❹
    () => {  ──────────────────────────── ❺
        test(  ─────────────────────────── ❻
            "단순한 나눗셈 테스트",  ─────────────── ❼
            () => {  ──────────────────────── ❽
                :
            }
        );
    }
);
```

앞서 소개한 것처럼 Vitest에서는 여러 개의 테스트 케이스를 그룹화하여 테스트 스위트로 만들 수 있습니다. 이때 테스트 스위트를 정의하는 것이 ❸의 describe() 함수입니다. 첫 번째 인자로 ❹와 같이 테스트 스위트명을 작성합니다. 여기서 설정한 문자열이 테스트에 실패했을 때 [그림 13-6]의 ② 부분에 표시됩니다. 두 번째 인자에는 ❺와 같이 화살표 함수를 작성합니다. {} 블록 안에 각 테스트 케이스를 정의합니다.

각 테스트 케이스는 ❻과 같이 test() 함수를 사용하여 정의합니다. 첫 번째 인자로 ❼과 같이 테스트 케이스명을 입력합니다. 이 역시 테스트에 실패했을 때 [그림 13-6]의 ③ 부분에 표시되는 것을 확인할 수 있습니다. 두 번째 인자에는 ❽과 같이 화살표 함수를 작성합니다. {} 블록 안에 테스트 케이스에 해당하는 테스트 코드를 작성합니다. 참고로 test() 함수는 테스트 케이스별로 작성합니다. 나중에 실제로 여러 테스트 케이스를 정의할 때 test() 함수를 여러 개 작성합니다.

지금까지의 내용을 정리하면 다음과 같습니다.

단위 테스트 코드의 기본

```
describe(
    "테스트 스위트명",
    () => {
        test(
            "테스트 케이스명",
            () => {
                테스트 코드
            }
        );
        ⋮
    }
);
```

테스트 스위트명과 테스트 케이스명 모두 테스트에 실패했을 때 표시되는 정보입니다. 따라서 조금 길더라도 어떤 테스트 내용인지 알 수 있도록 작성해두어야 합니다.

NOTE

테스트 스위트의 크기

하나의 테스트 파일에 여러 개의 테스트 스위트를 정의할 수도 있습니다. 이때 describe() 함수를 여러 번 작성할 수 있습니다. 예를 들어 functions.ts에 addTwoNums()라는 또 다른 함수가 있다고 가정하면 functions.spec.ts 내에 다음과 같은 코드를 작성할 수 있습니다.

```
⋮
describe(
    "functions.ts의 divideTwoNums() 함수 테스트",
    () => {
     ⋮
```

```
    }
);
describe(
    "functions.ts의 addTwoNums() 함수 테스트",
    () => {
     ⋮
    }
);
```

이처럼 작성할 수 있으므로 테스트 파일은 테스트 대상 파일과 일대일 대응 관계로 설정하는 것이 좋습니다. 그리고 테스트 스위트는 파일 안의 함수나 메서드, 즉 테스트 대상 부품과 일대일 대응 관계로 만드는 것이 알기 쉬운 테스트 설계라고 할 수 있습니다.

13.1.5 테스트 성공 실패의 기본은 입출력 일치

이제 [코드 13-2]의 ❾ 이후, 즉 테스트 코드를 살펴보겠습니다. 설명에 필요한 부분을 다시 정리하면 다음과 같습니다.

```
const num1 = 6;                                  ─┐
const num2 = 3;                                  ─┴─❾
const actual = divideTwoNums(num1, num2);        ───❿
const expected = 2;                              ───⓫
expect(actual).toBe(expected);                   ───⓬
```

⓬ 이외에는 특별히 달라진 점이 없는 코드입니다. ❾는 divideTwoNums() 함수에 인자로 전달할 값을 준비하는 코드입니다. ❿에서 실제로 함수를 실행하고 반환값, 즉 실행 결과를 actual로 지정합니다. ⓫은 변수명 expected에서 알 수 있듯이 함수의 실행 결과 예측값으로 준비한 변수입니다. 사실 특별한 설명이 필요 없는 이 코드에는 테스트할 때 중요한 두 가지 개념이 포함되어 있습니다.

1. 입력은 무엇인가
2. 입력에 대한 출력 결과는 무엇인가

단위 테스트는 결국 1의 입력에 대해 2의 출력 결과가 예상대로 나오는지 확인하는 것입니다. 일치하면 테스트는 성공이고 일치하지 않으면 테스트 실패입니다. 따라서 중복되더라도 [코드

13-2]와 같이 입력값(❾), 실제 출력값(❿), 예상 출력값(⓫)을 각각 변수로 미리 준비하여 실제 출력값과 예측값, 즉 ❿과 ⓫을 비교하는 코드를 일일이 작성하는 것이 테스트 코드로서 가독성을 높이는 방법입니다. [코드 13-2]의 입력값과 출력 결과를 정리하면 [표 13-1]과 같습니다.

입력	첫 번째 인자 6, 두 번째 인자 3
출력	2

표 13-1 '단순한 나눗셈 테스트' 테스트 케이스 입출력

출력 결과를 예측값과 비교하는 부분이 ⓬입니다. 이 코드를 구문으로 정리하면 다음과 같습니다.

실젯값과 예측값 비교

```
expect(실젯값).매처 메서드(예측값);
```

expect() 함수를 실행하고 실젯값을 인자로 전달합니다. 이어서 매처matcher 메서드를 실행하고 예측값을 인자로 전달합니다. 매처 메서드는 실젯값과 예측값이 일치해야 하는 패턴에 따라 다양한 메서드가 준비되어 있습니다. toBe()는 완전 일치를 나타내며 결과적으로 [코드 13-2]의 ⓬에서는 6과 3을 divideTwoNums() 함수로 나눈 실젯값(actual)이 예측값(expected)인 2와 완전히 일치하는지 여부를 확인하게 됩니다. 그리고 완벽하게 일치하는 경우에만 [그림 13-5]와 같이 테스트에 성공했다고 표시합니다. 주요 매처 메서드를 다음 표에 정리했습니다.

카테고리	메서드	내용
일치 검증	toBe(value)	실젯값이 value와 일치하는지 여부
	toEqual(value)	실젯값이 배열이나 객체인 경우 재귀적으로 모든 내용이 value와 일치하는지 여부
진위 비교	toBeNull()	실젯값이 null인지 여부
	toBeUndefined()	실젯값이 undefined인지 여부
	toBeDefined()	실젯값이 undefined가 아닌지 여부 (toBeUndefined()의 반대)
	toBeTruthy()	실젯값이 true와 같은 값인지 여부
	toBeFalsy()	실젯값이 false와 같은 값인지 여부

카테고리	메서드	내용
수치 비교	toBeGreaterThan(value)	실젯값이 value보다 큰지 (>value)
	toBeGreaterThanOrEqual(value)	실젯값이 value 이상인지 (>=value)
	toBeLessThan(value)	실젯값이 value보다 작은지 (<value)
	toBeLessThanOrEqual(value)	실젯값이 value 이하인지 (<=value)
	toBeCloseTo(value)	실젯값이 value와 거의 같은지
정규 표현 비교	toMatch(reg)	실젯값이 정규 표현 reg에 부합하는지
요소 검증	toContain(item)	실젯값이 배열 등인 경우 그중에 item이 포함되어 있는지
예외 발생 검증	toThrowError(error?)	expect()의 인자로 건넨 코드를 실행할 때 예외가 발생하는지

표 13-2 주요 매처 메서드

몇 가지 보충 설명을 덧붙이겠습니다. 먼저 toBeCloseTo()는 주로 소수점 비교에 사용합니다. 왜냐하면 소수점 값에는 오차가 있기 때문입니다. toThrowError()의 인자는 생략할 수 있습니다. 인자를 전달할 경우 에러 메시지 문자열 또는 보완하고자 하는 예외 메시지와 일치하는 정규 표현식 중 하나를 전달하면 됩니다. 또한 매치를 반대로 부정하고 싶다면 다음 코드와 같이 not을 사이에 넣으면 됩니다.

```
expect(actual).not.toContain(item);
```

13.1.6 테스트를 계속 실행할 수 있는 명령

13.1.3절에서 소개한 것처럼 Vitest는 다음 명령어로 실행할 수 있습니다.

```
npx vitest run
```

사실 다음 명령어처럼 마지막 run을 watch로 바꾸어 실행하면 테스트를 계속 진행할 수 있습니다.

단위 테스트 계속 실행 명령어

```
npx vitest watch
```

[그림 13-7]은 실제로 utest-basic 프로젝트에서 이 명령을 실행한 결과입니다.

```
○ son@Hawaii utest-basic % npx vitest watch

  DEV  v0.21.1 /Users/son/Workdir/HanbitVue/chap13/utest-basic

  ✓ src/__tests__/functions.spec.ts (1)

  Test Files  1 passed (1)
       Tests  1 passed (1)
    Start at  23:48:32
    Duration  606ms (setup 1ms, collect 15ms, tests 1ms)


  PASS  Waiting for file changes...
        press h to show help, press q to quit
```

그림 13-7 vitest watch 명령을 실행한 콘솔

테스트 실행 후 프롬프트가 돌아오지 않고 'Waiting for file changes...'가 표시되는 것을 보면 알 수 있듯이 파일 변경을 기다리고 있습니다. 이 상태에서 테스트 파일이나 테스트 대상 파일을 변경하면 자동으로 테스트가 재실행됩니다. [그림 13-6]의 실패 사례와 마찬가지로 divideTwoNums() 함수의 내용을 곱셈으로 변경한 직후 콘솔의 첫 부분은 [그림 13-8]과 같습니다.

```
 RERUN  src/functions.ts x1

 ❯ src/__tests__/functions.spec.ts (1)
   ❯ functions.ts의 divideTwoNums()함수 테스트 (1)
     × 단순한 나눗셈 테스트
```

그림 13-8 divideTwoNums( ) 변경 직후의 콘솔 모습

RERUN이라는 표시를 통해 테스트가 자동으로 즉시 실행되고 있음을 알 수 있습니다. [그림 13-7]에서 볼 수 있듯이 계속 실행 중인 테스트를 종료하려면 [q] 키를 누릅니다. 사실 Vue 프로젝트를 생성할 때 create-vue에 의해 vitest watch의 별칭으로 다음과 같은 명령어가 등록되어 있습니다.

단위 테스트 계속 실행 명령의 별칭

```
npm run test:unit
```

단위 테스트를 계속 실행하고 싶다면 이 명령어를 사용할 수도 있습니다.[2] 단 이 책에서는 연속 실행이 아닌 한 번씩 실행하는 방식으로 설명합니다.

13.1.7 테스트 케이스 추가

13.1.4절에서 소개한 것처럼 테스트 케이스를 추가할 때는 test() 함수를 작성해야 합니다. 하지만 그 전에 먼저 테스트 케이스를 생각해볼 필요가 있습니다.

[코드 13-2]에서 설명한 '단순한 나눗셈 테스트' 테스트 케이스, 즉 [표 13-1]의 입출력 값을 주었을 때 테스트 대상인 divideTwoNums() 함수에서 올바르게 나눗셈이 수행되는지는 테스트를 마쳤습니다. 그래서 여기서는 이상값에 대해 테스트해보겠습니다. 첫 번째는 '분자가 0인 경우의 테스트'로 입출력 값은 [표 13-3]과 같습니다.

입력	첫 번째 인자 0, 두 번째 인자 3
출력	0

표 13-3 '분자가 0인 경우의 테스트' 테스트 케이스 입출력

두 번째는 '분모가 0인 경우의 테스트'로 입출력 값은 [표 13-4]와 같습니다.

입력	첫 번째 인자 6, 두 번째 인자 0
출력	Infinity

표 13-4 '분모가 0인 경우의 테스트' 테스트 케이스 입출력

이들 테스트 케이스를 코드로 만들면 [코드 13-3]과 같습니다.

코드 13-3 utest-basic/src/__tests__/functions.spec.ts

```
 ~ 생략 ~
describe(
    "functions.ts의 divideTwoNums() 함수 테스트",
    () => {
```

2 실제로는 단순한 별칭이 아니라 옵션이 지정되어 있습니다. 단 다음 절에서 소개하는 것처럼 수동으로 테스트 옵션을 기술함으로써 npx vitest watch와 npm run test: unit의 차이는 없어집니다.

```
        test(
            "단순한 나눗셈 테스트",
            () => {
                const num1 = 6;
                const num2 = 3;
                const actual = divideTwoNums(num1, num2);
                const expected = 2;
                expect(actual).toBe(expected);
            }
        );
        test(
            "분자가 0인 경우의 테스트",
            () => {
                const num1 = 0;  ─┐
                const num2 = 3;  ─┴─ ❶
                const actual = divideTwoNums(num1, num2);
                const expected = 0;  ── ❷
                expect(actual).toBe(expected);
            }
        );
        test(
            "분모가 0인 경우의 테스트",
            () => {
                const num1 = 6;  ─┐
                const num2 = 0;  ─┴─ ❸
                const actual = divideTwoNums(num1, num2);
                const expected = Infinity;  ── ❹
                expect(actual).toBe(expected);
            }
        );
    }
);
```

[코드 13-3]의 ❶과 ❷는 [표 13-3]의 테스트 케이스에 해당합니다. ❶은 분자가 0인 경우의 입력값이고 ❷는 출력 예측값입니다. 마찬가지로 ❸과 ❹는 [표 13-4]의 테스트 케이스에 해당하며 ❸은 분모가 0인 경우의 입력값 ❹는 출력 예측값입니다. 테스트를 실행하면 [그림 13-9]와 같은 결과를 얻을 수 있습니다.

```
● son@Hawaii utest-input % npx vitest run

 RUN  v0.22.1 /Users/son/Workdir/HanbitVue/chap13/utest-input

 ✓ src/__tests__/App.spec.ts (2)

Test Files  1 passed (1)
     Tests  2 passed (2)
  Start at  17:45:30
  Duration  852ms (transform 231ms, setup 0ms, collect 80ms, tests 18ms)
```

그림 13-9 세 개의 테스트 케이스가 성공적으로 완료된 결과가 표시된 콘솔

[그림 13-5]와 비교하면 테스트 케이스가 세 개로 늘어났고 모두 성공했음을 알 수 있습니다. 이렇게 함수, 메서드 등 각 부분에 대한 단위 테스트를 수행해두면 안심하고 해당 부분을 사용할 수 있게 됩니다.

13.2 컴포넌트 테스트 기본

지난 절에서는 단위 테스트의 개념과 Vitest의 기본적인 사용법을 소개했습니다. 다만 테스트 대상은 어디까지나 함수였습니다. 한편 이 책에서 다루는 것은 Vue 애플리케이션이며 Vue 애플리케이션의 기본 구성 요소는 컴포넌트입니다. 그렇다면 단위 테스트도 컴포넌트를 대상으로 해야 합니다. 이 절에서는 컴포넌트의 단위 테스트 방법을 소개합니다.

13.2.1 컴포넌트 테스트 전용 라이브러리

Vue의 컴포넌트 단위 테스트는 Vitest만으로는 실행할 수 없습니다. 그래서 등장한 것이 Vue Test Utils라는 라이브러리입니다. 물론 이 라이브러리를 프로젝트에 별도로 설치할 필요는 없습니다. 사실 Vitest가 포함된 프로젝트를 생성할 때 자동으로 설치되기 때문입니다. 즉 utest-basic 프로젝트에는 이미 Vue Test Utils가 포함되어 있습니다.

utest-basic 프로젝트의 App.vue를 사용하여 컴포넌트 테스트를 진행해봅시다. 먼저 App.vue를 [코드 13-4]의 내용으로 수정합니다.

코드 13-4 utest-basic/src/App.vue

```
<script setup lang="ts">
import { ref, computed } from "vue";
import { divideTwoNums } from "@/functions";

const num1 = ref(6);        ❶
const num2 = ref(3);        ❶
const ans = computed(       ❷
    (): number => {
        return divideTwoNums(num1.value, num2.value);
    }
);
</script>
```

```
<template>
    <p>{{ num1 }}÷{{ num2 }}={{ ans }}</p> ———❸
</template>
```

이 컴포넌트는 단순히 화면에 '6 ÷ 3 = 2'라고 표시하는 것뿐입니다. 내용상으로 특별히 어려운 것은 없습니다. [코드 13-4]의 ❶에서 나눗셈의 1항과 2항의 숫자를 템플릿 변수로 준비하고 있습니다. ❷에서는 나눗셈 결과를 계산형 속성으로 설정하고 있습니다. 여기서는 앞 절에서 단위 테스트를 수행한 divideTwoNums() 함수를 사용합니다. 그리고 이러한 템플릿 변수를 ❸에 표시하고 있습니다.

13.2.2 컴포넌트 테스트 입출력

컴포넌트의 단위 테스트를 수행할 때 입출력에 해당하는 것은 무엇일까요? 이를 생각해보려면 '사용자'가 등장해야 합니다. 왜냐하면 컴포넌트의 실행 결과는 화면 표시 자체이거나 혹은 일부이기 때문입니다. 화면을 보거나 화면을 클릭하는 등 조작을 하는 주체는 사용자입니다. 따라서 컴포넌트의 입출력 중 하나 또는 둘 모두에 반드시 사용자의 관점이나 조작이 포함될 수밖에 없습니다. 이후부터는 사용자 입장에서 바라본 테스트를 수행하는 방법을 차례로 소개하겠습니다.

먼저 [코드 13-4]에 대해 사용자 입장에서 입출력을 생각해봅시다. 예제에서는 '6 ÷ 3 = 2'가 화면에 표시되고 이것이 출력입니다. 한편 사용자가 아무것도 하지 않아도 결과가 표시되기 때문에 입력은 없습니다. 이 내용을 정리하면 App.vue에 필요한 테스트는 '초깃값으로 표시되는 내용 테스트'라는 케이스 하나만 존재하는 테스트이며 입출력은 [표 13-5]와 같습니다.

입력	없음
출력	'6 ÷ 3 = 2'를 화면에 표시

표 13-5 '초깃값으로 표시되는 내용 테스트' 테스트 케이스의 입출력

13.2.3 컴포넌트 테스트는 마운트에서 시작

테스트 케이스가 만들어졌다면 이제 실제로 단위 테스트 파일을 작성해봅시다. App.vue의 단위 테스트 파일이므로 파일명은 App.spec.ts가 됩니다. src/__tests__ 폴더에 파일을 생성하고 [코드 13-5]의 코드를 작성합니다.

코드 13-5 utest-basic/src/__tests__/App.spec.ts

```
import { describe, test, expect } from "vitest";
import { mount } from "@vue/test-utils";   ❶
import App from "@/App.vue";   ❷

describe(
    "App.vue의 테스트",
    () => {
        test(
            "초깃값으로 표시되는 내용 테스트",
            () => {
                const wrapper = mount(App);   ❸
                const actual = wrapper.get("p").text();   ❹
                const expected = "6÷3=2";   ❺
                expect(actual).toBe(expected);   ❻
            }
        );
    }
);
```

[코드 13-5]에서 가장 중요한 포인트는 ❸입니다. 함수나 메서드 등은 단순히 해당 함수를 가져오거나 메서드를 포함하는 객체를 새로 생성하면 해당 함수나 메서드를 호출할 수 있는, 즉 테스트할 수 있는 상태가 됩니다. 반면 Vue 컴포넌트의 경우 테스트 코드 내에서 해당 컴포넌트 인스턴스를 생성하고 Mounted 상태(그림 7-5 참고)를 만들어야 합니다. 즉 가상으로 마운트하지 않으면 테스트가 불가능합니다. Vue Test Utils에는 가상 마운트 상태를 만들어주는 함수가 있습니다. 바로 mount()입니다.

mount() 함수를 사용할 때는 미리 임포트해두고(❶) 실행할 때는 마운트 대상 컴포넌트를 인자로 전달합니다(❸). 물론 대상 컴포넌트 자체도 미리 가져와야 합니다(❷). mount(App)이라는 코드에 의해 App 컴포넌트 인스턴스가 생성되고 가상으로 마운트 상태가 됩니다. 여기서는 이를 변수 wrapper로 지정합니다.[3] 참고로 mount() 함수의 반환값인 wrapper, 즉 가상으로 마운트된 컴포넌트 인스턴스는 VueWrapper 타입이 됩니다.

테스트를 하려면 wrapper에서 실제 출력 결과를 추출해야 합니다. 이것이 [코드 13-5]의 ❹ 부분입니다. mount() 함수의 반환값인 VueWrapper에는 내부적으로 유지한 가상 마운트 상태의 컴포넌트 인스턴스에서 다양한 정보를 가져오는 메서드가 준비되어 있습니다. 그중 get()이 렌더링된 DOM에서 필요한 요소를 추출하는 메서드입니다. ❹에서는 인자로 'p'를 전달하여 내부의 p 요소를 추출하고 있습니다. 추출한 결과에 대해 text() 메서드를 추가로 실행하면 p 태그 내의 문자열을 얻을 수 있습니다. [코드 13-4]에서 ❸의 p 태그 안에 있는 렌더링 결과 자체입니다. 실제 출력되는 내용이므로 변수를 actual로 설정했습니다.

한편 출력의 예상값을 ❺에서 변수 expected로 설정합니다. 내용은 바로 [표 13-5]의 출력인 '6 ÷ 3 = 2'입니다. 마지막으로 ❻에서 actual이 expected와 일치하는지 여부를 판단합니다. 이 코드는 앞 절에서 작성한 테스트 코드와 동일합니다.

13.2.4 Vitest 옵션 설정

실제로 테스트를 실행하면 [그림 13-10]과 같이 실패합니다.

```
⊗ son@Hawaii utest-basic % npx vitest run

 RUN  v0.21.1 /Users/son/Workdir/HanbitVue/chap13/utest-basic

 ✓ src/__tests__/functions.spec.ts (3)
 ❯ src/__tests__/App.spec.ts (1)
   ❯ App.vue의 테스트 (1)
     × 초깃값으로 표시 내용 테스트

------------------------------ Failed Tests 1 ------------------------------

 FAIL  src/__tests__/App.spec.ts > App.vue의 테스트 > 초깃값으로 표시 내용 테스트
ReferenceError: document is not defined
 ❯ Module.mount node_modules/@vue/test-utils/dist/vue-test-utils.esm-bundler.mjs:8088:14
 ❯ src/__tests__/App.spec.ts:12:32
     10|         "초깃값으로 표시 내용 테스트",
     11|         () => {
     12|             const wrapper = mount(App);
       |                                ^
     13|             const actual = wrapper.get("p").text();
     14|             const expected = "6÷3=2";

---------------------------------------------------------------------- [1/1]-

 Test Files  1 failed | 1 passed (2)
      Tests  1 failed | 3 passed (4)
   Start at  23:58:48
   Duration  480ms (setup 0ms, collect 95ms, tests 6ms)
```

그림 13-10 App.vue 테스트가 실패했음을 표시하는 콘솔

3 mount( )로 만든 컴포넌트 인스턴스 변수에는 관습적으로 wrapper라는 명칭을 사용합니다.

실패 원인은 테스트 코드나 컴포넌트 코드가 아닙니다. utest-basic 프로젝트의 Vitest가 Vue Test Utils와 연동하여 컴포넌트를 테스트할 수 있도록 옵션 설정이 되어 있지 않기 때문입니다. 따라서 Vitest가 Vue Test Utils와 연동할 수 있도록 옵션을 설정해봅시다. Vitest 설정은 프로젝트 폴더 바로 아래에 vitest.config.ts 파일을 생성하고 그 안에 작성합니다. 파일을 생성하고 [코드 13-6]의 내용으로 작성합니다.

코드 13-6 utest-basic/vitest.config.ts

```
import {defineConfig} from "vitest/config";        ❶
import Vue from "@vitejs/plugin-vue";        ❷
import {fileURLToPath, URL} from "url";        ❸

export default defineConfig({        ❹
    plugins: [        ┐
        Vue()         ├ ❺
    ],                ┘
    test: {        ❻
        globals: true,        ❼
        environment: "jsdom"        ❽
    },
    resolve: {        ❾
        alias: {        ┐
          "@": fileURLToPath(new URL("./src", import.meta.url))  ├ ❿
        }             ┘
    }
});
```

파일을 만들었으면 실제로 테스트를 실행해봅시다. 앞에서와 달리 [그림 13-11]과 같이 무사히 테스트에 성공합니다.

```
● son@Hawaii utest-basic % npx vitest run

 RUN  v0.21.1 /Users/son/Workdir/HanbitVue/chap13/utest-basic

 ✓ src/__tests__/functions.spec.ts (3)
 ✓ src/__tests__/App.spec.ts (1)

 Test Files  2 passed (2)
      Tests  4 passed (4)
   Start at  17:37:45
   Duration  862ms (setup 0ms, collect 98ms, tests 16ms)
```

그림 13-11 App.vue의 테스트를 포함한 모든 테스트 케이스가 성공적임

[그림 13-11]에서는 테스트 파일을 지정하지 않고 테스트를 실행했기 때문에 결과를 보면 functions.ts의 테스트도 동시에 진행되고 있습니다. 어쨌든 App.vue의 테스트도 성공적이었다는 것을 알 수 있습니다. App.vue만 테스트하면 [그림 13-12]와 같은 결과를 얻을 수 있습니다.

```
● son@Hawaii utest-basic % npx vitest run src/__tests__/App.spec.ts

 RUN  v0.21.1 /Users/son/Workdir/HanbitVue/chap13/utest-basic

 ✓ src/__tests__/App.spec.ts (1)

 Test Files  1 passed (1)
      Tests  1 passed (1)
   Start at  00:04:38
   Duration  747ms (setup 1ms, collect 71ms, tests 11ms)
```

그림 13-12 App.vue 테스트만 실행한 결과

[코드 13-6]의 옵션 설정 내용을 가볍게 보충 설명하자면 먼저 Vitest의 옵션은 ❹와 같이 defineConfig() 함수의 실행 결과를 디폴트 익스포트하는 것으로 설정합니다. ❶과 같이 defineConfig() 함수는 vitest/config에서 미리 가져와야 합니다. defineConfig() 함수의 인자에 옵션 정보가 기술된 객체를 작성합니다. [코드 13-6]에서는 ❺의 plugins, ❻의 test, ❾의 resolve 세 가지 옵션을 지정하고 있습니다. 이 중 ❺의 plugins와 ❾의 resolve는 Vite의 옵션이고 ❻의 test는 Vitest의 옵션입니다.

❺의 plugins 속성은 Vitest와 연동되는 플러그인을 설정하는 속성이며 배열 형식으로 작성합니다. 여기서는 바로 Vue 컴포넌트와 연동할 수 있는 플러그인으로 ❷에서 가져온 plugin-vue를 설정하고 있습니다.

❻의 test 속성에는 테스트 실행에 대한 옵션을 지정합니다. 여기서 ❼은 globals, ❽은 environment 옵션을 지정하고 있습니다. 이 중 ❼의 globals는 테스트 API를 전역에서 사용할 수 있도록 하는 옵션입니다. true를 지정하면 전역 사용이 가능합니다. 한편 ❽의 environment는 테스트 실행 환경을 지정하는 옵션입니다. 기본값은 Node.js를 사용하는 node지만 컴포넌트를 이용할 경우 jsdom을 지정합니다.

마지막으로 ❾의 resolve 속성 내의 alias 속성[4]은 코드에서 별칭을 설정하는 옵션입니다. ❿

4 Vite 공식 문서에서는 이러한 속성을 resolve.alias라고 설명합니다.

에서 별칭을 작성한 덕분에 코드의 @는 프로젝트 폴더의 src 폴더를 가리키게 됩니다. 그런데 지금까지 예제에서도 @를 사용해 왔으며 그때는 문제없이 작동했습니다. 이는 원래 프로젝트 내에서 [코드 13-6]의 ❾와 ❿ 같이 설정되어 있었기 때문입니다. 하지만 이 설정이 테스트 환경에서는 적용되지 않으므로 [코드 13-6]과 같이 수동으로 설정해야 합니다.

NOTE vite.config.ts 설정

여기서 진행한 vitest.config.ts 파일을 통한 Vitest의 옵션 설정은 공식적인 방법이지만 사실 간결한 방법으로는 기존 vite.config.ts 파일에 추가하는 방법도 있습니다. vite.config.ts에는 [코드 13-6]과 마찬가지로 defineConfig() 내보내기 코드가 작성되어 있습니다. 이 인자 객체에 [코드 13-6]의 ❻ test 속성을 추가하면 컴포넌트 테스트도 할 수 있습니다. 이는 Vitest가 기본적으로 vite.config.ts를 읽도록 되어 있기 때문입니다.

또한 13.1.6절에서 소개한 다음 명령에서는 원래 이 절에서 소개한 설정을 하지 않아도 문제없이 테스트가 작동합니다.

```
npm run test:unit
```

이 명령에 대한 별칭을 설정하는 코드에서 [코드 13-6]의 ❽ environment 옵션이 설정되어 있기 때문입니다. 하지만 여기서 작성한 설정을 하지 않으면 npx vitest 명령을 사용할 수 없어 한 번씩 실행하는 방식으로 테스트를 할 수 없습니다. 그래서 여기에서는 굳이 공식적인 방법을 소개했습니다. 이후 예제에서는 vitest.config.ts 파일을 복사만 하면 문제없이 테스트 명령을 실행할 수 있습니다.

13.2.5 VueWrapper 메서드

[코드 13-5]와 같이 컴포넌트의 단위 테스트를 할 때는 mount()의 반환값인 VueWrapper 객체의 메서드를 활용하게 됩니다. VueWrapper 객체의 주요 메서드를 [표 13-6]에 정리했습니다. 물론 표에 있는 메서드 중 일부는 앞으로 예제에서도 사용하므로 그때 자세히 설명하겠습니다.

카테고리	메서드	내용
취득	get(selector)	selector에 해당하는 요소를 가져온다.
	find(selector)	selector에 해당하는 요소가 있으면 가져온다.
	findAll(selector)	selector에 해당하는 요소가 있으면 모두 배열로 가져온다.
	getComponent(selector)	selector에 해당하는 자식 컴포넌트 가져온다.
	findComponent(selector)	selector에 해당하는 자식 컴포넌트가 있으면 가져온다.
	findAllComponents(selector)	selector에 해당하는 자식 컴포넌트가 있으면 모두 배열로 가져온다.
취득	html()	렌더링 결과를 HTML 문자열로 가져온다.
	text()	렌더링 결과에서 텍스트 부분을 문자열로 가져온다.
	attributes()	속성값을 가져온다(반환값은 속성명과 값 객체).
	classes()	스타일 클래스를 가져온다(반환값은 스타일 클래스명 배열).
	emitted()	Emit 실행 결과를 가져온다.
	props()	Props 값을 가져온다.
판정	exists()	존재 여부를 true/false로 반환한다.
	isVisible()	표시 상태 여부를 true/false로 반환한다.
실행, 설정	trigger(event)	event 이벤트를 실행한다.
	setValue(value)	value를 입력값으로 설정한다.
	setProps(props)	Props 값을 props로 설정한다.
	unmount()	언마운트를 실행한다.

표 13-6 VueWrapper 객체의 주요 메서드

COLUMN

Jest

자바스크립트 단위 테스트를 위한 프레임워크로 Jest[5]가 있으며 사실상의 표준으로 자리 잡고 있습니다. Jest를 Vue의 단위 테스트로 활용하는 방법도 있습니다. 실제로 Vue CLI로 만든 프로젝트에서는 Jest를 사용했습니다. 반면 Vite 환경에서 Jest를 이용하려면 Vite 설정과 Jest 설정을 모두 작성해야 합니다. 그래서 Jest와 호환성을 유지하면서 Vite에서 더 쉽게 테스트할 수 있는 도구로 이 장에서 소개한 Vitest가 만들어졌습니다.

5 https://jestjs.io/

13.3 컴포넌트 테스트 응용

지난 절에서는 Vue 컴포넌트의 단위 테스트를 수행하는 기본적인 방법을 알아보았습니다. 이제부터 조금씩 응용하는 방법을 소개하겠습니다.

13.3.1 요소 획득을 위한 속성

먼저 요소 획득과 관련하여 더욱 실용적인 방법을 소개하겠습니다. utest-basic 프로젝트의 App.vue에서는 애초에 템플릿 블록에 p 태그만 있었습니다. 따라서 [코드 13-5]의 ❹에서 get("p")라고 작성하면 해당 요소를 가져올 수 있습니다. 하지만 실제 컴포넌트 템플릿 블록은 이렇게 간단하지 않습니다. 예를 들어 utest-basic 프로젝트에서 사용자가 나눗셈 값을 직접 입력할 수 있게 한 화면을 예로 들어봅시다(그림 13-13).

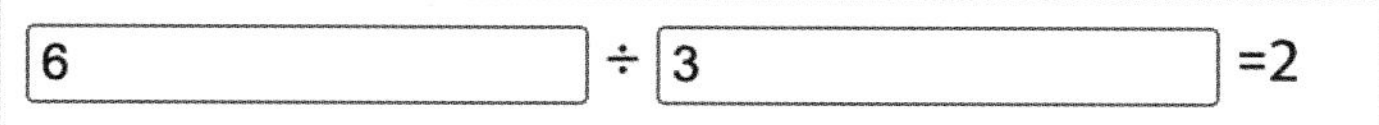

그림 13-13 나눗셈 값을 입력할 수 있도록 설정한 화면

이때 App.vue의 템플릿 블록은 다음과 같습니다.

```
<p>
    <input type="number" v-model="num1">
    ÷
    <input type="number" v-model="num2">
    ={{ans}}
</p>
```

이 컴포넌트를 테스트하려면 input 요소와 {{ans}}의 표시 부분을 따로따로 가져와야 한다는 것을 쉽게 상상할 수 있습니다. 그렇다면 get() 메서드의 인자는 어떻게 작성해야 할까요? 사실 get() 메서드의 인자는 'p'와 같은 태그명뿐만 아니라 자바스크립트의 querySelector() 메서드의 인자와 마찬가지로 CSS 선택자를 통해 지정할 수 있습니다. 그러면 다음과 같이 id 속성을 설정하면 get("#num1")과 같이 콕 집어서 input 요소를 가져올 수 있습니다.

```
<input type="number" id="num1" v-model="num1">
```

이는 겉보기에 효과적인 방법이지만 피해야 할 방법입니다. 왜냐하면 보통 id 속성은 다른 용도로 사용되기도 하고 무엇보다 컴포넌트는 8장에서 소개한 것처럼 여러 번 렌더링되는 경우가 많기 때문입니다. 그러면 렌더링 결과 id 속성값이 중복되어 애초에 id 속성값 규칙에 위배되는 결과를 초래합니다. 이 문제는 실제 렌더링에 사용되는 속성을 테스트에 사용하려고 했기 때문입니다. 따라서 테스트에는 테스트 전용 속성을 생성해야 합니다.

실제로 코딩을 해봅시다. 새로운 프로젝트로 utest-input 프로젝트를 생성합니다. 이때 Vitest를 포함하도록 주의해야 합니다(Vue 라우터와 Pinia는 필요하지 않습니다).

프로젝트가 생성되면 src/components 폴더에 있는 파일들을 미리 삭제해둡니다. 또한 src 폴더 바로 아래에 __tests__ 폴더를 생성합니다(이 과정은 반복되므로 이후 프로젝트에서는 따로 설명하지 않습니다). 그리고 utest-basic 프로젝트에서 vitest.config.ts를 파일 단위로 utest-input 프로젝트 폴더 바로 아래에 복사합니다. 그런 다음 App.vue를 [코드 13-7]의 내용으로 변경합니다. 참고로 스크립트 블록은 [코드 13-4]와 거의 같지만 임포트 부분과 ❶ 부분이 다릅니다. 이 프로젝트에는 functions.ts 파일이 없고 직접 나눗셈을 수행해야 하기 때문입니다.

코드 13-7 utest-input/src/App.vue

```
<script setup lang="ts">
import { ref, computed } from "vue";

const num1 = ref(6);
const num2 = ref(3);
const ans = computed(
    (): number => {
        return num1.value / num2.value;  ❶
    }
);
</script>
```

```
<template>
    <p>
        <input type="number" data-testid="num1" v-model="num1">  ❷
        ÷
        <input type="number" data-testid="num2" v-model="num2">  ❸
        =<span data-testid="ans">{{ ans }}</span>  ❹
    </p>
</template>
```

[코드 13-7]에서 주목할 부분은 ❷와 ❸의 input 태그에 작성한 data-testid 속성입니다. 이것은 바로 테스트를 위한 id 속성입니다. 이러한 속성을 활용하면 실제 렌더링에 미치는 영향을 피할 수 있습니다. 또한 테스트에서 {{ans}}의 결과 부분을 추출하고 싶다면 ❹와 같이 span 태그로 둘러싸고 마찬가지로 data-testid 속성을 부여합니다. 이러한 방식을 채택함으로써 각 요소를 추출하고 테스트로 검증할 수 있게 됩니다.

이제 실제로 테스트 코드를 작성해보겠습니다. 먼저 초기 표시에서 {{ans}} 부분을 테스트해보겠습니다. [코드 13-7]에서 볼 수 있듯이 num1과 num2에는 각각 6과 3이 초깃값으로 저장되어 있으므로 계산 결과는 2입니다. 따라서 초기 표시인 '초깃값 테스트'의 입출력은 [표 13-7]과 같습니다.

입력	없음
출력	{{ans}} 부분에 '2' 표시

표 13-7 '초깃값 테스트' 테스트 케이스 입출력

이제 테스트 코드를 작성해봅시다. src/__tests__ 폴더에 App.spec.ts 파일을 생성하고 [코드 13-8]의 코드를 작성합니다.

코드 13-8 utest-input/src/__tests__/App.spec.ts

```
import {describe, test, expect} from "vitest";
import {mount} from "@vue/test-utils";
import App from "@/App.vue";

describe(
    "App.vue 테스트",
    () => {
```

```
        test(
            "초깃값 테스트",
            () => {
                const wrapper = mount(App);
                const actual = wrapper.get(`[data-testid="ans"]`).text();  ❶
                const expected = "2";
                expect(actual).toBe(expected);
            }
        );
    }
);
```

테스트를 실행하면 [그림 13-14]와 같이 성공적으로 완료됩니다.

```
● son@Hawaii utest-input % npx vitest run

 RUN  v0.22.1 /Users/son/Workdir/HanbitVue/chap13/utest-input

 ✓ src/__tests__/App.spec.ts (1)

 Test Files  1 passed (1)
      Tests  1 passed (1)
   Start at  17:43:38
   Duration  858ms (transform 265ms, setup 1ms, collect 78ms, tests 12ms)
```

그림 13-14 '초깃값 테스트' 테스트 케이스 실행 결과

[코드 13-8]의 포인트는 ❶ 부분입니다. 출력 내용을 검증하기 위해 {{ans}} 부분을 가져와야 합니다. 앞서 언급했듯이 {{ans}} 부분을 쉽게 가져올 수 있도록 App.vue에서는 span 태그로 둘러싸고 data-testid 속성을 부여했습니다. 이 속성을 이용하여 span 요소를 가져오는 것이 [코드 13-8]의 ❶에서 다음 부분입니다.

```
get(`[data-testid="ans"]`)
```

get() 메서드의 인자로 속성 선택자를 사용하고 있습니다. 이러한 작성 방법을 이용하면 테스트에 필요한 요소를 콕 집어 가져올 수 있습니다.

13.3.2 입력값 변경

초기 표시 테스트 케이스가 완료되었으므로 다음 테스트 케이스로 입력값을 변경하여 결과를 검증해봅시다. 여기서는 사용자가 분자(num1 입력란)에 8을, 분모(num2 입력란)에 2를 입력했다고 가정해보겠습니다. '분자 8, 분모 2를 입력한 테스트' 테스트 케이스의 입출력은 [표 13-8]과 같습니다.

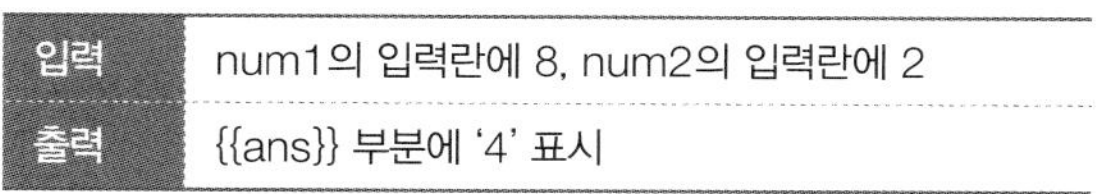

입력	num1의 입력란에 8, num2의 입력란에 2
출력	{{ans}} 부분에 '4' 표시

표 13-8 '분자 8, 분모 2를 입력한 테스트' 테스트 케이스 입출력

테스트 코드를 작성합시다. [코드 13-8]에 다음 코드에서 굵게 표시된 부분을 App.spec.ts 파일에 추가합니다.

코드 13-9 utest-input/src/__tests__/App.spec.ts

```
~ 생략 ~
describe(
    "App.vue 테스트",
    () => {
        test(
            "초깃값 테스트",
            ~ 생략 ~
        );
        test(
            "분자 8, 분모 2를 입력한 테스트",
            async () => {                                                    ❶
                const wrapper = mount(App);
                await wrapper.get(`[data-testid="num1"]`).setValue(8);      ❷
                await wrapper.get(`[data-testid="num2"]`).setValue(2);      ❸
                const actual = wrapper.get(`[data-testid="ans"]`).text();   ❹
                const expected = "4";
                expect(actual).toBe(expected);
            }
        );
    }
);
```

테스트를 실행하면 원래 작성된 '초깃값 테스트' 테스트 케이스를 포함하여 성공적으로 테스트가 수행되며 [그림 13-15]와 같은 결과를 얻을 수 있습니다.

```
● son@Hawaii utest-input % npx vitest run

  RUN  v0.22.1 /Users/son/Workdir/HanbitVue/chap13/utest-input

 ✓ src/__tests__/App.spec.ts (2)

 Test Files  1 passed (1)
      Tests  2 passed (2)
   Start at  17:45:30
   Duration  852ms (transform 231ms, setup 0ms, collect 80ms, tests 18ms)
```

그림 13-15 두 개의 테스트 케이스가 성공적으로 실행된 결과

[코드 13-9]에서 포인트는 두 가지입니다. 첫 번째는 input 요소와 같은 입력 컨트롤에 값을 설정하는 방법입니다. 그러려면 먼저 get() 메서드 등을 사용하여 입력 컨트롤 요소를 가져와야 합니다. [코드 13-9]의 ❷에서 다음 get() 메서드 부분이 이에 해당합니다.

```
wrapper.get(`[data-testid="num1"]`)
```

❸도 마찬가지입니다. 앞 절에서 소개한 data-testid 속성을 활용하여 속성 선택자를 인자로 전달합니다. 이렇게 얻은 입력 컨트롤에 값을 설정하려면 setValue() 메서드를 사용합니다. [표 13-8]과 같이 ❷에서는 8을, ❸에서는 2를 인자로 전달하고 있습니다. 이것만으로 입력 컨트롤에 값이 설정됩니다.

두 번째 포인트는 ❷와 ❸의 문장 첫머리에 작성한 await와 ❶의 async입니다. 이 키워드들은 이미 12.2절에서 설명한 바 있습니다. await가 작성된 ❷와 ❸은 setValue()를 실행하는 코드인데 setValue()는 말하자면 사용자의 화면 조작을 대신하는 코드입니다.

사실 Vue Test Utils에서 사용자의 화면 조작을 대신하는 것은 모두 비동기적으로 이루어집니다. 즉 ❷와 ❸의 처리는 모두 비동기 처리이며 보통은 이들 처리가 끝날 때까지 기다리지 않고 바로 ❹의 코드가 실행됩니다. 구체적으로는 input 요소에 대한 값 변경(❷, ❸)이 완료되기 전에 {{ans}} 부분의 취득(❹)이 수행됩니다. 이렇게 되면 테스트가 되지 않습니다. 그래서 await를 작성하여 처리 완료를 기다리는 것입니다.

또한 12.2절에서 설명한 것처럼 비동기 처리가 포함된 함수에 대해서는 async를 작성해야 합

니다(❶). 앞으로도 사용자의 화면 조작을 대신하는 처리에서는 await와 async를 사용할 예정이니 참고하기 바랍니다.

13.3.3 요소 존재 여부 테스트

컴포넌트를 만들 때 템플릿 블록에서 v-if를 이용해 특정 태그가 렌더링되는 경우와 렌더링되지 않는 경우를 전환하는 것은 지금까지 예제에서도 등장했습니다. 여기서는 의도한 대로 렌더링되는지 테스트하는 방법을 소개합니다.

예제로 만든 화면은 [그림 13-16]과 같습니다. 초기 화면은 ①이며 [표시] 버튼을 클릭하면 화면 ②와 같이 '표시되었습니다!'라는 p 요소가 렌더링됩니다.

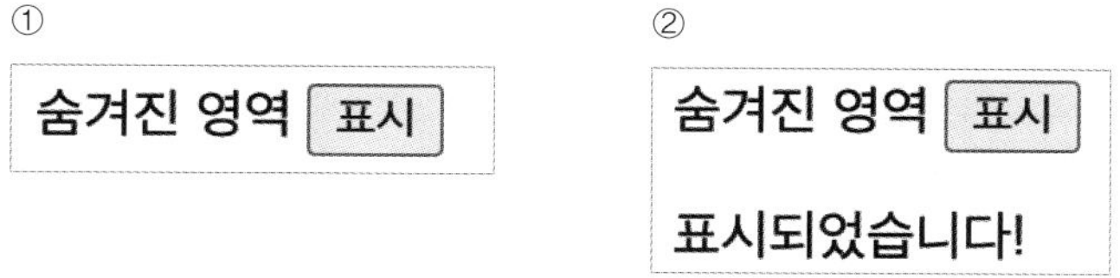

그림 13-16 버튼을 클릭하면 p 요소가 렌더링되는 예제 화면

먼저 이 화면을 나타내는 App.vue를 만들어봅시다. Vitest가 포함된 프로젝트로 utest-trigger를 생성하고 다른 테스트 프로젝트에서 vitest.config.ts를 프로젝트 폴더 바로 아래에 복사한 후 App.vue를 [코드 13-10]의 내용으로 변경합니다.

코드 13-10 utest-trigger/src/App.vue

```
<script setup lang="ts">
import { ref } from "vue";

const isVisible = ref(false);
const onShowButtonClick = (): void => {
    isVisible.value = true;
};
</script>

<template>
    <p>
        숨겨진 영역
```

```
        <button data-testid="showButton" v-on:click="onShowButtonClick">표시</button>   ❶
    </p>
    <p v-if="isVisible" data-testid="invisible">표시되었습니다!</p>   ❷
</template>
```

템플릿 블록에서 ❶의 button 태그, ❷의 p 태그에 각각 테스트용 속성으로 data-testid가 작성되어 있다는 것 외에는 코드에 특별히 새로운 것은 없습니다. App.vue의 초기 표시 테스트 코드를 작성해봅시다. 이때 테스트 케이스의 입출력을 사용자 입장에서 생각해보면 [표 13-9]와 같습니다.

입력	없음
출력	data-testid="invisible"의 p 요소가 렌더링되어 있지 않음

표 13-9 '초기 상태(숨김 영역 비표시) 테스트' 테스트 케이스 입출력

'초기 상태(숨김 영역 비표시) 테스트'의 가장 큰 특징은 [표 13-9]의 출력과 같이 [코드 13-10]에서 ❷의 p 요소가 렌더링되지 않았다는 점입니다. 테스트 코드를 작성합시다. App.spec.ts 파일을 생성하고 [코드 13-11]의 내용으로 작성합니다.

코드 13-11 utest-trigger/src/__tests__/App.spec.ts

```
import {describe, test, expect} from "vitest";
import {mount} from "@vue/test-utils";
import App from "@/App.vue";

describe(
    "App.vue 테스트",
    () => {
        test(
            "초기 상태(숨김 영역 비표시) 테스트",
            () => {
                const wrapper = mount(App);
                const actual = wrapper.find(`[data-testid="invisible"]`).exists();   ❶
                const expected = false;   ❷
                expect(actual).toBe(expected);
            }
        );
    }
);
```

테스트를 실행하면 성공적으로 완료되어 [그림 13-17]과 같은 결과를 얻을 수 있습니다.

```
● son@Hawaii utest-trigger % npx vitest run

 RUN  v0.22.1 /Users/son/Workdir/HanbitVue/chap13/utest-trigger

 ✓ src/__tests__/App.spec.ts (1)

Test Files  1 passed (1)
     Tests  1 passed (1)
  Start at  17:49:27
  Duration  809ms (transform 228ms, setup 1ms, collect 77ms, tests 11ms)
```

그림 13-17 '초기 상태(숨김 영역 비표시) 테스트' 테스트 케이스 실행 결과

[코드 13-11]의 포인트는 ❶입니다. 여기서는 속성 선택자로 다음 코드를 작성하여 [코드 13-10]에서 ❷의 p 요소를 가져옵니다.

```
[data-testid="invisible"]
```

단 지금까지의 예제에서는 요소의 검색에 get()을 사용했지만 여기서는 find()를 사용했습니다. get(), find() 모두 인자로 전달된 선택자에 해당하는 요소를 가져오는 메서드입니다. 다만 해당 요소가 없는 경우에 동작이 다릅니다. get()은 에러가 발생하지만 find()는 에러가 발생하지 않습니다. 따라서 이번처럼 애초에 요소의 존재 여부를 알 수 없는 경우에는 get() 대신 find()를 사용합니다.

그런 다음 이렇게 얻은 요소([코드 13-10]에서 ❷의 p 요소)가 렌더링 결과에 존재하는지 확인합니다. 이때 존재 여부를 확인하는 메서드가 exists()입니다. exists() 메서드의 반환값은 존재하면 true, 존재하지 않으면 false입니다. ❶에서는 반환 결과를 변수 actual로 설정합니다. 그리고 ❷에서는 예측값 expected를 false로 설정했습니다. 즉 [표 13-9]와 같이 렌더링되지 않았다고 가정합니다. 이렇게 find()와 exists()를 이용하여 요소의 존재 여부를 테스트할 수 있습니다.

참고로 [코드 13-10]에서 ❷의 조건분기가 v-if가 아닌 v-show일 때는 6.1.4절에서 설명한 대로 렌더링된 후 사라집니다. 이때 exists()의 결과는 항상 true가 됩니다. 이렇게 렌더링된 후 표시 여부를 확인하려면 exists() 대신 isVisible()을 사용합니다. 사용법은 exists()와 동일합니다.

13.3.4 이벤트 발생

이제 [그림 13-16]의 [표시] 버튼을 클릭했을 때의 테스트를 작성해보겠습니다. 이때 테스트 케이스의 입출력을 사용자 입장에서 생각해보면 [표 13-10]과 같습니다.

입력	[표시] 버튼을 클릭
출력	data-testid="invisible"의 p 요소가 렌더링되어 있음

표 13-10 '표시 버튼 클릭 테스트' 테스트 케이스 입출력

'표시 버튼 클릭 테스트' 테스트 케이스의 가장 큰 특징은 [표 13-10]의 입력과 같이 [코드 13-10]의 ❶ 버튼 클릭 이벤트가 발생한다는 점입니다. VueTest Utils에는 사용자가 이벤트를 발생시키는 조작을 대신하는 trigger()라는 메서드가 있으므로 이를 활용합니다. 실제로 코딩해 보겠습니다. [코드 13-12]에 굵게 표시된 부분을 App.spec.ts 파일에 추가합니다.

코드 13-12 utest-trigger/src/__tests__/App.spec.ts

```
~ 생략 ~
describe(
    "App.vue 테스트",
    () => {
        test(
            "초기 상태(숨김 영역 비표시) 테스트",
            ~ 생략 ~
        );
        test(
            "표시 버튼 클릭 테스트",
            async () => {
                const wrapper = mount(App);
                await wrapper.get(`[data-testid="showButton"]`).trigger("click");    ❶
                const actual = wrapper.find(`[data-testid="invisible"]`).exists();
                const expected = true;
                expect(actual).toBe(expected);
            }
        );
    }
);
```

테스트를 실행하면 원래 작성된 '초기 상태(숨김 영역 비표시) 테스트' 테스트 케이스를 포함하

여 성공적으로 테스트가 완료되며 [그림 13-18]과 같은 결과를 얻을 수 있습니다.

```
● son@Hawaii utest-trigger % npx vitest run

 RUN  v0.22.1 /Users/son/Workdir/HanbitVue/chap13/utest-trigger

 ✓ src/__tests__/App.spec.ts (2)

Test Files  1 passed (1)
     Tests  2 passed (2)
  Start at  17:50:32
  Duration  835ms (transform 225ms, setup 0ms, collect 80ms, tests 19ms)
```

그림 13-18 두 개의 테스트 케이스가 성공적으로 실행된 결과

[코드 13-12]의 ❶에서 trigger()를 사용하고 있습니다. 먼저 속성 선택자를 이용하여 [코드 13-10]의 ❶에서 button 요소를 가져옵니다. 이때 확실히 존재하는 요소이므로 get()을 이용하고 있습니다. 이에 대해 trigger() 메서드를 실행하면 이벤트가 발생합니다. trigger() 메서드에는 어떤 이벤트를 발생시킬지 이벤트명 문자열을 인자로 전달합니다. 클릭 이벤트이므로 ❶에서는 인자를 'click'으로 설정했습니다.

한 가지 주의할 점이 있습니다. 13.3.2절에서 설명한 것처럼 trigger()는 사용자의 화면 조작을 대신하는 처리입니다. 즉 비동기적으로 실행됩니다. 그래서 문장 첫머리에 await가 있고 함수 전체에 async가 쓰여 있습니다. 이 점을 잊지 맙시다.

COLUMN

사이프러스

13.1.1절에서 소개한 것처럼 이 장에서 소개하는 테스트 기법은 단위 테스트입니다. 반면 브라우저를 조작하여 테스트하는 것은 통합 테스트이며 해당 브라우저의 동작을 소스 코드로 작성하여 테스트를 자동화할 수 있는 도구가 있습니다. 이를 엔드-투-엔드end-to-end 테스트 도구, 줄여서 E2E 테스트 도구라고 합니다. 이러한 E2E 테스트 도구 중 Vue 프로젝트에서는 사이프러스Cypress[6]를 이용할 수 있습니다. 사이프러스를 이용하는 경우 2.3.1절에서 소개한 것처럼 Vue 프로젝트 생성 마법사의 질문 7을 'Yes'로 설정해야 합니다.

참고로 E2E 테스트는 보통 사람이 하는 브라우저 조작을 프로그램으로 작성합니다. 따라서 실제로 손을 움직여 조작하는 것보다 확실히 더 많은 인력이 소요됩니다. 한 번만 테스트한다면 E2E 테스트 도구를 이용하는 것보다 브라우저를 수동으로 조작하여 테스트하는 것이 더 빠르겠지만, 브라우저를 통한 반복적인 테스트를 자동화하고 싶을 때 사이프러스는 매우 유용하게 사용할 수 있습니다.

6 https://www.cypress.io/

13.4 컴포넌트 간 통신 테스트

앞 절에서 컴포넌트 테스트에 대해 간략하게 소개했습니다. 하지만 사용한 컴포넌트는 App.vue 한 가지였습니다. 실제 애플리케이션에서는 여러 컴포넌트를 사용하는 것이 당연합니다. 그러면 컴포넌트 간 통신이 발생하게 됩니다. 마지막으로 컴포넌트 간 통신을 기반으로 한 단위 테스트를 소개합니다.

13.4.1 컴포넌트 간 통신 테스트 예제

컴포넌트 간 통신을 기반으로 한 단위 테스트를 주제로 8.5.2절에서 작성한 components-emit-value 프로젝트를 살펴봅시다. 이 프로젝트에서는 App 컴포넌트의 자식 컴포넌트로 OneMember 컴포넌트를 사용하고 있습니다. 그리고 App 컴포넌트에서 Props로 OneMember 컴포넌트에 회원 데이터를 전달하고 있습니다. 한편 OneMember 컴포넌트의 [포인트 UP] 버튼을 클릭하면 Emit을 통해 App 컴포넌트의 메서드가 실행됩니다. 이때 회원 ID 값이 전달됩니다(그림 13-19).

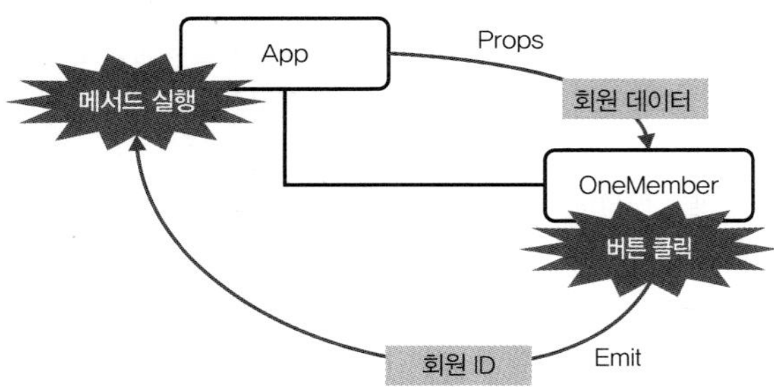

그림 13-19 App과 OneMember의 관계

이 관계를 바탕으로 각 컴포넌트에 대한 테스트를 수행해야 합니다. 이때 주의해야 할 점은 컴포넌트 간 관계는 고려하지만 컴포넌트의 결합은 하지 않는다는 점입니다. 왜냐하면 단위 테스

트는 어디까지나 테스트 대상 단위별 테스트가 주목적이기 때문입니다. 최대한 종속성을 제거하고 가능한 한 컴포넌트 단위로 테스트하도록 합니다(그림 13-20). 이를 통해 버그나 문제가 어디에 있는지 파악할 수 있습니다.

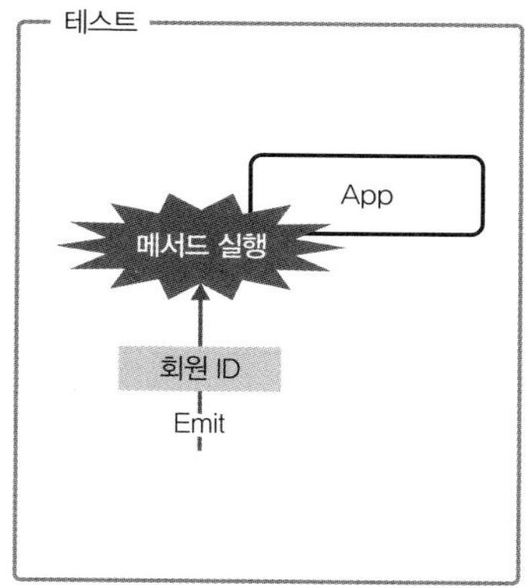

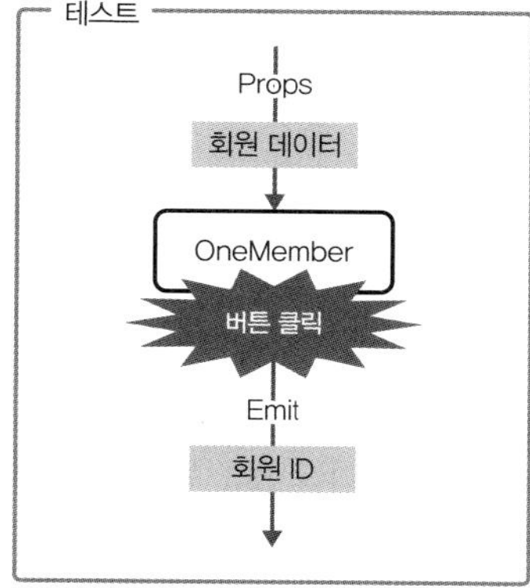

그림 13-20 App과 OneMember를 분리하여 테스트

이제 실제로 프로젝트를 만들어서 테스트를 준비해봅시다. 먼저 Vitest가 포함된 프로젝트로 utest-components를 생성합니다. 그리고 components-emit-value 프로젝트의 App.vue와 OneMember.vue를 utest-components 프로젝트 내 동일한 위치[7]에 복사합니다. 또한 vitest.config.ts도 다른 테스트 프로젝트에서 utest-components 프로젝트 바로 아래에 복사합니다.

13.4.2 Props 전달 방법

프로젝트가 준비되었다면 OneMember 컴포넌트의 초기 표시를 테스트해보겠습니다. 초기 표시 테스트는 [그림 13-21]의 ① 부분에 해당하며 Props를 다루는 것이 중심입니다. 참고로 ②의 Emit 관련 부분의 테스트는 다음 절에서 다루도록 하겠습니다.

7 App.vue는 src 폴더 바로 아래, OneMember.vue는 src/components 폴더에 있습니다. App.vue는 utest-components 프로젝트에 이미 존재하지만 대체해야 합니다.

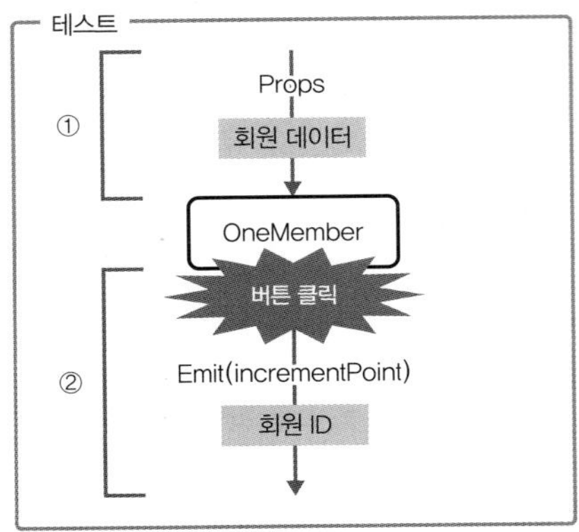

그림 13-21 OneMember 테스트

OneMember의 초기 표시 테스트 케이스의 입출력을 사용자 입장에서 생각해봅시다. 먼저 입력은 없습니다. 다만 컴포넌트 자체로서는 초기 데이터인 회원 데이터를 내부에서 생성하는 것이 아니라 Props로 제공받게 됩니다. 그리고 Props로 받는 회원 데이터가 모두 올바르게 표시되는지 여부가 출력됩니다. 이때 '올바르게'를 좀 더 자세히 분석하면 비고(note) 데이터의 유무에 따라 두 가지로 나뉩니다. 결과적으로 [표 13-11]과 [표 13-12]와 같이 두 가지 입출력 테스트 케이스가 진행됩니다.

입력	없음(비고 데이터가 있는 회원 데이터)
출력	모든 회원 데이터가 표시됨

표 13-11 '비고 데이터가 있을 때 Props 테스트' 테스트 케이스의 입출력

입력	없음(비고 데이터가 없는 회원 데이터)
출력	비고 이외의 회원 데이터가 표시되고 비고는 '--'로 표시됨

표 13-12 '비고 데이터가 없을 때 Props 테스트' 테스트 케이스의 입출력

[표 13-11]과 [표 13-12] 모두 입력은 '없음'으로 되어 있지만 가상의 입력(사용자 이외의 입력)으로 Props를 기재하고 있습니다. 두 테스트 케이스를 모두 코딩해봅시다. 먼저 테스트 파일을 생성합니다. 테스트 대상 파일명이 OneMember.vue이므로 테스트 파일명은 OneMember.spec.ts가 됩니다. 단 저장할 폴더를 src/__tests__가 아닌 src/__ tests__/components로 설정합니다. 이는 테스트 대상 파일의 계층 구조에 맞추기 위함입니다. 파일

이 생성되면 [코드 13-13]의 내용으로 작성합니다.

코드 13-13 utest-components/src/__tests__/components/OneMember.spec.ts

```
import { describe, test, expect } from "vitest";
import { mount } from "@vue/test-utils";
import OneMember from "@/components/OneMember.vue";

describe(
    "OneMember.vue 테스트",
    () => {
        test(
            "비고 데이터가 있을 때 Props 테스트",
            () => {
                const propsData = {                          ─┐
                    id: 22458,                                │
                    name: "세호",                             │
                    email: "seho@wow.com",                    ├─❶
                    points: 200,                              │
                    note: "대단해요!"                          │
                };                                           ─┘
                const wrapper = mount(OneMember, { props: propsData }); ──❷
                const actualText = wrapper.text(); ──❸
                expect(actualText).toContain(String(propsData.id));      ─┐
                expect(actualText).toContain(propsData.name);             │
                expect(actualText).toContain(propsData.email);            ├─❹
                expect(actualText).toContain(String(propsData.points));   │
                expect(actualText).toContain(propsData.note);            ─┘
            }
        );
        test(
            "비고 데이터가 없을 때 Props 테스트",
            () => {
                const propsData = {                          ─┐
                    id: 55148,                                │
                    name: "진희",                             ├─❺
                    email: "jinhee@wow.com",                  │
                    points: 300                               │
                };                                           ─┘
                const wrapper = mount(OneMember, { props: propsData });
                const actualText = wrapper.text();
                expect(actualText).toContain(String(propsData.id));
                expect(actualText).toContain(propsData.name);
                expect(actualText).toContain(propsData.email);
```

```
                expect(actualText).toContain(String(propsData.points));
                expect(actualText).toContain("--");  ❻
            }
        );
    }
);
```

테스트를 실행하면 성공적으로 완료되어 [그림 13-22]와 같은 결과를 얻을 수 있습니다.

```
● son@Hawaii utest-components % npx vitest run

 RUN  v0.22.1 /Users/son/Workdir/HanbitVue/chap13/utest-components

 ✓ src/__tests__/components/OneMember.spec.ts (2)

Test Files  1 passed (1)
     Tests  2 passed (2)
  Start at  17:54:53
  Duration  858ms (transform 231ms, setup 0ms, collect 90ms, tests 11ms)
```

그림 13-22 Props 테스트가 성공한 화면

[코드 13-13]에는 두 가지 포인트가 있습니다. 먼저 가장 중요한 Props의 사용 방법입니다. 코드에서는 ❷ 부분에 해당합니다. 컴포넌트를 mount()할 때 마운트 옵션을 나타내는 객체를 두 번째 인자로 전달할 수 있습니다. 옵션으로 props 속성을 작성하고 값으로 Props의 내용을 지정한 객체를 작성합니다. [코드 13-13]에서는 이 Props 객체를 ❶에서 미리 생성하고 있습니다. 구문으로 정리하면 다음과 같습니다.

Props가 있는 컴포넌트 마운트

```
mount(컴포넌트, {props: Props 객체})
```

다음 포인트는 이번 테스트 케이스의 출력 검증입니다. 지금까지의 예제에서는 get() 메서드로 출력된 요소를 가져와서 내용을 비교했습니다. 이번 예제에서 이런 작업을 수행하려면 OneMember 컴포넌트의 dd 요소를 모두 가져와야 합니다. 물론 그래도 좋지만 한 단계 더 사용자 입장에서 출력 결과를 생각해봅시다.

사용자가 볼 때 출력 결과에서 중요한 것은 ID 값인 '22458'이나 이름인 '세호'와 같은 데이터가 표시된다는 점이지 표시 형식은 중요하지 않습니다. OneMember에서는 dl 리스트를 사용하고 있지만 ul 리스트라도 상관없고 표 형식도 상관없습니다. 그렇다면 dd 요소를 획득하고

검증하는 방법은 무용지물이 될 수도 있고 심지어 해를 끼칠 수도 있습니다. 예를 들어 어떤 이유로 컴포넌트 디자인을 dl 리스트에서 표 형식으로 변경하면 테스트가 통과되지 않기 때문입니다.

이를 바탕으로 검증 코드를 작성한 것이 [코드 13-13]의 ❸과 ❹입니다. ❸에서는 마운트한 wrapper에 대해 직접 text() 메서드를 실행하고 있습니다. 이렇게 하면 렌더링된 화면의 텍스트 부분을 모두 가져올 수 있습니다. 시험 삼아 ❸의 actualText를 콘솔에 출력하면 다음과 같은 내용을 확인할 수 있습니다.

```
세호님의 정보ID22458메일주소seho@wow.com보유포인트200비고대단해요!포인트 UP
```

차이점을 명확하게 알 수 있도록 wrapper에 직접 html() 메서드를 사용하여 얻은 렌더링 HTML 문자열을 직접 출력해보면 다음과 같습니다.

```
<section class="box" data-v-e40271cc="">
  <h4 data-v-e40271cc="">세호님의 정보</h4>
  <dl data-v-e40271cc="">
    <dt data-v-e40271cc="">ID</dt>
    <dd data-v-e40271cc="">22458</dd>
    <dt data-v-e40271cc="">메일주소</dt>
    <dd data-v-e40271cc="">seho@wow.com</dd>
    <dt data-v-e40271cc="">보유포인트</dt>
    <dd data-v-e40271cc="">200</dd>
    <dt data-v-e40271cc="">비고</dt>
    <dd data-v-e40271cc="">대단해요!</dd>
  </dl><button data-v-e40271cc="">포인트 UP</button>
</section>
```

text() 메서드에서는 각 태그의 텍스트 부분만 가져온다는 점을 알 수 있습니다. 이렇게 가져온 actualText에 대해 ❹와 같이 toContain()을 매처 메서드로 사용하면 렌더링된 텍스트 부분에 해당 데이터가 포함되어 있는지 확인할 수 있습니다. 이 방법이 더 범용성이 높고 사용자 입장에서 바라본 출력 검증이라고 할 수 있습니다. [코드 13-13]의 ❹에서는 문자열 비교를 위해 ID와 포인트라는 숫자 타입 데이터를 String()을 이용해 문자열로 변환하고 있다는 점에 유의해야 합니다.

여기서 또 다른 테스트 케이스인 '비고 데이터가 없을 때 Props 테스트'에 대해 보충 설명하겠습니다. 기본적으로 '비고 데이터가 있을 때 Props 테스트'와 동일한 방식입니다. 단 [표 13-12]와 같이 이 Props에는 비고 데이터가 없으므로 [코드 13-13]의 ❺에서는 note 속성을 작성하지 않았습니다. 이에 따라 ❻과 같이 '--'라는 표기가 포함되어 있는지 검증하고 있습니다.

13.4.3 Emit 실행 검증

다음으로 [그림 13-21]의 ② 부분 테스트를 진행합니다. 이때 테스트 케이스는 화면이 표시된 상태에서 사용자가 [포인트 UP] 버튼을 클릭했을 때의 동작을 확인하는 것입니다. 입출력을 사용자의 입장에서 생각해보면 [표 13-13]과 같습니다.

입력	[포인트 UP] 버튼을 클릭
출력	없음(Emit으로 incrementPoint 이벤트를 인자 22458로 실행)

표 13-13 '[포인트 UP] 버튼 클릭 테스트' 테스트 케이스의 입출력

Props 때와 달리 OneMember 컴포넌트만 놓고 보면 출력은 아무 일도 일어나지 않습니다. 그래서 '없음'으로 작성했지만 대신 Emit으로 incrementPoint 이벤트가 실행되므로 이를 임시 출력으로 설정했습니다. 실제로는 이러한 Emit을 검증하게 됩니다.

이제 테스트 케이스를 OneMember.spec.ts에 추가해봅시다. [코드 13-14]에 굵게 표시된 부분입니다.

코드 13-14 utest-components/src/__tests__/components/OneMember.spec.ts

```
~ 생략 ~
describe(
    "OneMember.vue 테스트",
    () => {
        test(
            "비고 데이터가 있을 때 Props 테스트",
            ~ 생략 ~
        );
        test(
            ~ 생략 ~
        );
```

```
        test(
            "[ 포인트 UP ] 버튼 클릭 테스트 (Emit 테스트)",
            async () => {
                const propsData = {
                    id: 22458,
                    name: "세호",
                    email: "mue@wow.com",
                    points: 200,
                    note: "대단해요!"
                };
                const wrapper = mount(OneMember, { props: propsData });
                await wrapper.get("button").trigger("click"); ❶
                const incrementPointEvent = wrapper.emitted("incrementPoint"); ❷
                expect(incrementPointEvent).toHaveLength(1); ❸
                const expectedIncrementPointEvent = [[propsData.id]]; ❹
                expect(incrementPointEvent).toEqual(expectedIncrementPointEvent); ❺
            }
        );
    }
);
```

테스트를 실행하면 원래 작성된 두 개의 테스트 케이스를 포함하여 성공적으로 테스트가 완료되어 [그림 13-23]과 같은 결과를 얻을 수 있습니다.

```
● son@Hawaii utest-components % npx vitest run

 RUN  v0.22.1 /Users/son/Workdir/HanbitVue/chap13/utest-components

 ✓ src/__tests__/components/OneMember.spec.ts (3)

Test Files  1 passed (1)
     Tests  3 passed (3)
  Start at  17:56:12
  Duration  814ms (transform 237ms, setup 0ms, collect 95ms, tests 14ms)
```

그림 13-23 OneMember의 세 개 테스트 케이스가 성공한 결과 화면

[코드 13-14]의 ❶에서 [포인트 UP] 버튼 클릭 이벤트를 발생시키고 있습니다. 이것이 사용자 입장에서 입력이 됩니다. 화면 조작을 대신하는 처리이므로 await가 작성되어 있고 함수 전체에 async를 붙였습니다. [표 13-13]에서 볼 수 있듯이 입력(이벤트 발생)에 대해 겉으로 보이는 출력은 변하지 않습니다. 대신 Emit이 제대로 실행되었는지 확인해야 합니다. 이에 해당하는 코드가 ❷~❹ 부분입니다.

먼저 ❷에서 실행하는 emitted() 메서드는 컴포넌트 내에서 발생한 Emit 정보를 가져오는 메서드로 Emit의 이벤트명을 전달받아 실행합니다. emitted() 메서드의 반환값은 배열로 되어 있습니다. 배열의 각 요소는 발생한 Emit을 나타내며 전체적으로 배열의 중첩 구조로 이루어져 있습니다. 예를 들어 Emit이 1회 발생하면 [[...]], 2회 발생하면 [[...], [...]], 3회 발생하면 [[...], [...], [...]]라는 형식의 데이터가 저장되어 있습니다.

따라서 배열의 요소 수로 Emit이 제대로 실행되고 있는지를 확인할 수 있습니다. 그것이 바로 ❸ 부분입니다. emitted() 메서드의 반환값인 incrementPointEvent에 대해 요소 수 매처 메서드인 toHaveLength()를 이용하여 incrementPoint의 Emit이 1회 실행되었는지 검증하고 있습니다.

다음으로 ❹와 ❺의 내용을 설명하겠습니다. emitted() 메서드의 반환값 배열의 각 요소 내용, 즉 앞의 예에서 [[...]]이나 [[...], [...]]의 '...' 부분에는 Emit할 때 부모 컴포넌트에 전달할 데이터가 들어갑니다. 즉 emit() 메서드의 두 번째 인자 값이 저장되어 있습니다. OneMember 컴포넌트에서는 incrementPoint의 Emit을 할 때 회원 ID를 전달했습니다. 즉 예를 들어 [코드 13-14]와 같이 회원 ID가 22458인 경우 emitted() 메서드의 반환값은 다음과 같은 데이터여야 합니다.

```
[[22458]]
```

이를 예측값으로 작성하는 부분이 ❹입니다. 그리고 incrementPointEvent와 일치하는지를 확인합니다. 이때 [표 13-2]와 같이 toBe() 대신 재귀적으로 일치를 검증하는 toEqual()을 사용합니다. 이 코드를 통해 Emit의 실행과 부모 컴포넌트에 전달되는 데이터 모두에 대한 검증이 가능합니다.

13.4.4 자식 컴포넌트 스텁 사용

OneMember 컴포넌트 테스트가 완료되면 App 컴포넌트 테스트에 들어갑니다. App 컴포넌트처럼 부모 컴포넌트를 테스트할 때 문제는 자식 컴포넌트에 의존할 수밖에 없다는 점입니다. 왜냐하면 애초에 템플릿 블록에는 자식 컴포넌트를 렌더링하는 태그를 작성하고 있기 때문입니다. 그 부분을 일일이 주석 처리해서 따로따로 분리하여 테스트할 수는 없습니다.

그래서 등장한 것이 바로 스텁stub입니다. 스텁은 진짜를 대신할 수 있는 물건입니다. 쉽게 말해 가짜지만 진짜를 대신할 수 있는 가짜입니다. 이를 통해 부모 컴포넌트만 단독으로 테스트할 수 있습니다(그림 13-24). 게다가 Vue Test Utils에는 스텁 생성을 자동화해주는 기능이 있어 이번에는 이를 이용합니다.

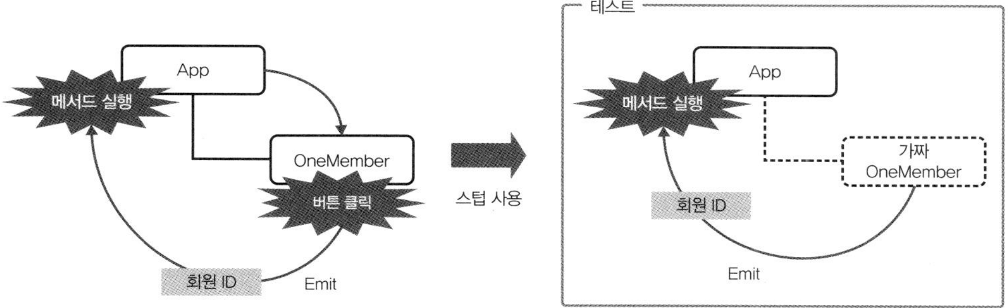

그림 13-24 스텁을 이용한 부모 컴포넌트 단독 테스트

여기서 테스트 케이스의 대상은 App 컴포넌트의 초기 표시입니다. 다만 OneMember 컴포넌트의 표시 부분은 제외되며 App 컴포넌트 자체의 부분, 즉 포인트 합계 숫자 표시 부분만 확인합니다. 이때 입출력을 사용자 입장에서 생각해보면 [표 13-14]와 같습니다.

입력	없음
출력	'모든 회원의 보유 포인트 합계: 88'이라는 표시가 있음

표 13-14 '포인트 합계 표시 테스트' 테스트 케이스의 입출력

실제로 코딩해봅시다. src/__tests__ 폴더에 [코드 13-15]의 내용으로 App.spec.ts 파일을 생성합니다.

코드 13-15 utest-components/src/__tests__/App.spec.ts

```
import { describe, test, expect } from "vitest";
import { mount } from "@vue/test-utils";
import App from "@/App.vue";
import OneMember from "@/components/OneMember.vue"

describe(
    "App.vue 테스트",
    () => {
```

```
        test(
            "포인트 합계 표시 테스트",
            () => {
                const options = {                                         ❶
                    global: {                                             ❷
                        stubs: {                                          ❸
                            OneMember: true                               ❹
                        }
                    }
                };
                const wrapper = mount(App, options);                      ❺
                const actualText = wrapper.text();
                const expected = "모든 회원의 보유 포인트 합계: 88";
                expect(actualText).toContain(expected);
            }
        );
    }
);
```

실행하면 이 테스트를 포함한 모든 테스트가 성공적으로 완료되어 [그림 13-25]와 같은 결과를 얻을 수 있습니다.

```
● son@Hawaii utest-components % npx vitest run

  RUN  v0.22.1 /Users/son/Workdir/HanbitVue/chap13/utest-components

  ✓ src/__tests__/components/OneMember.spec.ts (3)
  ✓ src/__tests__/App.spec.ts (1)

 Test Files  2 passed (2)
      Tests  4 passed (4)
   Start at  18:00:43
   Duration  789ms (transform 251ms, setup 0ms, collect 214ms, tests 31ms)
```

그림 13-25 '포인트 합계 표시 테스트' 테스트 케이스를 포함한 실행 결과

App.spec.ts만 실행한 결과는 [그림 13-26]과 같습니다.

```
● son@Hawaii utest-components % npx vitest run src/__tests__/App.spec.ts

 RUN  v0.22.1 /Users/son/Workdir/HanbitVue/chap13/utest-components

 ✓ src/__tests__/App.spec.ts (1)

 Test Files  1 passed (1)
      Tests  1 passed (1)
   Start at  18:03:58
   Duration  762ms (transform 248ms, setup 0ms, collect 100ms, tests 10ms)
```

그림 13-26 App.spec.ts만 실행한 결과

[코드 13-15]의 포인트는 ❸ 부분입니다. ❸은 애초에 ❶에서 준비한 options 객체의 일부입니다. options 객체는 ❺의 mount() 함수의 두 번째 인자로 활용됩니다. mount() 함수의 두 번째 인자는 13.4.2절에서 Props 데이터를 전달할 때도 사용했습니다. 마운트 옵션에는 props 옵션 외에 global 옵션도 있습니다. ❷에서 해당 global 옵션을 정의하고 ❸에서 stubs 옵션을 사용하여 스텁을 설정합니다.

stubs 옵션은 ❹와 같이 기본적으로 컴포넌트에 대해 true를 작성합니다.[8] 이것만으로 스텁(가짜)이 자동으로 생성되며 앱 컴포넌트를 렌더링할 때 이 스텁을 사용합니다. 예제에서는 ❹와 같이 작성하여 OneMember 컴포넌트 스텁이 자동으로 생성됩니다.

스텁 사용 옵션을 구문으로 정리하면 다음과 같습니다.

컴포넌트 스텁 옵션 지정

```
const options = {
    global: {
        stubs: {
            자식 컴포넌트: true,
            ⋮
        }
    }
};
const wrapper = mount(컴포넌트, options);
```

참고로 예제에서 App 컴포넌트의 자식 컴포넌트는 OneMember 컴포넌트만 해당하지만 자식 컴포넌트가 여럿이라면 '자식 컴포넌트: true'를 열거하면 됩니다.

8 stubs 옵션은 true 지정 이외에도 다양하게 작성할 수 있습니다.

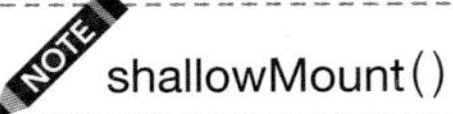

shallowMount()

Vue Test Utils에는 마운트할 때 스텁 생성을 자동화하는 shallowMount()라는 함수가 있습니다. 얼핏 보면 편해 보이지만 자식 컴포넌트를 여럿 이용하는 경우에 어느 자식 컴포넌트의 스텁을 이용했는지 테스트 코드상에서는 알 수 없습니다. 게다가 Vue Test Utils와 연계하는 외부 테스트 라이브러리에서는 shallowMount()가 동작하지 않는 것도 있습니다. 따라서 사용하지 않는 편이 좋습니다.

13.4.5 자식 컴포넌트에서 Emit 테스트

마지막으로 자식 컴포넌트가 Emit을 실행했을 때 App 컴포넌트를 테스트해봅시다. 여기서는 [그림 13-24]와 같이 스텁인 OneMember 컴포넌트에서 Emit을 실행하고 그 Emit을 받아 App 컴포넌트 내의 해당 메서드가 제대로 실행되는지 테스트합니다. 하지만 사용자 입장에서는 메서드가 실행된 것 자체보다는 메서드가 실행된 결과를 제대로 확인할 수 있는지가 더 중요합니다. 이러한 관점에서 입출력을 고려하면 [표 13-15]와 같습니다.

입력	없음(Emit으로서 incrementPoint가 인자 33456으로 실행됨)
출력	'모든 회원의 보유 포인트 합계: 89'라는 표시가 있음

표 13-15 'Emit 메서드 테스트' 테스트 케이스의 입출력

[표 13-15]에서 볼 수 있듯이 사용자 관점의 입력은 없지만 가상의 입력으로 incrementPoint의 Emit이 33456 인자로 실행되었다고 가정합니다. 이때 인자 33456은 영희의 ID이므로 영희의 포인트가 추가됩니다. 그리고 App 컴포넌트에서 표시되는 포인트 합계가 하나 증가하여 89로 표시될 것입니다. 이것이 출력입니다.

이제 테스트 코드를 App.spec.ts에 추가해봅시다. [코드 13-16]에 굵게 표시된 부분입니다.

코드 13-16 utest-components/src/__tests__/App.spec.ts

```
~ 생략 ~
describe(
    "App.vue 테스트",
    () => {
        test(
```

```
            "포인트 합계 표시 테스트",
            ~ 생략 ~
        );
        test(
            "Emit 메서드 테스트",
            async () => {
                const options = {
                    global: {
                        stubs: {
                            OneMember: true
                        }
                    }
                };
                const wrapper = mount(App, options);
                const oneMemberComponent = wrapper.findComponent(OneMember);  ❶
                await oneMemberComponent.vm.$emit("incrementPoint", 33456);  ❷
                const actualText = wrapper.text();
                const expected = "모든 회원의 보유 포인트 합계: 89";
                expect(actualText).toContain(expected);
            }
        );
    }
);
```

실행하면 이 테스트를 포함한 모든 테스트가 성공적으로 완료되어 [그림 13-27]과 같은 결과를 얻을 수 있습니다.

```
● son@Hawaii utest-components % npx vitest run

 RUN  v0.22.1 /Users/son/Workdir/HanbitVue/chap13/utest-components

 ✓ src/__tests__/components/OneMember.spec.ts (3)
 ✓ src/__tests__/App.spec.ts (2)

 Test Files  2 passed (2)
      Tests  5 passed (5)
   Start at  18:04:50
   Duration  798ms (transform 244ms, setup 0ms, collect 208ms, tests 33ms)
```

그림 13-27 'Emit 메서드 테스트' 테스트 케이스를 포함한 실행 결과

[코드 13-16]의 포인트는 ❶과 ❷입니다. [그림 13-24]에서 볼 수 있듯이 Emit은 자식 컴포넌트에서 발생합니다. 즉 먼저 자식 컴포넌트를 가져와야 한다는 뜻입니다. 그래서 마운트된 컴포넌트의 아래에 있는 컴포넌트를 가져오는 findComponent() 메서드를 사용합니다(❶).

인자에는 컴포넌트를 전달합니다.[9]

findComponent() 메서드를 실행하면 원하는 컴포넌트 객체를 얻을 수 있습니다. 이 컴포넌트 객체는 스텁을 사용하든 사용하지 않든 상관없이 얻을 수 있습니다. 스텁을 사용하고 있다면 스텁 객체, 그렇지 않다면 진짜 자식 컴포넌트 객체가 됩니다.

그런 다음 획득한 자식 컴포넌트 객체에서 Emit을 발생시킵니다. 단 findComponent()로 얻은 컴포넌트 객체는 VueWrapper 타입이며 mount() 함수의 반환값인 객체와 같은 타입입니다. VueWrapper에는 13.4.3절에서 소개한 것처럼 Emit 결과를 가져오는 emitted() 메서드는 있지만 Emit 자체를 발생시키는 메서드는 없습니다. 따라서 VueWrapper 객체 내부에 저장되어 있는 본래의 컴포넌트 인스턴스를 가져와서 사용합니다. 이것이 [코드 13-16]의 ❷ vm 속성입니다.

이렇게 획득한 본래의 컴포넌트 인스턴스에서는 $emit() 메서드를 사용하여 Emit을 실행할 수 있습니다. $emit() 메서드는 컴포넌트 내에서 작성하는 emit() 메서드와 동일하므로 첫 번째 인자에 Emit 이벤트명, 두 번째 인자에 부모 컴포넌트에 전달할 데이터를 작성합니다. vm 속성으로 획득한 본래의 컴포넌트 인스턴스를 이용하면 다양한 컴포넌트 조작을 할 수 있습니다. 그러나 때로는 지금까지 소개한 사용자 입장에서 입출력을 의식한 테스트를 잊어버리기 쉽습니다. 따라서 가급적 이용을 자제하기 바랍니다. 그런 의미에서 자식 컴포넌트의 Emit 발생에 대해서는 다음과 같이 구문으로서 이해해두는 것이 좋습니다.

자식 컴포넌트의 Emit 발생

```
await 자식 컴포넌트 객체.vm.$emit("Emit 이벤트명", 데이터);
```

또한 구문에서도 알 수 있듯이 자식 컴포넌트의 Emit 실행은 사용자의 화면 조작을 대신하는 것으로 비동기 처리입니다. 함수 시작 부분에 await와 async를 잊지 말고 명시해야 합니다.

9 findComponent( )의 인자로는 ❶과 같은 컴포넌트 자체뿐만 아니라 컴포넌트명이나 쿼리 선택자 등을 이용할 수 있습니다.

끝으로

이것으로 이 책에서 소개하고자 하는 내용을 모두 마쳤습니다. 지금까지 13장에 걸쳐 함께해 주셔서 감사합니다.

이 책을 기획하기 시작한 시점은 Vue 3이 아직 정식으로 출시되지 않은 시기였습니다. 당연히 Vue 2의 자바스크립트를 이용한 Options API가 주류였습니다. 어느날 에반 유가 Vue 3 내부를 전면적으로 타입스크립트로 다시 작성한다는 소식이 들려왔습니다. 이를 계기로 타입스크립트로 작성된 Vue 안내서가 있으면 좋겠다는 생각에서 집필을 시작했습니다. 당시 Vue 2에서 타입스크립트를 사용하는 방식은 주로 클래스 문법을 이용한 것이었는데 이것이 Options API를 좋아하지 않던 저에게는 매력적으로 다가왔습니다.

그러나 Vue.js 본체 버전 3이 정식으로 출시되면서 클래스 문법으로 작성된 타입스크립트 코드가 제대로 동작하지 않게 됩니다. 깃허브GitHub의 이슈 등을 쫓아다니며 Vue 3 지원 시기를 기다리던 중 에반 유가 Vue 3에서 클래스 문법은 지원하지 않겠다고 발표하면서 결국 해당 방식은 사용하지 못하게 되었습니다.

그 대신 새롭게 등장한 것이 Composition API입니다. Options API보다는 훨씬 쉽게 사용할 수 있지만 아직은 부족하다는 생각이 들었습니다. 또한 Vue.js가 타입스크립트를 완벽히 지원한다고는 해도 Vue 라우터, Vuex 등 주변 도구는 아직 지원하지 않아 여기저기서 컴파일 에러가 발생하는 상황이었습니다. 특히 Vuex는 끝내 대응하지 못해 Pinia로 대체되었습니다.

그런 상황에서도 쓸 수 있는 부분부터 집필을 진행했고 글을 거의 완성할 즈음 Vue 3이 기본으로 설정된다는 소식을 접했습니다. 이에 따라 setup 속성을 사용한 script 태그 기본값 설정, Vite 채택, Pinia 채택, Vue CLI에서 create-vue로의 전환 등 다양한 변화가 있었습니다. 한 명의 Vue 프로그래머로서 매우 기분 좋은 방향으로 발전하고 있어 가슴 설레는 한편, 테크니컬 라이터로서 이미 작성했던 내용을 전면적으로 수정해야 하는 도전에 직면하기도 했습니다.

그럼에도 불구하고 이렇게 진화한 Vue 코딩 방법을 소개할 수 있게 되어 정말 기쁘고 감사한 마음입니다. 이 책으로 여러분이 프런트엔드 코딩의 새로운 세계를 만나게 된다면 그보다 더 가슴 벅찬 일은 없을 것입니다.

찾아보기

찾아보기